書き込むだけで

1着馬がわかる！

単勝・馬単・3連単

爆勝的中シート

ステルス佐藤

実業之日本社

はじめに

🐎史学が勝利への鍵を握る

これから目にするものは、いまだかつて存在しなかった必勝法です。本書を読み終えるころには、生涯の指針となる論理的な馬券術を、手中に収めていることでしょう。

何十年ものあいだ、もしかすると競馬というスポーツ＆ギャンブルが始まってからずっと、数えきれないほど多くの人々が必勝法を探し求めてきました。
胴元が地上波ＣＭをガンガン流す、啓蒙活動が活発な日本においてはとくに顕著です。馬券購入の敷居は年々低くなり、賭け事の範疇を超えて健全なレジャーの地位まで得て、世界一の売上を誇る有馬記念などは国民的行事になり、比例するように一部コアなファンによる馬券術がネットを賑わせ、書店に行けば競馬本は百花繚乱、出尽くした感さえあります。
しかし、私はずいぶん前から「なぜ、馬券師たちはいまだに"この方法"を採用しないのか……」と、不思議に思っていました。
だれひとりとして"その切り口"で馬券論を開陳しないのです。

日本の体系だった競馬番組、それが何年も変わることなく続いてきたという事実と持続可能性（今年も来年もそうだろうという安心感です）、レース前に発表される情報の質量の高さ、レース後の細かいデータの開示などのサービスは、世界中を探したってありません。ともすればマイナス評価されるお役人仕事が、こと中央競馬においてはプラスに転化、JRA-VANをはじめ見事に結実し、ファンの購入意欲を一層そそっています。ひとことで言えば、ちゃんとしている鉄火場なのです、我が国の競馬は。

それが当たり前だと思ってしまっているのでしょうか。御上が作ったそれら決まり事を、皆さんありがたがりません。もっと言えば「馬券に活かせるぞ」と気づいていない人が多いように思います。

有馬記念の出馬表が発表になったとします。ファンならだれもが競馬新聞と格闘し、締め切り直前まで「あ〜でもない、こ〜でもない」とアタマを捻ります。テスト問題と解答用紙が配られる受験みたいです。

身に沁みていると思いますが、入学試験で結果を出すには、それまでの受験勉強が肝心です。試験本番の成績は、過去問を解いたり、傾向と対策といった準備の出来いかんです。でも、有馬記念のために過去問を何度も解いた方、どれくらい居るでしょう。

私は60分間の入試に臨むまでに、それ以前の豊富な持ち時間において、「有馬記念というレースを徹底的に分析する」ことのほうが大事だと思います。「有馬記念が求める馬」に気づくことが第一義だと考えるのです。大多数のファンが行う「今年の有馬記念を勝ちそうな馬を見つける作業」は意味がないと言いたいくらいです。そもそも、今年の有馬記念で最も勝ちそうな馬は、考えるまでもなく、1番人気馬に決まっているではないですか。それなのに答案用紙に最も勝ちそうな馬名を書こうと頑張るのは愚の骨頂。有馬記念だけではなくどんなレースでも、回答欄には有史以来「1番人気馬です」と印刷されているのですから。

その1番人気が3回に1回しか勝たないから競馬というギャンブルが成立し、まずその1番人気が勝つかどうかを判断できた人が掛け金を上回る配当を得ます。従って、最初にやるべきことは、今年の1番人気が勝つか負けるかの判定。今年の1番人気馬は「有馬記念というレースが求めている馬か否か」を見極

めることになります。

それを可能にしているのが、中央競馬というちゃんとした「盆」なのです。過去何十年ものデータが、「有馬記念はこういう馬が勝ちますよ」と教えてくれています。これを知らないまま参戦する人は盆暗なわけです。

具体的に言いましょう。本書では日本一を決める有馬記念は紹介していないので、日本一の牝馬を決めるエリザベス女王杯を例に取ります。エリザベス女王杯が求める馬は、「2000m以上GⅠ0.2秒差以上1着歴」を持つ馬です。1番人気に関しては、この一文が正答です。これは過去20年の「エリザベス女王杯史」を学べばわかります。私の言う"新たな視点"のひとつめが、この「史学」です。

ちなみに、有馬記念のあとの最終レースがどんなレースかと言えば、過去10年は次のとおりです。

2019年	クリスマスC	3歳以上2勝クラス	芝1200m
2018年	クリスマスC	3歳以上2勝クラス	芝1200m
2017年	クリスマスC	3歳以上2勝クラス	芝1200m
2016年	ハッピーエンドC	3歳以上2勝クラス	芝1200m
2015年	ハッピーエンドC	3歳以上2勝クラス	芝1200m
2014年	ハッピーエンドC	3歳以上2勝クラス	芝1200m
2013年	ノエル賞	3歳以上2勝クラス	芝1600m
2012年	ノエル賞	3歳以上牝馬2勝クラス	芝1600m
2011年	ハッピーエンドプレミアム	3歳以上2勝クラス	芝1200m
2010年	ハッピーエンドプレミアム	3歳以上2勝クラス	芝1200m

2020年の冬季競馬番組はJRAからまだ発表されていませんので、ここでは2020年有馬記念後の最終レースが「3歳以上牝馬2勝クラス芝1600m」と仮定します。答案用紙にはどう書けばよいでしょう？

最も勝ちそうな馬は「1番人気馬です」と回答します。

その1番人気が勝つか負けるかは、史学から導き出します。過去に12月最終週近辺で行われた中山競馬場の「3歳以上牝馬2勝クラス芝1600m」のデータをできるだけたくさん収集して解析、勝てる1番人気という「解」を抽出します。すると、前述のエリザベス女王杯のような一文ができあがり、正答になるわけです。

0.1秒への向き合い方をただしてほしい

私が欲しいと思っていて、だれも発表しないから私が研究・執筆することになった新たな方法・切り口・視点は、あとふたつあります。

史学に続いてふたつめは、0.1秒へのこだわりです。

今年の天皇賞・春は3200mを走った結果、ハナ差でフィエールマンがスティッフェリオを下しました。タイム差は0.0秒。つまり100分の1秒の単位、センチメートルの単位で天国と地獄が決まった競馬に約169億円が投じられました。

では、0.1秒＝10分の1秒の単位は、どれだけの重みがあるでしょう。ハナ差、アタマ差、クビ差のカタカナ着差以外は、0.1秒差以上です。はっきりとした差である0.1秒が、中央競馬のシステムにおいてそれが開示されているのであれば、すべての場面で利用しない手はありません。テンの3ハロン（600m）、その後のハロン（200m）ごとのラップ、そして上がり3ハロン、着差。とくに上がり3ハロンと着差は極めて重要です。

具体的に言いますと、2歳重賞においては上がり3ハロンのタイムだけで馬券術が成り立ちます。そして3歳以上戦においては、その馬の戦歴にある0.1秒差以上の1着、0.2秒差以上の負けが、これから行われるレース結果を大きく左右します。これは本書を読み進めていくうちに理解できるでしょう。とにかく0.1秒を大切にすることです。

🐎 1kgへ畏怖の念を

史学、0.1秒に続いて3つめは、斤量1kgに対する考察です。
デビュー間もない騎手に鞍上を任せるのは、馬主にとってデメ
リットしかありません。それでは新人ジョッキーはいつまで経っ
ても騎乗依頼が舞い込まず、腕を磨く機会に恵まれないまま終
わってしまうので、それを避けるために編みだされたのが減量
措置・見習騎手制度です。勝利度数によって1〜3kg軽くして
もらえる減量騎手を背に、負担重量に恵まれた馬は「今日はや
けにラクだな」と頑張ります。実際に、下手なアンチャンが乗っ
ても勝つのですから、1kgの影響力はとてつもないのです。先
ほどの天皇賞・春のスティッフェリオがフィエールマンより1
kg軽ければ1着だったというのが机上の計算で、それを検証し
ているのがハンデ戦でしょう。ハンデ戦はJRAのハンデキャッ
パーが鉛筆をなめなめしながら0.5kg単位で差配し、恣意的に
着順を入れ替えることさえ厭いません（建前は全馬同時にゴー
ルインです。ただし、可笑しな小学校のように手はつながない）。
500kgの馬に500gの加減でそうなるのですから、50kgの女性に
50gの荷物を持たせると買い物から帰ってくる時間が遅くなる
計算です。おにぎり1個です。あり得ますか!?　でも、競馬は
本当にそうなっているのです。

付随する話ですが、5月4日発行の週刊競馬ブックで、水野隆
弘さんが素晴らしい「一筆啓上」を書かれていました。簡単に
紹介すると、日本のセックスアローワンス＝牝馬減量は2kgだが、
もし英・愛・米・仏・独のグループ／グレードレースのように1.5
kgだったら、2009年ジャパンCのウオッカ、2011年同ブエナビ
スタ、2012年同ジェンティルドンナ、2015年同ショウナンパン
ドラ、2012年高松宮記念のカレンチャン、2016年宝塚記念のマ
リアライトという6頭の牝馬は、カタカナ着差の2着牡馬に逆

転を食らったかもしれないとし、そのような結果になったほうが、各種データに照らし合わせてみても整合性がとれるので、こちらのほうが正しい牝馬減量ではないかと論じています。さらにダート戦の牝馬減量について提言し、「特に３歳後半以降は2.5〜３kg程度にしてもいいのではないか」と述べています。私は完全にアグリーですし、本書ではもっと細かく負担重量規程について記述しています。それは、斤量こそが競馬のすべてと言ってもいいほど、レース結果を左右している現実があるからです。一例を挙げると、本書で紹介しているＧⅢエルムＳにおいては、地方競馬の重賞勝ちで加増されている４歳馬は、１番人気に支持されても勝てません。１kgでも加増されたら負けが決定です。そのような例はほかにもたくさんあり、危険な１番人気をいくらでも消せるのですが、言及しているマスコミや馬券師を私は寡聞にして存じ上げないため、警鐘を鳴らす意味もあって本書の執筆に至っています。

♞本書のトリセツ

以上、３つの別なアングルから競馬をとらえなおし、少なくとも「来ない１番人気」を事前に察知し、できれば「勝つ穴馬」を浮かび上がらせようというのが本書の主旨です。紹介できているレースは８月以降４カ月間に行われるＧⅢ・ＧⅡ・ＧⅠだけですが（ハンデ戦は除く）、これだけでも馬券ライフはメチャメチャ楽しくなります。

私は単勝がメインですが、馬単メインの方のために２着馬の見つけ方も提案しています。３連単メインの方は、すみません、３着馬の見つけ方はまだ完成していませんので今後にご期待ください。そして、次頁からの本書における「爆勝的中シート」の使い方と、本書における決まり事を一読のうえ、クイーンＳの項に進んでください。

爆勝的中シートの使い方

本書は8〜11月に行われるＪＲＡ平地重賞36レースすべてを当てるために制作しました。ただし、ハンデ戦は紹介していません。一番重要なハンデ＝負担重量が発表されなければ手の出しようがないからです（ほかに、歴史が浅くデータがない紫苑Ｓ）。

本書のオリジナルである【爆勝的中シート】は、これから行われる重賞競走の1着馬と2着馬を知るために利用します。【1番人気的中シート】と【穴馬的中シート】の2種類あり、前者は「1番人気馬が勝つか負けるか」を知るため、後者は「2番人気以下で勝つ馬と2着に来る馬」を知るためのものです。

【爆勝的中シート】には、「大前提」と「ハードル」という2種類の基準を設定しています。読者は筆記用具を用いてその基準をクリアした馬に○、クリアしていない馬に✕をつけることにより、お金になる馬を浮かび上がらせることができます。
「大前提」と「ハードル」の設定は、私が過去20年の当該重賞の連対馬40頭をチェックし、例えばオープン特別1着以上の戦歴を列記、それを見て、共通している要素を抽出して作成しました（大前提は設定していないレースもあります）。
具体的に、本書で一番最初に掲載しているクイーンＳを例にとり説明しましょう。

まず、【1番人気的中シート】の使い方。
クイーンＳにおける1番人気馬の取捨選択の大前提は「加増は1kgまで」というものです。これは過去20年の1番人気1着馬7頭のなかに、加増2kg以上の馬が1頭もいないことにより設定したものです。裏付けは、1番人気で2着以下に敗れ去った

馬のなかに加増２kg、加増３kgの馬がいることです。

次に、ハードル❶は「1800m以上Ｇ１連対歴か、前年の当レース覇者」というものです。これは過去20年の１番人気１着馬７頭のうち４頭に、芝2000m３歳牝馬ＧⅠ秋華賞連対歴があることにより設定。また前年のクイーンＳ１着馬が１頭いることにより設定しました。

続いてハードル❷は「前走1800m以上牡馬準ＯＰ以上上がり１位完勝」というものです。これは過去20年の１番人気１着馬７頭のうち１頭に、芝1800m３歳以上牡馬混合1600万条件特別（３勝クラス）の上がり３ハロン１位優勝歴があることにより設定しました。

以上で１番人気１着馬７頭中６頭ですから残り１頭ですが、これについてはクイーンＳの本文で詳しく紹介しています。また裏付けに関しても本文に記してありますのでお読みください。【１番人気的中シート】を利用して今年の１番人気が「１着に来る」とわかったら、まず単勝をドーンと買いましょう。

次に【穴馬的中シート】の使い方。

【１番人気的中シート】を活用して今年の１番人気が「１着には来ない。２着以下に負ける」とわかった場合は、２番人気以下から１着候補を見つけだすために【穴馬的中シート】を利用します。

こちらにも、過去20年の当該重賞１着馬20頭をチェックしたうえで設定した「大前提」と「ハードル」があり、それを満たした馬がひと目でわかるようになっています。フルゲートの場合、だいたい穴馬候補は５頭になります。今年２番人気以下で勝つ候補馬５頭が浮かび上がったら、その全馬の単勝をドーンと買いましょう。20倍でも30倍でもひるまずに買ってください。

続いて、２番人気以下で２着に来る馬を見つける【穴馬的中シー

ト】の使い方。

今年の1番人気馬が【1番人気的中シート】を使って「1着に来る」とわかっても、「2着以下に負ける」とわかっても、このシートを使って2着候補を見つけます。こちらにも、過去20年の当該重賞2着馬すべてをチェックしたうえで設定した「大前提」と「ハードル」があり、それをクリアした馬がズバリわかるようになっています。なお、1番人気馬は「2着以下に負ける」とわかった際の2着候補筆頭ですので、くれぐれも忘れないように。

以上で単勝、馬単がGETできます。
エビデンスとして、全レース過去20年の
・1番人気1着馬
・1番人気2着以下馬
・2番人気以下1着馬
・2番人気以下2着馬
がそれぞれ持つ主な戦歴を列記しています（前走は必ず掲載）。
最初のクイーンSの項をよく読んで、ぜひ使いこなせるようにしてください。

お読みになる前に、本書における決まり事を。

本書を読みすすめていく際、「私個人が決めた独自の表記法」
など読者にとっては初めての言葉などがあるかと思いますので、
事前にいくつか伝えておきます。

■本書内の「完勝」「圧勝」の定義について
「完勝」とは、0.1秒差以上の1着のことを言います。ハナ、アタマ、
クビ差というカタカナ着差ではなく、1/2馬身差以上での1着
になります。
「圧勝」とは、ひとクラス上の能力の持ち主がつける着差での
1着のことです（下記参照）。

■クラス分けについて
新馬・未勝利
　1勝クラス（500万条件　平場・特別）
　2勝クラス（1000万条件　平場・特別。2歳戦はありません）
　3勝クラス（1600万条件　特別　＝　準オープンとも言い、3
歳以上戦、4歳以上戦しかなく、平場戦もありません）
オープン特別（リステッド競走を含む）
重賞・GⅢ
　　　　GⅡ
　　　　GⅠ

「オープン」あるいは「OP」とは、GⅠ・GⅡ・GⅢ・重賞・
オープン特別（リステッド競走を含む）のことです。
GⅠ・GⅡ・GⅢを重賞と言います。格付けのされていない「重
賞」とは違う点に注意してください。

私は新馬・未勝利からオープン特別までの5階級のクラス差を、時計差で表しています。

2000m戦の場合、新馬・未勝利と1勝クラスの能力差は0.6秒としています。1勝クラスと2勝クラスの差も0.6秒で、同じように2勝クラスと3勝クラスの差、3勝クラスとオープン特別の差も0.6秒です。

オープンに上がってからは微妙な差になります。

オープン特別とGⅢの差は、これまでの3分の1の0.2秒です。GⅢとGⅡの差は、これまでの3分の2の0.4秒差です。つまり、オープン特別とGⅡのあいだに、1クラス差＝0.6秒差があると考えます。そのうえのGⅡとGⅠの差は、これまでと同様に0.6秒です。

これらはあくまでも便宜上です。競馬ブックに掲載されている推定タイムなどを参考に、自ら編みだすのも一考かと思います。以上のように、私は2000m戦のクラス差を時計差で0.6秒と計算しているので、これを上回る差＝0.7秒差をつけて勝っていれば、上のクラスの馬です。その差をつけた1着のことを私は「圧勝」と表記します。以下は距離ごとのクラス差＝時計差です。200mごとに0.1秒という簡易なものです。

1000m	0.1秒
1200m	0.2秒
1400m	0.3秒
1600m	0.4秒
1800m	0.5秒
2000m	0.6秒
2200m	0.7秒
2400m	0.8秒
3000m	1.1秒
3200m	1.2秒

3400m　1.3秒
3600m　1.4秒

また、私はクラス間の能力差を斤量に換算しています（国際競走馬格付け委員会とＪＲＡの規則を参照）。
1 kg（約2ポンド＝900 g）＝1馬身
6馬身＝1秒　　1馬身＝約0.166秒
1 kg＝0.166秒差
私は計算しやすいように、1 kg＝0.175秒としています。
つまり4 kg＝0.7秒ですから、2000m戦において4 kg軽いなら、ひとクラス下の馬でも勝てます。同じように2 kg＝0.35秒ですから、2 kg軽いなら1400m以下のレースで下克上できます。ハンデ戦や減量騎手起用時に注目してください。

■牝馬限定競走のレベルについて
牡馬と走るＧⅡやＧⅢを勝った牝馬は、牝馬限定ＧⅠを勝つ能力があると考えます。牡馬と走るオープン特別を勝った牝馬は、牝馬限定重賞を勝てます。

ＧⅠ	＝	牝馬ＧⅠ
ＧⅡ　ＧⅢ	＝	牝馬ＧⅠ
オープン特別	＝	牝馬ＧⅡ　牝馬ＧⅢ
1600万条件特別	＝	牝馬オープン特別

■負担重量規程の別定について
各レースの扉ページに負担重量規程を記載していますが、別定の文章にある「過去1年間〜」という文は意訳です。ＪＲＡの番組表にはしっかりとその日付が書いてありますので、当該レースごとに確認が必要です。

■出走条件について

芝のレースを解説するときは、原則として「芝」と記述しません。

同様に、ダートのレースを解説するときは、原則として「ダート、あるいはD」と記述しません。

2歳戦を解説するときは、原則として「2歳」と記述しません。

同様に、3歳戦を解説するときは、原則として「3歳」と記述しません。

3歳以上戦を解説するときは、原則として「3歳以上」と記述しません。同様に、4歳以上戦を解説するときは、原則として「4歳以上」と記述しません。

牝馬限定競走を解説するときは、原則として「牝馬限定競走」と記述しません。

牝馬限定競走のページで、牡馬と一緒に走るレースの表記は「牡馬GⅢ」といった表し方になります。

3歳限定戦のページで、3歳以上馬と一緒に走ったレースの表記は「3歳以上GⅡ」といった表し方になります。

3歳以上戦のページで、2歳戦、3歳戦の表記は2歳GⅠとはせず、そのまま「GⅠ」といった表し方になります。

「3歳以上」という表記の際は、4歳以上戦を含みます。「3（4）歳以上戦」のことになります。

■前走成績、実績の記述について

各馬の実績はGⅢからGⅡ、GⅠという順番で列記します。

そのなかで1着→2着という順番で列記しています。

新しいものから列記しています。

上がり3ハロン？位は、4位以下のことです。

海外レースのコース名は、競馬場ではなく国名です。

■前走からのレース間隔について

前走から23日以内は「半月」と表記。

24日以降、１カ月＋７日までは「１カ月」と表記。
１カ月＋８日以降は「１カ月半」と表記。
１カ月＋24日以降は「２カ月」と表記。
２カ月＋８日以降は「２カ月半」と表記。
以上のようになっています。

書き込むだけで１着馬がわかる！
単勝・馬単・３連単 爆勝的中シート

カバーデザイン■渡川光二
イラスト■ NiklsN/Shutterstock.com
■ MicroOne/Shutterstock.com

クイーンS

8月2日（日）

札幌競馬場　芝1800m　フルゲート14頭

３歳以上牝馬

別定　３歳52kg　４歳以上55kg

日本馬：収得賞金3000万円超過馬は、超過額2000万円毎１kg増

外国馬：ＧⅠ競走１着馬5kg増、ＧⅡ競走１着馬3kg増、
ＧⅢ競走１着馬1kg増（２歳時の成績を除く）。

♞ クイーンSの真相

　3歳以上の牝馬限定重賞競走は、『マメ知識』（当レース最終頁）に掲載したように11レースあり、すべて芝です。

　7つあるGⅢのうちハンデ戦が4つですから、クイーンSと同じ別定戦は3つ。そのうち京都牝馬Sは当レースとは違う賞金別定ルールを採用していますので、クイーンSと同じ賞金別定は福島牝馬Sだけになります。距離も同じ1800m。

　そこで、福島牝馬Sの過去のレース結果も踏まえて、クイーンSでどのような馬が求められているかを解いてみました。答えは、

距離1800m以上の適性

がひとつ。そしてもうひとつは、意外にも「格」です。

GⅠ級の実績

が1番人気に応えるには必要とされているのです。これは後述する1番人気で負けた馬たちの戦歴を見ればわかります。

　なぜ夏のローカルGⅢでGⅠ級の実績がいるのでしょうか。これは3歳馬が参戦しはじめることによるレベルアップと、このあとの牝馬重賞のスケジュールが影響していると思います。10月のGⅡ府中牝馬Sで強敵と戦う前に、あるいは11月の牝馬No.1決定戦GⅠエリザベス女王杯に挑む前に、きっちりと重賞をゲットしておきたい実力馬が出走するからでしょう。

　ちなみに、福島牝馬Sに「格」は必要ありません。1着本賞金が200万円高いにもかかわらず、クイーンSよりも明らかにレベルが低いGⅢです。

🐎 1番人気で勝てる馬を浮かび上がらせる

大前提

加増は1kgまで

ハードル❶

1800m以上GI連対歴か、
前年の当レース覇者

ハードル❷

前走1800m以上牡馬準OP以上
上がり1位完勝

大前提を満たし、ハードル❶か❷のどちらかをクリアした1番人気しか勝てません。それでは次ページの【1番人気的中シート】を使い、今年の1番人気（候補馬）が勝てるのか負けるのかを調べましょう。

※わからないとき、面倒なときは、私の直前予想をチェックしてください。You Tube、ブログ、メルマガ、LINEで見られます。当レースを含め、本書に掲載している全36レースで利用できます。

1番人気で勝てる馬【1番人気的中シート】

年度	クイーンSの 1番人気馬	馬齢	負担 重量	加増	大前提	ハードル ❶	ハードル ❷
大前提…………加増は1kgまで ハードル❶……1800m以上GI連対歴か、前年の当レース覇者 ハードル❷……前走1800m以上牡馬準OP以上上がり1位完勝							
2020							
2020							
2019	ミッキーチャーム	4	56kg	1kg	◎	◎	
2018	ディアドラ	4	55kg	なし	◎	◎	
2017	アドマイヤリード	4	55kg	なし	◎	×	×
2016	シャルール	4	55kg	なし	◎	×	×
2015	レッドリヴェール	4	55kg	なし	◎	×	×
2014	スマートレイアー	4	55kg	なし	◎	◎	
2013	アイムユアーズ	4	55kg	なし	◎	◎	
2012	アイムユアーズ	3	52kg	1kg	◎	○	
2011	アヴェンチュラ	3	52kg	なし	◎		◎
2010	ヒカルアマランサス	4	55kg	なし	◎	×	×
2009	ザレマ	5	55kg	なし	◎	×	×
2008	レジネッタ	3	53kg	1kg	◎	×	×
2007	アドマイヤキッス	4	55kg	なし	◎	×	×
2006	マイネサマンサ	6	55kg	なし	◎	×	×
2005	デアリングハート	3	52kg	なし	◎	×	×
2004	オースミコスモ	5	57kg	2kg	×		
2003	ファインモーション	4	58kg	3kg	×		
2002	ダイヤモンドビコー	4	56kg	1kg	◎	×	×
2001	ヤマカツスズラン	4	55kg	なし	◎	◎	
2000	トゥザヴィクトリー	4	55kg	なし	◎	◎	

判定	着順	単勝配当	結果	1番人気的中シートの使い方			
				左のシートに今年の1番人気候補を記入し、過去の成績をもとに「勝てるか、勝てないか」を判定してください。「勝てない」とわかったら、2番人気以下で勝てる馬が浮かび上がる【穴馬的中シート】（後ろのページ）に進んでください。			
				2番人気以下で勝った馬	人気	単勝配当	結果
◉	1着	¥230	大的中				
◉	1着	¥320	大的中				
×	6着		→	アエロリット	2	¥320	大的中
×	2着		→	マコトブリジャール	9	¥2,020	大的中
×	2着		→	メイショウスザンナ	7	¥3,250	大的中
◉	3着		ハズレ	キャトルフィーユ	2	¥520	
◉	1着	¥270	大的中				
◉	1着	¥290	大的中				
◉	1着	¥270	大的中				
×	8着		→	アプリコットフィズ	2	¥400	大的中
×	2着		→	ピエナビーナス	11	¥5,870	ハズレ
×	2着		→	ヤマニンメルベイユ	2	¥380	大的中
×	4着		→	アサヒライジング	2	¥560	大的中
×	8着		→	デアリングハート	3	¥510	大的中
×	4着		→	レクレドール	5	¥1,300	大的中
×	7着		→	オースミハルカ	5	¥880	大的中
×	2着		→	オースミハルカ	7	¥3,520	大的中
×	2着		→	ミツワトップレディ	7	¥2,260	大的中
◉	1着	¥370	大的中				
◉	1着	¥180	大的中				

過去20年、1番人気に応えて優勝した馬たちの前走成績と実績を紹介します。

まず4歳馬から見ていきます。

✧1番人気で勝った4歳馬一覧（実績は重賞連対を列記。以下同様）

2019年7月28日　ミッキーチャーム　　　4歳　56kg（＋1kg）230円

前走	東京1600m	GⅠ	ヴィクトリアマイル	6番人気	8着	0.7秒差
実績	阪神1600m	GⅡ	阪神牝馬S	4番人気	1着	0.1秒差
実績	京都2000m	GⅠ	秋華賞	5番人気	2着	0.2秒差

◉GⅡ阪神牝馬S勝ちの同馬は、GⅢグレード別定なら2kg加増の57kgですが、GⅢ賞金別定の当レースでは加増1kgで済んでおり、非常に有利です。

2018年7月29日　ディアドラ　　　　　　4歳　55kg　320円

前走	UAE1800m	GⅠ	ドバイターフ	7番人気	3着	
実績	中山2000m	GⅢ	紫苑S	1番人気	1着	0.0秒差
実績	京都2000m	GⅠ	秋華賞	3番人気	1着	0.2秒差

◉GⅠ秋華賞勝ちの同馬は、GⅢグレード別定なら3kg加増の58kgですが、GⅢ賞金別定の当レースでは加増なしで済んでいます。

なお、2018年までは4歳馬が夏期開催に入ると収得賞金が半額に計算されなおすルールがありました。ディアドラはその降級制度の恩恵も受けての55kgですが、2019年夏期開催からの新ルールでは「半額」にならなくなったため、同馬たちは旧ルール適用の最後の世代となっています。

2013年7月28日　アイムユアーズ　　　　4歳　55kg　270円

前走	東京1600m	GⅠ	ヴィクトリアマイル	11番人気	8着	0.4秒差
実績	札幌1800m	GⅢ	クイーンS	1番人気	1着	0.0秒差
実績	京都1400m	GⅢ	ファンタジーS	8番人気	1着	0.2秒差
実績	函館1200m	GⅢ	函館2歳S	5番人気	2着	0.2秒差
実績	阪神1400m	GⅡ	フィリーズレビュー	1番人気	1着	0.2秒差
実績	阪神1600m	GⅠ	阪神JF	8番人気	2着	0.4秒差

◉前年の当レース勝ちの同馬は、GⅢグレード別定なら1kg加増の56kgですが、GⅢ賞金別定の当レースでは加増なしで済んでおり有利です。

2001年8月12日　ヤマカツスズラン　　　4歳　55kg　370円

前走	阪神2000m	GⅢ	マーメイドS	1番人気	2着	0.6秒差
実績	京都2000m	GⅠ	秋華賞	7番人気	2着	0.1秒差
実績	阪神1600m	GⅠ	阪神3歳牝馬S	1番人気	1着	0.3秒差

2000年8月13日　トゥザヴィクトリー　　4歳　55kg　180円

前走	阪神2000m	GⅢ	マーメイドS	1番人気	2着	0.2秒差
実績	東京2400m	GⅠ	オークス	1番人気	2着	0.0秒差

次に3歳馬。

✧1番人気で勝った3歳馬一覧

2012年7月29日　アイムユアーズ　　　　3歳　52kg（＋1kg）290円

前走	東京2400m	GⅠ	オークス	4番人気	4着	0.9秒差	
実績	京都1400m	GⅢ	ファンタジーS	8番人気	1着	0.2秒差	
実績	函館1200m	GⅢ	函館2歳S	5番人気	2着	0.2秒差	
実績	阪神1400m	GⅡ	フィリーズレビュー	1番人気	1着	0.2秒差	
実績	阪神1600m	GⅠ	阪神JF	1番人気	2着	0.4秒差	

◉7月開催のため基礎重量は51kg。次週でしたら基礎重量は52kgになり、収得賞金により1kg増の53kgを背負わなければなりません。

1800m以上はGⅠオークスしか経験がありませんが、そこで2着に0.1秒差なら、GⅠ連対級の評価が可能（3着とはハナ差）。実際に2歳GⅠ連対馬です。また、オークスでは先行して粘っており、1800mの距離に適性がないとは思えません。ハードル❶をクリアできていませんが、7月開催による1kgの有利を採用したいところです。

2011年8月14日　アヴェンチュラ　　3歳　52kg　270円

前走	函館1800m	牡馬1600万	漁火S	2番人気	1着	0.4秒差	上がり1位
実績	札幌1800m	GⅢ	札幌2歳S	2番人気	2着	0.1秒差	

◉7カ月半の休み明けにもかかわらず、牡馬が参戦する準オープン特別をこの時期に完勝できる3歳牝馬は滅多にいません。素質は牝馬GⅠ級の評価。実際に同馬はクイーンSを制覇したあと秋華賞を完勝しています。

過去20年、1番人気に応えられず2着以下に負けた馬たちの前走成績と実績を紹介します。年長馬から見ていきます。はじめに5歳以上馬。

✜1番人気で負けた5歳以上馬一覧

2006年8月13日　マイネサマンサ　　6歳　55kg　8着

前走	京都2000m	GⅢ	マーメイドS	2番人気	4着	0.1秒差
実績	京都1600m	GⅢ	京都牝馬S	4番人気	1着	0.0秒差
実績	東京1800m	GⅢ	府中牝馬S	7番人気	2着	0.2秒差
実績	阪神2000m	GⅢ	マーメイドS	3番人気	2着	0.3秒差
実績	阪神1600m	GⅡ	阪神牝馬S	4番人気	2着	0.1秒差

2009年8月16日　ザレマ　　　　　5歳　55kg　2着

前走	阪神2000m	GⅢ	マーメイドS	3番人気	10着	0.8秒差
実績	阪神1400m	GⅡ	阪神牝馬S	3番人気	2着	0.2秒差
実績	京都1600m	GⅢ	京都牝馬S	9番人気	2着	0.1秒差

2004年8月15日　オースミコスモ　　5歳　57kg（＋2kg）　7着

前走	小倉1800m	GⅢ	北九州記念	5番人気	4着	0.4秒差
実績	福島1800m	GⅢ	福島牝馬S	2番人気	1着	0.2秒差
実績	中山1800m	GⅢ	中山牝馬S	9番人気	1着	0.1秒差
実績	新潟1600m	牡馬GⅢ	関屋記念	8番人気	1着	0.1秒差
実績	小倉1800m	牡馬GⅢ	小倉大賞典	7番人気	2着	0.9秒差
実績	阪神1600m	GⅢ	チューリップ賞	1番人気	2着	0.1秒差
実績	阪神1600m	GⅡ	阪神牝馬S	9番人気	2着	0.1秒差

◉グレード別定ならばGⅢ勝ちによる1kg増で済むところ、賞金別定のルールにより2kg増の57kgは不利です。

続いて4歳馬。
⊕ 1番人気で負けた4歳馬一覧

2017年7月30日　アドマイヤリード　　　4歳　55kg　6着
前走　東京1600m　GⅠ　　　　　ヴィクトリアマイル　6番人気　1着　0.2秒差
実績　阪神1600m　GⅡ　　　　　阪神牝馬S　　　　　3番人気　2着　0.3秒差
●GⅠ勝ちですが、距離適性がキーポイントの当レースでは？

2016年7月31日　シャルール　　　　　　4歳　55kg　2着
前走　東京1600m　GⅠ　　　　　ヴィクトリアマイル　9番人気　18着　3.3秒差
実績　福島1800m　GⅢ　　　　　福島牝馬S　　　　　1番人気　2着　0.2秒差

2015年8月2日　レッドリヴェール　　　　4歳　55kg　2着
前走　東京1600m　GⅠ　　　　　ヴィクトリアマイル　3番人気　4着　0.5秒差
実績　札幌1800m　牡馬GⅢ　　　札幌2歳S　　　　　2番人気　1着　0.0秒差
実績　阪神1600m　GⅠ　　　　　阪神JF　　　　　　5番人気　1着　0.0秒差
実績　阪神1600m　GⅠ　　　　　桜花賞　　　　　　　2番人気　2着　0.0秒差

2014年8月3日　スマートレイアー　　　　4歳　55kg　3着
前走　東京1600m　GⅠ　　　　　ヴィクトリアマイル　1番人気　8着　0.4秒差
実績　阪神1400m　GⅡ　　　　　阪神牝馬S　　　　　1番人気　1着　0.0秒差
実績　京都2000m　GⅠ　　　　　秋華賞　　　　　　　2番人気　2着　0.2秒差
●牡馬と走るオープン特別を勝っており、牝馬GⅡあるいは牝馬GⅢ勝ちと同等の評価です
ので掲載しておきます。
実績　阪神1800m　牝馬OP　　　大阪城S　　　　　　1番人気　1着　0.2秒差
●秋華賞連対の同馬は勝っていい1番人気。それでも負けた理由を探すとすれば、デビュー
9戦すべて手綱を握っていた武豊から、10戦目にして池添謙一に替わった点でしょう。ハナ・
クビ差の3着（タイム差なし）の敗因を求めるとすれば、そこです。

2010年8月15日　ヒカルアマランサス　4歳　55kg　8着
前走　阪神2000m　GⅢ　　　　　マーメイドS　　　　2番人気　5着　0.5秒差
実績　京都1600m　GⅢ　　　　　京都牝馬S　　　　　1番人気　1着　0.1秒差
実績　東京1600m　GⅠ　　　　　ヴィクトリアマイル　8番人気　2着　0.0秒差

2007年8月12日　アドマイヤキッス　4歳　55kg　4着
前走　東京1600m　牡馬GⅠ　　　安田記念　　　　　　15番人気　4着　0.4秒差
実績　中京2000m　GⅢ　　　　　愛知杯　　　　　　　1番人気　1着　0.2秒差
実績　阪神1600m　GⅢ　　　　　チューリップ賞　　　2番人気　1着　0.0秒差
実績　中京2000m　GⅡ　　　　　ローズS　　　　　　1番人気　1着　0.1秒差
実績　阪神1600m　GⅠ　　　　　桜花賞　　　　　　　1番人気　2着　0.1秒差

2003年8月17日　ファインモーション　4歳　58kg（＋3kg）2着
前走　中山2500m　牡馬GⅠ　　　有馬記念　　　　　　1番人気　5着　0.8秒差
実績　阪神2000m　GⅡ　　　　　ローズS　　　　　　1番人気　1着　0.5秒差
実績　京都2200m　GⅠ　　　　　エリザベス女王杯　　1番人気　1着　0.4秒差

実績　京都2000m　ＧⅠ　　　秋華賞　　　　　　　1番人気　1着　0.6秒差
●実績は文句なしですが、負担重量は58kgという酷量。牡馬なら60kgというほとんど見たことがない斤量で、さすがにこれは買えません。

2002年8月12日　ダイヤモンドビコー　4歳　56kg（＋1kg）2着
前走　東京1800m　牡馬GⅢ　　エプソムC　　　　　1番人気　10着　1.2秒差
実績　中山1800m　ＧⅢ　　　中山牝馬S　　　　　1番人気　1着　0.8秒差
実績　京都1600m　ＧⅢ　　　京都牝馬S　　　　　2番人気　2着　0.1秒差
実績　札幌1800m　ＧⅢ　　　クイーンS　　　　　4番人気　2着　0.5秒差
実績　阪神2000m　ＧⅡ　　　ローズS　　　　　　3番人気　1着　0.1秒差

最後に3歳馬。
✤**1番人気で負けた3歳馬一覧**

2008年8月17日　レジネッタ　　　　3歳　53kg（＋1kg）2着
前走　東京2400m　ＧⅠ　　　オークス　　　　　　5番人気　3着　0.2秒差
実績　阪神1600m　ＧⅠ　　　桜花賞　　　　　　　12番人気　1着　0.1秒差
●前述の2012年アイムユアーズとは違い、8月開催のために基礎重量は52kg。オークスの着差もアイムユアーズが2着に0.1秒に対し、レジネッタは1着にも2着にも0.2秒。この2つの違いが結果を分けました。

2005年8月14日　デアリングハート　　3歳　52kg　　4着
前走　東京1600m　牡馬GⅠ　　ＮＨＫマイルC　　　10番人気　2着　0.3秒差
実績　阪神1400m　ＧⅡ　　　フィリーズレビュー　7番人気　2着　0.0秒差
●牡馬GⅠ2着馬ですが、その「格」に目を奪われず、ハードルに従って距離適性を重視するべきです。

☆Point☆
ハードル❷は3歳馬がクリアすることは滅多になく、また4歳以上の古馬が前走3勝クラスで上がり1位完勝して当レースで1番人気になるとは考えづらいので、実質的に今年のクイーンSはハードル❶だけをチェックすることになると思います。もちろん、加増馬には敏感になってください。
なお、そのハードル❶ですが、1800m以上ＧⅠ連対歴という文章に（負けていても0.1秒差以内）と追記すると、2014年3着馬スマートレイアーを消去することができます、秋華賞0.2秒差ですから。
それにより2019年ミッキーチャームも消去になってしまいますが、同馬が0.2秒負けた秋華賞の相手はアーモンドアイなのです。怪物牝馬に0.2秒差ですから、これは（負けていても0.1秒差以内）と言えるでしょう。
ハードル❶についてもう一つ。1800m以上ＧⅠという括り方ですが、ＪＲＡでは1800〜1999mのＧⅠはありませんので、2000m以上ＧⅠのことになります。それなのになぜ1800m以上としたのかと言うと、当レースの距離1800mを意識してほしいからです。当レースは、とにかく1800m以上の距離適性が求められます。

◆１番人気が飛ぶとわかったらココへ

１番人気が「負ける」とわかった場合、勝つのは当たり前ですが２番人気以下の馬です。そんな好配当・高配当の１着候補を見つけるのは中・上級ファンでもなかなか難しいと思います。しかし、私が課す「大前提」と「ハードル」を満たした馬しか勝ちませんので、【穴馬的中シート】を利用して見つけだしてください。

🐎 ２番人気以下で勝てる馬を浮かび上がらせる

大前提
３〜６歳で加増なし

５〜６歳　ハードル❶
牡馬準ＯＰ完勝歴（完勝は0.1秒差以上の１着のこと）

５〜６歳　ハードル❷
1800m以上３歳以上重賞「完勝歴か、連対歴２回
（負けていても0.1秒差以内）」

４歳　　　ハードル❸
ＧⅠ連対歴か、1800m以上重賞１着歴

３歳　　　ハードル❹
重賞完勝歴

2番人気以下で勝てる馬【穴馬的中シート】

条件	馬番 or 馬名
大前提 クリア	
5〜6歳 ハードル❶クリア	
5〜6歳 ハードル❷クリア	
4歳 ハードル❸クリア	
3歳 ハードル❹クリア	

過去20年、2番人気以下で優勝した馬たちの前走成績と実績を紹介します。
年長馬から見ていきます。はじめに6歳馬。

◉2番人気以下で勝った6歳馬一覧（実績は1600万条件1着以上を列記）

2016年7月31日　9番人気　マコトブリジャール　6歳　55kg　2020円
前走　福島1800m　GⅢ　　　福島牝馬S　　　　　15番人気　1着　0.2秒差

◉下記のように牡馬と走る準オープン特別で完勝した実績が2回あるうえ、前走、牝馬GⅢを完勝の勢い。私は牡馬と牝馬の差は1クラス以上あると判断しています。すなわち、牡馬と一緒に走る1600万条件特別1着は、牝馬オープン特別〜牝馬GⅢ2着に値します。よって、マコトブリジャールが福島牝馬Sを勝つことに驚きはありません。逆に16頭立て15番人気というブービー人気のほうが不思議です。下記のように同馬は3走前に牡馬オープン特別0.1秒差3着もあります。なんら実績のない前述のシャレールが1番人気でこちらは9番人気。単勝2020円は狙って獲れます。

実績	阪神1800m	牡馬1600万	垂水S	3番人気	1着	0.1秒差
実績	阪神1800m	牡馬1600万	難波S	7番人気	1着	0.2秒差
実績	京都1800m	牡馬OP	カシオペアS	10番人気	3着	0.1秒差

2015年8月2日　7番人気　メイショウザンナ　6歳　55kg　3250円

前走	阪神2000m	GⅢ	マーメイドS	13番人気	10着	0.6秒差
実績	中山1800m	GⅢ	フラワーC	1番人気	2着	0.3秒差
実績	福島1200m	牡馬1600万	テレビユー福島賞	7番人気	1着	0.2秒差

2008年8月17日　2番人気　ヤマニンメルベイユ　6歳　55kg　380円

前走	東京1600m	GⅠ	ヴィクトリアマイル	13番人気	4着	0.7秒差

実績　中山1800m　<u>GⅢ</u>　　中山牝馬S　　　　　6番人気　1着　0.1秒差

続いて5歳馬。
◉2番人気以下で勝った5歳馬一覧

2014年8月3日　2番人気　キャトルフィーユ　5歳　55kg　520円
前走	東京1600m	GⅠ	ヴィクトリアマイル	13番人気	5着	0.1秒差
実績	福島1800m	GⅢ	福島牝馬S	2番人気	2着	0.0秒差
実績	中山1800m	GⅢ	中山牝馬S	4番人気	2着	0.2秒差
実績	中京2000m	GⅢ	愛知杯	14番人気	2着	0.1秒差

◉愛知杯→中山牝馬S→福島牝馬Sという3つのハンデGⅢを51kg→52kg→54kgと増量されながらも3戦連続2着。

2009年8月16日　11番人気　ビエナビーナス　5歳　55kg　5870円
前走	中京1800m	1600万	パールS	12番人気	6着	0.4秒差
※オープン連対なし						
実績	札幌1200m	牝馬1000万	羊ヶ丘特別	1番人気	1着	0.0秒差

◉牡馬と一緒に走る1000万条件特別勝ちのビエナビーナス。前述のように、私は牡馬と牝馬の差は1クラス以上あると思っています。すなわち、牡馬と一緒に走る1000万条件特別1着は、牝馬1600万条件特別のさらに上、牝馬オープン特別2着に値するとみているわけです。それでも単勝が買えるだけの実績ではなく、お手上げの58.7倍でした。

2002年8月12日　7番人気　ミツワトップレディ　5歳　55kg　2260円
前走	京都1600m	牝馬1600万	朱雀S	5番人気	1着	0.1秒差

◉オープン連対なしですが、3連勝中の上がり馬。さらに、前述のように前走の牡馬と一緒に走る1600万条件特別1着は、牝馬オープン特別～牝馬GⅢ2着に値します。

次に4歳馬。
◉2番人気以下で勝った4歳馬一覧

2007年8月12日　2番人気　アサヒライジング　4歳　55kg　560円
前走	東京1600m	GⅠ	ヴィクトリアマイル	9番人気	2着	0.1秒差
実績	東京1600m	GⅢ	クイーンC	6番人気	2着	0.1秒差
実績	京都2000m	GⅠ	秋華賞	5番人気	2着	0.1秒差
実績	米国2000m	GⅠ	アメリカンオークス	1番人気	2着	0.0秒差

2006年8月13日　3番人気　デアリングハート　4歳　55kg　510円
前走	東京1800m	牡馬GⅢ	エプソムC	10番人気	4着	0.3秒差
実績	阪神1400m	GⅡ	フィリーズレビュー	7番人気	2着	0.0秒差
実績	東京1600m	牡馬GⅠ	NHKマイルC	10番人気	2着	0.3秒差

2005年8月14日　5番人気　レクレドール　4歳　55kg　1300円
前走	阪神2000m	GⅢ	マーメイドS	1番人気	5着	1.4秒差
実績	阪神2000m	GⅡ	ローズS	5番人気	1着	0.0秒差

```
2004年8月15日   5番人気   オースミハルカ      4歳  55kg   880円
前走  阪神1600m  牡馬ＯＰ  米子Ｓ            3番人気   2着   0.1秒差
実績  札幌1800m  ＧⅢ     クイーンＳ         7番人気   1着   0.0秒差
実績  阪神1600m  ＧⅢ     チューリップ賞      4番人気   1着   0.1秒差
```
※前年の覇者。

最後に3歳馬。
◉2番人気以下で勝った3歳馬一覧

```
2017年7月30日   2番人気   アエロリット        3歳  52kg   320円
前走  東京1600m  牡馬ＧⅠ  ＮＨＫマイルＣ      2番人気   1着   0.2秒差
実績  東京1600m  ＧⅢ     クイーンＣ         5番人気   2着   0.1秒差
実績  中山1600m  ＧⅢ     フェアリーＳ        1番人気   2着   0.1秒差


2010年8月15日   2番人気   アプリコットフィズ   3歳  52kg   400円
前走  東京2400m  ＧⅠ     オークス           4番人気   6着   0.6秒差
実績  東京1600m  ＧⅢ     クイーンＣ         1番人気   1着   0.3秒差
実績  中山1600m  ＧⅢ     フェアリーＳ        2番人気   2着   0.0秒差


2003年8月17日   7番人気   オースミハルカ      3歳  52kg   3520円
前走  東京2400m  ＧⅠ     オークス          10番人気  10着   0.9秒差
実績  阪神1600m  ＧⅢ     チューリップ賞      4番人気   1着   0.1秒差
```
◉この年の上位人気馬の負担重量はすごかった！
1番人気 ファインモーション 58kg   2着
2番人気 テイエムオーシャン 59kg   3着
3番人気 ダイヤモンドビコー 58kg   4着
この3頭に勝ち目なしと判断すれば、4番人気以下から同馬を選び出すのは簡単。

◆ 2着馬を見つけるのはココで

2着候補を2番人気以下から見つけます。大前提とハードルを用いると簡単です。こちらも
【穴馬的中シート】利用して見つけてください。
なお、1番人気に応えられなくても2着に来ることはありますので、1番人気馬は無条件で
2着候補です。当レースでも1番人気に応えられなかった13頭のうち6頭が2着に来ています。

🐎 2番人気以下で2着に入れる馬を浮かび上がらせる

大前提
3〜5歳で加増なし

5歳　ハードル❶
前走1800m以上牡馬「2勝クラス特別1番人気完勝、あるいは準OP以上1着か1〜2番人気」

5歳　ハードル❷
GⅡ以上連対歴か、1800m以上3歳以上重賞連対歴

4歳　ハードル❸
重賞連対歴

3歳　ハードル❹
重賞完勝歴

3歳　ハードル❺
前走牡馬2勝クラス特別完勝

2番人気以下で2着に入れる馬【穴馬的中シート】

条件	馬番 or 馬名
大前提 クリア	
5歳 ハードル❶クリア	
5歳 ハードル❷クリア	
4歳 ハードル❸クリア	
3歳 ハードル❹クリア	
3歳 ハードル❺クリア	

過去20年、2番人気以下で2着に入った馬たちの前走成績と実績を紹介します。
年長馬から見ていきます。はじめに5歳馬。

◇2番人気以下で2着に入った5歳馬一覧

2018年　4番人気　フロンテアクイーン　5歳　55kg

前走	中山1800m	GⅢ	中山牝馬S	2番人気	2着	0.1秒差
実績	中山1600m	GⅢ	ターコイズS	3番人気	2着	0.0秒差
実績	福島1800m	GⅢ	福島牝馬S	4番人気	2着	0.0秒差
実績	東京1600m	GⅢ	クイーンC	7番人気	2着	0.8秒差

2017年　6番人気　トーセンビクトリー　5歳　55kg

前走	阪神2000m	GⅢ	マーメイドS	1番人気	9着	0.7秒差
実績	中山1800m	GⅢ	中山牝馬S	5番人気	1着	0.0秒差
実績	京都2000m	牝馬1600万	ジェンティルドンナメモリアル	6番人気	1着	0.0秒差
実績	阪神1800m	牝馬1600万	難波S	2番人気	1着	0.0秒差

2014年　6番人気　アロマティコ　5歳　55kg

前走	函館1800m	牝馬OP	巴賞	3番人気	1着	0.0秒差
実績	京都2200m	GⅠ	エリザベス女王杯	5番人気	3着	0.2秒差
実績	京都2000m	GⅠ	秋華賞	6番人気	3着	0.2秒差

2013年　8番人気　スピードリッパー　5歳　55kg

前走	東京D1600m	牝馬1600万	夏至S	9番人気	13着	1.5秒差
実績	中山1600m	GⅢ	フェアリーS	7番人気	2着	0.4秒差
実績	阪神1400m	GⅡ	フィリーズレビュー	6番人気	2着	0.2秒差
実績	東京2400m	GⅠ	オークス	14番人気	5着	0.5秒差

2012年　10番人気　ラブフール　5歳　55kg

前走	函館2000m	牝馬1600万	五稜郭S	2番人気	8着	0.5秒差

2010年　3番人気　プロヴィナージュ　5歳　55kg

前走	東京1600m	GⅠ	ヴィクトリアマイル	5番人気	9着	0.2秒差
実績	阪神1400m	GⅡ	阪神牝馬S	5番人気	2着	0.3秒差
実績	京都2000m	GⅠ	秋華賞	16番人気	3着	0.2秒差

2006年　2番人気　ヤマニンシュクル　5歳　55kg

前走	京都2000m	GⅢ	マーメイドS	1番人気	8着	0.5秒差
実績	中山1800m	GⅢ	中山牝馬S	1番人気	1着	0.2秒差
実績	阪神1600m	GⅠ	阪神JF	6番人気	1着	0.0秒差
実績	京都2000m	GⅠ	秋華賞	5番人気	2着	0.1秒差

2005年　10番人気　ヘヴンリーロマンス　5歳　55kg

前走	福島1800m	GⅢ	福島牝馬S	5番人気	10着	0.7秒差
実績	阪神1600m	GⅡ	阪神牝馬S	3番人気	1着	0.2秒差
実績	東京1800m	牝馬1600万	メイS	3番人気	1着	0.2秒差

2004年　6番人気　エルノヴァ　5歳　55kg

前走	札幌1800m	牝馬1000万	HTB杯	1番人気	1着	0.1秒差

2000年　7番人気　エイダイクイン　5歳　55kg

前走	東京1800m	牝馬GⅢ	エプソムC	9番人気	9着	0.8秒差
実績	東京1600m	GⅢ	クイーンC	2番人気	1着	0.2秒差
実績	中山1800m	GⅢ	中山牝馬S	4番人気	2着	0.2秒差

次に4歳馬。
◇2番人気以下で2着に入った4歳馬一覧

2019年　5番人気　スカーレットカラー　4歳　55kg

前走	阪神2000m	GⅢ	マーメイドS	5番人気	3着	0.1秒差
実績	中山1600m	GⅢ	フェアリーS	6番人気	2着	0.2秒差
実績	京都1800m	1600万　パールS		7番人気	1着	0.3秒差

2011年　10番人気　コスモネモシン　4歳　55kg

前走	東京1600m	GⅠ	ヴィクトリアマイル	13番人気	11着	1.3秒差
実績	中山1600m	GⅢ	フェアリーS	11番人気	1着	0.0秒差
実績	福島1800m	GⅢ	福島牝馬S	5番人気	2着	0.3秒差

実績　中山1800m　GⅢ　　　フラワーC　　　　　　　4番人気　2着　0.2秒差

最後に3歳馬。
◇2番人気以下で2着に入った3歳馬一覧

2007年　6番人気　イクスキューズ　　　3歳　52kg
前走　福島1800m　牡馬GⅢ　ラジオNIKKEI賞　　　4番人気　3着　0.3秒差
実績　京都1400m　GⅢ　　　ファンタジーS　　　2番人気　2着　0.8秒差
実績　東京1600m　GⅢ　　　クイーンC　　　　　3番人気　1着　0.2秒差

2001年　4番人気　ダイヤモンドビコー　3歳　52kg
前走　東京1600m　牡馬900万　エーデルワイスS　　5番人気　1着　0.1秒差

マメ知識

GⅢ					
1月	愛知杯	4歳以上	2000m	ハンデ	3600万円
2月	京都牝馬S	4歳以上	1400m	賞金別定	3600万円
3月	中山牝馬S	4歳以上	1800m	ハンデ	3600万円
4月	福島牝馬S	4歳以上	1800m	賞金別定	3800万円
6月	マーメイドS	3歳以上	2000m	ハンデ	3600万円
8月	クイーンS	3歳以上	1800m	賞金別定	3600万円
12月	ターコイズS	3歳以上	1600m	ハンデ	3600万円
GⅡ					
4月	阪神牝馬S	4歳以上	1600m	グレード別定	5500万円
10月	府中牝馬S	3歳以上	1800m	グレード別定	5500万円
GⅠ					
5月	ヴィクトリアM	4歳以上	1600m	定量	1億500万円
11月	エリザベス女王杯	3歳以上	2200m	定量	1億500万円

クイーンS

レパードS

8月9日(日)

新潟競馬場　ダート1800m　フルゲート15頭

3歳

馬齢　牡馬・騸馬56kg　牝馬54kg

🐎 レパードSの真相

2009年に創設、翌2010年に重賞になり、2011年にGⅢに新規格付けされたレパードS。歴史は浅いのですが、2009年の第1回開催からのちのGⅠ馬を輩出するなどハイレベルな馬たちを集めていますので、すべてGⅢとして扱います。

過去11年分のデータを分析していくと、当レースの位置づけが浮かび上がってきます。レパードSで儲けるためにはまず、

距離1800mへの適性

を見極めることが大切です。そして、

4歳以上を倒してきた上がり馬

を狙うか、

GⅠ級の実績

を残してきた馬を買うことが肝心です。

一文にまとめると右ページのようになります。

マメ知識

3歳ダート路線（地方競馬ダートグレード競走を含む）

5月	JpnⅡ	兵庫チャンピオンシップ	園田1870m	3000万円
6月	GⅢ	ユニコーンステークス	東京1600m	3500万円
7月	JpnⅠ	ジャパンダートダービー	大井2000m	4500万円
8月	GⅢ	レパードステークス	新潟1800m	4000万円

本書の実績列記では地方競馬JpnⅠ、JpnⅡ、JpnⅢも中央競馬と同じくGⅠ、GⅡ、GⅢと表記します。

🐎 1番人気で勝てる馬を浮かび上がらせる

> **ハードル❶**
> ## 1800m以上3歳以上2勝クラス特別
> ## 1番人気0.3秒差以上1着上がり1位
>
> **ハードル❷**
> ## 地方競馬2000m以上GI1番人気か、
> ## 連対（負けていても0.0秒差）
>
> **ハードル❸**
> ## 芝GI完勝

それでは、まず1番人気馬にこのハードルを課し、勝てるか負けるかを判定しましょう。次ページの【1番人気的中シート】を利用してください。

1番人気で勝てる馬 【1番人気的中シート】

年度	レパードSの1番人気馬	性別	ハードル❶	ハードル❷	ハードル❸	判定	着順
ハードル❶……1800m以上3歳以上2勝クラス特別1番人気0.3秒差以上1着上がり1位 ハードル❷……地方競馬2000m以上GⅠ1番人気か、連対（負けていても0.0秒差） ハードル❸……芝GⅠ完勝							
2020							
2020							
2019	デルマルーヴル	牡	×	×	×	×	2着
2018	グレートタイム	牡	×	×	×	×	6着
2017	エピカリス	牡	×	×	×	×	3着
2016	ケイティブレイブ	牡	×	×	×	×	2着
2015	クロスクリーガー	牡		◎		◉	1着
2014	アジアエクスプレス	牡			◎	◉	1着
2013	インカンテーション	牡	◎			◉	1着
2012	イジゲン	牡	×	×	×	×	3着
2011	ボレアス	牡		◎		◉	1着
2010	ソリタリーキング	牡	×	×	×	×	3着
2009	トランセンド	牡	◎			◉	1着

単勝配当	結果	1番人気的中シートの使い方			
		左のシートに今年の1番人気候補を記入し、過去の成績をもとに「勝てるか、勝てないか」を判定してください。「勝てない」とわかったら、2番人気以下で勝てる馬が浮かび上がる【穴馬的中シート】（後ろのページ）に進んでください。			
		2番人気以下で勝った馬	人気	単勝配当	結果
	→	ハヤヤッコ	10	¥2,400	大的中
	→	グリム	5	¥1,070	大的中
	→	ローズプリンスダム	11	¥6,630	大的中
	→	グレンツェント	2	¥270	大的中
¥250	大的中				
¥330	大的中				
¥330	大的中				
	→	ホッコータルマエ	2	¥460	大的中
¥290	大的中				
	→	ミラクルレジェンド	2	¥330	大的中
¥170	大的中				

過去11年、1番人気に応えて優勝した馬たちの前走成績と実績を紹介します。
✤1番人気で勝った馬一覧

2015年　クロスクリーガー　　250円
前走　大井2000m　ＧⅠ　ジャパンＤＤ　　　1番人気　2着　0.5秒差　上がり2位　逃げ
実績　中山1800m　ＯＰ　伏竜Ｓ　　　　　　1番人気　1着　0.0秒差　上がり3位
実績　園田1870m　ＧⅡ　兵庫ＣＳ　　　　　1番人気　1着　1.5秒差　上がり1位　逃げ

2014年　アジアエクスプレス　330円
前走　東京1600m　　ＧⅢ　　　ユニコーンＳ　1番人気　12着　1.7秒差　上がり？位
実績　中山芝1800m　ＧⅡ　　　スプリングＳ　1番人気　2着　0.2秒差　上がり2位
実績　中山芝1600m　ＧⅠ　　　朝日杯ＦＳ　　4番人気　1着　0.2秒差　上がり1位
●ダートに比べて芝のレースがハイレベルであることは間違いなく、しかもＧⅠ皐月賞のトライアル芝1800m戦で1番人気2着の実績は、このＧⅢでは一枚上。そもそも、2歳暮れにＧⅠ朝日杯ＦＳを制している世代トップの一頭です。また、ダート実績も前走のＧⅢユニコーンＳで1番人気に推されているほか、下記のような圧勝があります。
実績　東京1600m　500万　オキザリス賞　　1番人気　1着　1.1秒差　上がり1位

2013年　インカンテーション　330円
前走　中京1800m　3歳以上1000万　濃尾特別　1番人気　1着　0.3秒差　上がり1位

2011年　ボレアス
前走　大井2000m　ＧⅠ　ジャパンＤＤ　　　4番人気　2着　0.0秒差　上がり1位
●同馬は3戦続けてグレープブランデーというライバルに着順1つだけ負けていました。
3走前……オープン特別　被災地支援いぶき賞＝天敵が1着で2着
2走前……ＧⅢ　ユニコーンＳ＝天敵が2着で3着
1走前……大井ＧⅠ　ジャパンＤＤ＝天敵が1着で2着

2009年　トランセンド　　　　170円
前走　新潟1800m　3歳以上1000万　麒麟山特別　1番人気　1着　1.3秒差　上がり1位
●3歳馬が7月に年長馬に混じり、1000万条件特別で2着に1.3秒差をつけるのは破格。完全に上のクラスの馬だと言えます。
なお、クラスというのは、下から順に次のようになっています。

未勝利・新馬
1勝クラス（500万条件　平場・特別戦）
2勝クラス（1000万条件　平場・特別戦）
3勝クラス（1600万条件＝準オープンとも言います　特別戦のみ）
オープン特別（リステッド競走を含む）
ＧⅢ（格付け前の重賞を含む）
ＧⅡ
ＧⅠ
（グレード競走はすべてオープンです。なお、ＧⅢ・ＧⅡ・ＧⅠを重賞と言います）

私は1800m戦のクラス差を時計差で0.5秒と計算しています。これを上回る差＝0.6秒差以上

をつけて勝っていれば、間違いなく上のクラスの馬で、そのような勝利を本書では「圧勝」
と呼びます。

1000m	0.1秒
1200m	0.2秒
1400m	0.3秒
1600m	0.4秒
1800m	0.5秒
2000m	0.6秒
2200m	0.7秒
2400m	0.8秒
3000m	1.1秒
3200m	1.2秒

トランセンドは2着に1.3秒差ですから2クラス上、すなわち「1600万条件特別」を飛ばして
「3歳以上オープン特別」級の能力を示したわけです。
さらに、3歳と4歳以上馬の能力差は、私の計算ではこの7月の時点で斤量にして5kg差
あります。例えば4歳以上57kgならば3歳52kgで公平なのに、トランセンドは3kg差しか
もらっていません。つまり、前走で「3歳以上オープン特別」級の能力を2kgのハンデを背
負って示したことになります。これはレパードSのような「3歳限定戦」に換算すれば「3
歳GⅢ」でも勝ち負けになるレベルで、それは現実のものとなりました。

1800m	芝	ダート
6月	5.0kg	6.0kg
7月	4.0kg	5.0kg
8月	3.0kg	4.0kg
9月	2.5kg	3.5kg
10月	2.0kg	3.0kg
11月	1.5kg	2.5kg
12月	1.0kg	2.0kg
1月	0.5kg	1.5kg
2月	イコール	1.0kg
3月	イコール	0.5kg
4月	イコール	イコール

過去11年、1番人気に応えられず2着以下に負けた馬たちの前走成績と実績を紹介します。
✧1番人気で負けた馬一覧

2019年　デルマルーヴル　　　2着
前走　大井2000m　GⅠ　ジャパンＤＤ　　4番人気　2着　0.6秒差　上がり？位
実績　川崎1600m　GⅠ　全日本2歳優駿　2番人気　2着　0.0秒差　上がり1位
実績　園田1400m　GⅡ　兵庫ＪＧ　　　1番人気　1着　0.7秒差　上がり1位

2018年　グレートタイム　　　6着
前走　大井2000m　GⅠ　ジャパンＤＤ　　3番人気　3着　0.3秒差　上がり2位

実績　東京1600m　GⅢ　ユニコーンS　　3番人気　2着　0.6秒差　上がり2位
※3歳オープン勝ちなし。3歳以上1000万条件勝ちなし。

2017年　エピカリス　　　　　3着
前走　米2400m　　GⅠ　ベルモントS　出走取消
前々走　UAE1900m　GⅡ　UAEダービー　　2番人気　2着　0.0秒差
実績　東京1600m　OP　ヒヤシンスS　　1番人気　1着　0.1秒差　上がり2位
実績　門別1800m　GⅢ　北海道2歳優駿　1番人気　1着　2.4秒差　上がり1位　逃げ

2016年　ケイティブレイブ　2着
前走　大井2000m　GⅠ　ジャパンDD　　3番人気　2着　0.9秒差　上がり3位　逃げ
実績　園田1870m　GⅡ　兵庫CS　　　　2番人気　1着　1.2秒差　上がり1位　逃げ

2012年　イジゲン　3着
前走　福島1700m　3歳以上1000万　彦星賞　1番人気　1着　0.1秒差　上がり3位

2010年　ソリタリーキング　3着
前走　阪神1800m　3歳以上1000万　鷹取特別　1番人気　1着　0.0秒差　上がり1位

☆Point☆
馬齢戦ですから、すごい成績を挙げている格上馬でも加増されることなく、持てる実力を十分に発揮できるレースです。馬券は簡単なはずですが、ファンが選んだ1番人気が過去11年間で6回も負けているのは、それなりの理由があるのでしょう。
思うに、競馬ファンは、3歳限定戦と、3歳以上戦、この2つのレベル差を正確に掴んでいない気がします。これについては本文でかなり紹介しましたので熟読してください。
もうひとつあるとすれば、着差に対する無頓着さ。1番人気に応えられなかった馬たちの前走着差を列記します。

デルマルーヴル　　　GⅠ　2着　0.6秒差
グレートタイム　　　GⅠ　3着　0.3秒差
エピカリス　　　　　GⅡ　2着　0.0秒差
ケイティブレイブ　　GⅠ　2着　0.9秒差
イジゲン　　　　　1000万　1着　0.1秒差
ソリタリーキング　1000万　1着　0.0秒差

格上のGⅠ・GⅡで2〜3着に入った馬に注目するのはいいのですが、見るべきは着順ではなくタイム差だと思います。勝ち馬に0.1秒を超える差をつけられていては、2着だろうと3着だろうと「意味はない」とまでは言いませんが価値は大きく下がりますし、逆に、0.1秒を超える差をつけていなければ、1着でも私はそのように考えます（あくまで馬券検討上は、です）。
本書には頻繁に「完勝（＝0.1秒差以上の1着のこと）」という言葉や、「負けていても0.1秒差以内」というフレーズが出てきますが、それだけ0.1秒が重要であり、そこに注目すれば馬券は当たるということなのです。

◆1番人気が飛ぶとわかったらココへ

1番人気が「負ける」とわかったら、2番人気以下の馬から勝つ馬を見つけます。簡単です。私が課す「大前提」と、どちらかの「ハードル」を満たした馬しか勝ちませんので、【穴馬的中シート】を利用して見つけだしてください。

🐴 2番人気以下で勝てる馬を浮かび上がらせる

ハードル❶
1勝クラス圧勝歴、2勝クラス完勝歴、OP1着歴

ハードル❷
3歳以上2勝クラス特別1番人気完勝

※ハードル❶か❷の実績は1800m以上（東京コースは1600m以上）

2番人気以下で勝てる馬【穴馬的中シート】

条件	馬番 or 馬名
ハードル❶ クリア	
ハードル❷ クリア	

過去11年、2番人気以下で優勝した馬たちの前走成績と実績を紹介します。
◉2番人気以下で勝った馬一覧

2019年　10番人気　ハヤヤッコ　2400円
前走　東京1600m　ＯＰ　青竜Ｓ　　　　　　6番人気　8着　1.0秒差　上がり？位
実績　中山1800m　500万　平場　　　　　　2番人気　1着　0.6秒差　上がり1位
◉2着に0.6秒差をつける、ひとクラス上の馬の勝ち方＝圧勝。

2018年　5番人気　グリム　　　　　　　1070円
前走　東京1600m　ＧⅢ　ユニコーンＳ　　2番人気　9着　1.2秒差　上がり？位
実績　東京1600m　ＯＰ　青竜Ｓ　　　　　5番人気　1着　0.0秒差　上がり3位

2017年　11番人気　ローズプリンスダム　6630円
前走　大井2000m　ＧⅠ　ジャパンＤＤ　　6番人気　8着　1.6秒差　上がり？位
実績　京都1800m　ＯＰ　鳳雛Ｓ　　　　　10番人気　1着　0.0秒差　上がり？位

2016年　2番人気　グレンツェント　270円
前走　東京1600m　ＧⅢ　ユニコーンＳ　　3番人気　3着　0.5秒差　上がり1位
実績　東京1600m　ＯＰ　青竜Ｓ　　　　　2番人気　1着　0.0秒差　上がり3位

2012年　2番人気　ホッコータルマエ　460円
前走　大井2000m　ＧⅠ　ジャパンＤＤ　　6番人気　5着　1.0秒差　上がり3位
実績　東京1600m　3歳以上1000万　青梅特別　1番人気　1着　0.1秒差　上がり2位

2010年　2番人気　牝馬ミラクルレジェンド　330円
前走　大井2000m　ＧⅠ　ジャパンＤＤ　　4番人気　4着　0.1秒差　上がり1位
実績　京都1800m　1000万　あおぎりＳ　　7番人気　1着　0.2秒差　上がり1位

では、こういう「2番人気以下で勝つ馬」がクリアするハードルを、同じようにクリアする馬が毎年どれくらい出走しているのでしょうか。単勝高配当となった2019年と2017年を詳しく見ていきましょう。

■2019年は2頭

2番人気　ヴァイトブリック
実績　園田1870m　ＧⅡ　兵庫ＣＳ　　　　2番人気　2着　0.9秒差　上がり2位
◉兵庫チャンピオンシップは1着本賞金3000万円の園田ＧⅡ。ＪＲＡＧⅢレパードＳは1着本賞金4000万円、ＪＲＡオープン特別ヒヤシンスＳ（リステッド）は1900万円ですから、ちょうどその中間の賞金額です。格的に評価が難しいところですが、0.9秒差も付けられては……2クラス下＝2勝クラスの馬と判断します。
実績　中山1800m　500万　　　　　　　　1番人気　1着　0.5秒差　上がり2位
◉0.5秒差がネック。0.6秒差だったらＯＫ。

3番人気　サトノガロス
実績　京都1200m　500万　　　　　　　　1番人気　1着　0.8秒差　上がり1位

46

◉2着に0.8秒差をつける圧勝。1200m戦なら1000万条件（0.3秒差）→オープン特別（0.6秒差）→GⅢ級（0.9秒差）。しかし、当レースは1800m戦だけに距離不安が大きいです。

4番人気　エルモンストロ
実績　阪神1800m　500万　　　　　　　　1番人気　1着　0.3秒差　上がり2位
◉0.3秒差がネック。

5番人気　ビルジキール
実績　福島1700m　3歳以上2勝クラス（1000万）　猪苗代特別　5番人気　1着　0.6秒差　上がり1位
実績　福島1700m　3歳以上3勝クラス（1600万）　安達太良S　2番人気　2着　0.2秒差　上がり?位
◉距離1700mがネックですが、2勝クラスで0.6秒差（ひとクラス上）＆上がり1位、そして3勝クラスで2番人気2着は、少々単勝を購入するだけの価値があります。

6番人気　ブラックウォーリア
実績　中京1900m　3歳以上1000万　インディアT　2番人気　1着　0.2秒差　上がり?位
◉2番人気がネック。ハンデ戦でもあります（53kg）。

7番人気　ブルベアイリーデ
実績　東京1600m　3歳以上1000万　青梅特別　1番人気　1着　0.4秒差　上がり1位
◉ハードルをクリアしています。負けたのは距離適性でしょう。デビュー2、3戦目に1000m戦を選んだ馬です。

8番人気　牝馬アッシェンプッテル
実績　阪神2000m　3歳以上1000万　鷹取特別　4番人気　1着　0.3秒差　上がり1位
◉4番人気が引っかかります。

9番人気　ハヤブサナンデクン
実績　阪神1800m　500万　　　　　　　　2番人気　1着　0.2秒差　上がり2位
◉0.2秒差がNG。

10番人気　ハヤヤッコ　前述

11番人気　トイガー
実績　東京2100m　500万　　　　　　　　11番人気　1着　0.1秒差　上がり2位
◉0.1秒差が駄目。

12番人気　ロードリバーサル
実績　中京1900m　3歳以上500万　　　　3番人気　1着　0.1秒差　上がり2位　逃げ
◉500万条件では駄目。

13番人気　アヴァンセ
実績　阪神1800m　3歳以上500万　　　　3番人気　1着　0.4秒差　上がり1位
◉500万条件がNG。

14番人気　ワシントンテソーロ
実績　福島1700m　3歳以上500万　　　　　　4番人気　1着　0.2秒差　上がり2位
◎500万条件がNG。

15番人気　メスキータ
実績　京都1800m　500万　　　　　　　　　6番人気　1着　0.2秒差　上がり1位
◎0.2秒差がNG。

ハードルをクリアしているのは、10番人気ハヤヤッコのほかには7番人気ブルベアイリーデ
1頭のみです。この2頭が優勝候補に浮かび上がります。そして、10番人気の単勝配当2400
円が得られるわけです。

■2017年は5頭

2番人気　タガノディグオ
実績　大井2000m　GⅠ　ジャパンDD　　2番人気　3着　0.2秒差　上がり1位
実績　園田1870m　GⅡ　兵庫CS　　　3番人気　1着　0.1秒差　上がり1位
実績　阪神1800m　500万　　　　　　　1番人気　1着　0.6秒差　上がり2位
◎園田と阪神の実績により、単勝は買わなければなりません。

3番人気　テンザワールド
実績　中京1900m　3歳以上1000万　濃尾特別　2番人気　1着　0.4秒差　上がり？位
◎2番人気が引っかかります。

4番人気　ハルクンノテソーロ
実績　東京1600m　GⅢ　ユニコーンS　　5番人気　2着　0.7秒差　上がり2位
◎ハードルクリアとなる「オープン特別1着」と、この「GⅢ2着0.7秒差」のどちらが優秀
かは判断に迷うところです。そこで前々走を見ると次のとおり。
実績　東京1600m　OP　青竜S　　　　8番人気　2着　0.2秒差　上がり1位
やはりオープン特別を勝てていません。単勝は買えません。

5番人気　タガノグルナ
実績　京都1800m　500万　　　　　　　　　5番人気　1着　0.6秒差　上がり1位　逃げ
◎ハードルをクリアしています。

6番人気　イブキ
実績　中山芝2200m　500万　水仙賞　　　4番人気　1着　0.1秒差　上がり？位　逃げ
◎初ダート。芝の実績をかさ上げしても、ハードルはクリアしていません。

7番人気　牝馬タガノカトレア
実績　京都1400m　500万　　　　　　　　2番人気　1着　0.2秒差　上がり1位
◎距離1400mと、0.2秒差がネック。

8番人気　ノーブルサターン
実績　園田1870m　GⅡ　兵庫CS　　　5番人気　2着　0.1秒差　上がり1位　逃げ

◉ハードル❶を満たすには「オープン特別1着歴」が必要ですが、私は兵庫チャンピオンシップの実績で十分クリアと判断します。

9番人気　スターストラック
実績　函館1700m　3歳以上1000万　檜山特別　3番人気　1着　0.1秒差　上がり？位
◉距離1700mと3番人気が引っかかります。ハンデ戦でしたし（52kg）。

10番人気　トラネコ
実績　東京1600m　500万　　　　　　　　4番人気　1着　0.0秒差　上がり1位
◉0.0秒差がNG。

11番人気　ローズプリンスダム　前述

12番人気　牡馬　サルサディオーネ　2着
実績　中京1800m　3歳以上牝馬500万　　2番人気　1着　0.8秒差　上がり1位
◉3歳以上500万下の1800m戦で逃げて上がり1位を記録、2着に0.8秒差をつける圧勝劇。ただ、これは牝馬限定競走の成績。牝馬限定のレースは牡馬と一緒に走るレースよりひとクラスは下のレベルです。つまり、牡馬新馬・牡馬未勝利戦圧勝と同じ価値。
しかし、サルサディオーネは7月の「3歳以上」のレースで「3歳馬52kg」という斤量を背負いました。前述のように、それならば4歳以上馬は5kg重い57kgで公平になると私は計算していますが、実際のところ4歳以上馬は3kg重いだけの55kgで出走します。すなわち同馬は2kgのハンデを背負っているわけです。そう換算すると、「牡馬新馬・牡馬未勝利戦」レベルという前言は撤回で、牡馬と一緒に走る「500万条件」での圧勝劇とも評価でき、ハードルクリアと言えます。

13番人気　ブライトンロック
実績　東京1600m　500万　　　　　　　　5番人気　1着　0.2秒差　上がり1位
◉0.2秒差が駄目。

14番人気　テイエムアンムート
実績　京都1800m　500万　　　　　　　　5番人気　1着　0.2秒差　上がり1位
◉0.2秒差が駄目。

15番人気　シゲルコング
実績　東京1400m　500万　オキザリス賞　4番人気　1着　0.0秒差　上がり？位
◉距離、着差が引っかかります。

ハードルをクリアしているのは、11番人気のほかには2番人気、5番人気、8番人気、12番人気の4頭。これの5頭が優勝候補になり、11番人気の単勝配当6630円を得ます。
ちなみに11番人気→12番人気の馬単は¥251,840。11番人気→12番人気→1番人気の3連単は¥807,250。

◆2着馬を見つけるのはココで

2着候補を2番人気以下から見つけます。大前提とハードルを用いると簡単です。こちらも
【穴馬的中シート】利用して見つけてください。
なお、1番人気に応えられなくても2着に来ることはありますので、1番人気馬は無条件で
2着候補です。

🐎 2番人気以下で2着に入れる馬を浮かび上がらせる

ハードル❶
1勝クラス完勝

ハードル❷
3歳以上1勝クラス以上1着歴

ハードル❸
重賞連対歴（負けていても0.0秒差）

※ハードル❶❷❸の実績は1800m以上（東京コースは1600m以上）

2番人気以下で2着に入れる馬【穴馬的中シート】

条件	馬番 or 馬名
ハードル❶ クリア	
ハードル❷ クリア	
ハードル❸ クリア	

過去11年、2番人気以下で2着に入った馬たちの前走成績と実績を紹介します。
◇2番人気以下で2着に入った馬一覧

2018年　10番人気　ヒラボクラターシュ
前走　中京1800m　3歳以上1000万　濃尾特別　5番人気　4着　0.6秒差　上がり？位　1カ月
実績　中山1800m　500万　　　　　　　　　　1番人気　1着　0.3秒差　上がり1位

2017年　12番人気　牝馬サルサディオーネ
前走　中京1800m　牝馬3歳以上500万　　　　2番人気　1着　0.8秒差　上がり1位　1カ月

2015年　3番人気　ダノンリバティ
前走　京都芝1800m　OP　白百合S　　　　　4番人気　8着　0.3秒差　上がり3位　2カ月半
実績　阪神芝1800m　GⅢ　毎日杯　　　　　　3番人気　2着　0.0秒差　上がり1位
●初ダート。ダートよりも芝のレースのほうがレベルが高いとされており、タイム差なしの
2着は、ダートGⅢ勝ちと同等の評価をしていいと思います。

2014年　7番人気　クライスマイル
前走　東京1600m　3歳以上500万　　　　　　1番人気　1着　0.3秒差　上がり3位

2013年　4番人気　サトノプリンシパル
前走　中京1800m　3歳以上1000万　御嶽特別　2番人気　1着　0.1秒差　上がり3位　逃げ

2012年　3番人気　ナムラビクター
前走　中京1800m　3歳以上1000万　御嶽特別　2番人気　1着　0.6秒差　上がり1位

2011年　2番人気　タカオノボル
前走　新潟1800m　3歳以上1000万　麒麟山特別　6番人気　1着　0.1秒差　上がり3位

2010年　6番人気　グリッターウイング
前走　新潟1800m　3歳以上1000万　瀬波温泉特別　1番人気　2着　0.5秒差　上がり3位
実績　阪神1800m　3歳以上500万　　　　　　　5番人気　1着　0.0秒差　上がり3位

2009年　3番人気　スーニ
前走　大井2000m　GI　ジャパンDD　　　　　1番人気　6着　1.9秒差　上がり？位　1カ月半
実績　中山1800m　OP　伏竜S　　　　　　　　1番人気　1着　0.0秒差　上がり1位
実績　園田1400m　GⅡ　兵庫JG　　　　　　　1番人気　1着　0.4秒差　上がり1位　3角先頭
実績　川崎1600m　GI　全日本2歳優駿　　　　1番人気　1着　1.1秒差　上がり1位　4角先頭

エルムS

8月9日（日）

札幌競馬場　ダート1700m　フルゲート14頭

3歳以上

別定　3歳53kg　4歳以上56kg （牝馬2kg減）

ただし、過去1年間で　　　GⅠ競走（牝馬限定競走は除く）　1着馬は3kg増
牝馬限定GⅠ競走　およびGⅡ競走（牝馬限定競走は除く）　1着馬は2kg増
牝馬限定GⅡ競走　およびGⅢ競走（牝馬限定競走は除く）　1着馬は1kg増
過去1年以前の　　　　　GⅠ競走（牝馬限定競走は除く）　1着馬は2kg増
牝馬限定GⅠ競走　およびGⅡ競走（牝馬限定競走は除く）　1着馬は1kg増
（ただし、2歳時の成績を除く）。

🐎 エルムSの真相

これまでの重賞成績で負担重量が決まる別定を「グレード別定」
と言います。そして、このエルムSは、その負担重量が馬券購
入時の決め手のひとつになります。前ページに記載しているよ
うに、GⅢエルムSはすでにGⅢを勝っている馬に1kg加増し
ます。地方競馬のJpnⅢであっても同様に評価するのです。し
かし、地方競馬のJpnⅢと中央競馬のGⅢは同じ価値でしょう
か。中央競馬の馬が出走できる地方競馬ダートグレード競走一
覧（エルムSの巻末ページ）に記したとおり、JpnⅢの1着本
賞金は中央競馬のオープン特別とほぼ同じ金額です。JpnⅡは
中央競馬GⅢを下回る金額で、JpnⅠも同じようなものです。
1着本賞金だけを見て言うのであれば、地方競馬の重賞は、中
央競馬の重賞よりもグレードが1つ下なのです。

地方競馬JpnⅠ　→　中央競馬GⅡ

地方競馬JpnⅡ　→　中央競馬GⅢ

地方競馬JpnⅢ　→　オープン特別

私は以下の3つのJpnⅠだけは中央競馬GⅠと同じグレードと
判断し、ほかはすべて1つ下げて馬券予想に活かしています。

・東京大賞典　　　　1着本賞金　8000万円
・JBCクラシック　1着本賞金　8000万円
・JBCスプリント　1着本賞金　6000万円

つまり、このエルムSにおいて、JpnⅢを勝って1kg増の馬は、
不必要な加増ということです。そして、

JpnⅢ勝ちによる加増馬は、

1番人気に応えられません。この事実を含め、エルムSで勝て
る1番人気馬について次ページのような一文を作りました。

🐎 1番人気で勝てる馬を浮かび上がらせる

大前提

4〜5歳馬

4歳　ハードル❶

地方重賞勝ちで加増されていない
（3つのJan I を除く）

4歳　ハードル❷

3歳以上「地方競馬GI 1番人気か 1着歴、あるいは前走OP圧勝」

5歳　ハードル❸

1900m以上3歳以上「GII連対、 あるいは地方競馬GI 1番人気歴か1着歴」

それでは、今年の1番人気候補に上記の大前提とハードルを課し、勝てるか負けるかを判定しましょう。次ページからの【1番人気的中シート】をご利用ください。

1番人気で勝てる馬【1番人気的中シート】

年度	エルムSの 1番人気馬	性齢	負担 重量	大前提	4歳 ハードル❶	4歳 ハードル❷	5歳 ハードル❸
大前提…………………4〜5歳馬 4歳　ハードル❶……地方重賞勝ちで加増されていない（3つのJanⅠを除く） 4歳　ハードル❷……3歳以上「地方競馬GⅠ1番人気か1着歴、あるいは前走OP圧勝」						
2020							
2020							
2019	グリム	牡4	57kg	◎	×		
2018	ミツバ	牡6	57kg	×			
2017	テイエムジンソク	牡5	56kg	◎			×
2016	モンドクラッセ	牡5	56kg	◎			×
2015	クリノスターオー	牡5	57kg	◎			×
2014	ジェベルムーサ	牡4	56kg	◎	◎	×	
2013	ブライトライン	牡4	56kg	◎	◎	◎	
2012	ローマンレジェンド	牡4	56kg	◎	◎	◎	
2011	ランフォルセ	牡5	56kg	◎			◎
2010	エーシンモアオバー	牡4	56kg	◎	◎	×	
2009	トランセンド	牡3	53kg	×			
2008	メイショウトウコン	牡6	58kg	×			
2007	ロングプライド	牡3	54kg	×			
2006	トーセンブライト	牡5	57kg	◎			×
2005	ハードクリスタル	牡5	56kg	◎			×
2004	ウインデュエル	牡5	56kg	◎			×
2003	アドマイヤドン	牡4	59kg	◎	◎	◎	
2002	プリエミネンス	牝5	55kg	◎			◎
2001	エンゲルグレーセ	牡4	56kg	◎	◎	◎	
2000	タマモストロング	牡5	57kg	×			

左のシートに今年の1番人気候補を記入し、過去の成績をもとに「勝てるか、勝てないか」を判定してください。「勝てない」とわかったら、2番人気以下で勝てる馬が浮かび上がる【穴馬的中シート】（後ろのページ）に進んでください。

判定	着順	単勝配当	結果	2番人気以下で勝った馬	人気	単勝配当	結果
×	7着		→	モズアトラクション	2	¥610	大的中
×	3着		→	ハイランドピーク	2	¥410	大的中
×	2着		→	ロンドンタウン	4	¥1,220	大的中
×	3着		→	リッカルド	7	¥2,850	大的中
×	4着		→	ジェベルムーサ	2	¥410	大的中
×	6着		→	ローマンレジェンド	3	¥520	大的中
◎	3着		ハズレ	フリートストリート	3	¥800	
◎	1着	¥150	大的中				
◎	1着	¥160	大的中				
×	3着		→	クリールパッション	2	¥370	大的中
×	4着		→	マチカネニホンバレ	2	¥480	大的中
×	4着		→	フェラーリピサ	3	¥500	大的中
×	3着		→	メイショウトウコン	2	¥370	大的中
×	4着		→	ヒシアトラス	5	¥900	大的中
×	5着		→	パーソナルラッシュ	2	¥480	大的中
×	2着		→	パーソナルラッシュ	6	¥4,700	大的中
◎	1着	¥270	大的中				
◎	1着	¥170	大的中				
◎	1着	¥210	大的中				
×	10着		→	シンコウスプレンダ	4	¥560	大的中

（左端欄）歳　ハードル❸……1900m以上3歳以上：「GⅡ連対、あるいは地方競馬GⅠ1番人気歴か1着歴」

エルムS

過去20年、1番人気に応えて優勝した馬たちの前走成績と実績を紹介します。
はじめに4歳馬。
✛1番人気で勝った4歳馬一覧(実績はJRAのGⅢ連対以上、地方競馬のGⅡ連対以上を列記。以下同様)

2012年　ローマンレジェンド　牡4　56kg　150円
前走　中京1800m　OP　ジュライS　　　　1番人気　1着　1.0秒差　上がり1位　1カ月半
※1.0秒差の圧勝。

2003年　アドマイヤドン　　牡4　59kg（＋3kg）270円
前走　中山1800m　GⅠ　フェブラリーS　　2番人気　11着　2.6秒差　上がり？位　6カ月半
実績　盛岡2000m　GⅠ　JBCクラシック　2番人気　1着　1.1秒差
実績　中山芝1600m　GⅠ　朝日杯FS　　　1番人気　1着　0.1秒差　上がり？位
●地方競馬のGⅠ勝ちにより3kg加増されていますが、JBCクラシックはJRAのGⅠ
と同格なので妥当です。

2001年　エンゲルグレーセ　牡4　56kg　210円
前走　函館1700m　OP　マリーンS　　　　3番人気　1着　0.7秒差　上がり2位　1カ月
※0.7秒差の圧勝。

次に5歳馬。
✛1番人気で勝った5歳馬一覧

2011年　ランフォルセ　　　牡5　56kg　160円
前走　函館1700m　OP　マリーンS　　　　1番人気　1着　0.4秒差　上がり1位　2カ月
実績　京都1900m　GⅡ　東海S　　　　　6番人気　2着　0.1秒差　上がり3位　逃げ
※距離1900mのGⅡ連対。

2002年　プリエミネンス　　牝5　55kg（＋1kg）170円
前走　盛岡2000m　GⅢ　マーキュリーC　1番人気　1着　1.4秒差　3角先頭　1カ月半
実績　川崎2100m　GⅠ　川崎記念　　　　1番人気　5着　0.5秒差　上がり3位
●前走、地方競馬のGⅢ勝ちにより1kg加増されていますが、同馬は地方競馬の重賞を6勝
している女傑（前走以外の5勝は牝馬GⅢなので加増なし）。賞金別定だったら1kg加増で
はとても済まないでしょう。逆に、当レースの1kg加増はラッキーと言えます。

過去20年、1番人気に応えられず2着以下に負けた馬たちの前走成績と実績を紹介します。
はじめに3歳馬。3歳馬は1番人気では勝てません。
✛1番人気で負けた3歳馬一覧

2009年　トランセンド　　　牡3　53kg　4着
前走　新潟1800m　重賞　レパードS　　　1番人気　1着　0.5秒差　上がり1位　1カ月
●2007年ロングブライド参照。この時期の3歳のダート1700m戦における基礎重量は、4
歳以上馬よりも4kg軽い52kgが適正だと思います。

2007年　ロングブライド　　牡3　54kg（＋1kg）3着
前走　大井2000m　GⅠ　ジャパンDD　　1番人気　3着　1.2秒差　上がり3位

実績　東京1600m　GⅢ　ユニコーンS　　1番人気　1着　0.1秒差　上がり1位

◉私の計算では、8月の時点で3歳馬と4歳以上馬の能力差は、1700m戦においてはJRAの発表と同様に、負担重量に3kg差をつけないと縮まりません。しかし、それは芝のレースの話。芝のレースに比べて能力差が明らかになりやすいダート戦では、あと1kgの減量＝4kg差はほしい。この時期の3歳馬は、ダート1700m戦において負担重量の基礎は52kgが適正だと思います。

1700m	芝	ダート（芝の数値はJRA発表。ダートの数値は私の考えです）
6月	4.0kg	6.0kg
7月	4.0kg	5.0kg
8月	3.0kg	4.0kg
9月	3.0kg	3.5kg
10月	2.0kg	3.0kg
11月	2.0kg	2.5kg
12月	1.0kg	2.0kg
1月	1.0kg	1.5kg
2月	1.0kg	1.0kg
3月	ゼロ	0.5kg
4月	ゼロ	ゼロ

ちなみに8月後半に英国ヨークシャー競馬場で行われるヨークシャーオークス（芝 約2400m）は、オークスといっても3歳戦ではなく3歳以上戦。その負担重量は3歳56kg、4歳以上60kgと、4kg差があります。そして過去20年の優勝馬を年齢別に見ると、

・3歳　12勝

・4歳　6勝

・5歳　2勝

4kg軽い3歳馬が好成績を収めています。思うに古馬の斤量60kgは競走能力を減退させすぎるので、たとえば4歳以上は57kg、3歳は53kgにすると、古馬の勝利が増えて3歳とイーブンに近づくのではないでしょうか。なお、8月の芝2400m戦においては、JRAも4kg差を3歳馬に与えています。

次に4歳馬。

◈1番人気で負けた4歳馬一覧

2019年　グリム　　牡4　57kg（＋1kg）7着

前走　盛岡2000m　GⅢ　マーキュリーC　1番人気　1着　0.3秒差　上がり2位

実績　新潟1800m　GⅢ　レパードS　5番人気　1着　0.0秒差　上がり2位

実績　阪神1800m　GⅢ　アンタレスS　2番人気　2着　0.1秒差　上がり？位

実績　浦和2000m　GⅡ　浦和記念　1番人気　2着　0.9秒差　上がり2位

◉地方競馬の盛岡GⅢマーキュリーC、名古屋GⅢ名古屋大賞典、金沢GⅢ白山大賞典の1着により、1kg加増となっています。地方競馬のGⅢはJRAのオープン特別と同格。オープン特別を勝っただけで1kg加増はこたえます。

2014年　ジェベルムーサ　　牡4　56kg　6着

前走　京都1900m　GⅢ　平安S　2番人気　4着　0.3秒差　上がり3位　2カ月

実績　中山1800m　GⅢ　マーチS　　　　2番人気　2着　0.1秒差　上がり2位

2013年　ブライトライン　　　牡4　56kg　3着
前走　函館1700m　OP　マリーンS　　1番人気　1着　0.7秒差　上がり1位　3角先頭　1カ月半
実績　中京芝1400m　GⅢ　ファルコンS　4番人気　1着　0.1秒差　上がり1位
●同じような前走成績の4歳馬エンゲルグレーセ（2001年）は、前々走1800mオープン特別2着、3走前1700m準オープン特別1着でした。これに対してブライトラインは、前々走1400m準オープン勝ち、3走前1200mオープン特別3着。短距離適性を示していることが不安です。もちろん、ハードルはクリアしており、単勝1.6倍の勝っていい馬ですが……。

2010年　エーシンモアオバー　牡4　56kg　3着
前走　札幌1700m　OP　しらかばS　　1番人気　2着　0.2秒差　上がり？位　逃げ

続いて5歳馬。
✛**1番人気で負けた5歳馬一覧**

2017年　テイエムジンソク　　牡5　56kg　2着
前走　函館1700m　OP　マリーンS　1番人気　1着　0.8秒差　上がり3位　逃げ　1カ月

2016年　モンドクラッセ　　　牡5　56kg　3着
前走　函館1700m　OP　大沼S　　1番人気　1着　0.5秒差　上がり1位　4角先頭　1カ月半
実績　中京1800m　GⅡ　東海S　　2番人気　2着　0.3秒差　上がり3位　逃げ
※距離1800mが引っかかります。

2015年　クリノスターオー　　牡5　57kg（＋1kg）4着
前走　大井2000m　GⅠ　帝王賞　　2番人気　6着　1.9秒差　上がり？位　1カ月半
実績　阪神1800m　GⅢ　アンタレスS　6番人気　1着　0.1秒差　上がり？位
実績　阪神2000m　GⅢ　シリウスS　1番人気　1着　0.1秒差　上がり3位
実績　京都1900m　GⅢ　平安S　　12番人気　1着　0.1秒差　上がり？位
実績　京都1900m　GⅢ　平安S　　3番人気　2着　0.3秒差　上がり？位
実績　札幌1700m　GⅢ　エルムS　　5番人気　2着　0.0秒差　上がり3位　4角先頭

2006年　トーセンブライト　　牡5　57kg（＋1kg）4着
前走　函館1700m　OP　マリーンS　4番人気　1着　0.5秒差　上がり1位　2カ月
●負担重量57kgについて注意が必要。この2006年まで、別定重量のルールに「（意訳）ただし、過去1年間で〜」という一文はありませんでした。すなわち、何年前に獲ったタイトルであろうが、それが2歳戦でない場合、加増対象になるわけです。同馬は2年前、3時の8月に勝った地方競馬（金沢）GⅢサラブレッドチャレンジCⅠ着により1kg増。これは不利でしょう。もっとも、ハードルをクリアしていません。

2005年　ハードクリスタル　　牡5　56kg　5着
前走　函館1700m　OP　マリーンS　2番人気　1着　0.4秒差　上がり1位　1カ月半
実績　東京1400m　GⅢ　根岸S　　9番人気　2着　1.1秒差　上がり3位

2004年　ウインデュエル　　　牡5　56kg　2着
前走　函館1700m　OP　マリーンS　　　1番人気　1着　1.2秒差　上がり1位　1カ月半

2000年　タマモストロング　　　牡5　57kg（＋1kg）10着
前走　中山1800m　GⅢ　マーチS　　　1番人気　1着　0.5秒差　上がり1位　5カ月半

最後に6歳馬。6歳（以上）馬は勝てません。
✛1番人気で負けた6歳馬一覧

2018年　ミツバ　　　　　　　　牡6　57kg（＋1kg）3着
前走　盛岡2000m　GⅢ　マーキュリーC　2番人気　1着　0.2秒差　上がり1位　1カ月
実績　阪神1800m　GⅢ　アンタレスS　　3番人気　2着　0.2秒差　上がり？位　4角先頭
※地方競馬の盛岡GⅢマーキュリーC1着により、負担重量1kg加増となっています。

2008年　メイショウトウコン　牡6　58kg（＋1kg）4着
前走　旭川2300m　GⅡ　ブリーダーズゴールドC　2番人気　1着　0.0秒差　上がり1位　1カ月
実績　札幌1700m　GⅢ　エルムS　　　2番人気　1着　0.6秒差　上がり1位
実績　京都1800m　GⅢ　平安S　　　　9番人気　1着　0.0秒差　上がり1位
実績　京都1800m　GⅢ　平安S　　　　1番人気　2着　0.0秒差　上がり1位
実績　中京2300m　GⅡ　東海S　　　　2番人気　1着　0.1秒差　上がり1位

☆Point☆
1番人気に応えられずに2着以下に敗れた馬たちを年齢ごとに見ると、以下のとおりです。
3歳……2頭
4歳……4頭
5歳……7頭
6歳……2頭
気になるのは5歳馬。7頭のうち5頭が前走函館1700mオープン特別戦で0.4秒差以上をつ
ける1着。その見事な勝ちっぷりを買われて1番人気に推されました。しかし、競走能力衰
退トレンドの5歳馬。鵜呑みにしてはいけないことは、この5例から明らかです。
では、5歳馬の取捨選択はなにをもって行えばよいか？
1番人気に応えた2頭との違いは、ズバリ1900m以上の重賞連対歴があるかないかです。
思うに、重賞連対という「格」ではなく、1900m以上のレースにも対応できる「スタミナ
の裏付け」が必要なのではないでしょうか。
当レースに限らず、「長い距離→短い距離」は馬券になり、「短い距離→長い距離」は馬券に
なりにくいものです。
距離についての考察が、エルムSのもう一つの鍵になっています。

◆1番人気が飛ぶとわかったらココへ

1番人気が飛ぶエルムSを、2番人気以下で制するのはどんな馬でしょうか。簡単です。私が課すハードルを満たした馬しか勝ちませんので、【穴馬的中シート】を利用して見つけだしてください。

🐎 2番人気以下で勝てる馬を浮かび上がらせる

3歳　　　ハードル❶
ＯＰ完勝かつ上がり１位歴

4〜5歳　ハードル❷
前走「準ＯＰ１〜２番人気１着、
あるいはＯＰ１番人気か連対」

4〜5歳　ハードル❸
前走それ以外は、1800ｍ以上３歳以上重賞連対歴

6歳　　　大前提
当年ＯＰ勝ち（ＧⅠ馬は除く）

6歳　　　ハードル❹
1800ｍ以上３歳以上重賞１着歴２回か、
芝重賞１番人気圧勝歴

2番人気以下で勝てる馬【穴馬的中シート】

条件	馬番 or 馬名
3歳 ハードル❶クリア	
4～5歳 ハードル❷クリア	
4～5歳 ハードル❸クリア	
6歳 大前提	
6歳 ハードル❹クリア	

過去20年、2番人気以下で優勝した馬たちの前走成績と実績を紹介します。
はじめに3～4歳馬。
◉2番人気以下で勝った3～4歳馬一覧

2004年　6番人気　パーソナルラッシュ　牡3　53kg　4700円
前走　東京1600m　GⅢ　ユニコーンS　　4番人気　3着　0.4秒差　上がり2位　3カ月
前々走　中京1700m　OP　昇竜S　　　　9番人気　1着　0.1秒差　上がり1位
◉この年のエルムSは例年の8月開催ではなく、3歳馬の成長がちょっと進んだ9月開催で
したが、それでも53kgのまま出走できました。基礎重量の不利は軽減できたと考えてみます。

2018年　2番人気　ハイランドピーク　　牡4　56kg　410円
前走　函館1700m　OP　マリーンS　2番人気　2着　0.2秒差　上がり?位　3角先頭　1カ月
※中山1800m GⅢマーチS 1番人気実績あり。

2017年　4番人気　ロンドンタウン　　　牡4　57kg（＋1kg）1220円
前走　京都1900m　GⅢ　平安S　　　　5番人気　12着　2.1秒差　上がり?位　3カ月
実績　阪神1800m　GⅢ　アンタレスS　6番人気　2着　0.3秒差　上がり?位
※佐賀2000m GⅢ佐賀記念1着により1kg加増。

2013年　3番人気　フリートストリート　牡4　56kg　800円
前走　福島1700m　1600万　安達太良S　2番人気　1着　0.2秒差　上がり3位　逃げ　1カ月半

2009年　2番人気　マチカネニホンバレ　牡4　56kg　480円
前走　札幌1700m　OP　しらかばS　　1番人気　10着　1.3秒差　上がり？位　1カ月
※前々走まで2100mを含むオープン特別2連勝。

2008年　3番人気　フェラーリピサ　　牡4　57kg（＋1kg）500円
前走　水沢1400m　GⅢ　クラスターC　　1番人気　2着　0.2秒差　1カ月
実績　東京1600m　GⅢ　ユニコーンS　　2番人気　2着　0.1秒差　上がり2位
実績　園田1870m　GⅡ　兵庫CS　　　　1番人気　1着　0.5秒差　上がり3位　3角先頭
※園田GⅡ勝ちにより1kg加増（GⅡ勝ちですが1年以上前なので2kg増ではなく1kg増）。

2005年　2番人気　パーソナルラッシュ　牡4　59kg（＋3kg）480円
前走　船橋2400m　GⅡ　ダイオライト記念　3番人気　1着　0.4秒差　上がり1位　4角先頭　5カ月半
実績　札幌1700m　GⅢ　エルムS　　　　6番人気　1着　0.2秒差　上がり3位
実績　盛岡2000m　GⅠ　ダービーグランプリ　1番人気　1着　1.4秒差　4角先頭
※盛岡GⅠ勝ちのため3kg加増。米国GⅠブリーダーズCクラシック6着馬です。

次に5歳馬。
◉2番人気以下で勝った5歳馬一覧

2019年　2番人気　モズアトラクション　牡5　56kg　610円
前走　函館1700m　OP　マリーンS　　　2番人気　2着　0.0秒差　上がり1位　1カ月
実績　京都1900m　GⅢ　平安S　　　　　12番人気　2着　0.0秒差　上がり1位

2016年　7番人気　リッカルド　　　　　騙5　56kg　2850円
前走　福島1700m　1600万　安達太良S　1番人気　1着　0.0秒差　上がり？位　1カ月

2015年　2番人気　ジェベルムーサ　　　牡5　56kg　410円
前走　函館1700m　OP　マリーンS　　　1番人気　3着　0.1秒差　上がり？位　1カ月
実績　中山1800m　GⅢ　マーチS　　　　2番人気　2着　0.1秒差　上がり2位

2010年　2番人気　クリールパッション　牡5　56kg　370円
前走　札幌1700m　OP　しらかばS　　　3番人気　1着　0.2秒差　上がり1位　1カ月

2007年　2番人気　メイショウトウコン　牡5　58kg（＋1kg）370円
前走　旭川2300m　GⅡ　ブリーダーズゴールドC　除外　1カ月
実績　京都1800m　GⅢ　平安S　　　　　9番人気　1着　0.0秒差　上がり1位
実績　中京2300m　GⅡ　東海S　　　　　2番人気　1着　0.1秒差　上がり1位

最後に6歳馬。

◉2番人気以下で勝った6歳馬一覧

2014年　3番人気　ローマンレジェンド　牡6　58kg（＋2kg）520円

前走	大井2000m	GⅠ	東京大賞典	4番人気	6着	3.0秒差	上がり？位	7カ月
実績	京都1800m	GⅢ	みやこS	1番人気	1着	0.0秒差	上がり2位	
実績	札幌1700m	GⅢ	エルムS	1番人気	1着	0.0秒差	上がり2位	
実績	大井2000m	GⅠ	東京大賞典	2番人気	1着	0.1秒差	上がり2位	

※大井GⅠ勝ちのため2kg加増（GⅠ勝ちですが1年以上前なので3kg増ではなく2kg増）。

2006年　5番人気　ヒシアトラス　牡6　57kg（＋1kg）900円

前走	中京2300m	GⅡ	東海S	2番人気	5着	1.0秒差	上がり3位	4カ月
実績	中山1800m	GⅢ	マーチS	2番人気	1着	0.1秒差	上がり1位	当年
実績	京都1800m	GⅢ	平安S	4番人気	1着	0.6秒差	上がり1位	
実績	京都1800m	GⅢ	アンタレスS	1番人気	2着	0.4秒差	上がり？位	当年

2000年　4番人気　シンコウスプレンダ　牡6　57kg（＋1kg）560円

前走	函館1700m	OP	マリーンS	4番人気	1着	0.0秒差	上がり1位	1カ月
実績	中山芝1600m	GⅢ	京成杯AH	1番人気	1着	0.5秒差	上がり1位	
実績	新潟芝1200m	GⅢ	新潟3歳S	1番人気	2着	0.1秒差	上がり2位	

☆Point☆

以上、2番人気以下で勝った15頭を見てきました。年によってレースレベルがかなり違い、GⅠ級が勝つ年もあれば、3勝クラス（1600万条件）を勝ち上がった馬が勝つ年もあります。結果としてJRA重賞を初めて制した馬が10頭もいます。

かなり難しいエルムSですが直前予想では臨機応変に対応しますので、ぜひチェックしてください。

◆2着馬を見つけるのはココで

1番人気が「勝てない」とわかったら、2番人気以下から1着候補を見つけだします。そして、2着候補も2番人気以下から見つけだします。それを可能にしたのが私が作った「大前提」と「ハードル」です。こちらも【穴馬的中シート】利用して見つけてください。

なお、1番人気に応えられなくても2着に来ることはありますので、1番人気馬は無条件で2着候補です。

🐎 2番人気以下で2着に入れる馬を浮かび上がらせる

3歳　　　大前提
9月開催で53kg

3歳　　　ハードル❶
前走1800m以上3歳以上OP完勝

4～5歳　ハードル❷
前走「準OP1番人気1着、あるいはOP3着以内」

4～5歳　ハードル❸
前走それ以外は、1800m以上3歳以上重賞4着以内歴か、当レース連対歴

6～7歳　大前提
当年「OP特別勝ち、あるいは重賞連対」（GⅠ馬は除く）

6～7歳　ハードル❹
1800m以上3歳以上重賞連対歴か、当レース3着以内

2番人気以下で2着に入れる馬【穴馬的中シート】

条件	馬番 or 馬名
3歳 大前提クリア	
3歳 ハードル❶クリア	
4～5歳 ハードル❷クリア	
4～5歳 ハードル❸クリア	
6～7歳 大前提クリア	
6～7歳 ハードル❹クリア	

過去20年、2番人気以下で2着に入った馬たちの前走成績と実績を紹介します。
はじめに3～4歳馬。
◇2番人気以下で2着に入った3～4歳馬一覧

2007年　3番人気　マコトスパルビエロ　牡3　53kg
前走　新潟1800m　OP　関越S　　　　　5番人気　1着　0.5秒差　上がり2位　逃げ 2カ月
※9月17日開催の3歳馬。

2014年　5番人気　クリノスターオー　牡4　57kg（＋1kg）
前走　京都1900m　GⅢ　平安S　　　　12番人気　1着　0.1秒差　上がり？位　2カ月

2005年　4番人気　ジンクライシス　牡4　56kg
前走　中山芝1600m　GⅢ　ダービー卿CT　6番人気　13着　1.1秒差　5カ月
実績　東京2100m　GⅠ　ジャパンCダート　7番人気　3着　0.6秒差　上がり？位

2000年　7番人気　エーピーバースト　牡4　56kg
前走　札幌1700m　1600万　大雪ハンデ　2番人気　4着　1.0秒差　上がり3位　半月
実績　中京2300m　GⅡ　東海S　　　　16番人気　4着　0.8秒差　上がり3位

次に5歳馬。
◇2番人気以下で2着に入った5歳馬一覧

2019年　10番人気　ハイランドピーク　　　牡5　57kg（＋1kg）
前走　函館1700m　　OP　大沼S　　　　　　3番人気　6着　1.1秒差　上がり？位　1カ月半
実績　札幌1700m　　GⅢ　エルムS　　　　　2番人気　1着　0.2秒差　上がり2位
※前年の覇者。

2010年　4番人気　オーロマイスター　　　　牡5　56kg
前走　門別2000m　GⅡ　ブリーダーズゴールドC　6番人気　4着　1.5秒差　上がり？位　1カ月半

2009年　10番人気　ネイキッド　　　　　　　牡5　56kg
前走　札幌1700m　　OP　しらかばS　　　　11番人気　3着　0.5秒差　上がり？位　1カ月
実績　京都1800m　　GⅢ　平安S　　　　　　7番人気　4着　0.9秒差　上がり？位

2006年　7番人気　ジンクライシス　　　　　牡5　56kg
前走　旭川2300m　GⅡ　ブリーダーズゴールドC　4番人気　3着　0.9秒差　　　　　　　1カ月
実績　札幌1700m　　GⅢ　エルムS　　　　　4番人気　2着　0.0秒差　上がり？位　4角先頭
※前年の2着馬。

2003年　6番人気　トシザボス　　　　　　　牡5　56kg
前走　函館1700m　1600万　漁火S　1番人気　1着　0.5秒差　上がり1位　4角先頭　1カ月

2001年　4番人気　トーホウエンペラー　　　牡5　56kg
前走　盛岡2000m　GⅢ　マーキュリーC　2番人気　3着　0.5秒差　　　　　　4角先頭　1カ月半
※地方馬。水沢オープン3勝。

続いて6歳馬。
◇2番人気以下で2着に入った6歳馬一覧

2018年　3番人気　ドリームキラリ　　　　　牡6　56kg
前走　中京1400m　GⅢ　プロキオンS　　　4番人気　6着　0.9秒差　上がり？位　1カ月
※当年オープン特別1勝。前年の3着馬。

2016年　4番人気　クリノスターオー　　　　牡6　56kg
前走　京都1900m　GⅢ　平安S　　　　　　3番人気　2着　0.8秒差　上がり？位　3カ月
実績　阪神1800m　GⅢ　アンタレスS　　　6番人気　1着　0.1秒差　上がり？位
実績　阪神2000m　GⅢ　シリウスS　　　　1番人気　1着　0.1秒差　上がり3位
実績　京都1900m　GⅢ　平安S　　　　　　12番人気　1着　0.1秒差　上がり？位
実績　京都1900m　GⅢ　平安S　　　　　　3番人気　2着　0.3秒差　上がり？位　前年の覇者
実績　札幌1700m　GⅢ　エルムS　　　　　5番人気　2着　0.0秒差　上がり3位　4角先頭
実績　船橋2400m　GⅡ　ダイオライト記念　3番人気　2着　0.2秒差　上がり1位　当年
※前年の1番人気、2年前の2着馬です。

2011年　8番人気　オーロマイスター　　　　牡6　59kg（＋3kg）
前走　函館1700m　　OP　大沼S　　　　　　9番人気　6着　0.9秒差　上がり？位　2カ月半
実績　札幌1700m　GⅢ　エルムS　　　　　4番人気　2着　0.1秒差　上がり2位
実績　盛岡1600m　GⅠ　マイルCS　　　　　4番人気　1着　0.5秒差　上がり1位　4角先頭

※盛岡ＧⅠマイルＣＳ勝ちのために３kg加増。前年の２着馬です。

最後に７歳馬。
◇２番人気以下で２着に入った７歳馬一覧

2013年　5番人気　エーシンモアオバー　牡7　58kg（＋2kg）

前走	盛岡2000m	ＧⅢ	マーキュリーＣ	3番人気	4着	0.3秒差	上がり？位	1ヵ月半
実績	名古屋2500m	ＧⅡ	名古屋グランプリ	3番人気	1着	0.1秒差	上がり2位	4角先頭
実績	浦和2000m	ＧⅡ	浦和記念	3番人気	2着	0.2秒差	上がり？位	逃げ
実績	名古屋2500m	ＧⅡ	名古屋グランプリ	4番人気	2着	0.4秒差	上がり2位	

※名古屋ＧⅡ名古屋グランプリ勝ちのために２kg加増。当年地方競馬ＧⅢ連対歴２回。

2012年　2番人気　エスポワールシチー　牡7　59kg（＋3kg）

前走	大井2000m	ＧⅠ	帝王賞	1番人気	2着	0.7秒差	上がり？位	4角先頭	2ヵ月
実績	京都1800m	ＧⅢ	みやこＳ	1番人気	1着	0.6秒差	上がり1位		
実績	中山1800m	ＧⅢ	マーチＳ	1番人気	1着	0.2秒差	上がり？位		
実績	京都1800m	ＧⅢ	平安Ｓ	1番人気	2着	0.2秒差	上がり3位	当年	
実績	京都1800m	ＧⅢ	平安Ｓ	1番人気	2着	0.0秒差	上がり3位	逃げ	
実績	船橋1600m	ＧⅠ	かしわ記念	3番人気	1着	0.5秒差	上がり1位	4角先頭	
実績	船橋1600m	ＧⅠ	かしわ記念	1番人気	2着	0.2秒差	上がり1位		
実績	東京1600m	ＧⅠ	フェブラリーＳ	1番人気	1着	0.4秒差	上がり2位		
実績	阪神1800m	ＧⅠ	ジャパンＣダート	1番人気	1着	0.6秒差	上がり？位	逃げ	
実績	盛岡1600m	ＧⅠ	マイルＣＳ	2番人気	1着	0.7秒差	上がり？位	逃げ	
実績	船橋1600m	ＧⅠ	かしわ記念	2番人気	1着	0.1秒差	上がり1位	当年	
実績	大井2000m	ＧⅠ	帝王賞	2番人気	2着	1.8秒差	上がり？位		
実績	盛岡1600m	ＧⅠ	マイルＣＳ	1番人気	2着	0.5秒差	上がり2位		

※船橋ＧⅠかしわ記念勝ちのために３kg加増。

2008年　7番人気　トーセンブライト　牡7　56kg

前走	水沢1400m	ＧⅢ	クラスターＣ	2番人気	3着	0.9秒差		1ヵ月
実績	中山1800m	ＧⅢ	マーチＳ	8番人気	2着	0.2秒差	上がり3位	

※当年オープン特別１勝。

2002年　4番人気　スマートボーイ　牡7　57kg（＋1kg）

前走	京都1800m	ＧⅢ	アンタレスＳ	4番人気	15着	2.3秒差	上がり？位	4ヵ月半
実績	京都1800m	ＧⅢ	平安Ｓ	7番人気	1着	0.3秒差	上がり？位	逃げ 当年
実績	京都1800m	ＧⅢ	アンタレスＳ	1番人気	1着	0.5秒差	上がり3位	逃げ
実績	中山1800m	ＧⅢ	マーチＳ	4番人気	2着	0.0秒差	上がり？位	逃げ 当年
実績	中山1800m	ＧⅢ	マーチＳ	2番人気	2着	0.5秒差	上がり？位	逃げ

☆Point☆
エルムＳは、ハードルを設定することが不可能なほど、バラエティに富んだ馬たちが２番人
気以下で連対します。参考までにその17頭を掲載しますが、、当レースは単勝候補を決めたら、
馬単総流しまで視野に入れたいところです。

☆中央・地方（国際）交流競走　ダートグレード競走一覧

月	場	格	競走名	距離	条件	賞金
1月	大井	Jpn Ⅲ	ＴＣＫ女王盃	1800 m	4歳以上牝馬	2200万円
1月	川崎	Jpn Ⅰ	川崎記念	2100 m	4歳以上	6000万円
2月	佐賀	Jpn Ⅲ	佐賀記念	2000 m	4歳以上	2300万円
3月	川崎	Jpn Ⅱ	エンプレス杯	2100 m	4歳以上牝馬	3500万円
3月	高知	Jpn Ⅲ	黒船賞	1400 m	4歳以上	2100万円
3月	船橋	Jpn Ⅲ	ダイオライト記念	2400 m	4歳以上	3200万円
3月	名古屋	Jpn Ⅲ	名古屋大賞典	1900 m	4歳以上	2100万円
4月	船橋	Jpn Ⅲ	マリーンC	1600 m	3歳以上牝馬	2500万円
4月	大井	Jpn Ⅲ	東京スプリント	1200 m	4歳以上	2700万円
5月	名古屋	Jpn Ⅲ	かきつばた記念	1400 m	4歳以上	2200万円
5月	船橋	Jpn Ⅰ	かしわ記念	1600 m	4歳以上	6000万円
5月	園田	Jpn Ⅱ	兵庫チャンピオンシップ	1870 m	3歳	3000万円
5月	浦和	Jpn Ⅱ	さきたま杯	1400 m	3歳以上	3100万円
6月	門別	Jpn Ⅲ	北海道スプリントC	1200 m	3歳以上	2200万円
6月	川崎	Jpn Ⅱ	関東オークス	2100 m	3歳牝馬	3200万円
6月	大井	Jpn Ⅰ	帝王賞	2000 m	4歳以上	6000万円
7月	大井	Jpn Ⅰ	ジャパンダートダービー	2000 m	3歳	4500万円
7月	川崎	Jpn Ⅲ	スパーキングレディC	1600 m	3歳以上牝馬	2500万円
7月	盛岡	Jpn Ⅲ	マーキュリーC	2000 m	3歳以上	2300万円
8月	盛岡	Jpn Ⅲ	クラスターC	1200 m	3歳以上	2300万円
8月	佐賀	Jpn Ⅲ	サマーチャンピオン	1400 m	3歳以上	2300万円
8月	門別	Jpn Ⅲ	ブリーダーズゴールドC	2000 m	3歳以上牝馬	3100万円
9月	浦和	Jpn Ⅲ	テレ玉杯オーバルスプリント	1400 m	3歳以上	2100万円
9月	金沢	Jpn Ⅲ	白山大賞典	2100 m	3歳以上	2100万円
9月	船橋	Jpn Ⅱ	日本テレビ盃	1800 m	3歳以上	3200万円
10月	大井	Jpn Ⅲ	東京盃	1200 m	3歳以上	3500万円
10月	大井	Jpn Ⅱ	レディスプレリュード	1800 m	3歳以上牝馬	3100万円
10月	盛岡	Jpn Ⅰ	マイルチャンピオンシップ南部杯	1600 m	3歳以上	5000万円
10月	門別	Jpn Ⅲ	エーデルワイス賞	1200 m	2歳牝馬	2000万円
11月	大井	Jpn Ⅰ	ＪＢＣクラシック	2000 m	3歳以上	8000万円
11月	大井	Jpn Ⅰ	ＪＢＣスプリント	1200 m	3歳以上	6000万円
11月	大井	Jpn Ⅰ	ＪＢＣレディスクラシック	1800 m	3歳以上牝馬	4100万円
11月	門別	Jpn Ⅲ	ＪＢＣ2歳優駿	1800 m	2歳	3000万円
11月	浦和	Jpn Ⅱ	浦和記念	2000 m	3歳以上	3500万円
12月	園田	Jpn Ⅱ	兵庫ジュニアグランプリ	1400 m	2歳	2500万円
12月	船橋	Jpn Ⅲ	クイーン賞	1800 m	3歳以上	2100万円
12月	名古屋	Jpn Ⅱ	名古屋グランプリ	2500 m	3歳以上	3200万円
12月	川崎	Jpn Ⅰ	全日本2歳優駿	1600 m	2歳	4200万円
12月	園田	Jpn Ⅲ	兵庫ゴールドトロフィー	1400 m	3歳以上	2500万円
12月	大井	Jpn Ⅰ	東京大賞典	2000 m	3歳以上	8000万円

※本文中の実績列記などでは、Jpn Ⅲ、Jpn Ⅱ、Jpn ⅠはGⅢ、GⅡ、GⅠと表記しています。

関屋記念

8月16日（日）

新潟競馬場　芝1600m　フルゲート18頭

2000年は福島競馬場 芝1700m

３歳以上

別定　３歳53kg　４歳以上56kg（牝馬２kg減）

日本馬：収得賞金3000万円超過馬は、超過額2000万円毎１kg増

外国調教馬：ＧⅠ競走１着馬５kg増、ＧⅡ競走１着馬３kg増、
ＧⅢ競走１着馬１kg増（２歳時の成績を除く）。

🐎 関屋記念の真相

関屋記念の賞金別定は、前述のクイーンSと同じ加増ルールです。クイーンSでは「56kg以下」の馬が1番人気に応え、2番人気以下で「加増なし」の馬が勝ったり2着に来ていましたが、この関屋記念も斤量が鍵のひとつになっており、

加増なし

の馬しか1番人気に応えることはできません。また、2番人気以下で2着に来る馬も、加増なしです。

もうひとつのポイントは距離適性です。1600mというよりも、

マイル以上の距離実績

を持っている必要があります。

のちに紹介する芝1200mのGⅢキーンランドCは「短距離戦は短距離戦の実績」という金科玉条のもと1000m戦と1200m戦の分析だけで馬券が当たりますが、同じGⅢでも関屋記念は「マイル戦はマイル戦の実績」という攻め方では的中できません。1600m戦だけを見ていては獲れないのです。直線が長い新潟競馬場のコース形態もあると思いますが、そのあたりを含めて次ページのような一文を作りました。関屋記念というレースが求める1番人気馬は、コレです。

🐎 1番人気で勝てる馬を浮かび上がらせる

> **大前提**
> ## 加増なし
>
> **ハードル❶**
> ## 1600m以上重賞「1番人気1着、あるいは0.2秒差以上1着」

過去20年で7頭しか1番人気に応えられていない関屋記念。今年はどうなるのでしょうか。1番人気候補馬が大前提とハードルをクリアしているかどうか、次ページからの【1番人気的中シート】を利用して判定してください。

1番人気で勝てる馬 【1番人気的中シート】

年度	関屋記念の 1番人気馬	性齢	負担重量	加増	大前提	ハードル❶	判定
大前提…………加増なし ハードル❶……1600m以上重賞「1番人気1着、あるいは0.2秒差以上1着」							
2020							
2020							
2019	ミッキーグローリー	牡6	56kg	なし	◎	◎	●
2018	プリモシーン	牝3	51kg	なし	◎	◎	●
2017	メートルダール	牡4	56kg	なし	◎	×	×
2016	マジックタイム	牝5	54kg	なし	◎	×	×
2015	カフェブリリアント	牝5	55kg	1kg	×		×
2014	ダノンシャーク	牡6	58kg	2kg	×		×
2013	ジャスタウェイ	牡4	56kg	なし	◎	×	×
2012	ドナウブルー	牝4	54kg	なし	◎	◎	●
2011	セイクリッドバレー	牡5	56kg	なし	◎	×	×
2010	スピリタス	せん5	56kg	なし	◎	×	×
2009	ヒカルオオゾラ	牡5	56kg	なし	◎	×	×
2008	マルカシェンク	牡5	56kg	なし	◎	◎	●
2007	カンパニー	牡6	56kg	なし	◎	◎	●
2006	テレグノシス	牡7	58kg	2kg	×		×
2005	ダイワメジャー	牡4	57kg	1kg	×		×
2004	ブルーイレヴン	牡4	56kg	なし	◎	◎	●
2003	アドマイヤマックス	牡4	56kg	なし	◎	◎	●
2002	マグナーテン	せん6	56kg	なし	◎	◎	●
2001	エイシンプレストン	牡4	58kg	2kg	×		×
2000	トロットスター	牡4	56kg	なし	◎	×	×

1番人気的中シートの使い方

左のシートに今年の1番人気候補を記入し、過去の成績をもとに「勝てるか、勝てないか」を判定してください。「勝てない」とわかったら、2番人気以下で勝てる馬が浮かび上がる【穴馬的中シート】（後ろのページ）に進んでください。

着順	単勝配当	結果	2番人気以下で勝った馬	人気	単勝配当	結果
1着	¥380	大的中				
1着	¥410	大的中				
2着		→	マルターズアポジー	7	¥1,210	大的中
3着		→	ヤングマンパワー	3	¥610	大的中
7着		→	レッドアリオン	2	¥470	大的中
2着		→	クラレント	4	¥1,060	大的中
2着		→	レッドスパーダ	4	¥780	大的中
1着	¥280	大的中				
5着		→	レインボーペガサス	4	¥940	大的中
6着		→	レッツゴーキリシマ	6	¥1,460	大的中
2着		→	スマイルジャック	2	¥470	大的中
1着	¥210	大的中				
1着	¥430	大的中				
3着		→	カンファーベスト	14	¥6,830	大的中
2着		→	サイドワインダー	2	¥530	大的中
1着	¥260	大的中				
3着		ハズレ	オースミコスモ	8	¥5,340	
1着	¥190	大的中				
3着		→	マグナーテン	4	¥520	大的中
5着		→	ダイワテキサス	3	¥510	大的中

関屋記念

過去20年、１番人気に応えて優勝した馬たちの前走成績と実績を紹介します。

❖１番人気で勝った馬一覧（実績は重賞連対を列記。以下同様）

2019年　ミッキーグローリー　牡６　56kg　380円

前走	京都1600m	G I	マイルCS	8番人気	5着	0.2秒差	9カ月
実績	中山1600m	G Ⅲ	京成杯AH	1番人気	1着	0.1秒差	

2018年　プリモシーン　牝３　51kg　410円

前走	東京1600m	G I	NHKマイルC	5番人気	5着	0.2秒差	3カ月
実績	中山1600m	牝馬G Ⅲ	フェアリーS	2番人気	1着	0.2秒差	

2012年　ドナウブルー　牝４　54kg　280円

前走	東京1600m	G I	安田記念	14番人気	10着	0.8秒差	2カ月半
実績	京都1600m	牝馬G Ⅲ	京都牝馬S	2番人気	1着	0.2秒差	
実績	東京1600m	牝馬G I	ヴィクトリアマイル	7番人気	2着	0.1秒差	

2008年　マルカシェンク　牡５　56kg　210円

前走	中山1600m	G Ⅲ	ダービー卿CT	1番人気	8着	0.5秒差	
実績	小倉1800m	G Ⅲ	小倉大賞典	1番人気	2着	0.2秒差	
実績	阪神1800m	G Ⅲ	鳴尾記念	2番人気	2着	0.1秒差	逃げ
実績	京都1600m	G Ⅱ	デイリー杯2歳S	1番人気	1着	0.3秒差	

2007年　カンパニー　牡６　56kg　430円

前走	東京2000m	G I	天皇賞・秋	9番人気	16着	2.6秒差	9カ月
実績	京都1800m	G Ⅲ	京阪杯	1番人気	1着	0.6秒差	
実績	京都1800m	G Ⅲ	京阪杯	4番人気	2着	0.2秒差	
実績	福島1800m	G Ⅲ	ラジオたんぱ賞	3番人気	2着	0.0秒差	
実績	阪神2000m	G Ⅱ	産経大阪杯	3番人気	1着	0.1秒差	
実績	中山1800m	G Ⅱ	中山記念	2番人気	2着	0.1秒差	

2004年　ブルーイレヴン　牡４　56kg　260円

前走	中京2000m	G Ⅱ	金鯱賞	6番人気	2着	0.0秒差	2カ月
実績	東京1800m	G Ⅲ	東スポ杯2歳S	1番人気	1着	0.0秒差	
実績	京都1600m	G Ⅱ	デイリー杯2歳S	2番人気	2着	0.4秒差	

2002年　マグナーテン　騙６　56kg　190円

前走	新潟1400m	OP	NSTオープン	1番人気	1着	0.0秒差	半月
実績	新潟1600m	G Ⅲ	関屋記念	4番人気	1着	0.4秒差	

※前年の覇者。

過去20年、１番人気に応えられず２着以下に負けた馬たちの前走成績と実績を紹介します。

❖１番人気で負けた馬一覧

2017年　メートルダール　牡４　56kg　12着

前走	東京1600m	1600万	多摩川S	2番人気	1着	0.0秒差	4角先頭	2カ月

※重賞連対なし。

2016年　マジックタイム　牝5　54kg　3着
前走	東京1600m	牝馬GⅠ	ヴィクトリアマイル	6番人気	6着	0.6秒差	3カ月
実績	中山1600m	GⅢ	ダービー卿CT	5番人気	1着	0.0秒差	
実績	京都1600m	牝馬GⅢ	京都牝馬S	6番人気	2着	0.0秒差	
実績	東京1600m	牝馬GⅢ	クイーンC	3番人気	2着	0.0秒差	

2015年　カフェブリリアント　牝5　55kg（＋1kg）5着
| 前走 | 東京1600m | 牝馬GⅠ | ヴィクトリアマイル | 4番人気 | 5着 | 0.5秒差 | 3カ月 |
| 実績 | 阪神1400m | 牝馬GⅡ | 阪神牝馬S | 4番人気 | 1着 | 0.0秒差 | |

2014年　ダノンシャーク　牡6　58kg（＋2kg）2着
前走	東京1600m	GⅠ	安田記念	9番人気	4着	0.6秒差	2カ月半
実績	東京1600m	GⅢ	富士S	1番人気	1着	0.1秒差	
実績	京都1600m	GⅢ	京都金杯	1番人気	1着	0.4秒差	
実績	中山1600m	GⅢ	京成杯AH	2番人気	2着	0.2秒差	
実績	東京1800m	GⅢ	エプソムC	2番人気	2着	0.0秒差	
実績	京都1600m	GⅢ	京都金杯	2番人気	2着	0.2秒差	
実績	京都1600m	GⅡ	マイラーズC	6番人気	2着	0.2秒差	

●グレード別定ならGⅢ勝ちの1kg増で済むのに……。この余分な1kgが半馬身負けを招いたと思います。

2013年　ジャスタウェイ　牡4　56kg　2着
前走	東京1800m	GⅢ	エプソムC	3番人気	2着	0.0秒差	2カ月
実績	阪神1600m	GⅢ	アーリントンC	2番人気	1着	0.1秒差	
実績	新潟1600m	GⅢ	新潟2歳S	1番人気	2着	0.1秒差	
実績	東京1800m	GⅡ	毎日王冠	12番人気	2着	0.0秒差	

2011年　セイクリッドバレー　牡5　56kg　5着
前走	東京1800m	GⅢ	エプソムC	2番人気	3着	0.5秒差	2カ月
実績	新潟2000m	GⅢ	新潟大賞典	2番人気	1着	0.0秒差	
実績	新潟1600m	GⅢ	関屋記念	2番人気	2着	0.1秒差	
実績	新潟2000m	GⅢ	新潟大賞典	3番人気	2着	0.2秒差	
実績	中山2200m	GⅡ	セントライト記念	4番人気	2着	0.1秒差	

2010年　スピリタス　騙5　56kg　6着
| 前走 | 東京1600m | 1600万 | 湘南S | 1番人気 | 1着 | 0.2秒差 | 2カ月 |

2009年　ヒカルオオゾラ　牡5　56kg　2着
| 前走 | 東京1800m | GⅢ | エプソムC | 1番人気 | 2着 | 0.2秒差 | 2カ月 |
| 実績 | 東京1800m | GⅢ | エプソムC | 1番人気 | 2着 | 0.1秒差 | 4角先頭 |

2006年　テレグノシス　牡7　58kg（＋2kg）3着
| 前走 | 東京1600m | GⅠ | 安田記念 | 5番人気 | 9着 | 1.0秒差 | 2カ月 |

実績	東京1800m	GⅡ	毎日王冠	1番人気	1着	0.1秒差	
実績	東京1400m	GⅡ	京王杯ＳＣ	5番人気	1着	0.2秒差	
実績	東京1800m	GⅡ	毎日王冠	6番人気	2着	0.3秒差	
実績	東京1400m	GⅡ	京王杯ＳＣ	5番人気	2着	0.0秒差	
実績	中山1800m	GⅡ	スプリングS	8番人気	2着	0.0秒差	
実績	東京1600m	GⅠ	ＮＨＫマイルＣ	4番人気	1着	0.3秒差	
実績	東京1600m	GⅠ	安田記念	4番人気	2着	0.0秒差	

2005年　ダイワメジャー		牡4	57kg（＋1kg）	2着			
前走	東京1600m	GⅠ	安田記念	2番人気	8着	0.5秒差	2カ月
実績	中山1600m	GⅢ	ダービー卿ＣＴ	3番人気	1着	0.3秒差	
実績	中山2000m	GⅠ	皐月賞	10番人気	1着	0.2秒差	

2003年　アドマイヤマックス		牡4	56kg	3着			
前走	東京1600m	GⅠ	安田記念	6番人気	2着	0.0秒差	2カ月
実績	東京1800m	GⅢ	東スポ杯2歳S	2番人気	1着	0.4秒差	
実績	中山2200m	GⅡ	セントライト記念	1番人気	2着	0.2秒差	

●単勝1.6倍。なぜ勝てない？　6カ月半の休み明けで臨んだ安田記念の大駆けの反動＝2走ボケでしょうか。

2001年　エイシンプレストン		牡4	58kg（＋2kg）	3着			
前走	小倉1800m	GⅢ	北九州記念	2番人気	1着	0.3秒差	半月
実績	阪神1600m	GⅢ	アーリントンＣ	1番人気	1着	0.1秒差	
実績	中山1600m	GⅢ	ダービー卿ＣＴ	3番人気	2着	0.3秒差	
実績	中山1600m	GⅡ	ＮＺトロフィー	1番人気	1着	0.0秒差	
実績	中山1600m	GⅠ	朝日杯3歳S	4番人気	1着	0.1秒差	

2000年　トロットスター		牡4	56kg	5着			
前走	東京1600m	GⅠ	安田記念	18番人気	5着	0.4秒差	2カ月
実績	京都1200m	GⅢ	シルクロードS	6番人気	2着	0.2秒差	
実績	中京1200m	GⅢ	中日スポーツ賞4歳S	9番人気	2着	0.0秒差	

☆Point☆
2番人気以下で勝った13頭の年齢は次のようになっています。
3歳……なし
4歳……3頭
5歳……5頭
6歳……1頭
7歳……4頭
こんなに高齢馬が勝てる重賞はほとんどありませんが、今年はまだしも、来年以降は様相が変わると思います。2019年をもって4歳馬が収得賞金を半額にしてもらえるルールがなくなったからです。これはほかの賞金別定戦でも起こることですので覚えておいてください。
さて、当レースを制した10頭の5歳以上馬を分析すると、8頭の馬が当年にオープン連対あるいは準オープン勝ちして衰えぬ活力を見せつけています。残る2頭のうち2005年サイドワインダーは前走GⅢ3着と馬券に絡んでいます。もう1頭の2010年レッツゴーキリシマ

は1年以内にオープン特別勝ちがあります。みんな若駒に負けない充実ぶりを示しており、けっして『昔の名前で出ています』ではありません。この先紹介していくほかの重賞でも、この実績が的中の鍵になることがありますので、こちらも忘れないでください。

◆1番人気が飛ぶとわかったらココへ

1番人気が「負ける」とわかったら、2番人気以下の馬から勝つ馬を見つけます。大前提とハードルを越えた馬しか勝ちませんので、【穴馬的中シート】を利用して見つけてください。

🐎 2番人気以下で勝てる馬を浮かび上がらせる

大前提
前走からのレース間隔3カ月以内（それ以上は、前走1番人気）

ハードル❶
1600m以上重賞「1着歴、あるいは連対歴2回以上」か、前走OP特別完勝

2番人気以下で勝てる馬【穴馬的中シート】

条件	馬番 or 馬名
大前提 クリア	
ハードル❶ クリア	

過去20年、2番人気以下で優勝した馬たちの前走成績と実績を紹介します。
◉2番人気以下で勝った馬一覧

2017年　7番人気　マルターズアポジー　牡5　57kg（＋1kg）1210円
前走　福島2000m　GⅢ　七夕賞　　　　　2番人気　11着　2.0秒差　1カ月
実績　小倉1800m　GⅢ　小倉大賞典　　　4番人気　1着　0.3秒差　逃げ
実績　福島2000m　GⅢ　福島記念　　　　7番人気　1着　0.2秒差　逃げ

2016年　3番人気　ヤングマンパワー　　牡4　56kg　610円
前走　東京1600m　1600万　多摩川S　　　　2番人気　1着　0.0秒差　2カ月
実績　阪神1600m　GⅢ　アーリントンC　9番人気　1着　0.0秒差

2015年　2番人気　レッドアリオン　　牡5　57kg（＋1kg）470円
前走　中京1600m　GⅢ　中京記念　　　　2番人気　8着　0.3秒差　半月
実績　京都1600m　GⅡ　マイラーズC　　8番人気　1着　0.0秒差
実績　中山1600m　GⅡ　NZトロフィー　3番人気　2着　0.0秒差

2014年　4番人気　クラレント　　　　　牡5　57kg（＋1kg）1060円
前走　中京1600m　GⅢ　中京記念　　　　2番人気　8着　0.6秒差　半月
実績　東京1800m　GⅢ　エプソムC　　　4番人気　1着　0.0秒差
実績　東京1600m　GⅢ　東京新聞杯　　　2番人気　1着　0.1秒差
実績　東京1600m　GⅢ　富士S　　　　　5番人気　1着　0.1秒差
実績　京都1600m　GⅡ　デイリー杯2歳S　4番人気　1着　0.1秒差
実績　東京1400m　GⅡ　京王杯SC　　　2番人気　2着　0.2秒差

2013年　4番人気　レッドスパーダ　　　牡7　57kg（＋1kg）780円
前走　東京1400m　OP　パラダイスS　　　3番人気　1着　0.2秒差　1カ月半
実績　東京1600m　GⅢ　東京新聞杯　　　2番人気　1着　0.2秒差
実績　阪神1400m　GⅡ　阪神C　　　　　5番人気　2着　0.0秒差　逃げ
実績　中山1800m　GⅡ　スプリングS　　8番人気　2着　0.1秒差
実績　東京1600m　GⅠ　NHKマイルC　5番人気　2着　0.3秒差

2011年　4番人気　レインボーペガサス　牡6　56kg　940円
前走　京都1800m　1600万　飛鳥S　　　　　1番人気　1着　0.0秒差　6カ月
実績　京都1800m　GⅢ　きさらぎ賞　　　8番人気　1着　0.1秒差

2010年　6番人気　レッツゴーキリシマ　牡5　56kg　1460円
前走　福島2000m　GⅢ　福島記念　　　　1番人気　7着　0.5秒差　逃げ　8カ月半
実績　中山1600m　GⅢ　京成杯AH　　　10番人気　2着　0.2秒差
実績　中山1600m　GⅠ　朝日杯FS　　　10番人気　2着　0.4秒差

2009年　2番人気　スマイルジャック　　牡4　56kg　470円
前走　東京1600m　GⅠ　安田記念　　　　5番人気　9着　1.2秒差　2カ月
実績　中山1800m　GⅡ　スプリングS　　6番人気　1着　0.0秒差
実績　東京2400m　GⅠ　ダービー　　　　12番人気　2着　0.2秒差

2006年　14番人気　カンファーベスト　　牡7　56kg　6830円

前走	新潟2000m	GⅢ	新潟大賞典	8番人気	13着	1.3秒差	3カ月
実績	阪神2000m	GⅢ	朝日チャレンジC	2番人気	1着	0.1秒差	
実績	阪神2000m	GⅢ	鳴尾記念	7番人気	2着	0.4秒差	
実績	新潟2000m	GⅢ	新潟大賞典	4番人気	2着	0.1秒差	
実績	中京1800m	GⅢ	中日新聞杯	1番人気	2着	0.1秒差	
実績	新潟2000m	GⅢ	新潟記念	7番人気	2着	0.1秒差	

2005年　2番人気　サイドワインダー　　牡7　57kg（＋1kg）530円

前走	小倉1800m	GⅢ	北九州記念	3番人気	3着	0.5秒差	半月
実績	京都1600m	GⅢ	京都金杯	3番人気	1着	0.1秒差	
実績	京都1800m	GⅢ	京阪杯	5番人気	1着	0.1秒差	
実績	京都1600m	GⅢ	京都金杯	1番人気	2着	0.0秒差	
実績	東京1600m	GⅢ	富士S	4番人気	2着	0.4秒差	
実績	中山1800m	GⅡ	中山記念	3番人気	2着	0.4秒差	

2003年　8番人気　オースミコスモ　　牝4　54kg　5340円

前走	新潟1400m	OP	NSTオープン	4番人気	5着	0.4秒差	半月
実績	阪神1600m	牝馬GⅢ	チューリップ賞	1番人気	2着	0.1秒差	
実績	阪神1600m	牝馬GⅡ	阪神牝馬S	9番人気	2着	0.1秒差	

2001年　4番人気　マグナーテン　　騙5　56kg　520円

前走	新潟1400m	OP	朱鷺S	2番人気	1着	0.1秒差	逃げ　半月

※重賞初出走。

2000年　3番人気　ダイワテキサス　　牡7　59kg（＋3kg）510円

前走	東京2000m	GⅢ	七夕賞	1番人気	4着	0.6秒差	1カ月
実績	新潟1600m	GⅢ	関屋記念	1番人気	1着	0.0秒差	
実績	東京1800m	GⅢ	エプソムC	12番人気	2着	0.2秒差	
実績	中山1800m	GⅡ	中山記念	5番人気	1着	0.1秒差	
実績	中山2200m	GⅡ	オールカマー	1番人気	1着	0.2秒差	
実績	中山1800m	GⅡ	中山記念	4番人気	2着	0.3秒差	

※2年前の覇者。

◆2着馬を見つけるのはココで

2着候補を2番人気以下から見つけます。大前提とハードルに照らし合わせ、こちらも【穴馬的中シート】を利用して見つけてください。

なお、1番人気に応えられなくても2着に来ることはありますので、1番人気馬は無条件で2着候補です。

🐎 2番人気以下で2着に入れる馬を浮かび上がらせる

大前提
加増なし（前走GⅢ勝ちを含むOP3連勝中は除く）

ハードル❶
前走1600m以上準OP1着

ハードル❷
前走1600m以上OP「負けていても0.1秒差以内、あるいは1〜3番人気」

ハードル❸
1600m以上「重賞連対歴（負けていても0.1秒差以内）**か、GⅠ3着以内歴」**

2番人気以下で2着に入れる馬【穴馬的中シート】

条件	馬番 or 馬名
大前提 クリア	
ハードル❶ クリア	
ハードル❷ クリア	
ハードル❸ クリア	

過去20年、2番人気以下で2着に入った馬たちの前走成績と実績を紹介します。
◇2番人気以下で2着に入った馬一覧

2019年　6番人気　ミエノサクシード　牝6　54kg
前走　中京1600m　GⅢ　　中京記念　　　　　　　4番人気　4着　0.1秒差　半月
※重賞連対なし。オープン特別1勝。

2018年　5番人気　ワントゥワン　牝5　54kg
前走　中京1600m　GⅢ　　中京記念　　　　　　　3番人気　5着　0.4秒差　半月
※重賞連対&オープン特別勝ちなし。

2017年　4番人気　ウインガニオン　牡5　57kg（＋1kg）
前走　中京1600m　GⅢ　　中京記念　　　　　　　5番人気　1着　0.4秒差　半月
※前走GⅢ勝ちを含むオープン3連勝中。

2016年　7番人気　ダノンリバティ　牡4　56kg
前走　中京1600m　GⅢ　　中京記念　　　　　　　5番人気　5着　0.3秒差　半月
実績　阪神1800m　GⅢ　　毎日杯　　　　　　　　3番人気　2着　0.0秒差

2015年　6番人気　マジェスティハーツ　牡5　56kg
前走　阪神2000m　GⅢ　　鳴尾記念　　　　　　　8番人気　2着　0.3秒差　2カ月半
実績　新潟2000m　GⅢ　　新潟大賞典　　　　　　2番人気　2着　0.0秒差
実績　阪神2400m　GⅡ　　神戸新聞杯　　　　　　7番人気　2着　0.4秒差

2012年　5番人気　エーシンリターンズ　牝5　54kg
前走　中京1600m　GⅢ　　中京記念　　　　　　　4番人気　14着　1.5秒差　半月
実績　阪神1600m　牝馬GⅠ　桜花賞　　　　　　　11番人気　3着　0.1秒差

2011年　2番人気　エアラフォン　　　　牡4　56kg
前走　阪神1600m　1600万　　　ストークS　　　　2番人気　1着　0.0秒差　1カ月半
※初オープン。

2010年　2番人気　セイクリッドバレー　牡4　56kg
前走　東京1800m　GⅢ　　　　エプソムC　　　　4番人気　4着　0.1秒差　2カ月
実績　新潟2000m　GⅢ　　　　新潟大賞典　　　　3番人気　2着　0.2秒差
実績　中山2200m　GⅡ　　　　セントライト記念　4番人気　2着　0.1秒差

2008年　5番人気　リザーブカード　　　牡5　56kg
前走　京都1600m　OP　　　　都大路S　　　　　3番人気　14着　0.9秒差　3カ月
※重賞連対＆オープン特別勝ちなし。

2007年　3番人気　シンボリグラン　　　牡5　56kg
前走　阪神1400m　GⅢ　　　　阪急杯　　　　　　5番人気　5着　0.3秒差　5カ月半
実績　中京1200m　GⅢ　　　　CBC賞　　　　　3番人気　1着　0.0秒差
実績　京都1400m　GⅡ　　　　スワンS　　　　　8番人気　2着　0.1秒差
実績　京都1600m　GⅠ　　　　マイルCS　　　　8番人気　3着　0.3秒差

2006年　8番人気　ダイワバンディット　牡5　56kg
前走　福島2000m　GⅢ　　　　七夕賞　　　　　　8番人気　13着　1.9秒差　1カ月
実績　新潟1600m　GⅢ　　　　新潟2歳S　　　　1番人気　1着　0.0秒差

2004年　10番人気　ロードフラッグ　　　騸7　56kg
前走　福島2000m　GⅢ　　　　七夕賞　　　　　　2番人気　6着　0.2秒差　半月
※重賞連対＆オープン特別勝ちなし。

2003年　4番人気　エイシンハリマオー　牡5　56kg
前走　阪神1600m　OP　　　　米子S　　　　　　4番人気　2着　0.2秒差　1カ月
実績　中京2000m　牝馬GⅢ　　愛知杯　　　　　　2番人気　2着　0.0秒差

2002年　9番人気　ミデオンビット　　　牡5　56kg　逃げ
前走　新潟1400m　OP　　　　NSTオープン　　13番人気　11着　1.3秒差　半月
※重賞連対、オープン特別連対なし。
●逃げ馬の一発です。この2002年は低レベルの年で、2番人気はオープン連対なし。3番人
気は前走1000万条件平場1着の準オープン馬。4番人気も準オープン馬でした。

2001年　8番人気　クリスザブレイヴ　　牡7　56kg
前走　中山1800m　GⅡ　　　　中山記念　　　　　1番人気　6着　0.5秒差　逃げ　5カ月半
※重賞連対なし。オープン特別2勝。

2000年　4番人気　リワードニンファ　　牝5　54kg
前走　東京1400m　OP　　　　パラダイスS　　　3番人気　10着　1.5秒差　逃げ　1カ月半
実績　新潟1600m　GⅢ　　　　関屋記念　　　　　4番人気　1着　0.4秒差

札幌記念

8月23日(日)

札幌競馬場　芝2000m　フルゲート16頭
(2013年は函館競馬場 芝2000m)

3歳以上

定量　3歳54kg　4歳以上57kg（牝馬2kg減）

当レースは2005年までは以下のような「賞金別定」
3歳53kg　4歳以上56kg（牝馬2kg減）
収得賞金3歳3000万円、4歳4000万円、5歳以上5000万円超過馬は、超過額5000万円毎1kg増

札幌記念の真相

札幌記念が現在の負担重量規程「定量」に変わったのは2006年。ここではそれ以降の14年ぶんを解析していきます。なお、昔も今も、3歳馬と4歳以上馬の基礎重量差3kgは適正だと思います（6歳以上馬は1年歳を重ねるごとに1kg軽くしてあげたいですけど）。

札幌記念は、過去14年間で1番人気で勝てた馬はわずか3頭という荒れるレース。過去20年を見ても、1番人気に応えて優勝を飾ったのは4頭のみです。負けるわけがない名馬が1番人気で2着に沈むケースが繰り返されてきました。

そんな札幌記念のポイントは、上昇一途の3歳馬、間もなく競走馬としてのピークとされる4歳秋を迎える4歳馬に対し、下り坂の5歳以上馬がどう闘うかです。馬券的には

年齢ごとに検討する

ことが必須になってきます。また、ここまで紹介してきた重賞と同じように

距離適性が鍵

になっており、さらにGⅡだけあって重賞実績、いわゆる

"格" も求められます。

それら「札幌記念が求める素養」を一文にまとめたのが次ページのハードルです。

当レースは年齢ごとに分析し、年長の5歳以上1番人気から順に紹介します。なお、5歳以上1番人気はすべて5歳馬です。

♞ 1番人気で勝てる馬を浮かび上がらせる

5歳以上　ハードル❶

2000〜2500m 3歳以上重賞
1番人気完勝歴 2回以上

（ただし、2つ以上の競馬場で記録）

4歳　　　ハードル❷

2000〜2500m重賞
1番人気完勝歴 2回以上

3歳　　　ハードル❸

2000〜2500m重賞1番人気完勝歴

どの年齢も、求められる素養はほぼ同じです。この蓋然性の高さは私の分析が芯を食っている証しですから、今年もまた的中でしょう。それでは、1番人気馬にこのハードルを課して判定しましょう。次ページからの【1番人気的中シート】を使ってください。

1番人気で勝てる馬 【1番人気的中シート】

年度	札幌記念の1番人気馬	性齢	5歳以上ハードル❶	4歳ハードル❷	3歳ハードル❸	判定
5歳以上 ハードル❶……2000～2500m 3歳以上重賞1番人気完勝歴2回以上（ただし、2つ以上の競馬場で記） 4歳 ハードル❷……2000～2500m重賞1番人気完勝歴2回以上 3歳 ハードル❸……2000～2500m重賞1番人気完勝歴						
2020						
2020						
2019	フィエールマン	牡4		×		×
2018	マカヒキ	牡5	×			×
2017	ヤマカツエース	牡5	×			×
2016	モーリス	牡5	×			×
2015	トーホウジャッカル	牡4		×		×
2014	ゴールドシップ	牡5	◎			●
2013	ロゴタイプ	牡3			◎	●
2012	ダークシャドウ	牡5	×			×
2011	トーセンジョーダン	牡5	◎			●
2010	アーネストリー	牡5	◎			●
2009	ブエナビスタ	牝3			×	×
2008	マツリダゴッホ	牡5	×			×
2007	マツリダゴッホ	牡4		×		×
2006	アドマイヤムーン	牡3			◎	●
2005	オペラシチー	牡4				
2004	ファインモーション	牝5				
2003	エアエミネム	牡5				
2002	コイントス	牡4				
2001	ジャングルポケット	牡3				
2000	ファレノプシス	牝5				

1番人気的中シートの使い方

左のシートに今年の1番人気候補を記入し、過去の成績をもとに「勝てるか、勝てないか」を判定してください。「勝てない」とわかったら、2番人気以下で勝てる馬が浮かび上がる【穴馬的中シート】（後ろのページ）に進んでください。

着順	単勝配当	結果	2番人気以下で勝った馬	人気	単勝配当	結果
3着		→	ブラストワンピース	3	¥470	大的中
2着		→	サングレーザー	2	¥520	大的中
3着		→	サクラアンプルール	6	¥1,990	大的中
2着		→	ネオリアリズム	5	¥1,720	大的中
8着		→	ディサイファ	5	¥1,110	大的中
2着		ハズレ	ハープスター	2	¥370	
5着		ハズレ	トウケイヘイロー	2	¥340	
2着		→	フミノイマージン	4	¥1,240	大的中
1着	¥300	大的中				
1着	¥240	大的中				
2着		→	ヤマニンキングリー	7	¥2,820	大的中
2着		→	タスカータソルテ	5	¥1,250	大的中
7着		→	フサイチパンドラ	5	¥980	大的中
1着	¥320	大的中				
7着			ヘヴンリーロマンス	9	¥1,770	
1着	¥220					
2着			サクラプレジデント	2	¥240	
3着			テイエムオーシャン	2	¥510	
3着			エアエミネム	2	¥580	
7着			ダイワカーリアン	8	¥2,410	

過去14年、1番人気に応えて優勝した馬たちの前走成績と実績を紹介します。
まず、中心となる5歳以上馬から見ていきます。
✣1番人気で勝った5歳以上馬一覧（実績は重賞連対を列記。以下同様）

2011年　トーセンジョーダン　牡5　300円

前走	阪神2200m	GI	宝塚記念	9番人気	9着	1.1秒差	上がり？位
実績	東京1800m	GⅢ	共同通信杯	2番人気	2着	0.3秒差	上がり？位
実績	中山2200m	GⅡ	AJCC	1番人気	1着	0.1秒差	上がり3位
実績	東京2500m	GⅡ	アルゼンチン共和国杯	1番人気	1着	0.3秒差	上がり1位

2010年　アーネストリー　牡5　240円

前走	阪神2200m	GI	宝塚記念	3番人気	3着	0.2秒差	上がり？位
実績	中京2000m	GⅢ	中日新聞杯	1番人気	1着	0.1秒差	上がり2位
実績	京都2000m	GⅡ	金鯱賞	1番人気	1着	0.2秒差	上がり2位
実績	東京2500m	GⅡ	アルゼンチン共和国杯	4番人気	2着	0.2秒差	上がり？位

次に3歳馬。
✣1番人気で勝った3歳馬（勝った4歳馬はいません）

2006年　アドマイヤムーン　牡3　320円

前走	東京2400m	GI	ダービー	3番人気	7着	0.9秒差	上がり3位
実績	東京1800m	GⅢ	共同通信杯	2番人気	1着	0.1秒差	上がり1位
実績	札幌1800m	GⅢ	札幌2歳S	1番人気	1着	0.2秒差	上がり1位
実績	阪神2000m	GⅢ	ラジオたんぱ杯2歳S	1番人気	2着	0.0秒差	上がり2位
実績	中山2000m	GⅡ	弥生賞	1番人気	1着	0.1秒差	上がり1位

過去14年、1番人気に応えられず2着以下に負けた馬たちの前走成績と実績を紹介します。
年長馬から見ていきます。はじめに5歳以上馬。
✤1番人気で負けた5歳以上馬一覧

2018年　マカヒキ　牡5　2着

前走	東京2400m	GI	ジャパンC	6番人気	4着	0.9秒差	上がり3位
実績	仏国2400m	GⅡ	ニエル賞	1番人気	1着	0.0秒差	
実績	中山2000m	GⅡ	弥生賞	2番人気	1着	0.0秒差	
実績	東京2400m	GI	ダービー	3番人気	1着	0.0秒差	
実績	中山2000m	GI	皐月賞	3番人気	2着	0.2秒差	

※1番人気完勝なし。

2017年　ヤマカツエース　牡5　3着

前走	阪神2000m	GI	大阪杯	4番人気	3着	0.2秒差	上がり2位
実績	中山2000m	GⅢ	中山金杯	3番人気	1着	0.1秒差	上がり？位
実績	福島2000m	GⅢ	福島記念	2番人気	1着	0.2秒差	上がり1位
実績	中京2000m	GⅡ	金鯱賞	1番人気	1着	0.2秒差	上がり3位
実績	中京2000m	GⅡ	金鯱賞	4番人気	1着	0.0秒差	上がり2位
実績	中山1600m	GⅡ	NZトロフィー	7番人気	1着	0.1秒差	上がり？位

※1番人気完勝歴1回。

2016年　モーリス　　　　　牡5　2着

前走	東京1600m	GⅠ	安田記念	1番人気	2着	0.2秒差	上がり？位
実績	中山1600m	GⅢ	ダービー卿CT	1番人気	1着	0.6秒差	上がり1位
実績	香港1600m	GⅠ	チャンピオンズマイル	1番人気	1着	0.3秒差	
実績	香港1600m	GⅠ	香港マイル	2番人気	1着	0.1秒差	
実績	京都1600m	GⅠ	マイルCS	4番人気	1着	0.2秒差	上がり2位
実績	東京1600m	GⅠ	安田記念	1番人気	1着	0.0秒差	上がり？位

※2000〜2500m3歳以上重賞未連対。

2014年　ゴールドシップ　　　牡5　2着

前走	阪神2200m	GⅠ	宝塚記念	1番人気	1着	0.5秒差	上がり1位
実績	東京1800m	GⅢ	共同通信杯	2番人気	2着	0.3秒差	上がり2位
実績	阪神2000m	GⅢ	ラジオNIKKEI杯	3番人気	2着	0.2秒差	上がり2位
実績	札幌1800m	GⅢ	札幌2歳S	2番人気	2着	0.1秒差	上がり1位
実績	阪神3000m	GⅡ	阪神大賞典	1番人気	1着	0.6秒差	上がり1位
実績	阪神3000m	GⅡ	阪神大賞典	1番人気	1着	0.3秒差	上がり2位
実績	阪神2400m	GⅡ	神戸新聞杯	1番人気	1着	0.4秒差	上がり1位
実績	阪神2200m	GⅠ	宝塚記念	2番人気	1着	0.6秒差	上がり1位
実績	中山2500m	GⅠ	有馬記念	1番人気	1着	0.2秒差	上がり1位
実績	京都3000m	GⅠ	菊花賞	1番人気	1着	0.3秒差	上がり1位
実績	中山2000m	GⅠ	皐月賞	4番人気	1着	0.4秒差	上がり1位

※2000〜2500m3歳以上重賞完勝歴2回でハードルクリア。

2012年　ダークシャドウ　　　牡5　2着

前走	UAE1800m	GⅠ	ドバイデューティフリー	5番人気	9着		
実績	東京1800m	GⅢ	エプソムC	1番人気	1着	0.4秒差	上がり3位
実績	東京1800m	GⅡ	毎日王冠	1番人気	1着	0.0秒差	上がり1位
実績	京都2200m	GⅡ	京都記念	1番人気	2着	0.3秒差	上がり2位
実績	阪神2000m	GⅡ	産経大阪杯	8番人気	2着	0.0秒差	上がり2位
実績	東京2000m	GⅠ	天皇賞・秋	2番人気	2着	0.1秒差	上がり3位

※2000〜2500m3歳以上重賞完勝なし。

2008年　マツリダゴッホ　　　牡5　2着

前走	香港2000m	GⅠ	クイーンエリザベス2世C	6着	0.6秒差	4カ月	
実績	中山2500m	GⅡ	日経賞	1番人気	1着	0.5秒差	上がり1位　4角先頭
実績	中山2200m	GⅡ	オールカマー	1番人気	1着	0.1秒差	上がり3位
実績	中山2200m	GⅡ	AJCC	2番人気	1着	0.8秒差	上がり3位
実績	中山2500m	GⅠ	有馬記念	9番人気	1着	0.2秒差	上がり1位

※2000〜2500m3歳以上重賞完勝歴2回。しかし同一競馬場。中山の鬼です。

「勝って当たり前の名馬」なのに、1番人気に応えられずに2着に終わった2頭、2014年ゴールドシップと2016年モーリスについてです。
ゴールドシップは3歳2冠に加えてグランプリを3勝。すでに功成り名を挙げた名馬で、G

Ⅱに目イチの仕上げで臨まなかったのでしょう。もちろん、その隙を突いたハープスターもすごい馬ですが。

モーリスはハードルに引っかかっていますので仕方がありません。GⅠ4勝がすべて1600m。前走も2200mの宝塚記念ではなく1600mの安田記念を選んでおり、札幌記念の2000mがベストな距離とは言えません。「いや、このあとに2000mのGⅠを2度勝っているではないか」という反論には、「JRAのマイルGⅠを2つ勝ち、さらに香港のマイルGⅠを2勝している国際的名馬が、GⅡを目イチの仕上げで獲りにはこなかった」と、ゴールドシップのときと同じように答えるしかありません。

定量戦の当レースは、どんなにすごい成績を収めてきていようとも、4歳以上は一律に57kg。2頭の名馬は休み明け初戦に58kgや59kgを課されて消耗するより、ここで57kgを背負ってひと叩きして本番へ向かう作戦をとったのです。そう考えると札幌記念の立ち位置が見えてきます。ちなみに、1番人気に推された5歳馬すべてが馬券になっているのも（3着以内）、この定量戦の一面です。

続いて4歳馬。
⊕1番人気で負けた4歳馬一覧

2019年　フィエールマン　　　　牡4　　3着

前走	京都3200m	GⅠ	天皇賞・春	1番人気	1着	0.0秒差	上がり2位
実績	福島1800m	GⅢ	ラジオNIKKEI賞	1番人気	2着	0.1秒差	上がり1位
実績	中山2200m	GⅡ	AJCC	1番人気	2着	0.0秒差	上がり1位
実績	京都3000m	GⅠ	菊花賞	7番人気	1着	0.0秒差	上がり1位

※長距離GⅠ2勝。1800mのGⅢラジオNIKKEI賞3着、2200mのGⅡアメリカジョッキークラブC2着と勝ちきれず、中距離適性に疑問符です。

2015年　トーホウジャッカル　牡4　　8着

前走	阪神2200m	GⅠ	宝塚記念	7番人気	4着	0.3秒差	上がり？位
実績	京都3000m	GⅠ	菊花賞	3番人気	1着	0.1秒差	上がり2位

※長距離GⅠ1勝で、中距離適性を見せていません。

2007年　マツリダゴッホ　　　　牡4　　7着

前走	京都3200m	GⅠ	天皇賞・春	5番人気	11着	1.0秒差	上がり？位
実績	中山2200m	GⅡ	AJCC	2番人気	1着	0.8秒差	上がり3位

最後に3歳馬。
⊕1番人気で負けた3歳馬一覧

2013年　ロゴタイプ　　　　　　牡3　　5着

前走	東京2400m	GⅠ	ダービー	2番人気	5着	0.3秒差	上がり？位
実績	中山2000m	GⅠ	皐月賞	1番人気	1着	0.1秒差	上がり3位
実績	中山1800m	GⅡ	スプリングS	1番人気	1着	0.2秒差	上がり？位
実績	中山1600m	GⅠ	朝日杯FS	7番人気	1着	0.0秒差	上がり？位

※ハードルをクリアしているのに5着に沈んでしまいました。

過去20年の札幌記念の勝ち時計は、1分58秒7～2分1秒7（良・稍重）というレンジ。ところが2013年は札幌競馬場ではなく函館競馬場で行われ、しかも重馬場で勝ち時計は2分6

秒５。ロゴタイプには可哀想な馬場でした。敗因はこれに尽きると思いますが、もしかすると「上がり１位」でハードルをクリアしていない点が響いたのかもしれません。１番人気で勝った３歳馬アドマイヤムーンはその実績がありますので。

2009年　ブエナビスタ　　　　牝３　２着

前走	東京2400m	牝馬GⅠ	オークス	1番人気	1着	0.0秒差	上がり1位
実績	阪神1600m	牝馬GⅢ	チューリップ賞	1番人気	1着	0.2秒差	上がり1位
実績	阪神1600m	牝馬GⅠ	桜花賞	1番人気	1着	0.1秒差	上がり1位
実績	阪神1600m	牝馬GⅠ	阪神JF	1番人気	1着	0.4秒差	上がり1位

※オークスが0.1秒差以上の完勝でしたらハードルクリアです。

☆Point☆
ライバルたちのターゲットになる１番人気馬が、重圧をはね除けて勝つのは大変なことです。いちばん勝つ可能性が高いと思われているにもかかわらず、中央競馬においてそのミッションは約３回に１回しか成功しません。その価値は、標的を定めた２番人気馬や、一か八かの下位人気馬が収めた勝利とは重みが違います。
札幌記念で勝てる１番人気馬は端的に言うと、
５歳馬……古馬重賞１番人気完勝２回
４歳馬……重賞１番人気完勝２回
３歳馬……重賞１番人気完勝１回
このような実績が求められます。
約33.3％の成功率しかない１番人気勝ちを、しかも２着馬に0.1秒差以上の差をつけ、年齢が高ければ複数回達成していることが必要です。能力が抜けていなければなりません。
逆に言えば、札幌記念で１番人気に応えた馬は、過去のレースでも１番人気に応えているわけで、そのときに１番人気に押し上げたファンの能力も凄いと思います。私が「１着」という称号も「１番人気」という栄誉も、同じような価値があると考えて馬券に活かしている理由が、まさにこれです。
この札幌記念のハードルはとても美しいと思います。競馬がちゃんとしたスポーツである証拠ですね。

◆1番人気が飛ぶとわかったらココへ

1番人気が「負ける」とわかったら、2番人気以下の馬から勝てる馬を見つけます。ハードルを満たした馬しか勝ちませんので、【穴馬的中シート】を利用して見つけだしてください。

🐎 2番人気以下で勝てる馬を浮かび上がらせる

5歳以上　ハードル❶
3歳以上GⅢ2勝以上（完勝かつ上がり1位を含む）か、
3歳以上GⅡ上がり1位連対歴（負けていても0.1秒差以内）

4歳　　　ハードル❷
（牝馬）GⅠ1着歴か、重賞2勝以上（完勝を含む）か、
重賞4連続連対中（負けていても0.1秒差以内）

3歳　　　ハードル❸
GⅠ1番人気1着歴

2番人気以下で勝てる馬【穴馬的中シート】

条件	馬番 or 馬名
5歳以上 ハードル❶クリア	
4歳 ハードル❷クリア	
3歳 ハードル❸クリア	

過去14年、2番人気以下で優勝した馬たちの前走成績と実績を紹介します。
年長馬から見ていきます。はじめに5歳以上馬。
●2番人気以下で勝った5歳以上馬一覧

2017年　6番人気　サクラアンプルール　牡6　1990円
前走	函館2000m	GⅢ	函館記念	8番人気	9着	0.8秒差	上がり？位
実績	中山1800m	GⅡ	中山記念	8番人気	2着	0.1秒差	上がり1位

2015年　5番人気　ディサイファ　牡6　1110円
前走	東京1800m	GⅢ	エプソムC	4番人気	3着	0.1秒差	上がり2位
実績	中京2000m	GⅢ	中日新聞杯	5番人気	1着	0.2秒差	上がり1位
実績	東京1800m	GⅢ	エプソムC	2番人気	1着	0.0秒差	上がり1位

2012年　4番人気　フミノイマージン　牝6　1240円
前走	札幌1800m	牝馬GⅢ	クイーンS	5番人気	8着	0.5秒差	上がり？位
実績	小倉2000m	牝馬GⅢ	愛知杯	2番人気	1着	0.1秒差	上がり2位
実績	新潟1800m	牝馬GⅢ	福島牝馬S	9番人気	1着	0.3秒差	上がり1位
実績	中山1800m	牝馬GⅢ	中山牝馬S	14番人気	2着	0.4秒差	上がり1位

2016年　5番人気　ネオリアリズム　牡5　1720円
前走	函館2000m	GⅢ	函館記念	4番人気	6着	0.9秒差	上がり？位

※オープン連対なし。
実績	2走前　小倉1800m	GⅢ	小倉大賞典	5番人気	3着	0.1秒差	上がり？位

●ハードルをクリアしていない2016年ネオリアリズムは、競馬ファンなら何度も泣かされたことのある逃げ馬の一発です（笑えた回数は少ないでしょ？）。名馬モーリスを2馬身も退けた単騎逃げ。このレースで覚醒したのか、のちに香港GⅠクイーンエリザベス2世Cを制するまでに出世しました。その兆候に気づけなかったわけですが、同馬は後述する「2番人気以下で2着に入れる馬」のハードルはクリアしていました。

次に4歳馬。
●2番人気以下で勝った4歳馬一覧

2019年　3番人気　ブラストワンピース　牡4　470円
前走	東京2500m	GⅡ	目黒記念	1番人気	8着	0.9秒差	上がり？位
実績	新潟2000m	GⅢ	新潟記念	1番人気	1着	0.3秒差	上がり1位
実績	阪神1800m	GⅢ	毎日杯	1番人気	2着	0.2秒差	上がり2位
実績	中山2500m	GⅠ	有馬記念	3番人気	1着	0.0秒差	上がり？位

2018年　2番人気　サングレーザー　牡4　520円
前走	東京1600m	GⅠ	安田記念	3番人気	5着	0.2秒差	上がり2位
実績	京都1600m	GⅡ	マイラーズC	4番人気	2着	0.2秒差	上がり3位
実績	京都1400m	GⅡ	スワンS	2番人気	1着	0.0秒差	上がり1位

2013年　2番人気　トウケイヘイロー　牡4　340円
前走	函館2000m	GⅢ	函館記念	3番人気	1着	0.3秒差	上がり3位	逃げ

実績　阪神2000m	GⅢ	鳴尾記念	6番人気	1着	0.2秒差	上がり？位　3角先頭
実績　中山1600m	GⅢ	ダービー卿CT	5番人気	1着	0.0秒差	上がり？位　4角先頭

2009年　7番人気　ヤマニンキングリー　牡4　2820円

前走　中京2000m	GⅢ	中京記念	1番人気	2着	0.1秒差	上がり？位
実績　中京2000m	GⅢ	中日新聞杯	2番人気	1着	0.0秒差	上がり？位
実績　小倉1800m	GⅢ	小倉大賞典	1番人気	2着	0.1秒差	上がり？位
実績　中山2000m	GⅢ	中山金杯	2番人気	2着	0.0秒差	上がり2位

※GⅢ4戦連続連対中。

2008年　5番人気　タスカータソルテ　牡4　1250円

前走　函館2000m	GⅢ	函館記念	8番人気	7着	0.4秒差	上がり？位
実績　中京2000m	GⅢ	中京記念	6番人気	1着	0.0秒差	上がり？位
実績　京都2200m	GⅡ	京都新聞杯	2番人気	1着	0.1秒差	上がり2位

2007年　5番人気　フサイチパンドラ　牝4　980円

前走、札幌1800m	牝馬GⅢ	クイーンS	3番人気	5着	0.4秒差	上がり3位
実績　川崎2100m	牝馬GⅡ	エンプレス杯	1番人気	2着	0.3秒差	上がり2位
実績　中山1800m	牝馬GⅢ	フラワーC	1番人気	2着	0.2秒差	上がり？位　4角先頭
実績　京都2200m	牝馬GⅠ	エリザベス女王杯	7番人気	1着	0.0秒差	上がり？位
実績　東京2400m	牝馬GⅠ	オークス	5番人気	2着	0.1秒差	上がり3位

最後に3歳馬。
◉2番人気以下で勝った3歳馬

2014年　2番人気　ハープスター　牝3　370円

前走　東京2400m	牝馬GⅠ	オークス	1番人気	2着	0.0秒差	上がり1位
実績　阪神1600m	牝馬GⅢ	チューリップ賞	1番人気	1着	0.4秒差	上がり1位
実績　新潟1600m	GⅢ	新潟2歳S	1番人気	1着	0.5秒差	上がり1位
実績　阪神1600m	牝馬GⅠ	桜花賞	1番人気	1着	0.0秒差	上がり1位
実績　阪神1600m	牝馬GⅠ	阪神JF	1番人気	2着	0.0秒差	上がり1位

◆2着馬を見つけるのはココで

馬単のため、そして3連単のベースとして、2番人気以下から2着候補を見つけましょう。
私が考案したハードルを使うと簡単です。こちらも【穴馬的中シート】を利用して見つけて
ください。
なお、1番人気に応えられなくても2着に来ることは多々ありますので、1番人気馬は無条
件で2着候補です。

🐎 2番人気以下で2着に入れる馬を浮かび上がらせる

ハードル❶
重賞1着歴か、当年OP0.1秒差以内

2番人気以下で2着に入れる馬【穴馬的中シート】

条件	馬番 or 馬名
ハードル❶ クリア	

過去14年、2番人気以下で2着に入った馬たちの前走成績と実績を紹介します。
◇2番人気以下で2着に入った馬一覧

2019年　4番人気　サングレーザー　　　牡5
前走　東京1600m　GⅠ　　安田記念　　　　6番人気　5着　0.2秒差　上がり？位
実績　札幌2000m　GⅡ　　札幌記念　　　　2番人気　1着　0.0秒差　上がり？位
実績　京都1600m　GⅡ　　マイラーズC　　4番人気　1着　0.2秒差　上がり1位
実績　京都1400m　GⅡ　　スワンS　　　　2番人気　1着　0.0秒差　上がり1位
実績　東京2000m　GⅠ　　天皇賞・秋　　　4番人気　2着　0.2秒差　上がり1位

2017年　12番人気　ナリタハリケーン　　牡8
前走　函館2000m　GⅢ　　函館記念　　　12番人気　7着　0.4秒差　上がり2位
実績　前々走　函館1800m　OP　巴賞　　　8番人気　3着　0.1秒差　上がり2位
※当年オープン特別0.1秒差。

2015年　8番人気　ヒットザターゲット　牡7

前走	東京2500m	GⅡ	目黒記念	11番人気	1着	0.2秒差	上がり1位
実績	小倉1800m	GⅢ	小倉大賞典	6番人気	1着	0.0秒差	上がり1位
実績	新潟2000m	GⅢ	新潟大賞典	5番人気	1着	0.3秒差	上がり2位
実績	京都2400m	GⅡ	京都大賞典	11番人気	1着	0.0秒差	上がり2位

2013年　8番人気　アスカクリチャン　牡6

前走	函館2000m	GⅢ	函館記念	8番人気	3着	0.3秒差	上がり1位
実績	福島2000m	GⅢ	七夕賞	14番人気	1着	0.0秒差	上がり3位

2011年　5番人気　アクシオン　牡8

前走	函館2000m	GⅢ	函館記念	7番人気	3着	0.3秒差	上がり?位
実績	中山2000m	GⅢ	中山金杯	1番人気	1着	0.0秒差	上がり3位
実績	阪神1800m	GⅢ	鳴尾記念	7番人気	1着	0.2秒差	上がり1位

2010年　5番人気　ロジユニヴァース　牡4

前走	阪神2200m	GⅠ	宝塚記念	5番人気	13着	1.2秒差	上がり?位	
実績	阪神2000m	GⅢ	ラジオNIKKEI杯	2番人気	1着	0.7秒差	上がり2位	
実績	札幌1800m	GⅢ	札幌2歳S	1番人気	1着	0.2秒差	上がり1位	
実績	中山2000m	GⅡ	弥生賞	1番人気	1着	0.4秒差	上がり3位	逃げ
実績	東京2400m	GⅠ	ダービー	2番人気	1着	0.7秒差	上がり2位	

2007年　12番人気　アグネスアーク　牡4

前走	函館1800m	1600万	漁火S	5番人気	3着	0.3秒差	上がり?位
実績	東京1800m	1600万	早春S	1番人気	1着	0.0秒差	上がり2位
実績	阪神1800m	OP	大阪城S	1番人気	6着	0.1秒差	上がり?位

※当年オープン特別0.1秒差。

2006年　9番人気　レクレドール　牝5

前走	札幌1800m	牝馬GⅢ	クイーンS	7番人気	3着	0.3秒差	上がり?位
実績	札幌1800m	牝馬GⅢ	クイーンS	5番人気	1着	0.0秒差	上がり?位
実績	阪神2000m	牝馬GⅡ	ローズS	5番人気	1着	0.0秒差	上がり1位

最後に、2000～2005年の1番人気馬を列記します。

2005年　オペラシチー　　　牡4　56kg　7着
前走　東京2500m　GⅡ　　　目黒記念　　　1番人気　1着　0.1秒差　上がり3位

2004年　ファインモーション　牡5　57kg（＋3kg）1着　220円
前走　函館2000m　GⅢ　　　函館記念　　　1番人気　2着　0.1秒差　上がり2位
実績　札幌1800m　牝馬GⅢ　クイーンS　　1番人気　2着　0.0秒差　上がり1位
実績　阪神1600m　牝馬GⅡ　阪神牝馬S　　1番人気　1着　0.0秒差　上がり？位
実績　阪神2000m　牝馬GⅡ　ローズS　　　1番人気　1着　0.5秒差　上がり2位
実績　京都2200m　牝馬GⅠ　エリザベス女王杯　1番人気　1着　0.4秒差　上がり1位
実績　京都2000m　牝馬GⅠ　秋華賞　　　　1番人気　1着　0.6秒差　上がり1位
実績　京都1600m　GⅠ　　　マイルCS　　2番人気　2着　0.1秒差　上がり2位

2003年　エアエミネム　　　　牡5　57kg（＋1kg）2着
前走　函館2000m　GⅢ　　　函館記念　　　1番人気　1着　0.3秒差　上がり1位
実績　阪神2000m　GⅡ　　　神戸新聞杯　　1番人気　1着　0.0秒差　上がり3位
実績　札幌2000m　GⅡ　　　札幌記念　　　2番人気　1着　0.4秒差　上がり1位

2002年　コイントス　　　　　牡4　56kg　3着
前走　函館1800m　1600万　　漁火S　　　　1番人気　1着　0.2秒差　上がり2位
実績　阪神2000m　GⅢ　　　毎日杯　　　　3番人気　2着　0.9秒差　上がり2位

2001年　ジャングルポケット　牡3（＋1kg）54kg　3着
前走　東京2400m　GⅠ　　　ダービー　　　1番人気　1着　0.2秒差　上がり1位
実績　阪神2000m　GⅢ　　　ラジオたんぱ杯3歳S　3番人気　2着　0.4秒差　上がり2位
実績　東京1800m　GⅢ　　　共同通信杯　　1番人気　1着　0.3秒差　上がり1位
実績　札幌1800m　GⅢ　　　札幌3歳S　　5番人気　1着　0.2秒差　上がり1位

2000年　ファレノプシス　　　牝5　55kg（＋1kg）7着
前走　阪神1600m　GⅡ　　　マイラーズC　5番人気　10着　1.0秒差　上がり？位
実績　阪神2000m　牝馬GⅡ　ローズS　　　1番人気　1着　0.1秒差　上がり2位
実績　札幌2000m　GⅡ　　　札幌記念　　　2番人気　2着　0.1秒差　上がり1位
実績　京都2000m　牝馬GⅠ　秋華賞　　　　2番人気　1着　0.2秒差　上がり3位
実績　阪神1600m　牝馬GⅠ　桜花賞　　　　3番人気　1着　0.2秒差　上がり3位

●現在のハードルに照らしても、クリアしている1番人気は2001年の3歳馬ジャングルポケットのみです。同馬は賞金別定の加増1kgが響いての3着と考えられます。

新潟2歳S

8月30日（日）

新潟競馬場　芝1600m　フルゲート18頭

2歳

馬齢　54kg

（2000年までは馬齢53kg。2001〜2002年は定量54kg。2003年から馬齢54kg）

🐎 新潟2歳Sの真相

　7月の函館2歳Sで幕が開いた2歳ステークス。中山、東京、阪神以外は競馬場名をつけ、福島と中京はオープン特別、ほかはGⅢとして開催されます。

　さて、新潟2歳S。ここから本格的に2歳Sが始まり、翌週には1800mの札幌2歳Sと、1200mの小倉2歳Sが行われます。厩舎サイドはその若駒の距離適性に合わせてどの2歳Sに出走するか、検討を重ねます。当然、新潟2歳Sにはマイラータイプが集まってくるでしょうから、すべての馬に1600mに対する適性があると思って間違いないでしょう。馬券的には違う要素で攻める必要があります。

　では、1600mの新潟2歳Sで求められる能力はなんでしょうか。

新潟競馬場　658.7m（外回りコース）
小倉競馬場　300m弱
札幌競馬場　270m弱

日本一長い直線658.7mで自慢の末脚を披露できる馬が相応しいのではないでしょうか。そうです。ズバリ、

上がり3ハロン1位

を記録した馬を買えば的中に近づきます。

　もっとも、それだけでは当たりません。ほかの要素も加味した合わせ技で勝ち獲りにいきます。芝外回り1600mになった2002年以降の18回を分析し、わかりやすくまとめた次ページの一文を読んでください。

🐎 1番人気で勝てる馬を浮かび上がらせる

大前提①

前走上がり1位

大前提②

デビュー3戦以内の前走
「1カ月半以内、あるいは中央開催」

ハードル❶

前走
「新馬1着0.3秒差以上、あるいは
未勝利1番人気完勝、あるいは
OP完勝か1番人気連対（負けていても0.1秒差以内）」

それでは、今年の1番人気候補にこの大前提とハードルを課し、勝てるか負けるかを判定しましょう。次ページからの【1番人気的中シート】を利用してください。

1番人気で勝てる馬【1番人気的中シート】

年度	新潟2歳Sの1番人気馬	性別	大前提①	大前提②	ハードル❶	判定	着順
大前提①………前走上がり1位						
大前提②………デビュー3戦以内の前走「1カ月半以内、あるいは中央開催」						
ハードル❶……前走「新馬1着0.3秒差以上、あるいは未勝利1番人気完勝、あるいはOP完勝か1番人気連対 (負けていても0.1秒差以						
2020							
2020							
2019	ウーマンズハート	牝	◎	◎	◎	●	1着
2018	ケイデンスコール	牡	◎	◎	◎	●	1着
2017	ムスコローソ	牡	◎	◎	◎	●	12着
2016	モーヴサファイア	牝	◎	×		×	8着
2015	ロードクエスト	牡	◎	◎	◎	●	1着
2014	アヴニールマルシェ	牡	◎	◎	×	×	2着
2013	ハープスター	牝	◎	◎	◎	●	1着
2012	メイショウオオゼキ	牡	×			×	4着
2011	ジャスタウェイ	牡	◎	◎	◎	●	2着
2010	クリーンエコロジー	牡	×			×	10着
2009	シンメイフジ	牝	◎	◎	◎	●	1着
2008	セイウンワンダー	牡	◎	◎	◎	●	1着
2007	タケミカヅチ	牡	◎	◎	×	×	6着
2006	マイネルレーニア	牡	×	×		×	3着
2005	ショウナンタキオン	牡	◎	◎	◎	●	1着
2004	マイネルレコルト	牡	◎	◎	◎	●	1着
2003	ダイワバンディット	牡	◎	◎	◎	●	1着
2002	マルロス	牡	◎	×		×	3着

単勝配当	結果	1番人気的中シートの使い方			
		左のシートに今年の1番人気候補を記入し、過去の成績をもとに「勝てるか、勝てないか」を判定してください。「勝てない」とわかったら、2番人気以下で勝てる馬が浮かび上がる【穴馬的中シート】（後ろのページ）に進んでください。			
		2番人気以下で勝った馬	人気	単勝配当	結果
¥210	大的中				
¥240	大的中				
	ハズレ	フロンティア	3	¥720	
	→	ヴゼットジョリー	3	¥650	大的中
¥360	大的中				
	→	ミュゼスルタン	3	¥410	大的中
¥260	大的中				
	→	ザラストロ	3	¥630	大的中
	ハズレ	モンストール	4	¥1,310	
	→	マイネイサベル	9	¥2,630	ハズレ
¥370	大的中				
¥250	大的中				
	→	エフティマイア	4	¥780	大的中
	→	ゴールドアグリ	2	¥380	大的中
¥350	大的中				
¥210	大的中				
¥320	大的中				
	→	ワナ	4	¥620	大的中

過去18年、1番人気に応えて優勝した馬たちの前走成績を紹介します。
✛1番人気で勝った馬一覧

2019年　牝　ウーマンズハート　　210円
新潟1600m　牝馬新馬　　　　3番人気　1着　0.6秒差　上がり1位　半月

2018年　牡　ケイデンスコール　　240円
新潟1600m　未勝利　　　　　1番人気　1着　0.2秒差　上がり1位　1カ月

2015年　牡　ロードクエスト　　　360円
東京1600m　新馬　　　　　　6番人気　1着　0.3秒差　上がり1位　2カ月半

2013年　牝　ハープスター　　　　260円
中京1400m　新馬　　　　　　1番人気　1着　0.3秒差　上がり1位　1カ月半

2009年　牝　シンメイフジ　　　　370円
新潟1400m　OP　ダリア賞　1番人気　2着　0.1秒差　上がり1位　1カ月

2008年　牡　セイウンワンダー　　250円
阪神1600m　未勝利　　　　　1番人気　1着　1.0秒差　上がり1位　2カ月

2005年　牡　ショウナンタキオン　350円
新潟1400m　新馬　　　　　　4番人気　1着　0.3秒差　上がり1位　1カ月

2004年　牡　マイネルレコルト　　210円
新潟1400m　OP　ダリア賞　2番人気　1着　0.3秒差　上がり1位　半月

2003年　牡　ダイワバンディット　320円
新潟1400m　OP　ダリア賞　1番人気　1着　0.0秒差　上がり1位　半月

過去18年、1番人気に応えられず2着以下に負けた馬たちの前走成績を紹介します。
⊕1番人気で負けた馬一覧

2017年　牡　ムスコローソ　12着
東京1400m　新馬　　　　　　2番人気　1着　0.8秒差　上がり1位　2カ月半
◉1番人気に応えられる前走成績です。それなのになぜ惨敗したのでしょうか？
実はこの新馬戦、1番人気ミヤビフィオーラが2番人気ムスコローソと並んで5番手で直線
に入り、ゴールまであと300mのところで追い出しにかかると、大きくヨレて鞍上が落馬し
てしまったのです。ミヤビフィオーラの勢いある伸び脚から判断して、まともならばムスコロー
ソに勝てはしないまでも、かなり迫って2着はあったでしょう。すると、ムスコローソの勝ちっ
ぷりは大してよく見えず、この新潟2歳Sで1番人気に推されることはなかったと思います。
なお、落馬した津村騎手は、同馬がゲートで暴れて大野騎手が負傷したことによる乗り替わり。
2人の騎手が痛い目に遭ったレースでした。

2016年　牝　モーヴサファイア　　8着
中京1600m　新馬　　　　　　1番人気　1着　0.4秒差　上がり1位　2カ月
※中京開催の前走から2カ月以上のレース間隔がNG。

2014年　牡　アヴニールマルシェ　2着
東京1800m　新馬　　　　　　1番人気　1着　0.0秒差　上がり1位　2カ月半
※0.0秒差が引っかかります。

2012年　牡　メイショウオオゼキ　4着
新潟1600m　新馬　　　　　　1番人気　1着　0.2秒差　上がり2位　1カ月
※上がり2位と0.2秒差が駄目です。

2011年　牡　ジャスタウェイ　　　2着
新潟1600m　新馬　　　　　　4番人気　1着　0.8秒差　上がり1位　1カ月半
※単勝1.7倍。なぜ負けたのか、不明です。

2010年　牡　クリーンエコロジー　10着
新潟1800m　新馬　　　　　　1番人気　1着　0.5秒差　上がり3位　逃げ　1カ月
※上がり3位が駄目です。

2007年　牡　タケミカヅチ　　　　6着
新潟1600m　新馬　　　　　　3番人気　1着　0.1秒差　上がり1位　1カ月
※0.1秒差が引っかかります。

2006年　牡　マイネルレーニア　　3着
新潟1400m　OP　ダリア賞　1番人気　1着　0.8秒差　上がり2位　逃げ　半月
※上がり2位が駄目です。デビュー4戦目でもあります。

2002年　牡　マルロス　3着
新潟1400m　OP　ダリア賞　3番人気　1着　0.2秒差　上がり1位　半月
※デビュー4戦目がNG。

◆1番人気が飛ぶとわかったらココへ

過去18回のうち、半分の9回で1番人気が負けている新潟2歳S。今年も「負ける」とわかったら、すぐさま2番人気以下の馬から勝つ馬を見つけます。簡単です。私が課すハードルを満たした馬しか勝ちませんので、【穴馬的中シート】を利用して見つけだしてください。

🐴 2番人気以下で勝てる馬を浮かび上がらせる

ハードル❶
新馬1着「上がり1位か逃げ」

ハードル❷
未勝利上がり1位1番人気完勝

ハードル❸
OP1番人気完勝

※ハードル❶❷❸はすべて前走。

2番人気以下で勝てる馬【穴馬的中シート】

条件	馬番 or 馬名
ハードル❶ クリア	
ハードル❷ クリア	
ハードル❸ クリア	

過去18年、2番人気以下で優勝した馬たちの前走成績を紹介します。
◉2番人気以下で勝った馬一覧

2017年　3番人気　牡　フロンティア　　　　720円
中京1600m　新馬　　　　1番人気　1着　0.1秒差　上がり2位　逃げ　2カ月

2016年　3番人気　牝　ヴゼットジョリー　　　650円
中京1400m　新馬　　　　3番人気　1着　0.2秒差　上がり1位　2カ月

2014年　3番人気　牡　ミュゼスルタン　　　　410円
新潟1600m　新馬　　　　2番人気　1着　0.2秒差　上がり1位　1カ月

2012年　3番人気　牡　ザラストロ　　　　　　630円
新潟1600m　未勝利　　　　1番人気　1着　0.3秒差　上がり1位　1カ月半

2011年　4番人気　牡　モンストール　　　　　1310円
新潟1400m　新馬　　　　3番人気　1着　0.6秒差　上がり1位　1カ月半

2010年　9番人気　牝　マイネイサベル　　　　2630円
新潟1400m　新馬　　　　6番人気　1着　0.0秒差　上がり？位　1カ月半
※デビュー戦の成績に、勝てるだけの要因を見いだせませんでした。

2007年　4番人気　牝　エフティマイア　　　　780円
新潟1400m　ＯＰ　マリーゴールド賞　1番人気　1着　0.2秒差　上がり2位　1カ月半

2006年　2番人気　牡　ゴールドアグリ　　　　380円
新潟1600m　新馬　　　　6番人気　1着　0.0秒差　上がり1位　1カ月

2002年　4番人気　牝　ワナ　　　　　　　　　620円
阪神1400m　新馬　　　　4番人気　1着　0.5秒差　上がり1位　2カ月半

◆2着馬を見つけるのはココで

2着候補を2番人気以下から見つけます。それが簡単にできるハードルを3つ作りました。【穴馬的中シート】を利用してお楽しみください。なお、1番人気に応えられなくても2着に来ることはありますので、1番人気馬は無条件で2着候補です。

🐴 2番人気以下で2着に入れる馬を浮かび上がらせる

ハードル❶
1200m上がり1位「圧勝か1番人気完勝」

ハードル❷
新馬・未勝利1着「上がり1位か4角先頭」

ハードル❸
OP1〜3番人気

※ハードル❶❷❸はすべて前走。

2番人気以下で2着に入れる馬【穴馬的中シート】

条件	馬番 or 馬名
ハードル❶クリア	
ハードル❷クリア	
ハードル❸クリア	

過去18年、2番人気以下で2着に入った馬たちの前走成績を紹介します。
◇2番人気以下で2着に入った馬一覧

2019年　3番人気　牡　ペールエール
中京1400m　新馬　　　　　　1番人気　1着　0.2秒差　上がり1位　1カ月

2018年　2番人気　牡　アンブロークン
東京1800m　新馬　　　　　　1番人気　1着　0.1秒差　上がり2位　4角先頭　2カ月

2017年　5番人気　牝　コーディエライト
中京1400m　未勝利　　　　　3番人気　1着　1.0秒差　上がり2位　逃げ　2カ月

2016年　6番人気　牡　オーバースペック
福島1800m　未勝利　　　　　3番人気　1着　0.0秒差　上がり1位　2カ月

2015年　12番人気　牝　ウインファビラス
福島1800m　未勝利　　　　　2番人気　1着　0.0秒差　上がり1位　1カ月

2013年　4番人気　牡　イスラボニータ
東京1600m　新馬　　　　　　2番人気　1着　0.2秒差　上がり2位　2カ月半
※上がり34.2秒で2位がネックですが、1位は34.1秒。レベルの高い中央開催。0.1秒足りな
くてもセーフにしましょう。

2012年　10番人気　牡　ノウリッジ
新潟D1200m　新馬　　　　　1番人気　1着　0.1秒差　上がり1位　1カ月半

2010年　10番人気　牡　マイネルラクリマ
新潟1400m　OP　ダリア賞　2番人気　3着　0.4秒差　上がり？位　1カ月

2009年　15番人気　牡　フローライゼ
新潟1600m　新馬　　　　　　5番人気　1着　0.3秒差　上がり1位　逃げ　1カ月

2008年　15番人気　牡　ツクバホクトオー
新潟1200m　未勝利　　　　　1番人気　1着　0.2秒差　上がり1位　1カ月

2007年　16番人気　牝　シャランジュ
新潟1400m　OP　ダリア賞　3番人気　6着　0.6秒差　上がり？位　半月

2006年　11番人気　牝　マイネルーチェ
新潟1600m　新馬　　　　　　7番人気　1着　0.0秒差　上がり2位　半月
※デビュー戦の成績に、2着に来られるだけの要因を見いだせませんでした。

2005年　2番人気　牝　ニシノフジムスメ
新潟1400m　未勝利　　　　　1番人気　1着　0.7秒差　上がり1位　半月

2004年　3番人気　牝　ショウナンパントル
新潟1600m　新馬　　　　　　3番人気　1着　0.1秒差　上がり1位　1カ月半

2003年　2番人気　牝　ウイングレット
新潟1200m　未勝利　　　　　3番人気　1着　0.9秒差　上がり1位　1カ月

2002年　6番人気　牡　ヨシサイバーダイン
新潟1600m　新馬　　　　　　2番人気　1着　0.8秒差　上がり1位　1カ月半
※3回目の新馬戦。2002年までは、新馬戦に最大4回出走することができました。

キーンランドC

8月30日（日）

札幌競馬場　芝1200m　フルゲート16頭
(2013年は函館競馬場 芝1200m)

３歳以上

別定　３歳53kg　４歳以上56kg（牝馬２kg減）

ただし、過去１年間で　　　GⅠ競走　（牝馬限定競走は除く）１着馬は３kg増
牝馬限定GⅠ競走　およびGⅡ競走　（牝馬限定競走は除く）１着馬は２kg増
牝馬限定GⅡ競走　およびGⅢ競走　（牝馬限定競走は除く）１着馬は１kg増
過去１年以前の　　　　　GⅠ競走　（牝馬限定競走は除く）１着馬は２kg増
牝馬限定GⅠ競走　およびGⅡ競走　（牝馬限定競走は除く）１着馬は１kg増
（ただし、２歳時の成績を除く）。

2013年までの別定
３歳53kg　４歳以上56kg（牝馬２kg減）
日本馬：収得賞金3000万円超過馬は、超過額4000万円毎１kg増
外国馬：GⅠ競走１着馬５kg増　GⅡ競走１着馬３kg増　GⅢ競走１着馬１kg増
（ただし２歳時の成績を除く）。

🐎 キーンランドCの真相

本書に掲載している芝1200mの重賞は以下の3レースです。

8月30日　GⅢ　キーンランドC
9月13日　GⅡ　セントウルS
10月4日　GⅠ　スプリンターズS

3レースとも距離1200mのスプリント戦だからといって、同じスタンスで予想しては当たりません。それぞれコンセプトが違うからです。3レース各々の概念というか意義というか、つまり「どんな馬が求められているか」を知ったうえで馬券を買わなければ獲れません。

GⅢ　キーンランドC　　1200m以下だけ
GⅡ　セントウルS　　　1400mまで
GⅠ　スプリンターズS　1600mも

ひと言でいうと、芝1200mのGⅢは、

距離1200m以下の成績だけを見て予想すれば的中します。

ほかの距離でどんなに素晴らしい実績があろうとも一切気にする必要はありません。GⅡセントウルSやGⅠスプリンターズSともなると、そういうわけにはいきませんが、GⅢキーンランドCは芝の"短距離番長"が選ばれるレースに設定されているのです。

では、短距離番長とはどういう実績を持った馬でしょう。キーンランドCがGⅢになった2006年以降の14年間の1着馬を分析し、次ページのような一文にまとめました。この2つのハードルのうち1つをクリアしていれば、1番人気で勝てます。

♞ 1番人気で勝てる馬を浮かび上がらせる

ハードル❶

芝1200mOP1番人気完勝歴2回以上

ハードル❷

芝1200mを含む重賞1番人気2連勝中

OPとはオープン競走の略です。オープン競走とは、オープン
特別（リステッドを含む）、格付け前の重賞、GⅢ、GⅡ、GⅠの
ことです。完勝とは0.1秒差以上の差をつけての1着のことです。

それでは次ページの【1番人気的中シート】を使い、今年の1番人気（候補馬）が勝てるの
か負けるのかを調べましょう。

1番人気で勝てる馬【1番人気的中シート】

年度	キーンランドCの1番人気馬	性齢	負担重量	ハードル❶	ハードル❷	判定	着順
ハードル❶……芝1200mOP1番人気完勝歴2回以上							
ハードル❷……芝1200mを含む重賞1番人気2連勝中							
2020							
2020							
2019	ダノンスマッシュ	牡4	57kg	◎		◉	1着
2018	ナックビーナス	牝5	54kg	◎		◉	1着
2017	モンドキャンノ	牡3	53kg	×	×	×	6着
2016	シュウジ	牡3	53kg	×	×	×	2着
2015	ティーハーフ	牡5	57kg	×	×	×	3着
2014	レッドオーヴァル	牝4	54kg	×	×	×	2着
2013	ストレイトガール	牝4	54kg	×	×	×	2着
2012	ダッシャーゴーゴー	牡5	56kg	×	×	×	2着
2011	カレンチャン	牝4	54kg		◎	◉	1着
2010	ビービーガルダン	牡6	58kg	×	×	×	4着
2009	グランプリエンゼル	牝3	51kg	×	×	×	3着
2008	キンシャサノキセキ	牡5	56kg	×	×	×	3着
2007	ローレルゲレイロ	牡3	53kg	×	×	×	11着
2006	シーイズトウショウ	牝6	55kg	×	×	×	2着

単勝配当	結果
¥230	大的中
¥370	大的中
	→
	→
	→
	→
	→
	→
¥190	大的中
	→
	→
	→
	→
	→

1番人気的中シートの使い方

左のシートに今年の1番人気候補を記入し、過去の成績をもとに「勝てるか、勝てないか」を判定してください。「勝てない」とわかったら、2番人気以下で勝てる馬が浮かび上がる【穴馬的中シート】（後ろのページ）に進んでください。

2番人気以下で勝った馬	人気	単勝配当	結果
エポワス	12	¥2,120	大的中
ブランボヌール	2	¥560	大的中
ウキヨノカゼ	8	¥2,910	大的中
ローブティサージュ	3	¥640	大的中
フォーエバーマーク	4	¥520	大的中
パドトロワ	3	¥640	大的中
ワンカラット	2	¥370	大的中
ビービーガルダン	2	¥480	大的中
タニノマティーニ	16	¥16,140	大的中
クーヴェルチュール	4	¥710	大的中
チアフルスマイル	4	¥1,250	大的中

キーンランドC

過去14年、１番人気に応えて優勝した馬たちの前走成績と実績を紹介します。

✇１番人気で勝った馬一覧（実績は原則芝1200m以下ＯＰ特別１着以上を列記。以下同様）

2019年　ダノンスマッシュ　　牡４　57kg（＋１kg）

前走	函館	ＧⅢ	函館ＳＳ	除外		
実績	京都	ＧⅢ	シルクロードＳ	１番人気	１着	0.2秒差
実績	京都	ＧⅢ	京阪杯	１番人気	１着	0.3秒差

※前年の２着馬。

2018年　ナックビーナス　　牝５　54kg

前走	函館	ＧⅢ	函館ＳＳ	１番人気	３着	0.1秒差	
実績	中山	ＯＰ	カーバンクルＳ	１番人気	１着	0.1秒差	逃げ
実績	中山	ＯＰ	カーバンクルＳ	１番人気	１着	0.1秒差	
実績	京都	ＯＰ	葵Ｓ	４番人気	１着	0.1秒差	
実績	中山	ＧⅢ	オーシャンＳ	２番人気	２着	0.0秒差	
実績	中山	ＧⅢ	オーシャンＳ	３番人気	２着	0.1秒差	

2011年　カレンチャン　　牝４　54kg

前走	函館	ＧⅢ	函館ＳＳ		１番人気	１着	0.0秒差
前々走	阪神1400m	牝馬ＧⅡ	阪神牝馬Ｓ	１番人気	１着	0.1秒差	

※１番人気で重賞２連勝中。

過去14年、１番人気に応えられず２着以下に負けた馬たちの前走成績と実績を紹介します。
⊕１番人気で負けた馬一覧

2017年　モンドキャンノ　　牡３　53kg　6着

前走	東京1600m	ＧⅠ	ＮＨＫマイルＣ	３番人気	９着	1.0秒差
実績	函館	ＧⅢ	函館２歳Ｓ	１番人気	２着	0.1秒差

※芝1200mオープン１番人気１着なし。

2016年　シュウジ　　牡３　53kg　2着

前走	函館	ＧⅢ	函館ＳＳ	２番人気	２着	0.0秒差
実績	小倉	ＧⅢ	小倉２歳Ｓ	１番人気	１着	0.4秒差

※芝1200mオープン１番人気完勝歴１回。

2015年　ティーハーフ　　牝５　54kg　3着

前走	函館	ＧⅢ	函館ＳＳ	４番人気	１着	0.4秒差
実績	京都	ＯＰ	葵Ｓ	１番人気	１着	0.0秒差

※芝1200mオープン１番人気完勝なし。

2014年　レッドオーヴァル　　牝４　54kg　2着

前走	札幌	1600万	札幌日刊スポーツ杯	１番人気	１着	0.2秒差

※芝1200mオープン１番人気１着なし。

2013年　ストレイトガール　牝4　54kg　2着
前走　函館　OP　UHB賞　　　　　　　　2番人気　1着　0.0秒差
※芝1200mオープン1番人気1着なし。

2012年　ダッシャーゴーゴー　牡5　56kg　2着
前走　中京　GⅢ　CBC賞　　　　　　　　1番人気　3着　0.2秒差
実績　阪神　GⅢ　CBC賞　　　　　　　　1番人気　1着　0.1秒差
実績　中山　GⅢ　オーシャンS　　　　　　3番人気　1着　0.1秒差
実績　京都　GⅢ　CBC賞　　　　　　　　7番人気　2着　0.1秒差
実績　小倉　GⅢ　小倉2歳S　　　　　　　5番人気　2着　0.0秒差
実績　阪神　GⅡ　セントウルS　　　　　　4番人気　1着　0.0秒差
※芝1200mオープン1番人気完勝歴1回。
◉同馬はCBC賞に3年続けて出走しています。
3歳時　2着（0.1秒差）
4歳時　1着（0.1秒差）
5歳時　3着（0.2秒差）
4歳6月のCBC賞のあと未勝利。早熟タイプだったかも？

2010年　ビービーガルダン　牡6　58kg（＋2kg）4着
前走　函館　GⅢ　函館SS　　　　　　　　1番人気　2着　0.3秒差
実績　札幌　GⅢ　キーンランドC　　　　　2番人気　1着　0.4秒差
実績　札幌　GⅢ　キーンランドC　　　　　2番人気　2着　0.1秒差　逃げ
実績　中京　GⅠ　高松宮記念　　　　　　　6番人気　2着　0.0秒差
実績　中山　GⅠ　スプリンターズS　　　　2番人気　2着　0.0秒差
※芝1200mオープン1番人気1着なし。
◉スプリントGⅠでタイム差なしの2着2回と完全に格上ですが、取得賞金で加増される賞
金別定＋2kgが響いたのかもしません。この加増は4歳夏以降の重賞2着4回によるところ
が大きいです。同期間の重賞勝ちはGⅢ2回ですから、現在と同じグレード別定なら＋1kg
で済みます。

2009年　グランプリエンゼル　牝3　51kg　3着
前走　函館　GⅢ　函館SS　　　　　　　　1番人気　1着　0.2秒差
※芝1200mオープン1番人気完勝歴1回。

2008年　キンシャサノキセキ　牡5　56kg　3着
前走　函館　GⅢ　函館SS　　　　　　　　1番人気　1着　0.1秒差
実績　中京　GⅠ　高松宮記念　　　　　　　5番人気　2着　0.0秒差
※芝1200mオープン1番人気完勝歴1回。

2007年　ローレルゲレイロ　牡3　53kg　11着
前走　東京2400m　GⅠ　ダービー　　　13番人気　13着　1.6秒差
※芝1200mのオープン1番人気1着なし。
◉マイル重賞4連対の3歳馬。同じ3歳馬のグランプリエンゼル（2009年）、シュウジ（2016年）、
モンドキャンノ（2017年）も1番人気に応えられていません。芝1200mのGⅠ級も出走して
くる当レース。ハイレベルなスプリント戦の経験がない3歳馬は一枚割り引く必要があります。

2006年　シーイズトウショウ　牝6　55kg（＋1kg）2着

前走	函館	GⅢ	函館SS	1番人気	2着	0.4秒差	
実績	中京	OP	テレビ愛知OP	1番人気	1着	0.1秒差	逃げ
実績	中京	GⅢ	CBC賞	4番人気	1着	0.2秒差	
実績	函館	GⅢ	函館SS	2番人気	1着	0.2秒差	
実績	函館	GⅢ	函館SS	2番人気	1着	0.3秒差	
実績	阪神	GⅢ	阪急杯	5番人気	2着	0.0秒差	
実績	中京	GⅡ	CBC賞	3番人気	1着	0.1秒差	

※芝1200mオープン1番人気完勝歴1回。

●これだけの実績でも2着に負けたのは6歳という年齢、あるいは＋1kgの斤量が原因でしょう。もっとも、ハードルをクリアできていませんが。

☆Point☆

過去14回で1番人気に応えた馬は3頭。その馬を浮かび上がらせたこともそうですが、残り11頭をきっちり見切れたことがこのハードルの凄さだと思いませんか。1番人気を買うか買わないか迷いに迷うのが大方のファン。その手助けを、ちゃんとデータを示してお知らせしたいと思い本書を執筆しています。

前項の札幌記念と同じく、キーンランドCでも過去の1番人気時の成績がキーポイントになっています。競馬は、1番人気に推された際にどういう結果を出したか、それによって競走馬の価値は決まるのかもしれません。

さて、1番人気で負けた11頭は年齢別に次のようになっています。

3歳……4頭（勝利はなし）
4歳……2頭（勝利も2頭）
5歳……3頭（勝利は1頭）
6歳……2頭（勝利はなし）

下り坂の6歳馬が人気に応えられないのは理解できます。しかし、上昇一途の3歳馬の不振は、ちゃんと考察しないと今年もまた同じ轍を踏む恐れがあります。注目すべきは2着だったシュウジ（2016年）と3着だったグランプリエンゼル（2009年）の成績でしょう。これを上回る実績、つまりハードルを上回るような成績はもちろん、さらに1段階上の数値が求められる可能性があります。というのも、1カ月半後に行われる同じスプリント重賞GⅡセントウルSは、3歳馬が1番人気に支持されたことさえないからです。それだけこの時期の3歳馬にとって古馬の壁は高く厚いのです。

◆1番人気が飛ぶとわかったらココへ

1番人気が「負ける」とわかった場合、勝つのは当たり前ですが2番人気以下の馬です。そんな好配当・高配当の1着候補を見つけるのは中・上級ファンでもなかなか難しいと思います。しかし、私が課すハードルを満たした馬しか勝ちませんので、【穴馬的中シート】を利用して見つけだしてください。

🐎 2番人気以下で勝てる馬を浮かび上がらせる

ハードル❶
前走「スプリント戦1番人気、
あるいは負けていても0.1秒差以内」

ハードル❷
前走それ以外は、1200m OP連対歴かつ重賞連対歴
（どちらとも負けていても0.1秒差以内）

スプリント戦は距離1000m、1200m戦のことです。

2番人気以下で勝てる馬【穴馬的中シート】

条件	馬番 or 馬名
ハードル❶ クリア	
ハードル❷ クリア	

過去14年、2番人気以下で優勝した馬たちの前走成績と実績を紹介します。
◉2番人気以下で勝った馬一覧

2017年　12番人気　エボワス　　　　　騸9　56kg　2120円
前走　札幌1200m　ＯＰ　ＵＨＢ賞　　　　　1番人気　7着　0.7秒差
実績　札幌1200m　ＯＰ　ＵＨＢ賞　　　　　3番人気　1着　0.1秒差

2016年　2番人気　ブランボヌール　　　牝3　51kg　560円
前走　東京1600m　ＧⅠ　ＮＨＫマイルＣ　15番人気　6着　0.3秒差
実績　函館1200m　ＧⅢ　函館2歳Ｓ　　　1番人気　1着　0.6秒差

2015年　8番人気　ウキヨノカゼ　　　　牝5　54kg　2910円
前走　函館1200m　1600万　ＴＶｈ杯　　　10番人気　1着　0.0秒差

2014年　3番人気　ロープティサージュ　牝4　54kg　640円
前走　函館1200m　ＧⅢ　函館ＳＳ　　　　6番人気　2着　0.0秒差

2013年　4番人気　フォーエバーマーク　牝5　54kg　520円
前走　新潟1000m　ＧⅢ　アイビスＳＤ　　3番人気　2着　0.1秒差　逃げ

2012年　3番人気　パドトロワ　　　　　牡5　56kg　640円
前走　新潟1000m　ＧⅢ　アイビスＳＤ　　7番人気　1着　0.2秒差
実績　中山1200m　ＧⅠ　スプリンターズＳ　9番人気　2着　0.3秒差　4角先頭
実績　函館1200m　ＯＰ　ＵＨＢ賞　　　　1番人気　1着　0.2秒差　逃げ
実績　京都1200m　ＯＰ　オーストラリアＴ　3番人気　1着　0.0秒差

2010年　2番人気　ワンカラット　　　　牝4　54kg　370円
前走　函館1200m　ＧⅢ　函館ＳＳ　　　　2番人気　1着　0.3秒差

2009年　2番人気　ビービーガルダン　　牡5　56kg　480円
前走　阪神1600m　ＧⅡ　マイラーズＣ　　6番人気　8着　0.6秒差　4角先頭
実績　札幌1200m　ＧⅢ　キーンランドＣ　2番人気　2着　0.1秒差　逃げ

2008年　16番人気　タニノマティーニ　　牡8　56kg　16140円
前走　函館1200m　ＯＰ　ＵＨＢ杯　　　　6番人気　5着　0.7秒差
実績　函館1200m　ＯＰ　ＵＨＢ杯　　　　8番人気　1着　0.2秒差　逃げ
実績　東京1600m　ＧⅢ　富士Ｓ　　　　　11番人気　2着　0.1秒差
◉層の厚いマイルＧⅢでの連対は、1200mＧⅢで通用することを裏付けます。

2007年　4番人気　クーヴェルチュール　牝3　51kg　710円
前走　新潟1000m　ＧⅢ　アイビスＳＤ　　5番人気　3着　0.1秒差　逃げ
実績　福島1200m　ＯＰ　バーデンバーデンＣ　2番人気　1着　0.0秒差
実績　福島1200m　ＯＰ　福島2歳Ｓ　　　1番人気　1着　0.0秒差

2006年　4番人気　チアフルスマイル　　牝6　54kg　1250円

前走　札幌1800m　牝馬GⅢ　クイーンS　　　　5番人気　5着　0.6秒差
芝1200mオープン経験なし。しかし、けっして格下ではありません。
実績　京都1600m　牝馬GⅢ　京都牝馬S　　　　5番人気　2着　0.0秒差
実績　中京2000m　牝馬GⅢ　愛知杯　　　　　11番人気　2着　0.1秒差
◉牝馬限定とはいえ層の厚い1600〜2000mGⅢで2連対は、この1200mGⅢで好勝負できる
ことを保証します。

◆2着馬を見つけるのはココで

1着馬が「勝てない」とわかったら、2番人気以下から1着候補を見つけだします。そして、
2着候補も2番人気以下から見つけ出します。それを可能にしたのが私が探り出したハード
ルです。こちらも【穴馬的中シート】利用して見つけてください。なお、1番人気に応えら
れなくても2着に来ることはありますので、1番人気馬は無条件で2着候補です。

🐎 2番人気以下で2着に入れる馬を浮かび上がらせる

ハードル❶
前走「1200m準OP完勝、
あるいはスプリント重賞連対（負けていても0.1秒差以内）」

ハードル❷
前走それ以外は、重賞連対歴（負けていても0.0秒差）

準オープンは3勝クラス（1600万条件）のことです。3〜4歳以上の特別戦
しかありません。スプリント重賞は距離1000m、1200mのGⅢ、GⅡ、GⅠ
のことです。

2番人気以下で2着に入れる馬【穴馬的中シート】

条件	馬番 or 馬名
ハードル❶ クリア	
ハードル❷ クリア	

過去14年、2番人気以下で2着に入った馬たちの前走成績と実績を紹介します。
◇2番人気以下で2着に入った馬一覧

2019年　2番人気　タワーオブロンドン　牡4　58kg（＋2kg）
前走　函館1200m　GⅢ　函館SS　　　　　1番人気　3着　0.2秒差
実績　阪神1600m　GⅢ　アーリントンC　1番人気　1着　0.1秒差
実績　東京1400m　GⅡ　スプリングC　　1番人気　1着　0.1秒差
実績　東京1400m　GⅡ　京王杯2歳S　　1番人気　1着　0.3秒差

2018年　4番人気　ダノンスマッシュ　　牡3　53kg
前走　函館1200m　1600万　函館日刊スポーツ杯　3番人気　1着　0.2秒差

2017年　2番人気　ソルヴェイグ　　　　牝4　54kg
前走　函館1200m　GⅢ　函館SS　　　　12番人気　1着　0.0秒差
実績　阪神1400m　GⅡ　フィリーズレビュー　8番人気　1着　0.2秒差

2015年　9番人気　トーホウアマポーラ　牝6　54kg
前走　中京1200m　GⅢ　CBC賞　　　　　9番人気　7着　0.5秒差
実績　中京1200m　GⅢ　CBC賞　　　　　4番人気　1着　0.1秒差

2011年　6番人気　ビービーガルダン　　牡7　58kg（＋2kg）
前走　東京1600m　GⅠ　安田記念　　　17番人気　15着　1.2秒差
実績　札幌1200m　GⅢ　キーンランドC　2番人気　1着　0.4秒差
函館　函館1200m　GⅢ　函館SS　　　　　1番人気　2着　0.3秒差
実績　札幌1200m　GⅢ　キーンランドC　2番人気　2着　0.1秒差　逃げ
実績　中京1200m　GⅠ　高松宮記念　　　6番人気　2着　0.0秒差
実績　中山1200m　GⅠ　スプリンターズS　2番人気　2着　0.0秒差

2010年　6番人気　ジェイケイセラヴィ　騸6　56kg
前走　新潟1000m　GⅢ　アイビスSD　　3番人気　2着　0.1秒差
実績　福島1200m　OP　福島民友C　　　8番人気　1着　0.0秒差

2009年　13番人気　ドラゴンウェルズ　　牡6　56kg
前走　札幌1200m　OP　UHB杯　　　　　9番人気　5着　0.1秒差
実績　中山1600m　GⅢ　ダービー卿CT　9番人気　2着　0.0秒差
実績　京都1400m　GⅡ　スワンS　　　　5番人気　3着　0.1秒差

2008年　2番人気　ビービーガルダン　　牡4　56kg
前走　札幌1200m　1600万　札幌日刊スポーツ杯　1番人気　1着　0.2秒差

2007年　2番人気　アグネスラズベリ　　牝6　54kg
前走　函館1200m　GⅢ　函館SS　　　　　3番人気　1着　0.0秒差

札幌2歳S

9月5日(土)

札幌競馬場　芝1800m　フルゲート14頭

(2013年は函館競馬場 芝1800m)

2歳

馬齢　54kg

(10月開催の場合は、牡馬55kg　牝馬54kg。2000年は馬齢53kg)

🐎 札幌2歳Sの真相

　2歳馬に早くもパワーが必要な洋芝1800mを走らせる札幌2歳S。当然のことながら、中距離適性のある馬たちが参戦してきます。

競馬に限らず競走というのは距離が長くなれば長くなるほど優劣がはっきり現れます。マラソンは選手がバラバラとゴールしますが100m走は僅差です。前走で短距離を走った馬同士を比べる函館2歳Sや小倉2歳Sといった1200m戦よりも、前走で中距離を走った馬同士を比べるこの1800m戦ほうが、各馬の能力差が明らかなだけに馬券もラクに思えます。しかし、そうは問屋が卸しません。前走で見せた強さが実はフェイクというケースがあるのです。その結果、簡単なはずの当レースなのに、過去20年で1番人気は6勝のみ。14頭が人気に応えられずにいます。では、どういう馬を避ければよいかというと、それは逃げ馬です。

前走逃げた馬に騙されない

ことが必須です。

もうひとつは札幌競馬場の短い直線に騙されないことです。JRA最短の直線は函館競馬場の260m強ですが、札幌の直線も270m弱。だからといって逃げ・先行馬を重視してはいけません。新潟2歳Sと同じく、

上がり3ハロン1位

の馬たちに目を向ける必要があります。

それらの要素を含め、当レースを1番人気で勝つ馬の本質を一文にまとめましたので次ページを見てください。

🐎 1番人気で勝てる馬を浮かび上がらせる

大前提①

前走逃げ切り勝ちではない

大前提②

前走上がり1位

ハードル❶

前走1800m新馬1番人気完勝

ハードル❷

前走1800m未勝利1番人気圧勝
（1800m戦の圧勝は0.6秒差以上）

ハードル❸

前走1500m以上1勝クラス以上1着

今年の1番人気候補にこの大前提とハードルを当てはめ、勝てるか2着以下かを判定しましょう。次ページからの【1番人気的中シート】を利用してください。

1番人気で勝てる馬【1番人気的中シート】

年度	札幌2歳Sの1番人気馬	性別	大前提①	大前提②	ハードル❶	ハードル❷	ハード❸
大前提①………前走逃げ切り勝ちではない 大前提②………前走上がり1位 ハードル❶……前走1800m新馬1番人気完勝			ハードル❷……前走1800m未勝利1番人気圧勝 (1800m戦の圧勝は0.6秒差以上) ハードル❸……前走1500m以上1勝クラス以上1着				
2020							
2020							
2019	ゴルコンダ	牡	×				
2018	クラージュゲリエ	牡	◎	◎	×		
2017	ロックディスタウン	牝	◎	◎	◎		
2016	タガノアシュラ	牡	×				
2015	プロフェット	牡	×				
2014	ミッキーユニバース	牡	×	×			
2013	マイネルフロスト	牡	◎	×			
2012	ラウンドワールド	牡	◎	◎			◎
2011	グランデッツァ	牡	◎	◎		◎	
2010	アドマイヤセプター	牝	◎	◎	×		
2009	ダノンパッション	牡	◎	◎	×		
2008	ロジユニヴァース	牡	◎	○	○		
2007	サブジェクト	牡	◎	◎	◎		
2006	ナムラマース	牡	◎	◎			◎
2005	アドマイヤムーン	牡	◎	◎			◎
2004	ダンツキッチョウ	牡	◎	◎		×	
2003	キョウワスプレンダ	牡	◎	◎			◎
2002	ワンダーボーイ	牡	◎	×			◎
2001	ヤマノブリザード	牡	◎	◎			◎
2000	テイエムオーシャン	牝	◎	◎			×

1番人気的中シートの使い方

左のシートに今年の1番人気候補を記入し、過去の成績をもとに「勝てるか、勝てないか」を判定してください。「勝てない」とわかったら、2番人気以下で勝てる馬が浮かび上がる【穴馬的中シート】（後ろのページ）に進んでください。

判定	着順	単勝配当	結果	2番人気以下で勝った馬	人気	単勝配当	結果
×	6着		→	ブラックホール	5	¥2,940	大的中
×	3着		→	ニシノデイジー	6	¥2,820	大的中
◉	1着	¥300	大的中				
×	8着		→	トラスト	5	¥970	大的中
×	2着		→	アドマイヤエイカン	2	¥570	大的中
×	7着		→	ブライトエンブレム	5	¥1,110	大的中
×	5着		→	レッドリヴェール	2	¥510	大的中
◉	2着		ハズレ	コディーノ	3	¥410	
◉	1着	¥160	大的中				
×	3着		→	オールアズワン	3	¥500	大的中
×	4着		→	サンディエゴシチー	3	¥460	大的中
◉	1着	¥400	的中				
◉	2着		ハズレ	オリエンタルロック	6	¥1,430	
◉	1着	¥220	大的中				
◉	1着	¥290	大的中				
×	2着		→	ストーミーカフェ	5	¥730	大的中
◉	6着		ハズレ	モエレエスポワール	10	¥5,240	
×	3着		→	サクラプレジデント	2	¥290	大的中
◉	1着	¥420	大的中				
×	3着		→	ジャングルポケット	5	¥920	大的中

過去20年、1番人気に応えて優勝した馬たちの前走成績を紹介します。
✣1番人気で勝った馬一覧

2017年　牝　ロックディスタウン　300円
新潟1800m　新馬　　　　　　　1番人気　1着　0.1秒差　上がり1位

2011年　牡　グランデッツァ　160円
札幌1800m　未勝利　　　　　　1番人気　1着　1.3秒差　上がり1位　4角先頭

2008年　牡　ロジユニヴァース　400円
阪神1800m　新馬　　　　　　　2番人気　1着　0.1秒差　上がり3位
◉2番人気と上がり3位がNGですが、レベルの高い中央開催ですので目をつむります。

2006年　牡　ナムラマース　220円
札幌1800m　OP　コスモス賞　　3番人気　1着　0.6秒差　上がり1位
※滞在で7戦目。

2005年　牡　アドマイヤムーン　290円
札幌1500m　OP　クローバー賞　1番人気　1着　0.0秒差　上がり1位

2001年　牡　ヤマノブリザード　420円
札幌1500m　OP　クローバー賞　8番人気　1着　0.1秒差　上がり1位
※地方3戦を含め5戦目。

続いて、1番人気に応えられなかった14頭の前走成績をチェックしてみましょう。
⊕1番人気で負けた馬一覧

2019年　牡　ゴルコンダ　　　　　6着
札幌1800m　未勝利　　　　　　1番人気　1着　1.8秒差　上がり1位　逃げ
※逃げ切り勝ちがNG。

2018年　牡　クラージュゲリエ　　3着
札幌1800m　新馬　　　　　　　2番人気　1着　0.3秒差　上がり1位
※札幌開催で2番人気が引っかかります。

2016年　牡　タガノアシュラ　　　8着
函館1800m　新馬　　　　　　　1番人気　1着　0.7秒差　上がり1位　逃げ
※逃げ切り勝ちがNG

2015年　牡　プロフェット　　　　2着
札幌1800m　新馬　　　　　　　1番人気　1着　0.3秒差　上がり1位　逃げ
※逃げ切り勝ちがNG。

2014年　牡　ミッキーユニバース　7着
新潟1800m　新馬　　　　　　　1番人気　1着　0.5秒差　上がり2位　逃げ

※逃げ切り勝ちと上がり2位がNG。

2013年　牡　マイネルフロスト　5着
函館1800m　OP　コスモス賞　　　　　2番人気　1着　0.0秒差　上がり3位
※上がり3位がネックです。

2012年　牡　ラウンドワールド　2着
札幌1800m　OP　コスモス賞　　　　　1番人気　1着　0.1秒差　上がり1位
◉勝てるはずの馬ですが、6月2日の阪神デビューから同月に2戦目阪神→3戦目は輸送して8月の札幌→そして9月1日に4戦目の当レースという厳しいローテーション。真夏の3カ月間に長距離輸送を含めて4戦は、1番人気に応える馬の臨戦過程ではないように思います。当レースでこのラウンドワールドに0.3秒差をつけて勝ったのは、次走でGⅢ東スポ杯2歳Sを1番人気で制し、GⅠ朝日杯フューチュリティSも1番人気で2着、そしてGⅡ弥生賞、GⅠ皐月賞を連続3着するコディーノでした。それもレースレコード1分48秒5の決着では致し方ないと言えます。

2010年　牝　アドマイヤセプター　3着
札幌1500m　牝馬新馬　　　　　　　　1番人気　1着　1.1秒差　上がり1位
※距離が駄目です。牝馬限定競走の成績という点も……。

2009年　牡　ダノンパッション　4着
阪神1600m　新馬　　　　　　　　　　1番人気　1着　0.1秒差　上がり1位
※距離が駄目です。

2007年　牡　サブジェクト　2着
札幌1800m　新馬　　　　　　　　　　1番人気　1着　0.1秒差　上がり1位
◉勝てるはずの馬ですが、武豊騎乗の6番人気オリエンタルロックに0.1秒負けてしまいました。後述しますが、オリエンタルロックは勝てるはずのない馬です。2008年あたりまでの武豊騎手は、そういう勝てない馬を1着に持ってくるマジックを何度か披露しています。日本競馬において騎手武豊は、種牡馬サンデーサイレンスとともに“例外”です。

2004年　牡　ダンツキッチョウ　2着
札幌1800m　未勝利　　　　　　　　　1番人気　1着　0.4秒差　上がり1位
※未勝利で圧勝できていません。

2003年　牡　キョウワスプレンダ　6着
札幌1500m　OP　クローバー賞　　　　1番人気　1着　0.4秒差　上がり1位
◉勝てるはずの馬でしたが、0.6秒差6着に敗れた理由は、札幌開催過去19回で最も遅い勝ち時計1分54秒1という「ひどい稍重馬場」が響いたからでしょう。通常は稍重馬場でも1分50秒台です。ダート1800m戦のような時計のかかる重い芝により、スピード能力が封じられました。道悪の巧拙が如実に現れています。

2002年　牡　ワンダーボーイ　3着
札幌1500m　OP　クローバー賞　　　　5番人気　1着　0.3秒差　上がり2位
※上がり2位がネックです。

2000年　牝　テイエムオーシャン　3着
札幌1200m　500万条件　　　　　　　　　　1番人気　1着　1.0秒差　1カ月　上がり1位
※距離が駄目です。

☆Point☆
逃げ馬、それも単騎逃げは圧倒的に有利です。自分のペースで走れた場合は全能力を出しき
れます。コース取りも思いのまま、最短距離を走ることもできますし、馬場のよい部分を選
ぶこともできます。前が詰まったりという不利に遭うこともありません。怖がりな馬の場合
は草食動物の本能である逃走意欲が加速して、あれよあれよという間にゴールです。
それを前走で披露した馬が、今回再び持てる力をすべて発揮できるかどうかはわかりません。
というか、クラスが上がってペースなどの勝手が違えば脆さを見せるのが常で、それが当レー
スの結果に如実に現れています。「見事な逃げ切り勝ち」は、実は「一世一代の逃走劇」だっ
たかもしれないのです。
なお、2番人気以下で勝った14頭のうち、前走で逃げ切り勝ちは2004年ストーミーカフェ
1頭のみ。地味なレースぶりのためか1番人気にはなれませんが、そういう馬を見抜くことが、
とくに2歳戦では重要になります。

◆1番人気が飛ぶとわかったらココへ

1番人気が「負ける」とわかったら、2番人気以下の馬から勝つ馬を見つけます。「ハードル」
を満たした馬しか勝ちませんので、【穴馬的中シート】を利用して見つけだしてください。
なお、当レースは2番人気から順に見ていき、該当馬が5頭に達したところでやめ、その5
頭の単勝を買う作戦が得策です（ほかのレースも、だいたい同じ）。それで50倍以上の人気
薄も的中します。大きく取りガミになるのは2002年単勝2.9倍サクラプレジデントが勝つよう
なケースだけです。

🐎 2番人気以下で勝てる馬を浮かび上がらせる

ハードル❶
前走新馬完勝

ハードル❷
前走未勝利1番人気完勝

ハードル❸
前走OP特別連対

2番人気以下で勝てる馬 【穴馬的中シート】

条件	馬番 or 馬名
ハードル❶ クリア	
ハードル❷ クリア	
ハードル❸ クリア	

過去20年、２番人気以下で優勝した馬たちの前走成績を紹介します。
１番人気が２着以下に沈む際に勝つ馬の前走成績です。
◉２番人気以下で勝った馬一覧

2019年　５番人気　牡　ブラックホール　　　2940円
函館1800m　未勝利　　　　　　　１番人気　１着　0.2秒差　上がり２位

2018年　６番人気　牡　ニシノデイジー　　　2820円
函館1800m　未勝利　　　　　　　１番人気　１着　0.2秒差　上がり１位

2016年　５番人気　牡　トラスト　　　　　　970円
札幌1500m　ＯＰ　クローバー賞　１番人気　２着　0.2秒差　上がり２位

2015年　２番人気　牡　アドマイヤエイカン　570円
函館1800m　新馬　　　　　　　　１番人気　１着　0.4秒差　上がり１位

2014年　５番人気　牡　ブライトエンブレム　1110円
東京1600m　新馬　　　　　　　　３番人気　１着　0.2秒差　上がり１位

2013年　２番人気　牝　レッドリヴェール　　510円
阪神1600m　新馬　　　　　　　　３番人気　１着　0.1秒差　上がり１位

2012年　３番人気　牡　コディーノ　　　　　410円
札幌1800m　新馬　　　　　　　　１番人気　１着　0.4秒差　上がり１位

2010年　３番人気　牡　オールアズワン　　　500円
札幌1800m　未勝利　　　　　　　１番人気　１着　0.6秒差　上がり１位

2009年　３番人気　牡　サンディエゴシチー　460円
札幌1500m　ＯＰ　クローバー賞　２番人気　１着　0.2秒差　上がり１位

2007年　6番人気　牡　オリエンタルロック　1430円
札幌1800m　未勝利　　　　　　　4番人気　1着　0.0秒差　上がり2位
※4番人気ですし、0.0秒差ですから、ルールによれば勝てないはずですが、前述のように、
それを勝たせるのがユタカマジックなのです。

2004年　5番人気　牡　ストーミーカフェ　730円
札幌1500m　未勝利　　　　　　　1番人気　1着　0.4秒差　上がり3位　逃げ

2003年　10番人気　牡　モエレエスポワール　5240円
札幌1800m　ＯＰ　コスモス賞　　7番人気　2着　0.3秒差　上がり？位　4角先頭

2002年　2番人気　牡　サクラプレジデント　290円
札幌1200m　新馬　　　　　　　　3番人気　1着　0.6秒差　上がり3位

2000年　5番人気　牡　ジャングルポケット　920円
札幌1800m　新馬　　　　　　　　5番人気　1着　0.1秒差　上がり2位

◆2着馬を見つけるのはココで

単勝候補が決まったら、馬単、3連単用の2着候補を2番人気以下から見つけます。ハード
ルに照らし合わせ、【穴馬的中シート】を利用して探してください。
なお、1番人気を裏切っても2着に来ることはありますので、1番人気馬は無条件で2着候
補です。

🐎 2番人気以下で2着に入れる馬を浮かび上がらせる

ハードル❶
前走新馬・未勝利1着。
ただし1番人気か、圧勝か、上がり1位か、4角先頭

ハードル❷
前走ＯＰ特別「連対、あるいは0.0秒差3着以内」

2番人気以下で2着に入れる馬【穴馬的中シート】

条件	馬番 or 馬名
ハードル❶ クリア	
ハードル❷ クリア	

過去20年、2番人気以下で2着に入った馬たちの前走成績を紹介します。
◇2番人気以下で2着に入った馬一覧

2019年　3番人気　牡　サトノゴールド
函館1800m　新馬　　　　　　　　　　1番人気　1着　0.2秒差　上がり1位

2018年　4番人気　牡　ナイママ
札幌1800m　ＯＰ　コスモス賞　　　　3番人気　1着　0.2秒差　上がり2位

2017年　4番人気　牡　ファストアプローチ
札幌1500m　未勝利　　　　　　　　　2番人気　1着　0.8秒差　上がり2位

2016年　10番人気　牝　ブラックオニキス
札幌1500m　ＯＰ　クローバー賞　　　3番人気　1着　0.2秒差　上がり1位

2014年　11番人気　牡　マイネルシュバリエ
福島1800m　新馬　　　　　　　　　　1番人気　1着　0.2秒差　上がり2位

2013年　4番人気　牝　マイネグレヴィル
函館1800m　ＯＰ　コスモス賞　　　　5番人気　3着　0.0秒差　上がり？位

2011年　2番人気　牡　ゴールドシップ
札幌1800m　ＯＰ　コスモス賞　　　　1番人気　1着　0.1秒差　上がり2位

2010年　2番人気　牝　アヴェンチュラ
阪神1600m　新馬　　　　　　　　　　2番人気　1着　0.6秒差　上がり1位

2009年　4番人気　牡　モズ
札幌1800m　新馬　　　　　　　　　　3番人気　1着　0.1秒差　上がり3位　逃げ

2008年　5番人気　牡　イグゼキュティヴ
札幌1800m　ＯＰ　コスモス賞　　　　3番人気　2着　0.0秒差　上がり3位

2006年　5番人気　牡　アドマイヤヘッド
札幌1500m　新馬　　　　　　　　　　　3番人気　1着　0.0秒差　上がり1位

2005年　6番人気　牡　ディープエアー
札幌1800m　ＯＰ　コスモス賞　　　　　6番人気　2着　0.2秒差　上がり3位

2003年　8番人気　牝　アズマサンダース
札幌1200m　新馬　　　　　　　　　　　1番人気　1着　0.3秒差　上がり2位　逃げ

2002年　3番人気　牡　テイエムリキサン
札幌1800m　未勝利　3番人気　1着　0.4秒差　上がり3位　4角先頭

2001年　7番人気　牝　マイネヴィータ
札幌1800m　未勝利　　　　　　　　　　3番人気　1着　0.6秒差　上がり1位　逃げ

2000年　4番人気　牡　タガノテイオー
札幌1800m　新馬　　　　　　　　　　　1番人気　1着　0.3秒差　上がり2位
※2回目の新馬戦。2002年までは、新馬戦に最大4回出走することができました。

小倉2歳S

9月6日（日）

小倉競馬場　芝1200m　フルゲート18頭

2歳

馬齢　54kg（2000年は馬齢53kg）

🐎 小倉2歳Sの真相

新馬戦はよく「のちのGⅠ馬と、永遠の未勝利馬が一緒に走る」と言われます。出走馬の能力差が大きく、だからこそ馬券は当てやすいという論法です。

で、あるならば、新馬・未勝利戦を勝ち上がってきた馬たちによる小倉2歳Sも「のちのGⅠ馬と、永遠の1勝クラスが一緒に走る」わけですから簡単に当てられるハズです（少なくとも、のちのGⅢウイナーと、たぶん一生1勝クラスが一緒に走る）。

が、しかし、過去20年で1番人気に応えたのはわずか4頭。競馬ファンの英知を集めて「キミが一番強い」と太鼓判を推した1番人気の勝率が20％とは……

節穴なわけです。

いや、みんな目くらましにあったのです、その馬の前走快勝に。前走楽々逃げ切った馬が1番人気になって沈みます。その数、16頭のうち9頭！　これは前述のように札幌2歳Sでも起きている現象ですから、直線の短い小回りコースの"お約束"なのでしょう（小倉競馬場は札幌競馬場に次いで短い直線293m）。ここまで解明できれば、気をつけることはただひとつ。1番人気になった

逃げ馬は絶対に買わない

ことです。

それらの要素を含め、当レースを1番人気で勝つ馬の本質を一文にまとめましたので次ページを見てください。

🐎 1番人気で勝てる馬を浮かび上がらせる

大前提

前走1500m以下逃げ切り勝ちではない

ハードル❶

前走1番人気「圧勝、あるいは負け」
（圧勝は1200m0.3秒差、1400m0.4秒差、1600m0.5秒差以上のこと）

では、今年もたぶん"怪しい" 1番人気馬にこの大前提とハードルを課し、勝てるか負けるかを判定しましょう。次ページからの【1番人気的中シート】を利用してください。

1番人気で勝てる馬【1番人気的中シート】

年度	小倉2歳Sの1番人気馬	性別	大前提	ハードル❶	判定	着順	単勝配当
大前提…………前走1500m以下逃げ切り勝ちではない							
ハードル❶……前走1番人気「圧勝、あるいは負け」（圧勝は1200m0.3秒差、1400m0.4秒差、1600m0.5秒差以上のこと）							
2020							
2020							
2019	カイルアコナ	牝	×		×	5着	
2018	シングルアップ	牡	×		×	6着	
2017	モズスーパーフレア	牝	×		×	7着	
2016	レーヌミノル	牝	◎	◎	◉	1着	¥39
2015	シュウジ	牡	◎	◎	◉	1着	¥15
2014	レオパルディナ	牝	◎	×	×	2着	
2013	ベルカント	牝	×		×	2着	
2012	エーシンセノーテ	牝	×		×	4着	
2011	マコトリヴァーサル	牡	×		×	2着	
2010	ブラウンワイルド	牡	◎	◎	◉	1着	¥36
2009	サリエル	牝	◎	×	×	4着	
2008	ツルマルジャパン	牡	×			3着	
2007	マイネレーツェル	牝	◎	×	×	3着	
2006	シルバーストーン	牡	◎	×	×	11着	
2005	トーホウアモーレ	牝	×		×	3着	
2004	エイシンヴァイデン	牡	◎	◎	◉	4着	
2003	メイショウボーラー	牡	◎	◎	◉	1着	¥15
2002	チャニングガール	牝	×		×	4着	
2001	ロングユウシャ	牡	◎	×	×	9着	
2000	ツルマルボーイ	牡	◎	×	×	10着	

1番人気的中シートの使い方

左のシートに今年の1番人気候補を記入し、過去の成績をもとに「勝てるか、勝てないか」を判定してください。「勝てない」とわかったら、2番人気以下で勝てる馬が浮かび上がる【穴馬的中シート】(後ろのページ)に進んでください。

	2番人気以下で勝った馬	人気	単勝配当	結果
→	マイネルグリット	3	¥620	大的中
→	ファンタジスト	3	¥520	大的中
→	アサクサゲンキ	3	¥700	大的中
大的中				
大的中				
→	オーミアリス	15	¥12,020	ハズレ
→	ホウライアキコ	2	¥460	大的中
→	マイネルエテルネル	2	¥360	大的中
→	エピセアローム	2	¥390	大的中
大的中				
→	ジュエルオブナイル	2	¥360	大的中
→	デグラーティア	3	¥750	大的中
→	マルブツイースター	5	¥760	大的中
→	アストンマーチャン	3	¥500	大的中
→	アルーリングボイス	2	¥430	大的中
ハズレ	コスモヴァレンチ	4	¥1,160	
大的中				
→	メイプルロード	10	¥6,490	大的中
→	タムロチェリー	15	¥10,780	大的中
→	リキセレナード	3	¥510	大的中

小倉2歳S

過去20年、1番人気に応えて優勝した馬たちの前走成績を紹介します。
⚜1番人気で勝った馬一覧

2016年　牝　レーヌミノル　　　　390円
小倉1200m　牝馬新馬　　　　　　　1番人気　1着　0.3秒差　上がり2位

2015年　牡　シュウジ　　　　　　150円
中京1600m　ＯＰ　中京2歳Ｓ　　　1番人気　1着　0.5秒差　上がり2位　逃げ
※新馬戦が中京芝1400m、2戦目がこの芝1600mなのに、あえてここに。

2010年　牡　ブラウンワイルド　　360円
小倉1200m　ＯＰ　フェニックス賞　1番人気　2着　0.4秒差　上がり1位
※前走、負けているのにまた1番人気。

2003年　牡　メイショウボーラー　150円
小倉1200m　ＯＰ　フェニックス賞　1番人気　1着　0.4秒差　上がり1位

過去20年、1番人気に応えられず2着以下に負けた馬たちの前走成績を紹介します。
⊕1番人気で負けた馬一覧

2019年　牝　カイルアコナ　　　　5着
小倉1200m　新馬　　　　　　　　　1番人気　1着　0.7秒差　上がり2位　逃げ

2018年　牡　シングルアップ　　　6着
小倉1200m　ＯＰ　フェニックス賞　1番人気　1着　0.2秒差　上がり2位　逃げ

2017年　牝　モズスーパーフレア　7着
小倉1200m　新馬　　　　　　　　　1番人気　1着　0.1秒差　上がり2位　逃げ

2014年　牝　レオパルディナ　　　2着
小倉1200m　ＯＰ　フェニックス賞　3番人気　1着　0.1秒差　上がり2位

2013年　牝　ベルカント　　　　　2着
小倉1200m　牝馬新馬　　　　　　　1番人気　1着　0.8秒差　上がり3位　逃げ

2012年　牝　エーシンセノーテ　　4着
小倉1200m　ＯＰ　フェニックス賞　1番人気　1着　1.0秒差　上がり1位　逃げ
※未勝利戦も逃げ切り勝ち。

2011年　牡　マコトリヴァーサル　2着
小倉1200m　新馬　　　　　　　　　1番人気　1着　0.8秒差　上がり1位　逃げ

2009年　牝　サリエル　　　　　　4着同着
小倉1200m　牝馬未勝利　　　　　　2番人気　1着　0.1秒差　上がり1位

2008年　牡　ツルマルジャパン　　　3着
新潟1400m　ＯＰ　マリーゴールド賞　　1番人気　1着　0.2秒差　上がり2位　逃げ
※新馬戦も逃げ切り勝ち。

2007年　牝　マイネレーツェル　　　3着
小倉1200m　ＯＰ　フェニックス賞　　　4番人気　2着　0.0秒差　上がり1位

2006年　牡　シルバーストーン　　　11着
小倉1200m　ＯＰ　フェニックス賞　　　2番人気　1着　0.1秒差　上がり1位

2005年　牝　トーホウアモーレ　　　3着
小倉1000m　牝馬新馬　　　　　　　　1番人気　1着　0.5秒差　上がり1位　逃げ

2004年　牡　エイシンヴァイデン　4着
小倉1200m　ＯＰ　フェニックス賞　　　1番人気　1着　0.8秒差　上がり1位
※単勝1.9倍。なぜ負けたのか、不明。

2002年　牝　チャニングガール　　　4着（5位入線）
小倉1200m　新馬　　　　　　　　　　1番人気　1着　1.4秒差　上がり1位　逃げ

2001年　牡　ロングユウシャ　　　9着
小倉1200m　新馬　　　　　　　　　　2番人気　1着　0.2秒差　上がり1位
※2回目の新馬戦。

2000年　牡　ツルマルボーイ　　　10着
小倉1200m　新馬　　　　　　　　　　3番人気　1着　0.0秒差　上がり1位

☆Ponit☆
前走逃げて勝ち上がってきた1番人気馬の着順は、5、6、7、2、4、2、3、3、4着です。
2着連対はわずか2頭ですから、前走の見事勝ちっぷりとは反対に、とても脆いイメージです。
だからと言って、逃げ切り勝ちに価値がないわけではありません。
次ページで紹介する2番人気以下で勝った16頭のうち、7頭は前走逃げ切り勝ちです。「逃
げ馬を買うな」ではなく、「逃げて快勝している1番人気を信じるな」ということになります。
なお、3、2、2、2、5、2番人気というのが、小倉2歳Sにおける上記7頭の単勝
人気です。逃げ切り勝ちは鮮やかに見えるため、ファンの支持が集まりやすいと言えるでしょう。

◆1番人気が飛ぶとわかったらココへ

　1番人気が「負ける」とわかったら、2番人気以下の馬から勝つ馬を見つけます。当レースは前走を見るだけですからとくに簡単です。私が課すハードルを満たした馬しか勝ちませんので、【穴馬的中シート】を利用して見つけだしてください。

　なお、当レースは2番人気から順に見ていき、ハードル❶かハードル❷をクリアした馬が5頭に達したところでやめ、その5頭の単勝を買う作戦が得策です。5頭を選んでいく際、前走ダート戦の勝ち馬は除いてください。ハードル❶か❷を満たす馬が5頭に達しないときはハードル❸をクリアした馬を加えて5頭にします。

　これで単勝60倍超も、夢の単勝万馬券も的中します。

🐎 2番人気以下で勝てる馬を浮かび上がらせる

ハードル❶
前走新馬・未勝利上がり1位1着

ハードル❷
前走新馬・未勝利上がり2〜3位1〜2番人気1着

ハードル❸
前走OP特別完勝

2番人気以下で勝てる馬【穴馬的中シート】

条件	馬番 or 馬名
ハードル❶ クリア	
ハードル❷ クリア	
ハードル❸ クリア	

過去20年、2番人気以下で優勝した馬たちの前走成績を紹介します。
◉２番人気以下で勝った馬一覧

2019年　３番人気　牡　マイネルグリット　　620円
小倉1200m　ＯＰ　フェニックス賞　　１番人気　１着　0.2秒差　上がり２位

2018年　３番人気　牡　ファンタジスト　　520円
中京1200m　新馬　　　　　　　２番人気　１着　0.0秒差　上がり３位

2017年　３番人気　牡　アサクサゲンキ　　700円
小倉1200m　未勝利　　　　　　１番人気　１着　0.7秒差　上がり１位　逃げ
※前々走は２番手から２着。

2014年　15番人気　牝　オーミアリス　　　12020円
小倉1200m　新馬　　　　　　　４番人気　１着　0.0秒差　上がり２位
※どうして勝てたのか、わかりません。

2013年　２番人気　牝　ホウライアキコ　　460円
小倉1200m　新馬　　　　　　　３番人気　１着　0.4秒差　上がり１位　逃げ

2012年　２番人気　牡　マイネルエテルネル　360円
小倉1200m　新馬　　　　　　　１番人気　１着　0.6秒差　上がり２位　逃げ

2011年　２番人気　牝　エピセアローム　　390円
京都1600m　未勝利　　　　　　１番人気　１着　1.0秒差　上がり１位　逃げ
※新馬戦は差して２着。

2009年　２番人気　牝　ジュエルオブナイル　360円
小倉1200m　牝馬未勝利　　　　１番人気　１着　0.5秒差　上がり１位　逃げ
※新馬戦は差して２着。

2008年　３番人気　牝　デグラーティア　　750円
小倉1200m　ＯＰ　フェニックス賞　２番人気　１着　0.1秒差　上がり１位

2007年　５番人気　牡　マルブツイースター　760円
小倉1000m　未勝利　　　　　　１番人気　１着　0.8秒差　上がり１位　逃げ
※前々走新馬戦は２番手から２着。

2006年　３番人気　牝　アストンマーチャン　500円
小倉1200m　未勝利　　　　　　１番人気　１着　0.1秒差　上がり２位

2005年　２番人気　牝　アルーリングボイス　430円
小倉1200m　未勝利　　　　　　１番人気　１着　0.6秒差　上がり１位　逃げ

2004年　4番人気　牝　コスモヴァレンチ　　1160円
小倉1000m　新馬　　　　　　　　　　3番人気　1着　0.8秒差　上がり1位

2002年　10番人気　牝　メイプルロード　　6490円
小倉1200m　未勝利　　　　　　　　　2番人気　1着　0.4秒差　上がり1位

2001年　15番人気　牝　タムロチェリー　　10780円
小倉1800m　未勝利　　　　　　　　　3番人気　1着　0.0秒差　上がり1位

2000年　3番人気　牝　リキセレナード　　510円
小倉1200m　牝馬新馬　　　　　　　　1番人気　1着　0.6秒差　上がり1位

◆2着馬を見つけるのはココで

さあ、2着候補を2番人気以下から探しましょう。私が編みだしたハードルをベースに【穴馬的中シート】を活用して見つけてください。
なお、1番人気に応えられなくても2着に来ることはありますので、1番人気馬は無条件で2着候補です。

🐴 2番人気以下で2着に入れる馬を浮かび上がらせる

ハードル❶
前走新馬・未勝利上がり1位1着

ハードル❷
前走新馬・未勝利上がり2～3位「圧勝、あるいは1番人気完勝」

ハードル❸
前走OP「圧勝、あるいは上がり1位、あるいは1番人気」

2番人気以下で2着に入れる馬【穴馬的中シート】

条件	馬番 or 馬名
ハードル❶ クリア	
ハードル❷ クリア	
ハードル❸ クリア	

過去20年、2番人気以下で2着に入った馬たちの前走成績を紹介します。
◇2番人気以2着に入った馬一覧

2019年　2番人気　牡　トリプルエース
阪神1200m　新馬　　　　　　　　　4番人気　1着　0.0秒差　上がり1位

2018年　13番人気　牝　アズマヘリテージ
小倉1200m　新馬　　　　　　　　　3番人気　1着　0.0秒差　上がり1位

2017年　5番人気　牡　アイアンクロー
小倉1200m　ＯＰ　フェニックス賞　1番人気　3着　0.2秒差　上がり2位

2016年　10番人気　牡　ダイイチターミナル
福島1200m　新馬　　　　　　　　　1番人気　1着　0.8秒差　上がり1位

2015年　7番人気　牡　サイモンゼーレ
小倉1200m　未勝利　　　　　　　　1番人気　1着　0.5秒差　上がり2位　逃げ

2012年　6番人気　牡　クラウンレガーロ
小倉1200m　新馬　　　　　　　　　1番人気　1着　0.4秒差　上がり3位

2010年　2番人気　牝　シゲルキョクチョウ
小倉1200m　ＯＰ　フェニックス賞　3番人気　1着　0.4秒差　上がり3位　逃げ

2009年　5番人気　牡　ダッシャーゴーゴー
小倉Ｄ1000m　新馬　　　　　　　　1番人気　1着　0.1秒差　上がり3位

2008年　8番人気　牝　コウエイハート
小倉1200m　ＯＰ　ひまわり賞　　　1番人気　1着　0.3秒差　上がり2位

2007年　6番人気　牡　ミリオンウェーブ
小倉1200m　新馬　　　　　　　　　4番人気　1着　0.0秒差　上がり3位　逃げ
※どうして2着に入れたのか、不明。

2006年　5番人気　牝　ニシノマオ
小倉1200m　未勝利　　　　　　　　2番人気　1着　0.4秒差　上がり3位　逃げ

2005年　5番人気　牝　セントルイスガール
小倉1200m　OP　フェニックス賞　4番人気　2着　0.0秒差　上がり1位

2004年　6番人気　牡　ケイアイフウジン
小倉D1000m　新馬　　　　　　　　2番人気　1着　2.0秒差　上がり1位　逃げ

2003年　3番人気　牡　コスモサンビーム
小倉1200m　未勝利　　　　　　　　1番人気　1着　0.5秒差　上がり1位　逃げ

2002年　5番人気　牡　ブルーコンコルド
小倉1200m　新馬　　　　　　　　　1番人気　1着　0.9秒差　上がり1位　逃げ
※2回目の新馬

2001年　2番人気　牡　オースミエルスト
小倉1000m　新馬　　　　　　　　　4番人気　1着　0.5秒差　上がり2位　4角先頭

2000年　4番人気　牡　テイエムサウスポー
小倉1200m　新馬　　　　　　　　　1番人気　1着　0.5秒差　上がり2位

セントウルS

9月13日（日）

阪神競馬場　芝1200m　フルゲート16頭
（2006年は中京競馬場 芝1200m）

３歳以上

別定　３歳54kg、４歳以上56kg（牝馬２kg減）

ただし、過去１年間で　　　ＧⅠ競走（牝馬限定競走は除く）１着馬は２kg増
牝馬限定ＧⅠ競走　およびＧⅡ競走（牝馬限定競走は除く）１着馬は１kg増
過去１年以前の　　　　　　ＧⅠ競走（牝馬限定競走は除く）１着馬は１kg増
（ただし、２歳時の成績を除く）。

※2006年にＧⅢからＧⅡに昇格。2006～2011年の基礎重量は３歳55kg、４歳以上57kg。
2012年から現状。

🐎 セントウルSの真相

1200m戦を予想する際、それがオープン特別やGⅢの場合は、「短距離戦は、短距離戦の実績」という信念を持って、各馬の1000m戦と1200m戦の成績を分析するのが的中への王道だと思います。前述のGⅢキーンランドCでも、そういう方法を紹介しています。

しかし、GⅡにもなると、1000m＆1200m戦の実績に加えて、

1400m戦もチェックする必要があります。

GⅠ（スプリンターズSと高松宮記念）では、さらに1600m戦もチェックする必要があります。グレードが上がれば上がるほど、高い賞金と名誉を求めて各分野の馬が参戦してくるからです。

GⅢ　キーンランドC　　1着本賞金　　　4100万円
GⅡ　セントウルS　　　1着本賞金　　　5900万円
GⅠ　スプリンターズS　1着本賞金　1億3000万円

では、GⅡのスプリント戦に勝てるのはどういう実績を持った馬でしょう。
セントウルSがGⅡに昇格した2006年以降の14年間の1着馬を分析し、年齢別に次ページのような一文にまとめました。なお、当レースで1番人気に推された3歳馬はいません。

🐎 1番人気で勝てる馬を浮かび上がらせる

4歳　　　ハードル❶

1400m以上重賞1着歴か、
前走初重賞で1番人気

5歳　　　ハードル❷

1400m以上重賞1着歴か、GI馬
（ただし、GI連対歴2回以上ではない）

6歳以上　ハードル❸

1400m以上重賞連対歴かつ前走重賞連対
（負けていても0.1秒差以内）

※注意が必要なのは5歳馬のハードルです。GIで2勝以上している馬、1勝2着1回の馬はハードルに引っかかります。ハードルをクリアできるのは1勝しているだけであとは3着以下、あるいは1戦1勝という馬です。

では1番人気馬にこのハードルを課し、勝てるか否かを判定しましょう。次ページからの【1番人気的中シート】を使ってお楽しみください。

1番人気で勝てる馬【1番人気的中シート】

年度	セントウルSの1番人気馬	馬齢	負担重量	4歳ハードル❶	5歳ハードル❷	6歳以上ハードル❸
4歳　ハードル❶……1400m以上重賞1着歴か、前走初重賞で1番人気 5歳　ハードル❷……1400m以上重賞1着歴か、GI馬（ただし、GI連対歴2回以上ではない） 6歳以上　ハードル❸……1400m以上重賞連対歴かつ前走重賞連対（負けていても0.1秒差以内）						
2020						
2020						
2019	タワーオブロンドン	牡4	57kg	◎		
2018	ファインニードル	牡5	58kg		◎	
2017	ファインニードル	牡4	56kg	◎		
2016	ビッグアーサー	牡5	58kg		◎	
2015	ウリウリ	牝5	54kg		×	
2014	ハクサンムーン	牡5	57kg		×	
2013	ロードカナロア	牡5	58kg		×	
2012	ロードカナロア	牡4	56kg	×		
2011	ダッシャーゴーゴー	牡4	58kg	×		
2010	スカイノダン	牝4	55kg	×		
2009	スリープレスナイト	牝5	57kg		×	
2008	スズカフェニックス	牡6	58kg			×
2007	キンシャサノキセキ	牡4	57kg	×		
2006	シーイズトウショウ	牝6	55kg			◎

判定	着順	単勝配当	結果	2番人気以下で勝った馬	人気	単勝配当	結果
◉	1着	¥270	大的中				
◉	1着	¥340	大的中				
◉	1着	¥310	大的中				
◉	1着	¥210	大的中				
×	2着		→	アクティブミノル	10	¥4,800	大的中
×	2着		→	リトルゲルダ	4	¥780	大的中
×	2着		→	ハクサンムーン	2	¥440	大的中
×	2着		→	エピセアローム	6	¥1,650	大的中
×	3着		→	エーシンヴァーゴウ	2	¥640	大的中
×	6着		→	ダッシャーゴーゴー	4	¥960	大的中
×	2着		→	アルティマトゥーレ	5	¥1,060	大的中
×	8着		→	カノヤザクラ	3	¥760	大的中
×	3着		→	サンアディユ	11	¥3,080	大的中
◉	1着	¥440	大的中				

1番人気的中シートの使い方

左のシートに今年の1番人気候補を記入し、過去の成績をもとに「勝てるか、勝てないか」を判定してください。「勝てない」とわかったら、2番人気以下で勝てる馬が浮かび上がる【穴馬的中シート】（後ろのページ）に進んでください。

過去14年、1番人気に応えて優勝した馬たちの前走成績と実績を紹介します。
まず、4歳馬から見ていきます。
❖1番人気で勝った4歳馬一覧（実績は1400m以下重賞連対を列記。以下同様）

2019年　タワーオブロンドン　牡4　57kg（＋1kg）270円
前走　札幌1200m　GⅢ　キーンランドC　2番人気　2着　0.1秒差　上がり1位
実績　東京1400m　GⅡ　スプリングC　1番人気　1着　0.1秒差　上がり3位
実績　東京1400m　GⅡ　京王杯2歳S　1番人気　1着　0.3秒差　上がり1位

2017年　ファインニードル　牡4　56kg　310円
前走　小倉1200m　GⅢ　北九州記念　1番人気　5着　0.2秒差　上がり？位
※前走初重賞。

次に5歳馬。
❖1番人気で勝った5歳馬一覧

2018年　ファインニードル　牡5　58kg（＋2kg）340円
前走　香港1200m　GⅠ　チェアマンズスプリント　6番人気　4着　4カ月半
実績　京都1200m　GⅢ　シルクロードS　4番人気　1着　0.2秒差　上がり3位
実績　阪神1200m　GⅡ　セントウルS　1番人気　1着　0.2秒差　上がり？位
実績　中京1200m　GⅠ　高松宮記念　2番人気　1着　0.0秒差　上がり？位

2016年　ビッグアーサー　牡5　58kg（＋2kg）210円
前走　中京1200m　GⅠ　高松宮記念　1番人気　1着　0.1秒差　上がり3位
実績　京都1200m　GⅢ　京阪杯　1番人気　2着　0.0秒差　上がり1位
実績　小倉1200m　GⅢ　北九州記念　1番人気　2着　0.2秒差　上がり2位

続いて6歳馬。
❖1番人気で勝った6歳馬

2006年　シーイズトウショウ　牝6　55kg　440円
前走　札幌1200m　GⅢ　キーンランドC　1番人気　2着　0.1秒差　上がり？位
実績　中京1200m　GⅢ　CBC賞　4番人気　1着　0.2秒差　上がり3位
実績　函館1200m　GⅢ　函館SS　2番人気　1着　0.2秒差　上がり？位
実績　函館1200m　GⅢ　函館SS　2番人気　1着　0.3秒差　上がり2位
実績　函館1200m　GⅢ　函館SS　1番人気　2着　0.4秒差　上がり？位
実績　阪神1200m　GⅢ　阪急杯　5番人気　2着　0.0秒差　上がり3位
実績　京都1400m　牝馬GⅢ　ファンタジーS　5番人気　2着　0.2秒差　上がり3位
実績　中京1200m　GⅡ　CBC賞　3番人気　1着　0.1秒差　上がり2位

過去14年、1番人気に応えられず2着以下に負けた馬たちの前走成績と実績を紹介します。
はじめに4歳馬。
⊕1番人気で負けた4歳馬一覧

2012年　ロードカナロア　牡4　56kg　2着

154

前走　函館1200m　GⅢ　函館ＳＳ　　1番人気　2着　0.1秒差　上がり3位
実績　京都1200m　GⅢ　シルクロードS　1番人気　1着　0.4秒差　上がり1位
実績　京都1200m　GⅢ　京阪杯　　1番人気　1着　0.2秒差　上がり2位

2011年　ダッシャーゴーゴー　牡4　58kg　3着（＋1kg）
前走　阪神1200m　GⅢ　ＣＢＣ賞　　1番人気　1着　0.1秒差　上がり1位
実績　中山1200m　GⅢ　オーシャンS　3番人気　1着　0.1秒差　上がり2位
実績　京都1200m　GⅢ　ＣＢＣ賞　　7番人気　2着　0.1秒差　上がり1位
実績　小倉1200m　GⅢ　小倉2歳S　5番人気　2着　0.0秒差　上がり1位
実績　阪神1200m　GⅡ　セントウルS　4番人気　1着　0.0秒差　上がり2位
実績　中山1200m　GⅠ　スプリンターズS　6番人気　2位　0.0秒差　上がり1位　4着降着

2010年　スカイノダン　　　　牝4　55kg　6着
前走　小倉1200m　GⅢ　北九州記念　3番人気　2着　0.1秒差　上がり？位

2007年　キンシャサノキセキ　牡4　57kg　3着
前走　新潟1600m　ＯＰ　谷川岳S　　1番人気　1着　0.1秒差　上がり？位
※重賞連対なし。

次に5歳馬。
♔1番人気で負けた5歳馬一覧

2015年　ウリウリ　　　　　　牝5　54kg　2着
前走　中京1200m　GⅢ　ＣＢＣ賞　　2番人気　1着　0.1秒差　上がり2位
実績　阪神1400m　牝GⅡ　阪神牝馬S　3番人気　2着　0.0秒差　上がり2位

2014年　ハクサンムーン　　　牡5　57kg（＋1kg）2着
前走　中京1200m　GⅠ　高松宮記念　2番人気　5着　0.8秒差　上がり3位
実績　新潟1000m　GⅢ　アイビスSD　1番人気　1着　0.1秒差　上がり1位　逃げ
実績　京都1200m　GⅢ　京阪杯　　10番人気　1着　0.0秒差　上がり？位　逃げ
実績　中京1200m　GⅢ　ＣＢＣ賞　　2番人気　2着　0.0秒差　上がり？位　逃げ
実績　阪神1200m　GⅡ　セントウルS　2番人気　1着　0.0秒差　上がり3位　逃げ
実績　中山1200m　GⅠ　スプリンターズS　2番人気　2着　0.1秒差　上がり？位　逃げ

2013年　ロードカナロア　　　牡5　58kg（＋2kg）2着
前走　東京1600m　GⅠ　安田記念　　1番人気　1着　0.0秒差　上がり3位
実績　阪神1400m　GⅢ　阪急杯　　　1番人気　1着　0.1秒差　上がり？位
実績　京都1200m　GⅢ　シルクロードS　1番人気　1着　0.4秒差　上がり1位
実績　京都1200m　GⅢ　京阪杯　　　1番人気　1着　0.2秒差　上がり2位
実績　函館1200m　GⅢ　函館ＳＳ　　1番人気　2着　0.1秒差　上がり3位
実績　阪神1200m　GⅡ　セントウルS　1番人気　2着　0.0秒差　上がり？位
実績　中京1200m　GⅠ　高松宮記念　1番人気　1着　0.2秒差　上がり1位
実績　香港1200m　GⅠ　香港スプリント　3番人気　1着　0.4秒差
実績　中山1200m　GⅠ　スプリンターズS　2番人気　1着　0.1秒差　上がり2位
●勝ってしかるべきＧⅠ馬。それも1200mで3勝、1600mで1勝という名馬です。札幌記念

のゴールドシップやモーリスと同じように、この先ＧＩ獲得しか眼中にない一流馬が、夏休み明け初戦で負ける姿は散見されます。ＧＩ４勝がハードルに引っかかります。

2009年　スリープレスナイト　牝5　57kg（＋2kg）2着

前走	中京1200m	ＧＩ	高松宮記念	1番人気	2着	0.1秒差	上がり3位
実績	小倉1200m	ＧⅢ	北九州記念	1番人気	1着	0.3秒差	上がり3位
実績	中京1200m	ＧⅢ	ＣＢＣ賞	4番人気	1着	0.2秒差	上がり3位
実績	中山1200m	ＧＩ	スプリンターズS	1番人気	1着	0.2秒差	上がり3位

◉スプリントＧＩで1番人気2連対のＧＩ馬。ハードルに引っかかります。
当レースで勝たなくても、秋の本番＝ＧＩスプリンターズSに出走できます。陣営としては目一杯に仕上げず、ここを叩いて上昇を図るのでしょう。そこに隙が生まれます。

最後に6歳馬。
⊕1番人気で負けた6歳馬

2008年　スズカフェニックス　牡6　58kg　8着（＋1kg）

前走	東京1600m	ＧＩ	安田記念	4番人気	5着	0.7秒差	上がり2位
実績	阪神1400m	ＧⅢ	阪急杯	1番人気	2着	0.0秒差	上がり2位
実績	阪神1400m	ＧⅡ	阪神C	1番人気	1着	0.1秒差	上がり2位
実績	中京1200m	ＧＩ	高松宮記念	1番人気	1着	0.4秒差	上がり2位

☆Point☆
ＧⅡセントウルSの「解」を求めるにあたり、私は1番人気馬の1400m戦に着目しましたが、もちろんこれが唯一の解答ではありません。ハードル設定は、各馬の戦歴を別な角度から分析しても可能であり、要は切り口をどうするかだけなのです。たとえば、セントウルSは下記のようにも設定できます。

4歳馬
①前走、初重賞で1番人気に支持
②重賞1番人気完勝歴2回以上

5歳馬
①ＧＩ連対歴2回以上ではないＧＩ馬

6歳馬
①前走重賞1番人気連対（負けていても0.1秒差以内）

このような、1400m戦とはまったく関係のないハードルを設定しても、1番人気で勝てる馬・負ける馬を選別することができます。
どのような解析が正解か、それは今年のレース結果を待たなければなりません が、万が一私の採用したハードルが誤答だったとしても、本書で紹介したセントウルSの新しい捉え方は価値を失わないと思います（そもそも上記のようなハードルはどんなＧⅡでも使えそうで、セントウルSらしくないし）。

◆1番人気が飛ぶとわかったらココへ

1番人気が「負ける」とわかったら、2番人気以下の馬から勝つ馬を見つけます。大前提と
ハードルを越えた馬しか勝ちませんので、【穴馬的中シート】を利用して見つけてください。

🐎 2番人気以下で勝てる馬を浮かび上がらせる

大前提
3〜5歳馬で加増なし

3歳　ハードル❶
重賞「完勝歴、あるいは連対歴2回」
（ただし、2回とも上がり1位かつ負けていても0.1秒差以内）

4歳　ハードル❷
前走重賞「1〜2番人気完勝、あるいは1番人気」

5歳　ハードル❸
重賞「1着歴、あるいは前走1〜2番人気」

2番人気以下で勝てる馬【穴馬的中シート】

条件	馬番 or 馬名
大前提 クリア	
3歳 ハードル❶クリア	
4歳 ハードル❷クリア	
5歳 ハードル❸クリア	

過去14年、２番人気以下で優勝した馬たちの前走成績と実績を紹介します。
はじめに３歳馬。
◉２番人気以下で勝った３歳馬一覧

2015年　10番人気　アクティブミノル　牡３　54kg　4800円
前走　中山1600m　GⅢ　ＮＺトロフィー　6番人気　15着　2.1秒差　上がり？位
実績　中京1400m　GⅢ　ファルコンＳ　4番人気　2着　0.0秒差　上がり？位
実績　函館1200m　GⅢ　函館２歳Ｓ　4番人気　1着　0.2秒差　上がり？位　逃げ
※逃げ馬の一発です。

2012年　6番人気　エピセアローム　牝３　52kg　1650円
前走　小倉1200m　GⅢ　北九州記念　6番人気　3着　0.2秒差　上がり1位
実績　小倉1200m　GⅢ　小倉２歳Ｓ　2番人気　1着　0.2秒差　上がり3位

2010年　4番人気　ダッシャーゴーゴー　牡３　55kg　960円
前走　小倉1200m　GⅢ　北九州記念　2番人気　11着　0.9秒差　上がり？位
実績　京都1200m　GⅢ　ＣＢＣ賞　7番人気　2着　0.1秒差　上がり1位
実績　小倉1200m　GⅢ　小倉２歳Ｓ　5番人気　2着　0.0秒差　上がり1位
※ＣＢＣ賞は「３歳以上」GⅢ。世代同士のGⅢより格上です。

次に４歳馬。
◉２番人気以下で勝った４歳馬一覧（夏の上がり馬＝牝馬に注目）

2013年　2番人気　ハクサンムーン　牡４　56kg　440円
前走　新潟1000m　GⅢ　アイビスＳＤ　1番人気　1着　0.1秒差　上がり1位　逃げ
実績　京都1200m　GⅢ　京阪杯　10番人気　1着　0.0秒差　上がり？位　逃げ
実績　中京1200m　GⅢ　ＣＢＣ賞　2番人気　2着　0.0秒差　上がり？位　逃げ

2011年　2番人気　エーシンヴァーゴウ　牝４　55kg　640円
前走　小倉1200m　GⅢ　北九州記念　1番人気　3着　0.1秒差　上がり？位
実績　新潟1000m　GⅢ　アイビスＳＤ　1番人気　1着　0.3秒差　上がり1位

2008年　3番人気　カノヤザクラ　牝４　55kg　760円
前走　新潟1000m　GⅢ　アイビスＳＤ　2番人気　1着　0.1秒差　上がり？位
実績　中京1200m　GⅢ　ファルコンＳ　5番人気　2着　0.3秒差　上がり3位
実績　阪神1200m　GⅡ　セントウルＳ　7番人気　2着　0.8秒差　上がり？位

続いて５歳馬。
◉２番人気以下で勝った５歳馬一覧（夏の上がり馬＝牝馬に注目）

2014年　4番人気　リトルゲルダ　牝５　54kg　780円
前走　小倉1200m　GⅢ　北九州記念　8番人気　1着　0.0秒差　上がり？位

2009年　5番人気　アルティマトゥーレ　牝５　55kg　1060円
前走　新潟1000m　GⅢ　アイビスＳＤ　2番人気　3着　0.3秒差　上がり3位

※オープン連対なし。

2007年　11番人気　サンアディユ　　　　牝5　55kg　3080円
前走　小倉1200m　GⅢ　北九州記念　　　5番人気　7着　0.5秒差　上がり？位
実績　新潟1000m　GⅢ　アイビスSD　　　13番人気　1着　0.1秒差　上がり1位

◆2着馬を見つけるのはココで

2着候補を2番人気以下から見つけます。大前提とハードルに照らし合わせ、こちらも【穴馬的中シート】を利用して見つけてください。

なお、1番人気に応えられなくても2着に来ることはありますので、1番人気馬は無条件で2着候補です。

🐎 2番人気以下で2着に入れる馬を浮かび上がらせる

大前提
GⅠ馬以外は加増なし

3歳　　　ハードル❶
重賞連対歴

4歳以上　ハードル❷
重賞1着歴

2番人気以下で2着に入れる馬【穴馬的中シート】

条件	馬番 or 馬名
大前提 クリア	
3歳 ハードル❶クリア	
4歳以上 ハードル❷クリア	

過去14年、2番人気以下で2着に入った馬たちの前走成績と実績を紹介します。
はじめに3歳馬。
◇2番人気以下で2着に入った3歳馬一覧

2019年　7番人気　ファンタジスト　　　牡3　54kg
前走　小倉1200m　GⅢ　北九州記念　　　4番人気　14着　0.9秒差　上がり3位
実績　小倉1200m　GⅢ　小倉2歳S　　　3番人気　1着　0.3秒差　上がり3位
実績　東京1400m　GⅡ　京王杯2歳S　　　2番人気　1着　0.0秒差　上がり2位

2018年　2番人気　ラブカンプー　　　牝3　52kg
前走　小倉1200m　GⅢ　北九州記念　　　7番人気　3着　0.3秒差　上がり？位
実績　新潟1000m　GⅢ　アイビスSD　　　2番人気　2着　0.2秒差　上がり3位

2007年　7番人気　カノヤザクラ　　　牝3　53kg
前走　小倉1200m　GⅢ　北九州記念　　　3番人気　5着　0.3秒差　上がり？位
実績　中京1200m　GⅢ　ファルコンS　　　5番人気　2着　0.3秒差　上がり3位

続いて4歳以上馬。
◇2番人気以下で2着に入った4歳以上馬一覧

2011年　5番人気　ラッキーナイン　　　騙4　59kg（＋2kg）
前走　香港1600m　GⅠ　チャンピオンズマイル　1番人気　2着　0.1秒差
実績　香港1400m　GⅢ　ナショナルデイC　1番人気　1着　0.6秒差

2008年　11番人気　シンボリグラン　　　牡6　57kg
前走　札幌1200m　GⅢ　キーンランドC　　　8番人気　6着　0.7秒差　上がり？位
実績　新潟1000m　GⅢ　アイビスSD　　　10番人気　2着　0.1秒差　上がり2位
実績　中京1200m　GⅡ　CBC賞　　　3番人気　1着　0.0秒差　上がり3位
実績　京都1400m　GⅡ　スワンS　　　8番人気　2着　0.1秒差　上がり2位

2017年　6番人気　ラインミーティア　　　牡7　56kg
前走　新潟1000m　GⅢ　アイビスSD　　　8番人気　1着　0.0秒差　上がり1位

2010年　2番人気　グリーンバーディー　　　騙7　59kg（＋2kg）
前走　星国1200m　GⅠ　クリスフライヤー国際スプリント　4番人気　1着　0.0秒差
実績　香港1200m　GⅢ　プレミアボウル　8番人気　1着　0.2秒差
実績　香港1200m　GⅢ　シャティンヴァーズ　3番人気　2着　0.3秒差
実績　香港1200m　GⅡ　スプリントC　3番人気　2着　0.2秒差
実績　豪州1000m　GⅡ　スキラッチS　5番人気　2着　0.2秒差
実績　香港1200m　GⅠ　香港スプリント　4番人気　2着　0.1秒差
※星国はシンガポール。

ローズS

中京競馬場　芝2000m　フルゲート18頭
(2000〜2005年は阪神競馬場 芝2000m、2006年は中京競馬場 芝2000m、
2007〜2019年は阪神競馬場 芝1800m)

3歳牝馬

馬齢　54kg

🐎 ローズSの真相

　3歳牝馬GI路線は、ローズSが1800m戦になったことにより、トライアルGIIの距離が綺麗に揃いました。

桜花賞トライアル　　　1400m　　GIIフィリーズレビュー
桜花賞トライアル　　　1600m　　GIIチューリップ賞
オークストライアル　　2000m　　GIIフローラS
秋華賞トライアル　　　1800m　　GIIローズS

ここまで整えば、3歳牝馬GI路線に乗っているローズS出走馬のなかに「距離1800mが不向き」な馬など、いようはずもありません。1番人気に推される馬は、いわずもがなです。ピッタリとは言えないまでも、こなせないことはない馬たちばかりですから、馬券的には

距離適性は一文にもならない

わけです。では、ローズSが求める馬とは、どんな馬なのでしょうか。実は、1番人気で勝つには

"格"が問われます。

同じGII札幌記念でそうでしたが、GIIともなると1番人気に厳しい要求がなされるのです。その考査基準を次ページにまとめましたので見てください。
　なお、後述する1番人気馬たちの実績は、それゆえGI・GIIの連対歴のみを掲載します。コース・距離、上がり3ハロン順位は示しません。見やすくていいでしょう。

🐴 1番人気で勝てる馬を浮かび上がらせる

ハードル❶
二冠馬はどちらかで着差0.3秒以上

ハードル❷
GⅠ1番人気歴かつ
「GⅠ連対歴か、GⅡ1番人気完勝歴」

ハードル❸
前走2000m以上3歳以上2勝クラス以上
1番人気完勝

1番人気馬にこのハードルを課し、勝てるか負けるかを判定しましょう。次ページからの【1番人気的中シート】を利用してください。

1番人気で勝てる馬 【1番人気的中シート】

年度	ローズSの 1番人気馬	ハードル❶	ハードル❷	ハードル❸	判定	着順
ハードル❶……二冠馬はどちらかで着差 0.3 秒以上 ハードル❷……GⅠ1番人気歴かつ「GⅠ連対歴か、GⅡ1番人気完勝歴」 ハードル❸……前走 2000m 以上 3 歳以上 2 勝クラス以上 1 番人気完勝						
2020						
2020						
2019	ダノンファンタジー		◎		●	1着
2018	サトノワルキューレ		×		×	6着
2017	ファンディーナ		×		×	6着
2016	シンハライト		◎		●	1着
2015	ミッキークイーン		×		×	2着
2014	レッドリヴェール		×		×	6着
2013	デニムアンドルビー		◎		●	1着
2012	ジェンティルドンナ	◎			●	1着
2011	ホエールキャプチャ		◎		●	1着
2010	アパパネ	×			×	4着
2009	レッドディザイア		×		×	2着
2008	レジネッタ		×		×	3着
2007	ダイワスカーレット		◎		●	1着
2006	アドマイヤキッス		◎		●	1着
2005	ラインクラフト		◎		●	2着
2004	ダイワエルシエーロ		×		×	7着
2003	スティルインラブ	×			×	5着
2002	ファインモーション			◎	●	1着
2001	ローズバド		×		×	2着
2000	シルクプリマドンナ		◎		●	4着

1番人気的中シートの使い方

左のシートに今年の1番人気候補を記入し、過去の成績をもとに「勝てるか、勝てないか」を判定してください。「勝てない」とわかったら、2番人気以下で勝てる馬が浮かび上がる【穴馬的中シート】（後ろのページ）に進んでください。

単勝配当	結果	2番人気以下で勝った馬	人気	単勝配当	結果
¥220	大的中				
	→	カンタービレ	5	¥930	大的中
	→	ラビットラン	8	¥2,640	大的中
¥160	大的中				
	→	タッチングスピーチ	7	¥1,220	大的中
	→	ヌーヴォレコルト	2	¥250	大的中
¥380	大的中				
¥150	大的中				
¥280	大的中				
	→	アニメイトバイオ	4	¥1,160	大的中
	→	ブロードストリート	5	¥2,820	大的中
	→	マイネレーツェル	7	¥2,320	大的中
¥160	大的中				
¥260	大的中				
	ハズレ	エアメサイア	2	¥240	
	→	レクレドール	5	¥1,210	大的中
	→	アドマイヤグルーヴ	2	¥300	大的中
¥120	大的中				
	→	ダイヤモンドビコー	3	¥420	大的中
	ハズレ	ニホンピロスワン	6	¥1,330	

ローズS

過去20年、1番人気に応えて優勝した馬たちの前走成績と実績を紹介します。
❖ 1番人気で勝った馬一覧

2019年　ダノンファンタジー　220円

前走	GⅠ	オークス	4番人気	5着	0.5秒差
実績	GⅡ	チューリップ賞	1番人気	1着	0.2秒差
実績	GⅠ	桜花賞	1番人気	4着	0.4秒差
実績	GⅠ	阪神JF	1番人気	1着	0.1秒差

2016年　シンハライト　160円

前走	GⅠ	オークス	1番人気	1着	0.0秒差
実績	GⅠ	桜花賞	2番人気	2着	0.0秒差

2013年　デニムアンドルビー　380円

前走	GⅠ	オークス	1番人気	3着	0.5秒差
実績	GⅡ	フローラS	1番人気	1着	0.1秒差

2012年　ジェンティルドンナ　150円

前走	GⅠ	オークス	3番人気	1着	0.8秒差
実績	GⅠ	桜花賞	2番人気	1着	0.1秒差
実績	牡馬GⅢ	シンザン記念	2番人気	1着	0.2秒差

2011年　ホエールキャプチャ　280円

前走	GⅠ	オークス	2番人気	3着	0.0秒差
実績	GⅠ	桜花賞	1番人気	2着	0.1秒差
実績	GⅠ	阪神JF	4番人気	2着	0.1秒差

2007年　ダイワスカーレット　160円

前走	GⅠ	桜花賞	3番人気	1着	0.2秒差
実績	牡馬GⅢ	シンザン記念	1番人気	2着	0.2秒差

●シンザン記念は3歳牡馬GⅢ。これは桜花賞やオークス、秋華賞といった3歳牝馬GⅠと同格です。

2006年　アドマイヤキッス　260円

前走	GⅠ	オークス	1番人気	4着	0.4秒差
実績	GⅢ	チューリップ賞	2番人気	1着	0.0秒差
実績	GⅠ	桜花賞	1番人気	2着	0.1秒差

2002年　ファインモーション　120円

前走	3歳以上牡馬1000万	阿寒湖特別	1番人気	1着	0.8秒差

※デビュー2戦を1番人気で圧勝。3戦目（前走）の2600m戦もまた圧巻でした。

過去20年、1番人気に応えられず2着以下に負けた馬たちの前走成績と実績を紹介します。
⊕ 1番人気で負けた馬一覧

2018年　サトノワルキューレ　6着
前走　ＧＩ　　　　オークス　　　　　　　　　3番人気　6着　1.3秒差
実績　ＧⅡ　　　　フローラＳ　　　　　　　　1番人気　1着　0.0秒差

2017年　ファンディーナ　　6着
前走　牡馬ＧＩ　　皐月賞　　　　　　　　　　1番人気　7着　0.5秒差

2015年　ミッキークイーン　2着
前走　ＧＩ　　　　オークス　　　　　　　　　3番人気　1着　0.1秒差

2014年　レッドリヴェール　6着
前走　牡馬ＧＩ　　ダービー　　　　　　　　　4番人気　12着　1.2秒差
実績　ＧＩ　　　　阪神ＪＦ　　　　　　　　　5番人気　1着　0.0秒差
実績　ＧＩ　　　　桜花賞　　　　　　　　　　2番人気　2着　0.0秒差

2010年　アパパネ　　　　　4着
前走　ＧＩ　　　　オークス　　　　　　　　　1番人気　1着　0.0秒差
実績　ＧＩ　　　　桜花賞　　　　　　　　　　1番人気　1着　0.1秒差
実績　ＧＩ　　　　阪神ＪＦ　　　　　　　　　2番人気　1着　0.1秒差

●二冠で0.3秒差以上の1着がありませんが、過去30年で2番目に遅い2分29秒9もかかった
稍重馬場のオークスの疲れを癒やしすぎて、秋初戦は気合いが乗らなかったとも思えます。

2009年　レッドディザイア　2着
前走　ＧＩ　　　　オークス　　　　　　　　　2番人気　2着　0.0秒差
実績　ＧＩ　　　　桜花賞　　　　　　　　　　2番人気　2着　0.1秒差

2008年　レジネッタ　　　　3着
前走　ＧⅢ　　　　クイーンＳ　　　　　　　　1番人気　2着　0.2秒差
実績　ＧＩ　　　　桜花賞　　　　　　　　　　12番人気　1着　0.1秒差

2005年　ラインクラフト　　2着
前走　牡馬ＧＩ　　ＮＨＫマイルＣ　　　　　　2番人気　1着　0.3秒差
実績　ＧＩ　　　　桜花賞　　　　　　　　　　2番人気　1着　0.0秒差
実績　ＧⅡ　　　　フィリーズレビュー　　　　1番人気　1着　0.0秒差
実績　ＧＩ　　　　阪神ＪＦ　　　　　　　　　1番人気　3着　0.0秒差

●一冠目桜花賞のあと、二冠目オークスへ進まず、マイル路線を選んで見事牡馬ＧＩを制覇
しました。戦歴は文句なしで勝つはずの1番人気馬ですが、エアメサイアに0.1秒負けたのは、
距離2000ｍが微妙に長かったのでしょう。いまの1800ｍなら。

2004年　ダイワエルシエーロ　7着
前走　ＧＩ　　　　オークス　　　　　　　　　6番人気　1着　0.1秒差

2003年　スティルインラブ　5着
前走　ＧＩ　　　　オークス　　　　　　　　　2番人気　1着　0.2秒差
実績　ＧＩ　　　　桜花賞　　　　　　　　　　2番人気　1着　0.2秒差

2001年　ローズバド		2着			
前走　GⅠ	オークス		4番人気	2着	0.0秒差
実績　GⅡ	フィリーズレビュー		6番人気	1着	0.2秒差

2000年　シルクプリマドンナ		4着			
前走　GⅠ	オークス		1番人気	1着	0.0秒差
実績　GⅡ	4歳牝馬特別		2番人気	2着	0.3秒差

●過去30年で最も遅い2分30秒2もかかった稍重馬場のオークス激闘の疲れがとれなかったのでしょうか。同馬はその後10戦して3着以内なし……一度も馬券になりませんでした。

☆Point☆
ローズSは例年、春〜夏の既成勢力たちのなかに、夏〜秋に力を付けた新興勢力が食い込むという図式です。その新興勢力の取捨選択が鍵になっています。下記しましたので、どういう前走成績の上がり馬が連対圏内に入ってくるか、目で見て覚えてください。
なお、牝馬限定の未勝利戦という、中央競馬でもっともレベルが低いであろうレースから挑戦し、15番人気で2着に入ったタガノエトワールは例外と考えたいですね。

・条件戦から1着の前走成績
札幌2600m	3歳上	牡馬1000万	1番人気	1着	0.8秒差		
中京1600m	3歳上	牡馬500万	4番人気	1着	0.1秒差		
札幌2000m	3歳上	500万	4番人気	1着	0.2秒差		
札幌1500m	3歳上	牡馬500万	3番人気	1着	0.0秒差		
阪神2000m	3歳	牡馬900万	8番人気	2着	0.1秒差	=	前々走

・条件戦から2着の前走成績
小倉1700m	3歳上	牡馬500万	1番人気	1着	0.6秒差
新潟1800m	3歳上	1000万	3番人気	2着	0.2秒差
小倉2000m	3歳	未勝利	1番人気	1着	0.3秒差
小倉2000m	3歳上	牡馬500万	1番人気	1着	0.6秒差

◆1番人気が飛ぶとわかったらココへ

1番人気が「負ける」とわかったら、2番人気以下の馬から勝つ馬を見つけます。3つのハードルのうちどれかひとつを満たしている馬が勝ちますので、【穴馬的中シート】を利用して見つけだしてください。

🐴 2番人気以下で勝てる馬を浮かび上がらせる

２番人気以下で勝てる馬 【穴馬的中シート】

条件	馬番 or 馬名
ハードル❶ クリア	
ハードル❷ クリア	
ハードル❸ クリア	

過去20年、２番人気以下で優勝した馬たちの前走成績と実績を紹介します。
◉２番人気以下で勝った馬一覧

2018年　５番人気　カンタービレ　　　　930円

前走	東京2400m	ＧⅠ	オークス	７番人気	13着	2.1秒差	上がり？位
実績	中山1800m	ＧⅢ	フラワーＣ	２番人気	１着	0.0秒差	上がり？位

2017年　８番人気　ラビットラン　　　　2640円

前走	中京1600m	３歳以上牡馬500万		４番人気	１着	0.1秒差	上がり１位

◉2002年ファインモーションは前走でひとクラス上の「３歳以上牡馬1000万条件」を楽勝し、ローズＳでは１番人気に推され勝利しました（その後にＧⅠ２連勝！）。

2015年　７番人気　タッチングスピーチ　1220円

前走	札幌2000m	３歳以上500万		４番人気	１着	0.2秒差	上がり１位

◉2017年ラビットランは牡馬と一緒に走る500万下ですが、こちらは牝馬だけの500万下です。

「3歳以上」の年長馬と走るのは一緒ですが、牝馬限定競走は、牡馬とのレースに比べ、ひとクラス以上レベルが低いと私は判断しています。

2014年　2番人気　ヌーヴォレコルト　250円
| 前走 | 東京2400m | GⅠ | オークス | 2番人気 | 1着 | 0.0秒差 | 上がり3位 |
| 実績 | 阪神1600m | GⅢ | チューリップ賞 | 4番人気 | 2着 | 0.4秒差 | 上がり3位 |

2010年　4番人気　アニメイトバイオ　1160円
前走	東京2400m	GⅠ	オークス	11番人気	4着	0.5秒差	上がり3位
実績	東京1400m	牡馬GⅡ	京王杯2歳S	4番人気	2着	0.2秒差	上がり1位
実績	阪神1600m	GⅠ	阪神JF	5番人気	2着	0.1秒差	上がり？位

2009年　5番人気　ブロードストリート　2820円
| 前走 | 東京2400m | GⅠ | オークス | 6番人気 | 4着 | 0.8秒差 | 上がり？位 |
| 実績 | 東京1800m | OP | スイートピーS | 1番人気 | 1着 | 0.2秒差 | 上がり3位 |

2008年　7番人気　マイネレーツェル　2320円
| 前走 | 東京2400m | GⅠ | オークス | 9番人気 | 9着 | 0.6秒差 | 上がり2位 |
| 実績 | 阪神1400m | GⅡ | フィリーズレビュー | 11番人気 | 1着 | 0.0秒差 | 上がり1位 |

2005年　2番人気　エアメサイア　240円
| 前走 | 東京2400m | GⅠ | オークス | 2番人気 | 2着 | 0.0秒差 | 上がり3位 |
| 実績 | 京都1600m | OP | エルフィンS | 2番人気 | 1着 | 0.0秒差 | 上がり2位 |

2004年　5番人気　レクレドール　1210円
| 前走 | 札幌1500m | 3歳以上牡馬500万 | | 3番人気 | 1着 | 0.0秒差 | 上がり1位 |

●2017年のラビットランと同じクラスの勝ち馬です。

2003年　2番人気　アドマイヤグルーヴ　300円
| 前走 | 東京2400m | GⅠ | オークス | 1番人気 | 7着 | 0.7秒差 | 上がり2位 |
| 実績 | 阪神2000m | 牡馬OP | 若葉S | 1番人気 | 1着 | 0.0秒差 | 上がり2位 |

2001年　3番人気　ダイヤモンドビコー　420円
| 前走 | 札幌1800m | 3歳以上GⅢ | クイーンS | 4番人気 | 2着 | 0.5秒差 | 上がり？位 |

●GⅢクイーンSは3歳以上と一緒に走るレース。ここで3歳馬は3kg軽くしてもらいますが、私の計算では5kg減でイコールです。ダイヤモンドビコーの2着は額面以上の価値があります。

2000年　6番人気　ニホンピロスワン　1330円
| 前走 | 小倉1800m | 3歳以上牡馬900万 | フィリピンT | 3番人気 | 3着 | 0.6秒差 | 上がり3位 |
| 実績 | 阪神2000m | 牡馬900万 | やまゆりS | 8番人気 | 2着 | 0.1秒差 | 上がり1位 |

●同世代の牡馬と走る2勝クラスで0.1秒差2着。同世代の牝馬限定競走に換算するとオープン特別かGⅢに値します（3勝クラスはありません）。GⅢ連対としましょう。2003年アドマイヤグルーヴの、同世代の牡馬と走るオープン特別は、そのさらに上の価値があります。

◆2着馬を見つけるのはココで

次は2着候補を2番人気以下から見つけます。3つのハードルのうち1つをクリアすればOKです。こちらも【穴馬的中シート】利用して見つけてください。
なお、1番人気に応えられなくても2着に来ることはありますので、1番人気馬は無条件で2着候補です。

2番人気以下で2着に入れる馬を浮かび上がらせる

ハードル❶
3歳以上牡馬1勝クラス完勝上がり1位

ハードル❷
3歳以上2勝クラス連対

ハードル❸
OP特別完勝か、重賞「連対（負けていても0.1秒差以内）、あるいは3着歴2回」

2番人気以下で2着に入れる馬【穴馬的中シート】

条件	馬番 or 馬名
ハードル❶ クリア	
ハードル❷ クリア	
ハードル❸ クリア	

過去20年、2番人気以下で2着に入った馬たちの前走成績と実績を紹介します。
◇2番人気以下で2着に入った馬一覧

2019年　6番人気　ビーチサンバ
前走　東京2400m　GI　　　　オークス　　　　9番人気　15着　3.2秒差　上がり？位
実績　東京1600m　GⅢ　　　　クイーンC　　　2番人気　2着　0.0秒差　上がり1位
実績　東京1600m　GⅢ　　　　アルテミスS　　5番人気　2着　0.1秒差　上がり3位

2018年　2番人気　サラキア
前走　小倉1700m　3歳以上牡馬500万　青島特別　1番人気　1着　0.6秒差　上がり1位
※牡馬と一緒に走る3歳以上500万下で圧勝。

2017年　6番人気　カワキタエンカ
前走　新潟1800m　3歳以上1000万　三面川特別　3番人気　2着　0.2秒差　上がり3位　逃げ
※牡馬限定ですが、3歳以上1000万下で連対。

2016年　11番人気　クロコスミア　逃げ
前走　東京2000m　GⅡ　　　　フローラS　　　8番人気　14着　1.6秒差　上がり？位
※GⅢ3着2回
実績　東京1600m　GⅢ　　　　アルテミスS　　6番人気　3着　0.2秒差　上がり3位
実績　札幌1800m　GⅢ　　　　札幌2歳S　　　8番人気　3着　0.2秒差　上がり3位

2014年　15番人気　タガノエトワール
前走　小倉2000m　未勝利　　　　　　　　　　1番人気　1着　0.3秒差　上がり2位
※同馬を2着候補に浮かび上がらせることは、できませんでした。

2013年　9番人気　シャトーブランシュ
前走　小倉2000m　3歳以上牡馬500万　鳥栖特別　1番人気　1着　0.6秒差　上がり1位
※牡馬と一緒に走る3歳以上500万下で楽勝。

2012年　2番人気　ヴィルシーナ
前走　東京2400m　GI　　　　オークス　　　　2番人気　2着　0.8秒差　上がり3位
実績　阪神1600m　GI　　　　桜花賞　　　　　4番人気　2着　0.1秒差　上がり？位
実績　東京1600m　GⅢ　　　　クイーンC　　　2番人気　1着　0.2秒差　上がり3位

2011年　10番人気　マイネイサベル
前走　東京2400m　GI　　　　オークス　　　　6番人気　6着　0.5秒差　上がり？位
実績　新潟1600m　牡馬GⅢ　　新潟2歳S　　　9番人気　1着　0.0秒差　上がり2位
実績　東京1600m　GⅢ　　　　クイーンC　　　5番人気　2着　0.1秒差　上がり1位

2010年　6番人気　ワイルドラズベリー
前走　京都1800m　牡馬OP　　白百合S　　　　6番人気　1着　0.2秒差　上がり2位
実績　京都1400m　OP　　　　紅梅S　　　　　1番人気　1着　0.2秒差　上がり？位

2008年　9番人気　ムードインディゴ

前走	札幌1800m	GⅢ	クイーンS	11番人気	8着	0.5秒差	上がり3位	
実績	阪神2000m	OP	忘れな草賞	2番人気	1着	0.1秒差	上がり2位	

2006年　8番人気　シェルズレイ

前走	川崎D2100m	GⅡ	関東オークス	2番人気	11着	3.9秒差	上がり？位	
実績	阪神1600m	GⅢ	チューリップ賞	6番人気	2着	0.0秒差	上がり3位	

2004年　6番人気　グローリアスデイズ

前走	東京2400m	GⅠ	オークス	5番人気	12着	2.0秒差	上がり？位	
実績	東京2000m	GⅡ	フローラS	3番人気	2着	0.0秒差	上がり3位	

2003年　5番人気　ヤマカツリリー

前走	東京2400m	GⅠ	オークス	7番人気	4着	0.4秒差	上がり？位	
実績	阪神1400m	GⅡ	フィリーズレビュー	1番人気	1着	0.1秒差	上がり1位	
実績	阪神1600m	GⅠ	阪神JF	11番人気	2着	0.2秒差		

2002年　3番人気　サクラヴィクトリア

前走	札幌1800m	GⅢ	クイーンS	9番人気	3着	0.0秒差	上がり1位	
実績	川崎D2100m	GⅡ	関東オークス	1番人気	1着	0.0秒差	上がり1位	

●3歳馬にとって負担重量が厳しいGⅢクイーンSでタイム差なしの3着は、同世代GⅢ2着に匹敵する価値があると判断します。

2000年　4番人気　マルターズスパーブ

前走	東京1800m	牡馬GⅢ	ラジオたんぱ賞	10番人気	2着	0.0秒差	上がり？位	逃げ
実績	中山1800m	GⅢ	フラワーC	9番人気	1着	0.3秒差	上がり3位	4角先頭

セントライト記念

9月21日　祝日（月）

中山競馬場　芝2200m　フルゲート18頭
（2002年と2014年は新潟競馬場 芝2200m）

3歳

馬齢　牡馬・騸馬56kg　牝馬54kg

🐎 セントライト記念の真相

菊花賞へ向けて主に関東馬が出走してくるセントライト記念。
主に関西馬が出走する神戸新聞杯が2400mで行われるに対して、
こちらは2200m。しかし今年の神戸新聞杯は中京競馬場の2200
mで開催されることになり、ステップレースが同距離になりま
した。私はセントライト記念を有馬記念と同じ2500m（内回り
ですが）で行えば面白いと思うのですが、それはさておき。
馬券的にはこのセントライト記念、

距離適性は重視しません。

神戸新聞杯もそうですが、GⅡだけに、1番人気の取捨選択は、
やはり格です。

皐月賞とダービーの成績だけ

で的中に近づけます。
ただ、気をつけたいことは2番人気以下で勝つ馬が、神戸新聞
杯とは違ってレベルが低くなっている点です。それが同じグレー
ドなのにセントライト記念の格下感につながっていると思いま
す。この穴馬の選び方は後述しますので、まずは1番人気が勝
つか負けるかを、次ページの一文をリトマス試験紙にして判定
してください。

♞ 1番人気で勝てる馬を浮かび上がらせる

大前提①　皐月賞出走なら10番人気以内
大前提②　当年5戦以内

ハードル❶
皐月賞1着
　↓
ダービー1〜2番人気で5着以内

ハードル❷
皐月賞2着
　↓
ダービー3番人気以内で2着以内、
ダービー2番人気以内で3着以内

ハードル❸
皐月賞3着以下
　↓
ダービー3番人気以内で1着、ダービー2番人気
以内で2着以内

ハードル❹
二冠の1つ、あるいは2つとも出走していない馬は、
5番人気以内で重賞1着歴

1番人気候補にこの大前提とハードルを課しましょう。次ページからの【1番人気的中シート】を活用してください。

1番人気で勝てる馬【1番人気的中シート】

年度	セントライト記念の1番人気馬	性別	大前提①	大前提②	ハードル❶	ハードル❷	ハードル❸
大前提①………皐月賞出走なら10番人気以内 大前提②………当年5戦以内 ハードル❶………皐月賞1着→ダービー1〜2番人気で5着以内				ハードル❷………皐月賞2着→ダービー3番人 ハードル❸………皐月賞3着以下→ダービー3 ハードル❹………二冠の1つ、あるいは2つと				
2020							
2020							
2019	リオンリオン	牡		◎			
2018	レイエンダ	牡		◎			
2017	アルアイン	牡	◎	◎	×		
2016	ディーマジェスティ	牡	◎	◎	◎		
2015	サトノラーゼン	牡		×			
2014	イスラボニータ	牡	◎	◎	◎		
2013	ヒラボクディープ	牡		◎			
2012	フェノーメノ	牡		◎			
2011	サダムパテック	牡	◎	◎		×	
2010	ゲシュタルト	牡	×				
2009	アドマイヤメジャー	牡		◎			
2008	マイネルチャールズ	牡	◎	◎			×
2007	ロックドゥカンブ	牡		◎			
2006	フサイチジャンク	牡	◎	◎			×
2005	フサイチアウステル	牡		◎			
2004	コスモバルク	牡	◎	◎		×	
2003	マイジョーカー	牡		◎			
2002	アドマイヤマックス	牡		◎			
2001	トレジャー	牡		◎			
2000	トーホウシデン	牡		◎			

1番人気的中シートの使い方

左のシートに今年の1番人気候補を記入し、過去の成績をもとに「勝てるか、勝てないか」を判定してください。「勝てない」とわかったら、2番人気以下で勝てる馬が浮かび上がる【穴馬的中シート】（後ろのページ）に進んでください。

判定	着順	単勝配当	結果	2番人気以下で勝った馬	人気	単勝配当	結果
◎以内で2着以内、ダービー2番人気以内で3着以内							
◉	1着	¥530	大的中				
×	2着		→	ジェネラーレウーノ	4	¥730	大的中
×	2着		→	ミッキースワロー	2	¥610	大的中
◉	1着	¥140	大的中				
×	7着		→	キタサンブラック	6	¥1,250	大的中
◉	1着	¥140	大的中				
×	13着		→	ユールシンギング	3	¥620	大的中
◉	1着	¥200	大的中				
×	3着		→	フェイトフルウォー	6	¥2,180	大的中
×	14着		→	クォークスター	4	¥640	大的中
×	4着		→	ナカヤマフェスタ	2	¥430	大的中
×	2着		→	ダイワワイルドボア	9	¥1,850	大的中
◉	1着	¥290	大的中				
×	6着		→	トーセンシャナオー	12	¥6,780	大的中
×	2着		→	キングストレイル	8	¥2,140	大的中
×	1着	¥130	ハズレ				
×	4着		→	ヴィータローザ	3	¥510	大的中
×	2着		→	バランスオブゲーム	2	¥390	大的中
×	2着		→	シンコウカリド	5	¥1,030	大的中
×	2着		→	アドマイヤボス	2	¥350	大的中

過去20年、1番人気に応えて優勝した馬たちの前走成績と実績を紹介します。

✤1番人気で勝った馬一覧

2019年　リオンリオン　　　530円
GI　皐月賞　不出走
GI　　ダービー　　　　　　　　6番人気　15着　2.4秒差
実績　GII　青葉賞　　　　　　5番人気　1着　0.0秒差

◉過去20年で2番目に速い前半1000m＝57.8秒で逃げて大敗を喫したダービーですが、長距離戦をハイペースで逃げた馬によくある大差負けです。私は逆に世代トップを決めるダービーで逃げたことを評価します。「直線まで逃げた馬は、そのクラスを勝てる能力の持ち主」と判断していますので、リオンリオンもいつかGIを勝つ器かも。

2016年　ディーマジェスティ　140円
GI　皐月賞　　　　　　　　　8番人気　1着　0.2秒差
GI　　ダービー　　　　　　　　1番人気　3着　0.1秒差

2014年　イスラボニータ　　140円
GI　皐月賞　　　　　　　　　2番人気　1着　0.2秒差
GI　　ダービー　　　　　　　　1番人気　2着　0.1秒差

2012年　フェノーメノ　　　200円
GI　皐月賞　不出走
GI　　ダービー　　　　　　　　5番人気　2着　0.0秒差
実績　GII　青葉賞　　　　　　1番人気　1着　0.4秒差

2007年　ロックドゥカンブ　290円
GI　皐月賞　不出走
GI　　ダービー　不出走
実績　GIII　ラジオNIKKEI賞　2番人気　1着　0.2秒差
※前走GIIIに54kgで出走しデビュー3連勝。

2004年　コスモバルク　　　130円
GI　皐月賞　　　　　　　　　1番人気　2着　0.2秒差
GI　　ダービー　　　　　　　　2番人気　8着　1.2秒差

◉コスモバルクはいまのような高速馬場ではない16年前、2004年ダービーで前半1000m57.6秒（過去20年で最速）の流れを2〜3番手追走、大欅（おおけやき）で先頭に立ち4コーナーを回りました。伝説の1975年カブラヤオーでも58.6秒ですから、たぶんダービー史上で最も速い前半の5ハロンでしょう。コスモバルクは結果、1.2秒差の8着に敗れましたが、逃げたマイネルマクロスはコスモバルクから3.9秒後ろの16着、コスモバルクとともに2〜3番手を併走したメイショウムネノリは、6.8秒後方の17着（最下位）にバテていますから、1.2秒差8着は大健闘だと思います。私は「4コーナーで先頭に立った馬は、そのクラスを勝てる能力の持ち主」と判断していますが、コスモバルクはそれをシンガポールGIで現実のものとしました。

過去20年、1番人気に応えられず2着以下に負けた馬たちの前走成績と実績を紹介します。
✿1番人気で負けた馬一覧

2018年　レイエンダ　　　　2着
ＧⅠ　皐月賞　　不出走
ＧⅠ　ダービー　不出走
前走　3歳以上1000万　松前特別　　　　　1番人気　1着　0.3秒差

2017年　アルアイン　　　　2着
ＧⅠ　皐月賞　　　　　　　　　9番人気　1着　0.0秒差
ＧⅠ　ダービー　　　　　　　　4番人気　5着　0.3秒差

2015年　サトノラーゼン　　7着
ＧⅠ　皐月賞　　不出走
ＧⅠ　ダービー　　　　　　　　5番人気　2着　0.3秒差
実績　ＧⅡ　京都新聞杯　　　　2番人気　1着　0.1秒差
※今年7戦目。

2013年　ヒラボクディープ　13着
ＧⅠ　皐月賞　　不出走
ＧⅠ　ダービー　　　　　　　　5番人気　13着　0.7秒差
実績　ＧⅡ　青葉賞　　　　　　7番人気　1着　0.0秒差

2011年　サダムパテック　　3着
ＧⅠ　皐月賞　　　　　　　　　1番人気　2着　0.5秒差
ＧⅠ　ダービー　　　　　　　　2番人気　7着　2.3秒差

2010年　ゲシュタルト　14着
ＧⅠ　皐月賞　　　　　　　　　12番人気　7着　0.5秒差
ＧⅠ　ダービー　　　　　　　　12番人気　4着　0.3秒差

2009年　アドマイヤメジャー　4着
ＧⅠ　皐月賞　　不出走
ＧⅠ　ダービー　不出走
前走　3歳以上1000万　三田特別　　　　　2番人気　1着　0.4秒差

2008年　マイネルチャールズ　2着
ＧⅠ　皐月賞　　　　　　　　　1番人気　3着　0.4秒差
ＧⅠ　ダービー　　　　　　　　2番人気　4着　0.4秒差

2006年　フサイチジャンク　6着
ＧⅠ　皐月賞　　　　　　　　　2番人気　3着　0.4秒差
ＧⅠ　ダービー　　　　　　　　2番人気　11着　1.5秒差

2005年　フサイチアウステル　　2着
GⅠ　皐月賞　　不出走
GⅠ　ダービー　不出走
前走　3歳以上1000万　九州スポーツ杯　　　1番人気　1着　0.2秒差

2003年　マイジョーカー　　　　4着
GⅠ　皐月賞　　不出走
GⅠ　ダービー　不出走
前走　3歳以上1000万　日高特別　　　　　　3番人気　2着　0.4秒差

2002年　アドマイヤマックス　　2着
GⅠ　皐月賞　　不出走
GⅠ　ダービー　不出走
前走　GⅢ　ラジオたんぱ杯2歳S　　　　　1番人気　3着　0.1秒差

2001年　トレジャー　　　　　　2着
GⅠ　皐月賞　　不出走
GⅠ　ダービー　不出走
前走　3歳以上1000万　日高特別　　　　　　1番人気　1着　0.5秒差

2000年　トーホウシデン　　　　2着
GⅠ　皐月賞　　不出走
GⅠ　ダービー　9番人気　4着　0.8秒差
実績　OP　プリンシパルS　　　　　　　　2番人気　1着　0.1秒差

◆1番人気が飛ぶとわかったらココへ

1番人気が「負ける」とわかったら、2番人気以下の馬から勝つ馬を見つけます。過去20年で14頭が2番人気以下で勝っています。4つのハードルのうち1つを満たした馬が勝ちますので、【穴馬的中シート】を利用して見つけだしてください。探し方は、2番人気から順に見ていき5頭見つけたところで打ち止め。その単勝5点買いで20倍超も60倍超も的中します。

🐎 2番人気以下で勝てる馬を浮かび上がらせる

ハードル❶
前走3歳以上1勝クラス1番人気連対上がり1位
（負けていても0.1秒差以内）

ハードル❷
近2走で3歳以上2勝クラス0.1秒差以内歴

ハードル❸
OP特別0.1秒差以内歴2回

ハードル❹
GⅢ「1着、あるいは上がり1位2着」か、GⅡ連対

2番人気以下で勝てる馬【穴馬的中シート】

条件	馬番 or 馬名
ハードル❶クリア	
ハードル❷クリア	
ハードル❸クリア	
ハードル❹クリア	

過去20年、2番人気以下で優勝した馬たちの前走成績と実績を紹介します。
◉2番人気以下で勝った馬一覧

2018年　4番人気　ジェネラーレウーノ　730円
GI　皐月賞　　　　　　　　　　　　8番人気　3着　0.6秒差
GI　ダービー　　　　　　　　　　　8番人気　16着　1.7秒差
実績　中山2000m　GⅢ　京成杯　　1番人気　1着　0.1秒差　上がり？位

2017年　2番人気　ミッキースワロー　610円
GI　皐月賞＝　不出走
GI　ダービー＝不出走
前走　福島1800m　3歳以上1000万　いわき特別　1番人気　3着　0.0秒差　上がり1位
※この年は、2番人気以下に重賞勝ち馬が1頭もいないレベルの低さでした。

2015年　6番人気　キタサンブラック　　1250円
GI　皐月賞　　　　　　　　　　　　4番人気　3着　0.6秒差
GI　ダービー　　　　　　　　　　　6番人気　14着　2.3秒差
実績　中山1800m　GⅡ　スプリングS　5番人気　1着　0.0秒差　上がり？位　4角先頭

2013年　3番人気　ユールシンギング　620円
GI　皐月賞＝　不出走
GI　ダービー＝不出走
前走　3歳以上500万　　　　　　　　1番人気　1着　0.4秒差　上がり1位
※この年は1番人気からして低レベルでした（2013年ヒラボクディープ参照）。2番人気に
GⅢを勝った馬がいるだけで（8番人気での一発です）、3番人気以下に重賞勝ち馬は見当
たりません。

2011年　6番人気　フェイトフルウォー　2180円
GI皐月賞　　　　　　　　　　　　　11番人気　12着　1.4秒差
GIダービー　　　　　　　　　　　　13番人気　13着　2.7秒差
実績　中山2000m　GⅢ　京成杯　　　2番人気　1着　0.0秒差　上がり？位

2010年　4番人気　クォークスター　　640円
GI　皐月賞＝　不出走
GI　ダービー＝不出走
前走　福島1800m　GⅢ　ラジオNIKKEI賞　2番人気　2着　0.0秒差　上がり1位

2009年　2番人気　ナカヤマフェスタ　430円
GI　皐月賞　　　　　　　　　　　　6番人気　8着　1.4秒差
GI　ダービー　　　　　　　　　　　9番人気　4着　0.8秒差
実績　東京1800m　GⅢ　東スポ杯2歳S　9番人気　1着　0.0秒差　上がり3位
実績　中山2000m　GⅢ　京成杯　　　1番人気　2着　0.0秒差　上がり2位

2008年　9番人気　ダイワワイルドボア　1850円

G I 　皐月賞＝　不出走
G I 　ダービー＝不出走
前走　新潟2200m　3歳以上1000万　阿賀野川特別　3番人気　3着　0.6秒差　上がり3位
前々走　新潟2200m　3歳以上1000万　佐渡特別　5番人気　3着　0.1秒差　上がり2位

2006年　12番人気　トーセンシャナオー　6780円

G I 　皐月賞＝　不出走
G I 　ダービー＝不出走
前走　3歳以上500万　2番人気　2着　0.2秒差　上がり2位
実績　東京2000m　OP　プリンシパルS　6番人気　3着　0.1秒差　上がり？位
実績　阪神2000m　OP　若葉S　8番人気　3着　0.1秒差　上がり3位

2005年　8番人気　キングストレイル　2140円

G I 　皐月賞＝　不出走
G I 　ダービー＝不出走
前走　東京1400m　G II 　京王杯2歳S　3番人気　2着　0.2秒差　上がり2位

2003年　3番人気　ヴィータローザ　510円

G I 　皐月賞＝　不出走
G I 　ダービー＝不出走
前走　福島1800m　G III 　ラジオたんぱ賞　2番人気　1着　0.2秒差　上がり1位

2002年　2番人気　バランスオブゲーム　390円

G I 　皐月賞　7番人気　8着　0.8秒差
G I 　ダービー　10番人気　7着　0.7秒差
実績　中山2000m　G II 　弥生賞　4番人気　1着　0.1秒差　上がり？位　逃げ

2001年　5番人気　シンコウカリド　1030円

G I 　皐月賞　7番人気　4着　0.5秒差
G I 　ダービー　7番人気　12着　2.1秒差
実績　中山1800m　G II 　スプリングS　5番人気　2着　0.1秒差　上がり3位

2000年　2番人気　アドマイヤボス　350円

G I 　皐月賞＝　不出走
G I 　ダービー＝不出走
前走　札幌2000m　3歳以上500万　知床特別　1番人気　2着　0.1秒差　上がり1位

注：500万条件さえ勝てない馬が1着に来ています。同じ3歳G II でも神戸新聞杯とはレベルが全く違い「実質G III 」と言われても仕方がありません。馬券が非常に難しいレースでもあります。

◆2着馬を見つけるのはココで

2着候補を2番人気以下から見つけます。「ハードル」というリトマス試験紙を使えば浮かび上がります。こちらも【穴馬的中シート】を活用して見つけてください。
なお、1番人気に応えられなくても2着に来ることはありますので、1番人気馬は無条件で2着候補です。

🐎 2番人気以下で2着に入れる馬を浮かび上がらせる

ハードル❶
近2走で3歳以上1勝クラス完勝上がり1位歴

ハードル❷
前走「3歳以上2勝クラス1着上がり1位、あるいは準OP連対」

ハードル❸
OP特別完勝歴

ハードル❹
GⅢ1着か、GⅡ連対歴

2番人気以下で2着に入れる馬【穴馬的中シート】

条件	馬番 or 馬名
ハードル❶ クリア	
ハードル❷ クリア	
ハードル❸ クリア	
ハードル❹ クリア	

過去20年、2番人気以下で2着に入った馬たちの前走成績と実績を紹介します。
◇2番人気以下で2着に入った馬一覧

2019年　8番人気　サトノルークス
GⅠ　皐月賞　不出走
GⅠ　ダービー　不出走
実績　阪神2200m　ＯＰ　　すみれＳ　　　　2番人気　1着　0.2秒差　上がり2位

2016年　2番人気　ゼーヴィント
GⅠ　皐月賞　不出走
GⅠ　ダービー　不出走
前走　福島1800m　GⅢ　ラジオNIKKEI賞　1番人気　1着　0.2秒差　上がり？位

2015年　9番人気　ミュゼエイリアン
GⅠ　皐月賞　　　　　　　　　　　　11番人気　7着　0.8秒差
GⅠ　ダービー　　　　　　　　　　　10番人気　10着　1.4秒差
実績　阪神1800m　GⅢ　毎日杯　　　　7番人気　1着　0.0秒差　上がり？位

2014年　2番人気　トゥザワールド
GⅠ　皐月賞　　　　　　　　　　　　1番人気　2着　0.2秒差
GⅠ　ダービー　　　　　　　　　　　2番人気　5着　0.4秒差
実績　京都2000m　ＯＰ　若駒Ｓ　　　1番人気　1着　0.2秒差　上がり2位
実績　中山2000m　GⅡ　弥生賞　　　1番人気　1着　0.0秒差　上がり2位

2013年　5番人気　ダービーフィズ
GⅠ　皐月賞　不出走
GⅠ　ダービー　不出走
前走　新潟2000m　3歳以上1000万　信濃川特別　4番人気　4着　0.5秒差　上がり？位
※2着候補に浮かび上がらせることができませんでした。前述のように、この年は1番人気にヒラボクディープが推される低調なメンバー構成。勝ったのは前走1勝クラスを卒業したばかりの3番人気馬ユールシンギング。特異な年ゆえ、これをもってシートを作り替えるのは得策ではなく、不的中を甘んじて受け入れるのがよいと思います。

2012年　14番人気　スカイディグニティ
GⅠ　皐月賞　不出走
GⅠ　ダービー　不出走
前走　新潟2200m　3歳以上1000万　阿賀野川特別　2番人気　6着　0.8秒差　上がり？位
前々走　福島2600m　3歳以上500万　　　　　　　2番人気　1着　0.4秒差　上がり1位

2011年　3番人気　トーセンラー
GⅠ　皐月賞　　　　　　　　　　　　5番人気　7着　1.0秒差
GⅠ　ダービー　　　　　　　　　　　7番人気　11着　2.5秒差
実績　京都1800m　GⅢ　きさらぎ賞　　3番人気　1着　0.0秒差　上がり3位

2010年　3番人気　ヤマニンエルブ
GI　皐月賞　不出走
GI　ダービー　不出走
前走　新潟2200m　3歳以上1000万　阿賀野川特別　3番人気　1着　1.1秒差　上がり1位　逃げ

2009年　4番人気　セイクリッドバレー
GI　皐月賞　不出走
GI　ダービー　不出走
前走　新潟2000m　3歳以上1000万　信濃川特別　1番人気　1着　0.0秒差　上がり1位

2007年　2番人気　ゴールデンダリア
GI　皐月賞　不出走
GI　ダービー　　　　　　　　　　　6番人気　6着　1.0秒差
実績　東京2000m　OP　プリンシパルS　1番人気　1着　0.3秒差　上がり2位

2006年　4番人気　トウショウシロッコ
GI　皐月賞　18番人気　9着　0.9秒差
GI　ダービー　不出走
前走　新潟2000m　3歳以上1600万　天の川S　2番人気　2着　0.0秒差　上がり？位

2004年　2番人気　ホオキパウェーブ
GI　皐月賞　不出走
GI　ダービー　　　　　　　　　　　9番人気　9着　1.4秒差
実績　東京2400m　GII　青葉賞　　　5番人気　2着　0.4秒差　上がり2位

2003年　8番人気　ニシノシンフォニー
GI　皐月賞　不出走
GI　ダービー　不出走
前走　函館2600m　3歳以上1000万　松前特別　4番人気　3着　0.6秒差　上がり？位
※2着候補に浮かび上がらせることができませんでした。

オールカマー

9月27日（日）

中山競馬場　芝2200m　フルゲート17頭
（2002年と2014年は新潟競馬場 芝2200m）

３歳以上

別定　３歳53kg　４歳以上56kg（牝馬２kg減）

ただし、過去１年間で　　　ＧＩ競走　（牝馬限定競走は除く）　１着馬は２kg増
牝馬限定ＧＩ競走　およびＧⅡ競走　（牝馬限定競走は除く）　１着馬は１kg増
過去１年以前の　　　　　　ＧＩ競走　（牝馬限定競走は除く）　１着馬は１kg増
（ただし、２歳時の成績を除く）。

2011年までの基礎重量は「３歳54kg、４歳以上57kg（牝馬２kg減）」
2005年までは「牝馬限定戦は除く」という一文がありません。
2003年までは「（意訳）ただし、過去１年間で〜」という一文がありません。

🐎 オールカマーの真相

私は1200m、1600m、2000m、2400mをめどに距離適性を判断
しています。

```
      ～1200m
1300m～1600m
1700m～2000m
2100m～2400m
2500m～
```

オールカマーは2200m。私は当レースを2000mが含まれるレン
ジよりも、2400mが含まれるレンジに区分けしています。厳密
にではありません。雰囲気として2200mは、

長距離指向の馬の出番

と思うのです。そして、長距離戦になると、

GⅡでも格はそれほど問われません。

それらを踏まえて過去20年の出走馬をふるいにかけ、次ページ
の一文を作りましたので見てください。
なお、当レースと同じ「3歳以上GⅡ」の札幌記念やセントウ
ルSのように、年齢別に分析しています。

♞ 1番人気で勝てる馬を浮かび上がらせる

大前提

5歳以上馬は当年1勝以上

3〜4歳　ハードル❶

2200m以上3歳以上「GⅡ完勝歴、あるいはGⅠ連対歴」

5歳　　　ハードル❷

2000m以上3歳以上戦を含むGⅡ以上2連勝歴か、2200m以上3歳以上GⅠ馬

6歳以上　ハードル❸

2000m以上3歳以上重賞2連勝歴か、2200m以上3歳以上GⅠ馬

※ハードル❶❷❸は牝馬限定競走は除く

それでは、まず1番人気馬にこの大前提とハードルを課し、勝てるか負けるかを判定しましょう。次ページからの【1番人気的中シート】を利用してください。

1番人気で勝てる馬【1番人気的中シート】

年度	オールカマーの1番人気馬	性齢	負担重量	大前提	3〜4歳 ハードル❶	5歳 ハードル❷	6歳以上 ハードル
大前提……………………5歳以上馬は当年1勝以上							
3〜4歳　ハードル❶……2200m以上3歳以上「GⅡ完勝歴、あるいはGⅠ連対歴」							
5歳　　　ハードル❷……2000m以上3歳以上戦を含むGⅡ以上2連勝歴か、2200m以上3歳以上GⅠ							
2020							
2020							
2019	レイデオロ	牡5	58kg	×			
2018	レイデオロ	牡4	57kg	—	◎		
2017	ステファノス	牡6	56kg	×			
2016	ゴールドアクター	牡5	58kg	◎	◎		
2015	ヌーヴォレコルト	牝4	55kg		×		
2014	サトノブレス	牡4	57kg		×		
2013	ダノンバラード	牡5	57kg	◎		×	
2012	ルルーシュ	牡4	56kg		×		
2011	アーネストリー	牡6	59kg	◎			◎
2010	ドリームジャーニー	牡6	59kg	×			
2009	ドリームジャーニー	牡5	59kg	◎		×	
2008	マツリダゴッホ	牡5	59kg	◎	◎		
2007	マツリダゴッホ	牡4	58kg		◎		
2006	エアシェイディ	牡5	57kg	◎		×	
2005	ヴィータローザ	牡5	57kg	×			
2004	ハイアーゲーム	牡3	55kg		×		
2003	エアエミネム	牡5	58kg	◎	◎		
2002	ゴーステディ	牡5	57kg	◎		×	
2001	ダイワテキサス	牡8	58kg	×			
2000	メイショウドトウ	牡4	58kg		◎		

1番人気的中シートの使い方

左のシートに今年の1番人気候補を記入し、過去の成績をもとに「勝てるか、勝てないか」を判定してください。「勝てない」とわかったら、2番人気以下で勝てる馬が浮かび上がる【穴馬的中シート】（後ろのページ）に進んでください。

歳以上　ハードル❸……2000m以上3歳
上重賞2連勝歴か、2200m以上3歳以上GI馬
ードル❶❷❸は牝馬限定競走は除く

判定	着順	単勝配当	結果	2番人気以下で勝った馬	人気	単勝配当	結果
×	4着		→	スティッフェリオ	4	¥1,120	大的中
◉	1着	¥200	大的中				
×	2着		→	ルージュバック	5	¥780	大的中
◉	1着	¥200	大的中				
×	2着		→	ショウナンパンドラ	3	¥760	大的中
×	16着		→	マイネルラクリマ	2	¥720	大的中
×	3着		→	ヴェルデグリーン	9	¥3,800	大的中
×	4着		→	ナカヤマナイト	2	¥310	大的中
◉	1着	¥140	大的中				
×	2着		→	シンゲン	5	¥730	大的中
×	2着		→	マツリダゴッホ	3	¥460	大的中
◉	1着	¥140	大的中				
◉	1着	¥230	大的中				
×	5着		→	バランスオブゲーム	4	¥550	大的中
×	5着		→	ホオキパウェーブ	4	¥590	大的中
×	4着		→	トーセンダンディ	9	¥6,670	大的中
◉	1着	¥140	大的中				
×	6着		→	ロサード	2	¥540	大的中
×	4着		→	エアスマップ	2	¥370	大的中
◉	1着	¥190	大的中				

過去20年、1番人気に応えて優勝した馬たちの前走成績と実績を紹介します。
まず、中心となる4歳馬から見ていきます。
❖1番人気で勝った4歳馬一覧（実績はGⅢ1着以上を列記。以下同様）

2018年　レイデオロ　　　　　牡4　57kg（＋1kg）200円
前走　UAE2410m　GⅠ　ドバイシーマクラシック　2番人気　4着　0.5秒差
実績　阪神2400m　GⅡ　神戸新聞杯　　　　　　　1番人気　1着　0.3秒差
実績　中山2000m　GⅡ　ホープフルS　　　　　　1番人気　1着　0.2秒差
実績　東京2400m　GⅠ　ダービー　　　　　　　　2番人気　1着　0.1秒差
実績　東京2400m　GⅠ　ジャパンC　　　　　　　2番人気　2着　0.2秒差

2007年　マツリダゴッホ　　　牡4　58kg（＋1kg）230円
前走　札幌2000m　GⅡ　札幌記念　　　　　　　　1番人気　7着　0.5秒差
実績　中山2200m　GⅡ　AJCC　　　　　　　　2番人気　1着　0.8秒差

2000年　メイショウドトウ　　牡4　58kg（＋1kg）190円
前走　阪神2200m　GⅠ　宝塚記念　　　　　　　　6番人気　2着　0.0秒差
実績　中京2000m　GⅢ　中京記念　　　　　　　　3番人気　1着　0.5秒差
実績　中京2000m　GⅡ　金鯱賞　　　　　　　　　3番人気　1着　0.2秒差
実績　京都2400m　GⅡ　日経新春杯　　　　　　　8番人気　2着　0.1秒差

次に5歳馬。
❖1番人気で勝った5歳馬一覧

2016年　ゴールドアクター　　牡5　58kg（＋2kg）200円
前走　京都3200m　GⅠ　天皇賞・春　　　　　　　1番人気　12着　0.8秒差
実績　中山2500m　GⅡ　日経賞　　　　　　　　　2番人気　1着　0.1秒差　当年
実績　東京2500m　GⅡ　アルゼンチン共和国杯　　1番人気　1着　0.0秒差
実績　中山2500m　GⅠ　有馬記念　　　　　　　　8番人気　1着　0.0秒差

2008年　マツリダゴッホ　　　牡5　59kg（＋2kg）140円
前走　札幌2000m　GⅡ　札幌記念　　　　　　　　1番人気　2着　0.0秒差
実績　中山2500m　GⅡ　日経賞　　　　　　　　　1番人気　1着　0.5秒差　4角先頭　当年
実績　中山2200m　GⅡ　オールカマー　　　　　　1番人気　1着　0.1秒差
実績　中山2200m　GⅡ　AJCC　　　　　　　　2番人気　1着　0.8秒差
実績　中山2500m　GⅠ　有馬記念　　　　　　　　9番人気　1着　0.2秒差

2003年　エアエミネム　　　　牡5　58kg（＋1kg）140円
前走　札幌2000m　GⅡ　札幌記念　　　　　　　　1番人気　2着　0.0秒差
実績　函館2000m　GⅢ　函館記念　　　　　　　　1番人気　1着　0.3秒差　当年
実績　阪神2000m　GⅡ　神戸新聞杯　　　　　　　1番人気　1着　0.0秒差
実績　札幌2000m　GⅡ　札幌記念　　　　　　　　2番人気　1着　0.4秒差
※3歳以上GⅡ札幌記念→3歳GⅡ神戸新聞杯とGⅡ2連勝。

続いて6歳以上馬。
⚜1番人気で勝った6歳以上馬

2011年	アーネストリー		牡6	59kg（＋2kg）140円				
前走	阪神2200m	GⅠ	宝塚記念		6番人気	1着	0.2秒差	当年
実績	中京2000m	GⅢ	中日新聞杯		1番人気	1着	0.1秒差	
実績	札幌2000m	GⅡ	札幌記念		1番人気	1着	0.3秒差	
実績	京都2000m	GⅡ	金鯱賞		1番人気	1着	0.2秒差	
実績	東京2500m	GⅡ	アルゼンチン共和国杯		4番人気	2着	0.2秒差	

過去20年、1番人気に応えられず2着以下に負けた馬たちの前走成績と実績を紹介します。
はじめに3歳馬。
⚜1番人気で負けた3歳馬（3歳馬は未連対）

2004年	ハイアーゲーム		牡3	55kg	4着		
前走	東京2400m	GⅠ	ダービー		3番人気	3着	0.5秒差
実績	東京2400m	GⅡ	青葉賞		2番人気	1着	0.4秒差

次に4歳馬。
⚜1番人気で負けた4歳馬一覧

2015年	ヌーヴォレコルト		牝4	55kg（＋1kg）2着			
前走	阪神2200m	GⅠ	宝塚記念		3番人気	5着	0.3秒差
実績	中山1800m	GⅡ	中山記念		3番人気	1着	0.0秒差
実績	阪神2000m	牝馬GⅡ	ローズS		2番人気	1着	0.2秒差
実績	東京2400m	牝馬GⅠ	オークス		2番人気	1着	0.0秒差
実績	京都2200m	牝馬GⅠ	エリザベス女王杯		1番人気	2着	0.0秒差
実績	京都2000m	牝馬GⅠ	秋華賞		1番人気	2着	0.0秒差

※2200m以上3歳以上GⅠエリザベス女王杯連対歴がありますが、牝馬限定競走です。

2014年	サトノノブレス		牡4	57kg（＋1kg）16着			
前走	小倉2000m	GⅢ	小倉記念		3番人気	1着	0.3秒差
実績	京都2400m	GⅡ	日経新春杯		2番人気	1着	0.0秒差
実績	京都3000m	GⅠ	菊花賞		5番人気	2着	0.8秒差

※GⅡ日経新春杯の0.0秒差が引っかかります（完勝とは0.1秒差以上の1着のこと）。GⅠ菊花賞は3歳戦。

2012年	ルルーシュ		牡4	56kg	4着		
前走	札幌2600m	OP	札幌日経OP		1番人気	1着	0.4秒差

※重賞連対なし。

続いて５歳馬。
⊕１番人気で負けた５歳馬一覧

2019年　レイデオロ　　　　牡５　58kg　　４着

前走	阪神2200m	ＧⅠ	宝塚記念	２番人気	５着	1.3秒差	
実績	中山2200m	ＧⅡ	オールカマー	１番人気	１着	0.0秒差	
実績	阪神2400m	ＧⅡ	神戸新聞杯	１番人気	１着	0.3秒差	
実績	中山2000m	ＧⅡ	ホープフルＳ	１番人気	１着	0.2秒差	
実績	東京2000m	ＧⅠ	天皇賞・秋	２番人気	１着	0.2秒差	
実績	東京2400m	ＧⅠ	ダービー	２番人気	１着	0.1秒差	
実績	中山2500m	ＧⅠ	有馬記念	１番人気	２着	0.0秒差	
実績	東京2400m	ＧⅠ	ジャパンＣ	２番人気	２着	0.2秒差	

※当年未勝利。３月の海外遠征後に調子を崩したようです。

2013年　ダノンバラード　　牡５　57kg（＋１kg）３着

前走	阪神2200m	ＧⅠ	宝塚記念	５番人気	２着	0.6秒差	
実績	阪神2000m	ＧⅢ	ラジオNIKKEI杯	４番人気	１着	0.0秒差	
実績	中山2200m	ＧⅡ	ＡＪＣＣ	３番人気	１着	0.2秒差	当年
実績	京都2400m	ＧⅡ	日経新春杯	３番人気	２着	0.2秒差	

※ＧⅡ以上２連勝なし。

2009年　ドリームジャーニー　牡５　59kg（＋２kg）２着

前走	阪神2200m	ＧⅠ	宝塚記念	２番人気	１着	0.3秒差	当年
実績	阪神2000m	ＧⅢ	朝日ＣＣ	１番人気	１着	0.1秒差	
実績	小倉2000m	ＧⅢ	小倉記念	２番人気	１着	0.5秒差	
実績	阪神2000m	ＧⅡ	大阪杯	３番人気	１着	0.0秒差	当年
実績	阪神2400m	ＧⅡ	神戸新聞杯	３番人気	１着	0.1秒差	
実績	中山1800m	ＧⅡ	中山記念	４番人気	２着	0.0秒差	
実績	中山1600m	ＧⅠ	朝日杯ＦＳ	２番人気	１着	0.1秒差	

※ＧⅡ以上２連勝なし。

2006年　エアシェイディ　　牡５　57kg　　５着

前走	函館2000m	ＧⅢ	函館記念	２番人気	２着	0.2秒差
実績	中山2200m	ＧⅡ	ＡＪＣＣ	３番人気	２着	0.2秒差

※重賞未勝利

2005年　ヴィータローザ　　牡５　57kg　　５着

前走	新潟2000m	ＧⅢ	新潟記念	４番人気	３着	0.4秒差
実績	福島1800m	ＧⅢ	ラジオたんぱ賞	２番人気	１着	0.2秒差
実績	中山2200m	ＧⅡ	セントライト記念	３番人気	１着	0.1秒差
実績	中京2000m	ＧⅡ	金鯱賞	６番人気	２着	0.4秒差

※当年未勝利。

2002年　ゴーステディ　　　牡5　57kg　6着
前走　新潟2000m　1600万　日本海S　　　　　1番人気　1着　0.7秒差　当年
※オープン1着なし。

最後に6歳以上馬。
⊕1番人気で負けた6歳以上馬一覧
2017年　ステファノス　　　牡6　56kg　2着
前走　東京1600m　GⅠ　安田記念　　　　　　4番人気　7着　0.3秒
実績　東京1600m　GⅢ　富士S　　　　　　　2番人気　1着　0.0秒差
実績　阪神2000m　GⅠ　大阪杯　　　　　　　7番人気　2着　0.1秒差
実績　東京2000m　GⅠ　天皇賞・秋　　　　　10番人気　2着　0.1秒差
実績　香港2000m　GⅠ　クイーンエリザベス2世C　8番人気　2着
※当年未勝利。

2010年　ドリームジャーニー　牡6　59kg（＋2kg）2着
前走　阪神2200m　GⅠ　宝塚記念　　　　　　4番人気　4着　0.3秒差
実績　阪神2000m　GⅢ　朝日CC　　　　　　　1番人気　1着　0.1秒差
実績　小倉2000m　GⅢ　小倉記念　　　　　　2番人気　1着　0.5秒差
実績　阪神2000m　GⅡ　産経大阪杯　　　　　3番人気　1着　0.1秒差
実績　阪神2400m　GⅡ　神戸新聞杯　　　　　3番人気　1着　0.1秒差
実績　中山2200m　GⅡ　オールカマー　　　　1番人気　2着　0.3秒差
実績　中山1800m　GⅡ　中山記念　　　　　　4番人気　2着　0.0秒差
実績　中山2500m　GⅠ　有馬記念　　　　　　2番人気　1着　0.1秒差
実績　阪神2200m　GⅠ　宝塚記念　　　　　　2番人気　1着　0.3秒差
実績　中山1600m　GⅠ　朝日杯FS　　　　　　2番人気　1着　0.1秒差
※当年未勝利。

2001年　ダイワテキサス　　　牡8　58kg（＋1kg）4着
前走　新潟2000m　GⅢ　新潟記念　　　　　　2番人気　4着　0.6秒差　1カ月
実績　新潟2000m　GⅢ　新潟記念　　　　　　1番人気　1着　0.3秒差
実績　新潟1600m　GⅢ　関屋記念　　　　　　3番人気　1着　0.1秒差
実績　新潟1600m　GⅢ　関屋記念　　　　　　1番人気　1着　0.0秒差
実績　中山1800m　GⅡ　中山記念　　　　　　5番人気　1着　0.1秒差
実績　中山2200m　GⅡ　オールカマー　　　　1番人気　1着　0.2秒差
実績　中京2000m　GⅡ　金鯱賞　　　　　　　2番人気　2着　0.1秒差
実績　中山1800m　GⅡ　中山記念　　　　　　4番人気　2着　0.3秒差
※当年未勝利。

◆1番人気が飛ぶとわかったらココへ

1番人気が「負ける」とわかったら、2番人気以下の馬から勝つ馬を見つけます。簡単です。私が課すハードルを満たした馬しか勝ちませんので、【穴馬的中シート】を利用して見つけだしてください。

🐴 2番人気以下で勝てる馬を浮かび上がらせる

4歳　　　ハードル❶
3歳以上2200m「GⅡ連対歴、あるいはGI3着歴」か、3歳3000mGⅠ連対歴

5歳　　　ハードル❷
当年条件戦3連勝歴の上がり馬か、前年もしくは当年重賞2連勝歴

6〜7歳　ハードル❸
前走重賞初3着以内の上がり馬か、当年重賞連対かつ重賞完勝歴2回以上か、重賞2連勝歴

※ハードル❶❷❸は牝馬限定競走は除く

2番人気以下で勝てる馬【穴馬的中シート】

条件	馬番 or 馬名
4歳 ハードル❶クリア	
5歳 ハードル❷クリア	
6〜7歳 ハードル❸クリア	

過去20年、2番人気以下で優勝した馬たちの前走成績と実績を紹介します。
はじめに4歳馬。◉2番人気以下で勝った4歳馬一覧

2015年　3番人気　ショウナンパンドラ　牝4　55kg（＋1kg）760円
| 前走 | 阪神2200m | GⅠ | 宝塚記念 | | 11番人気 | 3着 | 0.2秒差 |
| 実績 | 京都2000m | 牝GⅠ | 秋華賞 | | 3番人気 | 1着 | 0.0秒差 |

2012年　2番人気　ナカヤマナイト　牡4　56kg　310円
前走	阪神2200m	GⅠ	宝塚記念		13番人気	8着	2.6秒差
実績	東京1800m	GⅢ	共同通信杯		3番人気	1着	0.0秒差
実績	中山2200m	GⅡ	ＡＪＣＣ		2番人気	2着	0.5秒差

2005年　4番人気　ホオキパウェーブ　牡4　57kg　590円
前走	札幌2000m	GⅡ	札幌記念		4番人気	9着	2.1秒差
実績	中山2200m	GⅡ	セントライト記念		2番人気	2着	0.0秒差
実績	東京2400m	GⅡ	青葉賞		5番人気	2着	0.4秒差
実績	京都3000m	GⅠ	菊花賞		4番人気	2着	0.2秒差

次に5歳馬。◉2番人気以下で勝った5歳馬一覧

2019年　4番人気　スティッフェリオ　牡5　56kg　1120円
前走	阪神2200m	GⅠ	宝塚記念		8番人気	7着	1.6秒差	
実績	小倉1800m	GⅢ	小倉大賞典		3番人気	1着	0.0秒差	当年
実績	福島2000m	GⅢ	福島記念		2番人気	1着	0.2秒差	
※重賞2連勝。

2017年　5番人気　ルージュバック　牝5　55kg（＋1kg）780円
前走	東京1600m	牝GⅠ	ヴィクトリアマイル		2番人気	10着	0.7秒差
実績	東京1800m	GⅢ	エプソムＣ		1番人気	1着	0.4秒差
実績	京都1800m	GⅢ	きさらぎ賞		1番人気	1着	0.3秒差
実績	東京1800m	GⅡ	毎日王冠		1番人気	1着	0.0秒差
実績	東京2400m	牝GⅠ	オークス		1番人気	2着	0.1秒差
※重賞2連勝。

2013年　9番人気　ヴェルデグリーン　牡5　56kg　3800円
| 前走 | 新潟2000m | GⅢ | 新潟大賞典 | | 5番人気 | 10着 | 1.2秒差 |
※当年条件戦3連勝の上がり馬。オープン連対なし。

続いて6～7歳馬。◉2番人気以下で勝った6～7歳馬一覧

2014年　2番人気　マイネルラクリマ　牡6　56kg　720円
前走	福島2000m	GⅢ	七夕賞		1番人気	3着	0.4秒差
実績	福島2000m	GⅢ	七夕賞		1番人気	1着	0.4秒差
実績	京都1600m	GⅢ	京都金杯		3番人気	1着	0.2秒差
※当年GⅢ連対あり。東京1800mGⅢエプソムＣ4番人気2着。

2009年　3番人気　マツリダゴッホ　　　牡6　58kg　460円（＋1kg）

前走	札幌2000m	GⅡ	札幌記念	2番人気	9着	0.6秒差	
実績	中山2200m	GⅡ	オールカマー	1番人気	1着	0.3秒差	
実績	中山2500m	GⅡ	日経賞	1番人気	1着	0.5秒差	4角先頭
実績	中山2200m	GⅡ	オールカマー	1番人気	1着	0.1秒差	
実績	中山2200m	GⅡ	ＡＪＣＣ	2番人気	1着	0.8秒差	
実績	札幌2000m	GⅡ	札幌記念	1番人気	2着	0.0秒差	
実績	中山2500m	GⅠ	有馬記念	9番人気	1着	0.2秒差	

※重賞2連勝。

2004年　9番人気　トーセンダンディ　　牡6　57kg　6670円

| 前走 | 新潟2000m | GⅢ | 新潟記念 | 6番人気 | 3着 | 0.5秒差 |

※オープン連対なし。重賞で初めて馬券になった前走の勢いのまま逃げて一発

2002年　2番人気　ロサード　　　　　　牡6　57kg　540円

前走	小倉2000m	GⅢ	小倉記念	1番人気	5着	0.8秒差
実績	小倉2000m	GⅢ	小倉記念	2番人気	1着	0.1秒差
実績	京都1800m	GⅢ	京阪杯	3番人気	1着	0.3秒差
実績	新潟1400m	GⅢ	新潟3歳S	5番人気	1着	0.1秒差
実績	東京1800m	GⅡ	毎日王冠	6番人気	2着	0.1秒差
実績	東京1400m	GⅡ	京王杯3歳S	4番人気	2着	0.1秒差

※当年GⅢ連対あり。小倉1800mGⅢ北九州記念1番人気2着。

2001年　2番人気　エアスマップ　　　　牡6　57kg　370円

| 前走 | 新潟2000m | GⅢ | 新潟記念 | 3番人気 | 2着 | 0.2秒差 |

※当年2勝。重賞で初めて連対した前走。

2010年　5番人気　シンゲン　　　　　　牡7　57kg　730円

前走	東京2000m	GⅠ	天皇賞・秋	2番人気	5着	0.8秒差
実績	東京1800m	GⅢ	エプソムC	2番人気	1着	0.2秒差
実績	新潟2000m	GⅢ	新潟大賞典	5番人気	1着	0.5秒差

※重賞2連勝。

2006年　4番人気　バランスオブゲーム　牡7　58kg（＋1kg）550円

前走	阪神2200m	GⅠ	宝塚記念	9番人気	3着	0.8秒差	逃げ	
実績	新潟1400m	GⅢ	新潟2歳S	5番人気	1着	0.8秒差		
実績	中山1800m	GⅡ	中山記念	6番人気	1着	0.8秒差	逃げ	当年
実績	中山1800m	GⅡ	中山記念	4番人気	1着	0.1秒差		
実績	東京1800m	GⅡ	毎日王冠	5番人気	1着	0.4秒差		
実績	中山2200m	GⅡ	セントライト記念	2番人気	1着	0.2秒差		
実績	中山2000m	GⅡ	弥生賞	4番人気	1着	0.1秒差	逃げ	
実績	札幌2000m	GⅡ	札幌記念	2番人気	2着	0.1秒差		
実績	中山2500m	GⅡ	日経賞	1番人気	2着	0.2秒差		
実績	中山1800m	GⅡ	中山記念	4番人気	2着	0.3秒差		

◆2着馬を見つけるのはココで

2着候補を2番人気以下から見つけだすのに便利なツールが私の作った大前提とハードルです。こちらも【穴馬的中シート】を併用して見つけてください。なお、1番人気に応えられなくても2着に来ることはありますので、1番人気馬は無条件で2着候補です。

🐎 2番人気以下で2着に入れる馬を浮かび上がらせる

大前提
5歳以上馬は当年OP連対歴

4歳　ハードル❶
2200mGⅡ勝ちか、2000m以上(牝馬)GⅠ連対

5歳　ハードル❷
近2走で2000m以上重賞初連対か、
2000m以上GⅡ3着以内歴

6歳　ハードル❸
前走で2000m以上重賞初勝利か、
2000m以上GⅡ3着以内歴

2番人気以下で2着に入れる馬【穴馬的中シート】

条件	馬番 or 馬名
大前提クリア	
4歳ハードル❶クリア	
5歳ハードル❷クリア	
6歳ハードル❸クリア	

過去20年、2番人気以下で2着に入った馬たちの前走成績と実績を紹介します。
はじめに4歳馬。
◇2番人気以下で2着に入った4歳馬一覧

2018年　3番人気　アルアイン　　　　牡4　57kg（＋1kg）
前走　香港2000m　GⅠ　クイーンエリザベス2世C　3番人気　5着　1.0秒差
実績　阪神1800m　GⅢ　毎日杯　　　　　　　2番人気　1着　0.1秒差
実績　京都2200m　GⅡ　京都記念　　　　　　3番人気　2着　0.2秒差　当年
実績　中山2200m　GⅡ　セントライト記念　　　1番人気　2着　0.3秒差
実績　中山2000m　GⅠ　皐月賞　　　　　　　9番人気　1着　0.0秒差

2014年　7番人気　ラキシス　　　　　牝4　54kg
前走　東京1600m　牝GⅠ　ヴィクトリアマイル　9番人気　15着　0.8秒差
実績　京都2200m　牝GⅠ　エリザベス女王杯　　6番人気　2着　0.2秒差

2011年　6番人気　ゲシュタルト　　　牡4　57kg
前走　京都3200m　GⅠ　天皇賞・春　　　　　6番人気　2着　0.2秒差
実績　京都2200m　GⅡ　京都新聞杯　　　　　3番人気　1着　0.2秒差
実績　中山1800m　GⅡ　スプリングS　　　　10番人気　2着　0.2秒差

2003年　3番人気　ファストタテヤマ　牡4　58kg（＋1kg）
前走　阪神2200m　GⅠ　宝塚記念　　　　　　13番人気　9着　1.2秒差
実績　京都2200m　GⅡ　京都新聞杯　　　　　6番人気　1着　0.0秒差
実績　京都1600m　GⅡ　デイリー杯2歳S　　　8番人気　1着　0.0秒差
実績　京都3000m　GⅠ　菊花賞　　　　　　　16番人気　2着　0.0秒差

次に5歳馬。
◇2番人気以下で2着に入った5歳馬一覧

2019年　3番人気　ミッキースワロー　牡5　56kg
前走　福島2000m　GⅢ　七夕賞　　　　　　　3番人気　1着　0.1秒差　当年
実績　中山2200m　GⅡ　セントライト記念　　　2番人気　1着　0.3秒差
実績　中山2200m　GⅡ　AJCC　　　　　　　1番人気　2着　0.3秒差

2013年　2番人気　メイショウナルト　騸5　56kg
前走　小倉2000m　GⅢ　小倉記念　　　　　　3番人気　1着　0.2秒差　4角先頭　当年
※前走で重賞初連対。

2012年　4番人気　ダイワファルコン　牡5　56kg
前走　福島2000m　GⅢ　七夕賞　　　　　　　4番人気　9着　0.7秒差
実績　中山2000m　GⅡ　弥生賞　　　　　　　7番人気　3着　0.4秒差
※当年オープン連対あり（GⅢ中山金杯）。

2007年　5番人気　シルクネクサス　牡5　57kg
前走　札幌2000m　GⅡ　札幌記念　　　　　　10番人気　5着　0.2秒差

実績　中山2200m　ＧⅡ　ＡＪＣＣ　　　　　　6番人気　3着　0.9秒差

※当年函館1800mオープン特別巴賞1勝。

2006年　2番人気　コスモバルク　　　　牡5　59kg（＋2kg）

前走	札幌2600m	ＯＰ	札幌日経ＯＰ	1番人気	2着	0.7秒差	逃げ
実績	阪神2000m	ＧⅢ	ラジオたんぱ杯2歳Ｓ	4番人気	1着	0.2秒差	逃げ
実績	中山2200m	ＧⅡ	セントライト記念	1番人気	1着	0.0秒差	2角先頭
実績	中山2000m	ＧⅡ	弥生賞	2番人気	1着	0.2秒差	
実績	星国2000m	ＧⅠ	シンガポール航空国際Ｃ	3番人気	1着	0.3秒差	当年
実績	東京2400m	ＧⅠ	ジャパンＣ	2番人気	2着	0.5秒差	
実績	中山2000m	ＧⅠ	皐月賞	1番人気	2着	0.2秒差	

2005年　2番人気　グラスボンバー　　　　牡5　57kg

前走	新潟2000m	ＧⅢ	新潟記念	5番人気	2着	0.4秒差	当年

※前走で重賞初連対で。

2002年　3番人気　アグネススペシャル　牡5　57kg

前走	新潟2000m	ＧⅢ	新潟記念	1番人気	2着	0.2秒差	当年

※前走で重賞初連対。

2001年　3番人気　ゲイリートマホーク　騸5　57kg

前走	新潟2000m	ＧⅢ	新潟記念	5番人気	7着	1.2秒差	逃げ
前々走	福島2000m	ＧⅢ	七夕賞	3番人気	1着	0.2秒差	逃げ　当年

※前々走で重賞初連対。

2000年　4番人気　サクラナミキオー　　牡5　57kg

前走	札幌2000m	ＧⅡ	札幌記念	5番人気	6着	0.5秒差	逃げ

※重賞連対なし。2着候補に浮かび上がらせることができませんでした。

最後に6歳馬。

◇2番人気以下で2着に入った6歳馬一覧

2016年　3番人気　サトノノブレス　　　　牡6　56kg

前走	阪神2200m	ＧⅠ	宝塚記念	10番人気	8着	1.1秒差	
実績	阪神2000m	ＧⅢ	鳴尾記念	3番人気	1着	0.0秒差	当年
実績	中京2000m	ＧⅢ	中日新聞杯	1番人気	1着	0.1秒差	当年
実績	小倉2000m	ＧⅢ	小倉記念	3番人気	1着	0.3秒差	
実績	京都2400m	ＧⅡ	日経新春杯	2番人気	1着	0.0秒差	2角先頭
実績	中京2000m	ＧⅡ	金鯱賞	4番人気	2着	0.2秒差	

2008年　6番人気　キングストレイル　　　牡6　57kg

前走	札幌1200m	ＧⅢ	キーンランドＣ	7番人気	4着	0.7秒差	
実績	中山1600m	ＧⅢ	京成杯ＡＨ	2番人気	1着	0.3秒差	
実績	中山2200m	ＧⅡ	セントライト記念	8番人気	1着	0.0秒差	
実績	東京1400m	ＧⅡ	京王杯2歳Ｓ	3番人気	2着	0.2秒差	

実績　函館1200m　GⅢ　函館ＳＳ　　　　　　　　4番人気　3着　0.4秒差　3走前＝当年

2004年　4番人気　スーパージーン　　　牡6　57kg
前走　新潟2000m　GⅢ　新潟記念　　　　　　　3番人気　1着　0.2秒差　当年
※前走で重賞初連対。

GⅡ
神戸新聞杯

9月27日(日)

中京競馬場　芝2200m　フルゲート18頭

(2000〜2005年は阪神競馬場 芝2000m、2006年は中京競馬場 芝2000m、
2007〜2019年は阪神競馬場 芝2400m)

3歳牡馬・牝馬

(セントライト記念と違い、こちらは騸馬は出走不可)

馬齢　牡馬56kg　牝馬54kg

♞ 神戸新聞杯の真相

東のセントライト記念の1番人気が過去20年で6頭しか勝っていないのに比べ、西の神戸新聞杯は12頭が1着と、非常に堅いレースになっています。その単勝平均配当は170円弱。この1番人気の取捨選択が馬券の収支を大きく左右します。

では、当レースではどのような馬が求められているのでしょうか。実は、コースも距離も違うのに、

セントライト記念とまったく同じ

実績の持ち主が1番人気に応えるのです。つまり"格"が必要で、GIの成績だけで判定できます。

皐月賞とダービー、そしてNHKマイルC

の成績のみをチェックすればオッケーなのです。
それをまとめた次ページの大前提とハードルを見てください。

🐎 1番人気で勝てる馬を浮かび上がらせる

大前提①　皐月賞（あるいはNHKマイルC）　5番人気以内

大前提②　当年5戦以内

ハードル❶
皐月賞（あるいはNHKマイルC）　1着
　↓
ダービー1～2番人気で5着以内

ハードル❷
皐月賞（あるいはNHKマイルC）　2着
　↓
ダービー3番人気以内で2着以内、
ダービー2番人気以内で3着以内

ハードル❸
皐月賞（あるいはNHKマイルC）　3着以下
　↓
ダービー3番人気以内で1着、
ダービー2番人気以内で2着以内

ハードル❹
二冠の1つ、あるいは2つとも出走していない馬は
GⅠ・GⅡ完勝歴

それでは、まず1番人気馬に大前提とハードルを課し、勝てるか負けるかを判定しましょう。
次ページからの【1番人気的中シート】を使ってください。

1番人気で勝てる馬【1番人気的中シート】

大前提①………皐月賞（あるいはNHKマイルC）5番人気以内
大前提②………当年5戦以内
ハードル❶………皐月賞（あるいはNHKマイルC）1着→ダービー1〜2番人気で5着以内
ハードル❷………皐月賞（あるいはNHKマイルC）2着→ダービー3番人気以内で2着以内、ダービー2番
ハードル❸………皐月賞（あるいはNHKマイルC）3着以下→ダービー3番人気以内で1着、ダービー2番
ハードル❹………二冠の1つ、あるいは2つとも出走していない馬はGⅠ・GⅡ完勝歴

年度	神戸新聞杯の1番人気馬	性別	大前提①	大前提②	ハードル❶	ハードル❷	ハードル❸
2020							
2020							
2019	サートゥルナーリア	牡	◎	◎	◎		
2018	エポカドーロ	牡	×				
2017	レイデオロ	牡	◎	◎			◎
2016	サトノダイヤモンド	牡	◎	◎			◎
2015	リアルスティール	牡	◎	◎		×	
2014	ワンアンドオンリー	牡	◎	◎			◎
2013	エピファネイア	牡	◎	◎		◎	
2012	ゴールドシップ	牡	◎	◎	◎		
2011	オルフェーヴル	牡	◎	◎	◎		
2010	エイシンフラッシュ	牡	×				
2009	アンライバルド	牡	◎	◎	×		
2008	ディープスカイ	牡	◎	◎	◎		
2007	フサイチホウオー	牡	◎	◎			×
2006	メイショウサムソン	牡	×				
2005	ディープインパクト	牡	◎	◎	◎		
2004	キングカメハメハ	牡	◎	◎	◎		
2003	サクラプレジデント	牡	◎	◎		×	
2002	シンボリクリスエス	牡		◎			
2001	エアエミネム	牡		◎			
2000	エアシャカール	牡	◎	◎	◎		

1番人気的中シートの使い方

左のシートに今年の1番人気候補を記入し、過去の成績をもとに「勝てるか、勝てないか」を判定してください。「勝てない」とわかったら、2番人気以下で勝てる馬が浮かび上がる【穴馬的中シート】（後ろのページ）に進んでください。

気以内で3着以内
気以内で2着以内

ハードル④	判定	着順	単勝配当	結果	2番人気以下で勝った馬	人気	単勝配当	結果
	◎	1着	¥140	大的中				
	×	4着		→	ワグネリアン	2	¥270	大的中
	◎	1着	¥220	大的中				
	◎	1着	¥120	大的中				
	×	2着		→	リアファル	3	¥800	大的中
	◎	1着	¥160	大的中				
	◎	1着	¥140	大的中				
	◎	1着	¥230	大的中				
	◎	1着	¥170	大的中				
	×	2着		→	ローズキングダム	2	¥300	大的中
	×	4着		→	イコピコ	7	¥2,400	大的中
	◎	1着	¥200	大的中				
	×	12着		→	ドリームジャーニー	3	¥420	大的中
	×	2着		→	ドリームパスポート	3	¥860	大的中
	◎	1着	¥110	大的中				
	◎	1着	¥150	大的中				
	×	2着		→	ゼンノロブロイ	3	¥390	大的中
◎	◎	1着	¥210	大的中				
◎	◎	1着	¥180	大的中				
	◎	3着		ハズレ	フサイチソニック	3	¥680	

過去20年、1番人気に応えて優勝した馬たちの前走成績と実績を紹介します。

✠ 1番人気で勝った馬一覧

2019年　サートゥルナーリア　140円
G I　皐月賞　　　　　　　　　　　　　1番人気　1着　0.0秒差
G I　ダービー　　　　　　　　　　　　1番人気　4着　0.5秒差

2017年　レイデオロ　　　　220円
G I　皐月賞　　　　　　　　　　　　　5番人気　5着　0.4秒差
G I　ダービー　　　　　　　　　　　　2番人気　1着　0.1秒差

2016年　サトノダイヤモンド　120円
G I　皐月賞　　　　　　　　　　　　　1番人気　3着　0.4秒差
G I　ダービー　　　　　　　　　　　　2番人気　2着　0.0秒差

2014年　ワンアンドオンリー　160円
G I　皐月賞　　　　　　　　　　　　　4番人気　4着　0.3秒差
G I　ダービー　　　　　　　　　　　　3番人気　1着　0.1秒差

2013年　エピファネイア　　140円
G I　皐月賞　　　　　　　　　　　　　2番人気　2着　0.1秒差
G I　ダービー　　　　　　　　　　　　3番人気　2着　0.1秒差

2012年　ゴールドシップ　　230円
G I　皐月賞　　　　　　　　　　　　　4番人気　1着　0.4秒差
G I　ダービー　　　　　　　　　　　　2番人気　5着　0.2秒差

2011年　オルフェーヴル　　170円
G I　皐月賞　　　　　　　　　　　　　4番人気　1着　0.5秒差
G I　ダービー　　　　　　　　　　　　1番人気　1着　0.3秒差

2008年　ディープスカイ　　200円
G I　NHKマイルC　　　　　　　　　　1番人気　1着　0.3秒差
G I　ダービー　　　　　　　　　　　　1番人気　1着　0.2秒差

2005年　ディープインパクト　110円
G I　皐月賞　　　　　　　　　　　　　1番人気　1着　0.4秒差
G I　ダービー　　　　　　　　　　　　1番人気　1着　0.8秒差

2004年　キングカメハメハ　150円
G I　NHKマイルC　　　　　　　　　　1番人気　1着　0.8秒差
G I　ダービー　　　　　　　　　　　　1番人気　1着　0.2秒差

2002年　シンボリクリスエス　210円
G I　皐月賞　　　　　　　　　　　　　　　　　　不出走

ＧＩ　ダービー		3番人気	2着	0.2秒差
実績　ＧⅡ　青葉賞		1番人気	1着	0.4秒差

2001年　エアエミネム	180円			
ＧⅠ　皐月賞				不出走
ＧⅠ　ダービー				不出走
実績　ＧⅡ　札幌記念		2番人気	1着	0.4秒差

過去20年、1番人気に応えられず2着以下に負けた馬たちの前走成績と実績を紹介します。
⊕1番人気で負けた馬一覧

2018年　エポカドーロ	4着			
ＧⅠ　皐月賞		7番人気	1着	0.3秒差
ＧⅠ　ダービー		4番人気	2着	0.1秒差

2015年　リアルスティール	2着			
ＧⅠ　皐月賞		2番人気	2着	0.2秒差
ＧⅠ　ダービー		2番人気	4着	0.6秒差

2010年　エイシンフラッシュ	2着			
ＧⅠ　皐月賞		11番人気	3着	0.2秒差
ＧⅠ　ダービー		7番人気	1着	0.0秒差

2009年　アンライバルド	4着			
ＧⅠ　皐月賞		3番人気	1着	0.2秒差
ＧⅠ　ダービー		1番人気	12着	2.3秒差

●この年のダービーの勝ち時計は不良馬場で2分33秒7。良馬場のダービーに比べて10秒も遅い極悪馬場でした。

2007年　フサイチホウオー	12着			
ＧⅠ　皐月賞		2番人気	3着	0.0秒差
ＧⅠ　ダービー		1番人気	7着	1.0秒差

2006年　メイショウサムソン	2着			
ＧⅠ皐月賞		6番人気	1着	0.1秒差
ＧⅠダービー		1番人気	1着	0.1秒差

●この年の神戸新聞杯は中京競馬場での開催。それがクビ差に影響したかもしれません。
もうひとつの敗因は、デビュー11戦目の疲れでしょう。そんなに走っている二冠馬は、遡ると1997年サニーブライアン（10戦目のダービーで骨折して引退）、1981年カツトップエース（11戦目のダービー後に屈腱炎で引退）がいますが、ともに故障発生という共通点があります。

2004年　サクラプレジデント	2着			
ＧⅠ　皐月賞		2番人気	2着	0.0秒差
ＧⅠ　ダービー		2番人気	7着	1.1秒差

2000年　エアシャカール　　　3着

| G I 皐月賞 | 2番人気 | 1着 | 0.0秒差 |
| G I ダービー | 1番人気 | 2着 | 0.0秒差 |

◉ダービー後の英国遠征。G I キングジョージ6世＆クイーンエリザベスS 5着。神戸新聞杯を勝ってしかるべき馬ですが、過去に例を見ないダービー後の海外G I 挑戦が敗因だと思います。

◆1番人気が飛ぶとわかったらココへ

1番人気が「2着以下になる」とわかったら、2番人気以下の馬から勝つ馬を見つけます。私が課すハードルをクリアした馬しか勝ちませんので、【穴馬的中シート】を活用して見つけだしてください。

🐎 2番人気以下で勝てる馬を浮かび上がらせる

ハードル❶
前走3歳以上2勝クラス以上完勝

ハードル❷
3歳OP 1着歴

ハードル❸
G I 連対歴（負けていても0.1秒差以内）

2番人気以下で勝てる馬【穴馬的中シート】

条件	馬番 or 馬名
ハードル❶ クリア	
ハードル❷ クリア	
ハードル❸ クリア	

過去20年、2番人気以下で優勝した馬たちの前走成績と実績を紹介します。
◉2番人気以下で勝った馬一覧

2018年　2番人気　ワグネリアン　　　270円
ＧⅠ　皐月賞　　　　　　　　　　　1番人気　7着　0.8秒差
ＧⅠ　ダービー　　　　　　　　　　5番人気　1着　0.1秒差

2015年　3番人気　リアファル　　　　800円
ＧⅠ　皐月賞　　　　　　　　　　　　　　不出走
ＧⅠ　ダービー　　　　　　　　　　　　　不出走
前走　3歳以上1600万　マレーシアＣ　5番人気　1着　0.3秒差

2010年　2番人気　ローズキングダム　300円
ＧⅠ　皐月賞　　　　　　　　　　　2番人気　4着　0.2秒差
ＧⅠ　ダービー　　　　　　　　　　5番人気　2着　0.0秒差

2009年　7番人気　イコピコ　　　　　2400円
ＧⅠ　皐月賞　　　　　　　　　　　　　　不出走
ＧⅠ　ダービー　　　　　　　　　　　　　不出走
実績　ＯＰ　白百合Ｓ　　　　　　　4番人気　1着　0.0秒差
前走　ＧⅢ　ラジオNIKKEI賞　　　3番人気　4着　0.2秒差

2007年　3番人気　ドリームジャーニー　420円
ＧⅠ　皐月賞　　　　　　　　　　　3番人気　8着　0.6秒差
ＧⅠ　ダービー　　　　　　　　　　8番人気　5着　0.9秒差
実績　ＧⅠ　朝日杯ＦＳ　　　　　　2番人気　1着　0.1秒差

2006年　3番人気　ドリームパスポート　860円
ＧⅠ　皐月賞　　　　　　　　　　　10番人気　2着　0.1秒差
ＧⅠ　ダービー　　　　　　　　　　7番人気　3着　0.4秒差

2003年　3番人気　ゼンノロブロイ　　390円
ＧⅠ　皐月賞　　　　　　　　　　　　　　不出走
ＧⅠ　ダービー　　　　　　　　　　3番人気　2着　0.1秒差
実績　ＧⅡ　青葉賞　　　　　　　　1番人気　1着　0.2秒差

2000年　3番人気　フサイチソニック　680円
ＧⅠ　皐月賞　　　　　　　　　　　　　　不出走
ＧⅠ　ダービー　　　　　　　　　　　　　不出走
前走　3歳以上900万　ＨＴＢ賞　　1番人気　1着　0.0秒差

◆2着馬を見つけるのはココで

2着候補を2番人気以下から見つけましょう。4つあるハードルを読み、【穴馬的中シート】
利用して見つけてください。
なお、1番人気に応えられなくても2着に来ることはありますので、1番人気馬は無条件で
2着候補です。

🐴 2番人気以下で2着に入れる馬を浮かび上がらせる

ハードル❶
1勝クラス完勝歴

ハードル❷
前走3歳以上2勝クラス連対 (負けていても0.0秒差)

ハードル❸
GⅢ1番人気1着歴

ハードル❹
GⅡ・GⅠ連対歴

2番人気以下で2着に入れる馬【穴馬的中シート】

条件	馬番 or 馬名
ハードル❶ クリア	
ハードル❷ クリア	
ハードル❸ クリア	
ハードル❹ クリア	

過去20年、2番人気以下で2着に入った馬たちの前走成績と実績を紹介します。
◇2番人気以下で2着に入った馬一覧

2019年　2番人気　ヴェロックス
ＧⅠ　皐月賞　　　　　　　　　　　　4番人気　2着　0.0秒差
ＧⅠ　ダービー　　　　　　　　　　　1番人気　3着　0.4秒差

2018年　3番人気　エタリオウ
ＧⅠ　皐月賞　　　　　　　　　　　　　　　　不出走
ＧⅠ　ダービー　　　　　　　　　　13番人気　4着　0.2秒差
ＧⅡ　青葉賞　　　　　　　　　　　　7番人気　2着　0.3秒差

2017年　2番人気　キセキ
ＧⅠ　皐月賞　　　　　　　　　　　　　　　　不出走
ＧⅠ　ダービー　　　　　　　　　　　　　　　不出走
前走　3歳以上1000万　信濃川特別　　1番人気　1着　0.2秒差

2016年　6番人気　ミッキーロケット
ＧⅠ　皐月賞　　　　　　　　　　　　　　　　不出走
ＧⅠ　ダービー　　　　　　　　　　　　　　　不出走
前走　3歳以上1000万　ＨＴＢ賞　　　1番人気　1着　0.1秒差

2014年　8番人気　サウンズオブアース
ＧⅠ　皐月賞　　　　　　　　　　　　　　　　不出走
ＧⅠ　ダービー　　　　　　　　　　11番人気　11着　1.2秒差
実績　ＧⅡ　京都新聞杯　　　　　　　8番人気　2着　0.2秒差

2013年　7番人気　マジェスティハーツ
ＧⅠ　皐月賞　　　　　　　　　　　　　　　　不出走
ＧⅠ　ダービー　　　　　　　　　　　　　　　不出走
前走　3歳以上1000万　長久手特別　　4番人気　1着　0.0秒差

2012年　8番人気　ロードアクレイム
ＧⅠ　皐月賞　　　　　　　　　　　　　　　　不出走
ＧⅠ　ダービー　　　　　　　　　　　　　　　不出走
実績　500万　夏木立賞　　　　　　　2番人気　1着　0.1秒差
前走　ＧⅢ　ラジオNIKKEI賞　　　　7番人気　8着　0.8秒差

2011年　2番人気　ウインバリアシオン
ＧⅠ　皐月賞　　　　　　　　　　　　　　　　不出走
ＧⅠ　ダービー　　　　　　　　　　10番人気　2着　0.3秒差
実績　ＧⅡ　青葉賞　　　　　　　　　6番人気　1着　0.1秒差

2009年　3番人気　リーチザクラウン
GＩ　皐月賞　　　　　　　　　　　　　　2番人気　13着　1.7秒差
GＩ　ダービー　　　　　　　　　　　　　5番人気　 2着　0.7秒差

2008年　3番人気　ブラックシェル
GＩ　皐月賞　　　　　　　　　　　　　　2番人気　 6着　0.5秒差
GＩ　ＮＨＫマイルＣ　　　　　　　　　　3番人気　 2着　0.3秒差
GＩ　ダービー　　　　　　　　　　　　　6番人気　 3着　0.3秒差

2007年　5番人気　アサクサキングス
GＩ　皐月賞　　　　　　　　　　　　　　6番人気　 7着　0.5秒差
GＩ　ＮＨＫマイルＣ　　　　　　　　　　3番人気　11着　1.1秒差
GＩ　ダービー　　　　　　　　　　　　14番人気　 2着　0.5秒差

2005年　5番人気　シックスセンス
GＩ　皐月賞　　　　　　　　　　　　　12番人気　 2着　0.4秒差
GＩ　ダービー　　　　　　　　　　　　　7番人気　 3着　1.2秒差

2004年　3番人気　ケイアイガード
GＩ　皐月賞　　　　　　　　　　　　　　　　　　　不出走
GＩ　ダービー　　　　　　　　　　　　　　　　　　不出走
前走　GⅢ　ラジオたんぱ賞　　　　　　　1番人気　 1着　0.0秒差

2002年　2番人気　ノーリーズン
GＩ　皐月賞　　　　　　　　　　　　　15番人気　 1着　0.3秒差
GＩ　ダービー　　　　　　　　　　　　　2番人気　 8着　0.7秒差

2001年　7番人気　サンライズペガサス
GＩ　皐月賞　　　　　　　　　　　　　　　　　　　不出走
GＩ　ダービー　　　　　　　　　　　　　　　　　　不出走
前走　3歳以上1000万　玄界特別　　　　　2番人気　 2着　0.0秒差

2000年　2番人気　アグネスフライト
GＩ　皐月賞　　　　　　　　　　　　　　　　　　　不出走
GＩ　ダービー　　　　　　　　　　　　　3番人気　 1着　0.0秒差

スプリンターズS

10月4日（日）

中山競馬場　芝1200m　フルゲート16頭
（2002年と2014年は新潟競馬場 芝1200m）

3歳以上

定量　3歳55kg　4歳以上57kg（牝馬2kg減）

🐎 スプリンターズSの真相

　3歳馬が出走可能なスプリンターズSですが、1番人気に推されて期待に応えた馬は過去20年で一頭もいません。そもそも1番人気を得たこともなく、これは前哨戦セントウルSも同じです。スプリンターズSから約1カ月後に行われる天皇賞・秋においても、1番人気に推されて期待に応えた3歳馬は過去20年で一頭もいません。3歳以上GIの場合、この時期は斤量差が2kgあっても3歳馬は古馬の壁に阻まれます。2kg差をもらって互角に戦えるようになるのは、11月後半からになります。
　従ってスプリンターズSは古馬を重視するGIですが、とくに5歳以上馬を取捨選択するのが楽しいレースです。

1400〜1600mの実績

これがキーポイントです。ガチガチのスプリンターではなく、芝1400m以上の成績が明暗をわけるケースが多いのです。GIIセントウルSのページでも紹介しましたが、GI馬に輝くには、

対応できる距離のレンジ

が幅広い必要があるわけです。
それらの基準をまとめましたので次ページを見てください。

♞1番人気で勝てる馬を浮かび上がらせる

4歳　　　ハードル❶

前走1200m重賞1番人気圧勝

（1200m戦の圧勝は0.3秒差以上の1着です）

5歳以上　大前提

芝1400m以上1着歴のあるGⅠ馬

（牝馬GⅠ可）

5歳以上　ハードル❷

（日本馬限定）**前走重賞で負けていても**

「1200m0.0秒差、1400m以上0.1秒差以内」

5歳以上　ハードル❸

（外国馬限定）**GⅠ3勝以上**

では、まず1番人気馬にこの大前提とハードルを課し、勝てるか負けるかを判定しましょう。
次ページからの【1番人気的中シート】を利用してください。

1番人気で勝てる馬 【1番人気的中シート】

年度	スプリンターズSの1番人気馬	性齢	4歳ハードル❶	5歳以上大前提	5歳以上ハードル❷	5歳以上ハードル
4歳　　　ハードル❶……前走1200m重賞1番人気圧勝（1200m戦の圧勝は0.3秒差以上の1着です） 5歳以上　大前提…………芝1400m以上1着歴のあるGI馬（牝馬GI可） 5歳以上　ハードル❷……（日本馬限定）前走重賞で負けていても「1200m0.0秒差、1400m以上0.1秒以						
2020						
2020						
2019	ダノンスマッシュ	牡4	×			
2018	ファインニードル	牡5		◎	◎	
2017	レッドファルクス	牡6		◎	◎	
2016	ビッグアーサー	牡5		×		
2015	ストレイトガール	牝6		◎	◎	
2014	ハクサンムーン	牡5		×		
2013	ロードカナロア	牡5		◎	◎	
2012	カレンチャン	牝5		◎	×	
2011	ロケットマン	せん6		×		
2010	グリーンバーディー	せん7		◎		×
2009	アルティマトゥーレ	牝5		×		
2008	スリープレスナイト	牝4	◎			
2007	サンアディユ	牝5		×		
2006	テイクオーバーター	せん7		◎		◎
2005	サイレントウィット	せん6		◎		◎
2004	サニングデール	牡5		×		
2003	ビリーヴ	牝5		×		
2002	ビリーヴ	牝4	◎			
2001	ゼンノエルシド	牡4	×			
2000	アグネスワールド	牡5		×		

左のシートに今年の1番人気候補を記入し、過去の成績をもとに「勝てるか、勝てないか」を判定してください。「勝てない」とわかったら、2番人気以下で勝てる馬が浮かび上がる【穴馬的中シート】（後ろのページ）に進んでください。

判定	着順	単勝配当	結果	2番人気以下で勝った馬	人気	単勝配当	結果
×	3着		→	タワーオブロンドン	2	¥290	大的中
◉	1着	¥280	大的中				
◉	1着	¥320	大的中				
×	12着		→	レッドファルクス	3	¥920	大的中
◉	1着	¥440	大的中				
×	13着		→	スノードラゴン	13	¥4,650	大的中
◉	1着	¥130	大的中				
×	2着		→	ロードカナロア	2	¥440	大的中
×	4着		→	カレンチャン	3	¥1,120	大的中
×	7着		→	ウルトラファンタジ	10	¥2,930	大的中
×	5着		→	ローレルゲレイロ	6	¥1,380	大的中
◉	1着	¥240	大的中				
×	2着		→	アストンマーチャン	3	¥560	大的中
◉	1着	¥420	大的中				
◉	1着	¥200	大的中				
×	9着		→	カルストンライトオ	5	¥850	大的中
×	2着		→	デュランダル	5	¥810	大的中
◉	1着	¥220	大的中				
×	10着		→	トロットスター	4	¥810	大的中
×	2着		→	ダイタクヤマト	16	¥25,750	ハズレ

ハードル❸……（外国馬限定）GⅠ

スプリンターズS　　221

過去20年、1番人気に応えて優勝した馬たちの前走成績と実績を紹介します。
まず、4歳馬から見ていきます。
✢1番人気で勝った4歳馬一覧（実績は重賞連対を列記。以下同様）

2008年　スリープレスナイト　牝4　240円

前走	小倉1200m	GⅢ	北九州記念	1番人気	1着	0.3秒差	上がり3位
実績	中京1200m	GⅢ	ＣＢＣ賞	4番人気	1着	0.2秒差	上がり3位

※重賞2連勝中。

2002年　ビリーヴ　牝4　220円

前走	阪神1200m	GⅡ	セントウルS	1番人気	1着	0.7秒差	上がり1位

続いて5歳以上馬。まず5歳馬を紹介します。
✢1番人気で勝った5歳馬一覧

2018年　ファインニードル　牡5　280円

前走	阪神1200m	GⅡ	セントウルS	1番人気	1着	0.2秒差	上がり3位
実績	京都1200m	GⅢ	シルクロードS	4番人気	1着	0.3秒差	上がり3位
実績	阪神1200m	GⅡ	セントウルS	1番人気	1着	0.2秒差	上がり？位
実績	中京1200m	GⅠ	高松宮記念	2番人気	1着	0.0秒差	上がり？位

※芝1400m未勝利戦1着。

2013年　ロードカナロア　牡5　130円

前走	阪神1200m	GⅡ	セントウルS	1番人気	2着	0.0秒差	上がり1位
実績	阪神1400m	GⅢ	阪急杯	1番人気	1着	0.1秒差	上がり？位
実績	京都1200m	GⅢ	シルクロードS	1番人気	1着	0.4秒差	上がり1位
実績	京都1200m	GⅢ	京阪杯	1番人気	1着	0.2秒差	上がり2位
実績	函館1200m	GⅢ	函館ＳＳ	1番人気	2着	0.1秒差	上がり3位
実績	阪神1200m	GⅡ	セントウルS	1番人気	2着	0.0秒差	上がり？位
実績	東京1600m	GⅠ	安田記念	1番人気	1着	0.0秒差	上がり3位
実績	中京1200m	GⅠ	高松宮記念	1番人気	1着	0.2秒差	上がり1位
実績	香港1200m	GⅠ	香港スプリント	4番人気	1着		
実績	中山1200m	GⅠ	スプリンターズS	2番人気	1着	0.1秒差	上がり2位

最後に6歳以上馬。
✢1番人気で勝った6歳以上馬一覧

2017年　レッドファルクス　牡6　320円

前走	東京1600m	GⅠ	安田記念	3番人気	3着	0.1秒差	上がり3位
実績	中京1200m	GⅢ	ＣＢＣ賞	3番人気	1着	0.0秒差	上がり1位
実績	東京1400m	GⅡ	スプリングC	2番人気	1着	0.1秒差	上がり1位
実績	中山1200m	GⅠ	スプリンターズS	3番人気	1着	0.0秒差	上がり？位

2015年　ストレイトガール　牝6　440円

前走	阪神1200m	GⅡ	セントウルS	3番人気	4着	0.0秒差	上がり3位

実績	京都1200m	GⅢ	シルクロードS	2番人気	1着	0.4秒差	上がり1位
実績	京都1200m	GⅢ	キーンランドC	1番人気	2着	0.0秒差	上がり2位
実績	東京1600m	牝馬GI	ヴィクトリアマイル	5番人気	1着	0.0秒差	上がり3位
実績	新潟1200m	GⅠ	スプリンターズS	2番人気	2着	0.1秒差	上がり？位

2006年　テイクオーバーターゲット　騸7　420円

前走	中京1200m	GⅡ	セントウルS	2番人気	2着	0.5秒差	上がり？位
実績	豪州1200m	GⅢ	サマーS		1着	1.0秒差	
実績	豪州1200m	GⅢ	カールトンドラーフト		2着	0.0秒差	
実績	英国1000m	GⅡ	キングズスタンドS		1着	0.0秒差	
実績	豪州1200m	GⅠ	ニューマーケットハンデ		1着	0.1秒差	
実績	豪州1000m	GⅠ	ライトニングS		1着	0.0秒差	
実績	豪州1200m	GⅠ	サリンジャーS		1着	0.4秒差	

※芝1400m一般戦1着。

2005年　サイレントウィットネス　騸6　200円

前走	東京1600m	GⅠ	安田記念	5番人気	3着	0.0秒差	上がり？位
実績	香港1600m	GⅢ	シャティンスプリントトロフィー		1着	0.1秒差	
実績	香港1400m	GⅢ	クイーンズシルバージュビリーC		1着	0.2秒差	
実績	香港1000m	GⅡ	インターナショナルスプリントトライアル		1着	0.1秒差	
実績	香港1000m	GⅡ	インターナショナルスプリントトライアル		1着	0.4秒差	
実績	香港1000m	GⅡ	シャティンヴァーズ		1着	0.6秒差	
実績	香港1200m	GⅠ	チェアマンズスプリントプライズ		1着	0.2秒差	
実績	香港1000m	GⅠ	センテナリースプリントC		1着	0.3秒差	
実績	香港1000m	GⅠ	バウヒニアスプリントトロフィー		1着	0.3秒差	
実績	香港1000m	GⅠ	香港スプリント		1着	0.3秒差	
実績	香港1200m	GⅠ	チェアマンズスプリントプライズ		1着	0.4秒差	
実績	香港1000m	GⅠ	センテナリースプリントC		1着	0.4秒差	
実績	香港1000m	GⅠ	バウヒニアスプリントトロフィー		1着	0.4秒差	
実績	香港1000m	GⅠ	香港スプリント		1着	0.1秒差	
実績	香港1600m	GⅠ	チャンピオンズマイル		2着	0.0秒差	

過去20年、1番人気に応えられず2着以下に負けた馬たちの前走成績と実績を紹介します。
はじめに4歳馬。
⊕1番人気で負けた4歳馬一覧

2019年　ダノンスマッシュ　牡4　3着

前走	札幌1200m	キーンランドC		1番人気	1着	0.1秒差	上がり？位
実績	京都1200m	GⅢ	シルクロードS	1番人気	1着	0.2秒差	上がり3位
実績	京都1200m	GⅢ	京阪杯	1番人気	1着	0.3秒差	上がり3位
実績	札幌1200m	キーンランドC		4番人気	2着	0.4秒差	上がり？位

2001年　ゼノオエルシド　牡4　10着

前走	中山1600m	GⅢ	京成杯AH	1番人気	1着	0.7秒差	上がり1位

※マイル戦がNG。

次に５歳以上馬。まず５歳馬を紹介します。
✪ １番人気で負けた５歳馬一覧

2016年　ビッグアーサー　　　牡５　12着
前走　阪神1200m　ＧⅡ　セントウルＳ　　　1番人気　1着　0.2秒差　上がり？位　逃げ
実績　中京1200m　　　　高松宮記念　　　　1番人気　1着　0.1秒差　上がり3位
実績　京都1200m　　　　京阪杯　　　　　　1番人気　2着　0.0秒差　上がり1位
実績　小倉1200m　　　　北九州記念　　　　1番人気　2着　0.2秒差　上がり2位
※芝1400m以上１着なし。

2014年　ハクサンムーン　　　牡５　13着
前走　阪神1200m　ＧⅡ　セントウルＳ　　　1番人気　2着　0.2秒差　上がり？位
実績　新潟1000m　ＧⅢ　アイビスＳＤ　　　1番人気　1着　0.1秒差　上がり1位　逃げ
実績　京都1200m　ＧⅢ　京阪杯　　　　　10番人気　1着　0.0秒差　上がり？位　逃げ
実績　中京1200m　ＧⅢ　ＣＢＣ賞　　　　　2番人気　2着　0.0秒差　上がり？位　逃げ
実績　阪神1200m　ＧⅡ　セントウルＳ　　　2番人気　1着　0.0秒差　上がり3位　逃げ
実績　中山1200m　ＧⅠ　スプリンターズＳ　2番人気　2着　0.1秒差　上がり？位　逃げ
※芝1400m新馬１着。ＧⅠ馬ではありません。

2012年　カレンチャン　　　　牝５　２着
前走　阪神1200m　ＧⅡ　セントウルＳ　　　3番人気　4着　0.1秒差　上がり？位
実績　札幌1200m　ＧⅢ　キーンランドＣ　　1番人気　1着　0.0秒差　上がり？位
実績　函館1200m　ＧⅢ　函館ＳＳ　　　　　1番人気　1着　0.0秒差　上がり1位
実績　阪神1400m　牝ＧⅡ　阪神牝馬Ｓ　　　　1番人気　1着　0.1秒差　上がり1位
実績　中京1200m　ＧⅠ　高松宮記念　　　　2番人気　1着　0.0秒差　上がり？位
実績　中山1200m　ＧⅠ　スプリンターズＳ　3番人気　1着　0.3秒差　上がり2位
※前走0.1秒差負けがＮＧ。

2009年　アルティマトゥーレ　牝５　５着
前走　阪神1200m　ＧⅡ　セントウルＳ　　　5番人気　1着　0.4秒差　上がり3位
※芝1400m500万条件１着。ＧⅠ馬ではありません。

2007年　サンアディユ　　　　牝５　２着
前走　阪神1200m　ＧⅡ　セントウルＳ　　　11番人気　1着　0.8秒差　上がり3位
実績　新潟1000m　ＧⅢ　アイビスＳＤ　　　13番人気　1着　0.1秒差　上がり1位
※芝1400m以上１着なし。

2004年　サニングデール　　　牡５　９着
前走　阪神1200m　ＧⅡ　セントウルＳ　　　2番人気　3着　0.3秒差　上がり1位
実績　阪神1200m　ＧⅢ　阪急杯　　　　　　3番人気　1着　0.0秒差　上がり1位
実績　函館1200m　ＧⅢ　函館ＳＳ　　　　　3番人気　1着　0.3秒差　上がり1位
実績　中京1200m　ＧⅢ　ファルコンＳ　　　2番人気　1着　0.2秒差　上がり2位
実績　阪神1200m　ＧⅢ　阪急杯　　　　　　3番人気　2着　0.4秒差　上がり？位
実績　中京1200m　ＧⅡ　ＣＢＣ賞　　　　　1番人気　1着　0.1秒差　上がり1位
実績　中京1200m　ＧⅠ　高松宮記念　　　　2番人気　1着　0.0秒差　上がり3位

実績　中京1200m　ＧⅠ　高松宮記念　　　　　　2番人気　2着　0.2秒差　上がり？位
※芝1400m以上1着なし。

2003年　1番人気　ビリーヴ　　　　　　牝5　2着
前走　阪神1200m　ＧⅡ　セントウルＳ　　　　1番人気　2着　0.0秒差　上がり3位
実績　函館1200m　ＧⅢ　函館ＳＳ　　　　　　1番人気　1着　0.3秒差　上がり3位　　4角先頭
実績　阪神1200m　ＧⅢ　セントウルＳ　　　　1番人気　1着　0.7秒差　上がり1位
実績　中京1200m　ＧⅠ　高松宮記念　　　　　3番人気　1着　0.2秒差　上がり？位
実績　新潟1200m　ＧⅠ　スプリンターズＳ　　1番人気　1着　0.1秒差　上がり2位
※芝1400m以上1着なし。
●ビリーヴがハナ差負けた相手はデュランダル。同馬はのちにＧⅠマイルチャンピオンシップを2連覇します。それを思うと、1400m以上で勝ち星のなかったビリーヴが負けたのは、距離適性・融通性のせいかと思います。

2000年　アグネスワールド　　牡5　2着
前走　英国1200m　ＧⅠ　ジュライＣ　　　　　　　　　　　1着　0.0秒
実績　函館1200m　ＧⅢ　函館3歳Ｓ　　　　　2番人気　1着　0.3秒差　上がり1位
実績　京都1200m　ＧⅢ　シルクロードＳ　　　3番人気　2着　0.3秒差　上がり？位
実績　京都1600m　ＧⅢ　シンザン記念　　　　1番人気　2着　0.9秒差　上がり？位　　4角先頭
実績　中京1200m　ＧⅡ　ＣＢＣ賞　　　　　　1番人気　1着　0.1秒差　上がり3位　逃げ
実績　川崎Ｄ1600m　ＧⅡ　全日本3歳優駿　　1番人気　1着　0.5秒差
実績　英国1000m　ＧⅡ　キングズスタンドＳ　8番人気　2着　0.2秒差
実績　仏国1000m　ＧⅠ　アベイ・ド・ロンシャン賞　4番人気　2着　0.0秒差
実績　中山1200m　ＧⅠ　スプリンターズＳ　　1番人気　2着　0.0秒差　上がり？位　　4角先頭
※芝1400m以上1着なし。
●同馬の海外ＧⅠ2勝は直線コースで、コーナーのあるＪＲＡＧⅠは勝っていません。また、調教師が1200mでも長いとコメントしているように、芝1400m以上は未勝利です。

続いて6歳以上馬。
♣1番人気で負けた6歳以上馬一覧

2011年　ロケットマン　　　　騸6　4着
前走　星国Ｄ1200m　クランジＳＡ　　　　　　1番人気　1着　0.8秒差
実績　香港1200m　ＧⅡ　ジョッキークラブスプリント　6番人気　1着同着
実績　UAE全1200m　ＧⅠ　ドバイゴールデンシャヒーン　1番人気　1着　0.4秒差
実績　星国1200m　ＧⅠ　クリスフライヤーインターナショナルスプリント　1番人気　1着　0.8秒差
実績　UAE全1200m　ＧⅠ　ドバイゴールデンシャヒーン　2番人気　2着　0.1秒差
実績　星国1200m　ＧⅠ　クリスフライヤーインターナショナルスプリント　1番人気　2着　0.0秒差
実績　香港1200m　ＧⅠ　香港スプリント　2番人気　2着　0.0秒差
※芝1400m以上1着なし。ＧⅠ2勝。

2010年　グリーンバーディー　騸7　7着
前走　阪神1200m　ＧⅡ　セントウルＳ　　　　2番人気　2着　0.0秒差　上がり1位
実績　香港1200m　ＧⅢ　プレミアボウル　　　8番人気　1着　0.2秒差
実績　香港1200m　ＧⅢ　シャティンヴァーズ　3番人気　2着　0.3秒差

実績	香港1800m	GⅡ	香港ダービートライアル	3番人気	1着	0.1秒差
実績	豪州1200m	GⅡ	スキラッチS	5番人気	2着	0.2秒差
実績	香港1200m	GⅡ	スプリントC	3番人気	2着	0.0秒差
実績	星国1200m	GⅠ	クリスフライヤーインターナショナルスプリント	4番人気	1着	0.0秒差
実績	香港1200m	GⅠ	香港スプリント	4番人気	2着	0.1秒差

※GⅠ1勝。

◆1番人気が飛ぶとわかったらココへ

1番人気が「負ける」とわかったら、2番人気以下の馬から勝つ馬を見つけます。私が課す大前提とハードルを越えた馬しか勝ちませんので、【穴馬的中シート】を利用して見つけだしてください。

🐎 2番人気以下で勝てる馬を浮かび上がらせる

3歳　　　ハードル❶
前走3歳以上重賞1番人気かつ
重賞1番人気完勝歴（牝馬重賞可）

4歳　　　ハードル❷
前走重賞「1番人気、あるいは1着、
あるいは上がり1位」

5歳以上　大前提
芝1400m以上連対歴

5歳以上　ハードル❸
前走重賞勝ちか、GⅠ連対歴

2番人気以下で勝てる馬【穴馬的中シート】

条件	馬番 or 馬名
3歳 ハードル❶クリア	
4歳 ハードル❷クリア	
5歳以上 大前提クリア	
5歳以上 ハードル❸クリア	

過去20年、2番人気以下で優勝した馬たちの前走成績と実績を紹介します。

はじめに3歳馬。

◉2番人気以下で勝った3歳馬

2007年　3番人気　アストンマーチャン　牝3　560円

前走	小倉1200m	GⅢ	北九州記念	1番人気	6着	0.4秒差	上がり？位
実績	京都1400m	牝GⅢ	ファンタジーS	3番人気	1着	0.8秒差	上がり2位
実績	小倉1200m	GⅢ	小倉2歳S	3番人気	1着	0.4秒差	
実績	阪神1400m	牝GⅡ	フィリーズレビュー	1番人気	1着	0.4秒差	上がり3位
実績	阪神1600m	牝GⅠ	阪神JF	1番人気	2着	0.0秒差	上がり3位

次に4歳馬。

◉2番人気以下で勝った4歳馬一覧

2019年　2番人気　タワーオブロンドン　牡4　290円

前走	阪神1200m	GⅡ	セントウルS	1番人気	1着	0.5秒差	上がり1位
実績	阪神1600m	GⅢ	アーリントンC	1番人気	1着	0.1秒差	上がり2位
実績	札幌1200m	GⅢ	キーンランドC	2番人気	2着	0.1秒差	上がり1位
実績	東京1400m	GⅡ	スプリングC	1番人気	1着	0.1秒差	上がり3位
実績	東京1400m	GⅡ	京王杯2歳S	1番人気	1着	0.3秒差	上がり1位

2012年　2番人気　ロードカナロア　牡4　440円

前走	阪神1200m	GⅡ	セントウルS	1番人気	2着	0.0秒差	上がり？位
実績	京都1200m	GⅢ	シルクロードS	1番人気	1着	0.4秒差	上がり1位
実績	京都1200m	GⅢ	京阪杯	1番人気	1着	0.2秒差	上がり2位
実績	函館1200m	GⅢ	函館SS	1番人気	2着	0.1秒差	上がり3位

2011年　3番人気　カレンチャン　　　　牝4　1120円

前走	札幌1200m	GⅢ	キーンランドC	1番人気	1着	0.0秒差	上がり？位	
実績	函館1200m	GⅢ	函館SS	1番人気	1着	0.0秒差	上がり1位	
実績	阪神1400m	牝馬GⅡ	阪神牝馬S	1番人気	1着	0.1秒差	上がり？位	

2003年　5番人気　デュランダル　　　　牡4　810円

前走	阪神1200m	GⅡ	セントウルS	4番人気	3着	0.2秒差	上がり1位	

※重賞未連対。

続いて5歳以上馬。まず5歳馬を紹介します。
◉2番人気以下で勝った5歳馬一覧

2016年　3番人気　レッドファルクス　　牡5　920円

前走	中京1200m	GⅢ	CBC賞	3番人気	1着	0.0秒差	上がり1位	

※芝1400m未勝利1着。

2009年　6番人気　ローレルゲレイロ　　牡5　1380円

前走	阪神1200m	GⅡ	セントウルS	4番人気	14着	1.4秒差	上がり？位	逃げ
実績	阪神1400m	GⅢ	阪急杯	3番人気	1着	0.0秒差	上がり？位	逃げ
実績	東京1600m	GⅢ	東京新聞杯	6番人気	1着	0.0秒差	上がり？位	
実績	阪神1400m	GⅢ	阪急杯	3番人気	2着	0.2秒差	上がり？位	逃げ
実績	阪神1600m	GⅢ	アーリントンC	1番人気	2着	0.0秒差	上がり3位	
実績	函館1200m	GⅢ	函館2歳S	5番人気	2着	0.2秒差	上がり？位	4角先頭
実績	京都1400m	GⅡ	スワンS	3番人気	2着	0.1秒差	上がり？位	
実績	京都1600m	GⅡ	デイリー杯2歳S	2番人気	2着	0.1秒差	上がり？位	
実績	中京1200m	GⅠ	高松宮記念	3番人気	1着	0.1秒差	上がり？位	逃げ
実績	東京1600m	GⅠ	NHKマイルC	1番人気	2着	0.1秒差	上がり？位	
実績	中山1600m	GⅠ	朝日杯FS	7番人気	2着	0.1秒差	上がり？位	

2001年　4番人気　トロットスター　　　牡5　810円

前走	東京1600m	GⅠ	安田記念	4番人気	14着	1.4秒差	上がり？位	
実績	京都1200m	GⅢ	シルクロードS	1番人気	1着	0.0秒差	上がり2位	
実績	東京1600m	GⅢ	富士S	7番人気	2着	0.1秒差	上がり1位	
実績	中山1600m	GⅢ	京成杯AH	3番人気	2着	0.1秒差	上がり？位	
実績	京都1200m	GⅢ	シルクロードS	6番人気	2着	0.2秒差	上がり3位	
実績	中京1200m	GⅡ	CBC賞	1番人気	1着	0.2秒差	上がり1位	
実績	中京1200m	GⅠ	高松宮記念	1番人気	1着	0.1秒差	上がり1位	

※芝1400mオープン特別1着。

最後に6歳馬。
◉2番人気以下で勝った6歳馬一覧

2014年（新潟）13番人気　スノードラゴン　牡6　4650円

前走	札幌1200m	GⅢ	キーンランドC	4番人気	8着	0.3秒差	上がり2位	
実績	門別D1200m	GⅢ	北海道スプリントC	1番人気	2着	0.2秒差	上がり1位	

実績　中山1200m　GⅢ　オーシャンS　　　11番人気　2着　0.2秒差　上がり1位
実績　中京1200m　GⅠ　高松宮記念　　　　8番人気　2着　0.5秒差　上がり2位
※芝1600m新馬2着。

2010年　10番人気　ウルトラファンタジー　騸8　2930円
前走　香港1200m　GⅢ　シャティンヴァーズ　　　14着
実績　香港1200m　GⅡ　スプリントC　　　　　　1着　0.4秒差
実績　香港1000m　GⅠ　センテナリースプリントC　2着
※芝1400m未勝利2着ほか。

2004年　5番人気　カルストンライトオ　牡6　850円
前走　新潟1000m　GⅢ　アイビスSD　　　1番人気　1着　0.5秒差　上がり1位　逃げ
実績　新潟1000m　GⅢ　アイビスSD　　　2番人気　1着　0.3秒差　上がり1位　逃げ
※芝1400mオープン特別2着。

2000年　16番人気　ダイタクヤマト　　　牡6　25750円　逃げ
前走　阪神1200m　GⅡ　セントウルS　　　7番人気　7着　0.4秒差　上がり？位
実績　函館1200m　GⅢ　函館SS　　　　　6番人気　2着　0.2秒差　上がり？位　逃げ
※芝1400m900万条件特別1着。
●2走前に重賞初連対。同馬を1着候補に浮かび上がらせることはできませんでした。逃げ
馬の威力です。

◆2着馬を見つけるのはココで

2着候補を2番人気以下から見つけましょう。大前提とハードルをクリアした馬しか来ませんので、【穴馬的中シート】を使って見つけてください。
なお、1番人気に応えられなくても2着に来ることはありますので、1番人気馬は無条件で2着候補です。

🐴 2番人気以下で2着に入れる馬を浮かび上がらせる

3歳　　ハードル❶
3歳以上重賞連対歴2回

4歳　　ハードル❷
前走重賞「1～2番人気、
あるいは負けていても0.0秒差」

5歳以上　大前提
芝1400m以上1着歴

5歳以上　ハードル❸
GⅠ連対歴、あるいは重賞完勝歴2回

2番人気以下で2着に入れる馬【穴馬的中シート】

条件	馬番 or 馬名
3歳 ハードル❶クリア	
4歳 ハードル❷クリア	
5歳以上 大前提クリア	
5歳以上 ハードル❸クリア	

過去20年、2番人気以下で2着に入った馬たちの前走成績と実績を紹介します。

はじめに3歳馬。

◇2番人気以下で2着に入った3歳馬一覧

2018年　11番人気　ラブカンプー　　牝3
| 前走 | 阪神1200m | GⅡ | セントウルS | 2番人気 | 2着 | 0.2秒差 | 上がり？位 | 逃げ |
| 実績 | 新潟1000m | GⅢ | アイビスSD | 2番人気 | 2着 | 0.2秒差 | 上がり3位 | |

2010年　6番人気　ダッシャーゴーゴー　　牝3
前走	阪神1200m	GⅡ	セントウルS	4番人気	1着	0.0秒差	上がり2位	
実績	京都1200m	GⅢ	CBC賞	7番人気	2着	0.1秒差	上がり1位	
実績	小倉1200m	GⅢ	小倉2歳S	5番人気	2着	0.0秒差	上がり1位	

※2位入線→4着降着。

次に4歳馬。

◇2番人気以下で2着に入った4歳馬一覧

2019年　3番人気　モズスーパーフレア　　牝4
| 前走 | 小倉1200m | GⅢ | 北九州記念 | 2番人気 | 4着 | 0.3秒差 | 上がり？位 | |
| 実績 | 中山1200m | GⅢ | オーシャンS | 1番人気 | 1着 | 0.2秒差 | 上がり1位 | 逃げ |

2013年　2番人気　ハクサンムーン　　牝4
前走	阪神1200m	GⅡ	セントウルS	2番人気	1着	0.0秒差	上がり3位	逃げ
実績	新潟1000m	GⅢ	アイビスSD	1番人気	1着	0.1秒差	上がり1位	逃げ
実績	京都1200m	GⅢ	京阪杯	10番人気	1着	0.0秒差	上がり1位	逃げ
実績	中京1200m	GⅢ	CBC賞	2番人気	2着	0.0秒差	上がり？位	逃げ

2011年　9番人気　パドトロワ　　牝4
| 前走 | 札幌1200m | GⅢ | キーンランドC | 4番人気 | 3着 | 0.0秒差 | 上がり？位 | 4角先頭 |

※前走、重賞で初めて馬券になった上がり馬。

続いて5歳以上馬。まず5歳馬を紹介します。

◇2番人気以下で2着に入った5歳馬一覧

2017年　5番人気　レッツゴードンキ　　牝5
前走	東京1600m	牝馬GⅠ	ヴィクトリアマイル	3番人気	11着	0.7秒差	上がり？位	
実績	京都1400m	牝馬GⅢ	京都牝馬S	1番人気	1着	0.3秒差	上がり2位	
実績	東京1600m	牝馬GⅢ	アルテミスS	1番人気	2着	0.2秒差	上がり2位	
実績	阪神1600m	牝馬GⅠ	桜花賞	5番人気	1着	0.7秒差	上がり3位	逃げ
実績	中京1200m	GⅠ	高松宮記念	2番人気	2着	0.2秒差	上がり1位	
実績	川崎D1600m	GⅠ	JBCレディスクラシック	4番人気	2着	0.2秒差	上がり2位	3角先頭
実績	阪神1600m	牝馬GⅠ	阪神JF	2番人気	2着	0.1秒差	上がり2位	

2016年　2番人気　ミッキーアイル　　牝5
| 前走 | 中京1200m | GⅠ | 高松宮記念 | 2番人気 | 2着 | 0.1秒差 | 上がり？位 | |

実績	阪神1400m	GⅢ	阪急杯	1番人気	1着	0.1秒差	上がり？位	逃げ
実績	阪神1600m	GⅢ	アーリントンC	1番人気	1着	0.6秒差	上がり3位	逃げ
実績	京都1600m	GⅢ	シンザン記念	1番人気	1着	0.1秒差	上がり3位	逃げ
実績	阪神1400m	GⅢ	阪急杯	4番人気	2着	0.0秒差	上がり3位	
実績	京都1400m	GⅡ	スワンS	1番人気	1着	0.1秒差	上がり？位	逃げ
実績	東京1600m	GⅠ	NHKマイルC	1番人気	1着	0.0秒差	上がり？位	逃げ

2014年　2番人気　ストレイトガール　牝5

前走	函館1200m	GⅢ	函館SS	1番人気	11着	0.6秒差	上がり？位
実績	京都1200m	GⅢ	シルクロードS	2番人気	1着	0.4秒差	上がり1位
実績	函館1200m	GⅢ	キーンランドC	1番人気	2着	0.0秒差	上がり2位

※芝1400m以上1着はありませんが、芝1600m牝馬GⅠヴィクトリアマイル3着0.1秒差があります。距離適性・融通性を担保するには充分な成績ではないでしょうか。しかし、重賞完勝歴は1回しかありません。

2009年　2番人気　ビービーガルダン　牡5

前走	札幌1200m	GⅢ	キーンランドC	2番人気	1着	0.4秒差	上がり？位	
実績	阪神1400m	GⅢ	阪急杯	7番人気	1着	0.2秒差	上がり2位	
実績	札幌1200m	GⅢ	キーンランドC	2番人気	2着	0.1秒差	上がり？位	逃げ

2008年　2番人気　キンシャサノキセキ　牡5　2着

前走	札幌1200m	GⅢ	キーンランドC	1番人気	3着	0.2秒差	上がり1位
実績	函館1200m	GⅢ	函館SS	1番人気	1着	0.1秒差	上がり1位
実績	中京1200m	GⅠ	高松宮記念	5番人気	2着	0.0秒差	上がり1位

※芝1600mオープン特別1着。

2006年　10番人気　メイショウボーラー　牡5

前走	中京1200m	GⅡ	セントウルS	5番人気	7着	0.9秒差	上がり？位	
実績	東京D1400m	GⅢ	根岸S	1番人気	1着	1.1秒差	上がり1位	逃げ
実績	中山D1200m	GⅢ	ガーネットS	3番人気	1着	0.5秒差	上がり2位	
実績	小倉1200m	GⅢ	小倉2歳S	1番人気	1着	0.9秒差	上がり3位	逃げ
実績	京都1600m	GⅡ	デイリー杯2歳S	1番人気	1着	0.3秒差	上がり3位	逃げ
実績	中山2000m	GⅡ	弥生賞	3番人気	2着	0.2秒差	上がり？位	逃げ
実績	東京D1600m	GⅠ	フェブラリーS	1番人気	1着	0.2秒差	上がり？位	逃げ
実績	中山1600m	GⅠ	朝日杯FS	1番人気	2着	0.0秒差	上がり？位	逃げ

※地方競馬のGⅢは表記しません。

2004年　2番人気　デュランダル　牡5

前走	中京1200m	GⅠ	高松宮記念	1番人気	2着	0.0秒差	上がり1位
実績	京都1600m	GⅠ	マイルCS	5番人気	1着	0.1秒差	上がり1位
実績	中山1200m	GⅠ	スプリンターズS	5番人気	1着	0.1秒差	上がり1位

2001年　3番人気　メジロダーリング　牝5

前走	新潟1000m	GⅢ	アイビスSD	2番人気	1着	0.2秒差	上がり1位
実績	函館1200m	GⅢ	函館SS	5番人気	1着	0.4秒差	上がり3位

※芝1400m新馬1着。

最後に6歳以上馬。
◇2番人気以下で2着に入った6歳以上馬一覧

2015年　11番人気　サクラゴスペル　　牡7
前走	東京1600m	G I	安田記念	13番人気	17着	1.1秒差	上がり？位
実績	中山1200m	G Ⅲ	オーシャンS	7番人気	1着	0.1秒差	上がり1位
実績	中山1200m	G Ⅲ	オーシャンS	2番人気	1着	0.1秒差	上がり3位
実績	東京1400m	G Ⅱ	京王杯SC	5番人気	1着	0.0秒差	上がり2位

2010年　3番人気　キンシャサノキセキ　牡7（3位入線→2着）
前走	阪神1200m	G Ⅱ	セントウルS	取り消し	半月		
実績	中山1200m	G Ⅲ	オーシャンS	2番人気	1着	0.0秒差	上がり？位
実績	函館1200m	G Ⅲ	函館SS	1番人気	1着	0.1秒差	上がり？位
実績	阪神1400m	G Ⅱ	阪神C	1番人気	1着	0.2秒差	上がり2位
実績	京都1400m	G Ⅱ	スワンS	4番人気	1着	0.0秒差	上がり？位
実績	中京1200m	G I	高松宮記念	1番人気	1着	0.0秒差	上がり？位
実績	中山1200m	G I	スプリンターズS	2番人気	2着	0.2秒差	上がり？位
実績	中京1200m	G I	高松宮記念	5番人気	2着	0.0秒差	上がり？位

2005年　2番人気　デュランダル　　　牡6
前走	香港1600m	G I	香港マイル	1番人気	5着	秒差	0.2秒差
実績	京都1600m	G I	マイルCS	1番人気	1着	0.3秒差	上がり1位
実績	京都1600m	G I	マイルCS	5番人気	1着	0.1秒差	上がり1位
実績	中山1200m	G I	スプリンターズS	5番人気	1着	0.1秒差	上がり1位
実績	中山1200m	G I	スプリンターズS	2番人気	1着	0.7秒差	上がり1位
実績	中京1200m	G I	高松宮記念	1番人気	2着	0.0秒差	上がり1位

2002年　3番人気　アドマイヤコジーン　牡6
前走	東京1600m	G I	安田記念	7番人気	1着	0.0秒差	上がり？位
実績	阪神1400m	G Ⅲ	阪急杯	2番人気	1着	0.6秒差	上がり3位
実績	東京1600m	G Ⅲ	東京新聞杯	10番人気	1着	0.1秒差	上がり？位
実績	東京1800m	G Ⅲ	東スポ杯2歳S	1番人気	1着	0.2秒差	上がり1位
実績	中山1600m	G I	朝日杯FS	1番人気	1着	0.0秒差	上がり1位
実績	中京1200m	G I	高松宮記念	2番人気	2着	0.6秒差	上がり？位

サウジアラビアRC

10月10日（土）

東京競馬場　芝1600m

2歳

馬齢　牡馬・騸馬55kg　牝馬54kg

🐴 サウジアラビアRCの真相

かつてはオープン特別いちょうSとして親しまれたサウジアラビアロイヤルカップは、2014年に重賞に格上げ、翌2015年に現レース名になり、2016年からGⅢに格付けされました。ここでは2014年以降6回のレース結果をもとに、どのような馬が当レースの意義に合致するのかを示します。

わずか6回分のデータしかないため、精度を高めるべく、ほかの2歳重賞のデータを加味して整合性をとりました。すると、意外な発見がありました。

0.3秒差

という共通点です。1番人気の支持に応えた馬のほとんどは、前走0.3秒以上の差を2着馬つけているのです。わずかな秒差に思えますが2馬身弱の差ですから、他馬に馬体を重ねられていない、合わせられていないことになります。影さえ踏ませない勝ち方とも言えます。それくらいの走りを見せてきていないと、1番人気に応えることはできないわけです。

もうひとつ挙げるとすれば、

デビュー地

です。どこで新馬戦に挑んだかが鍵になります。

それらを表現したのが次ページの一文です。

♞ 1番人気で勝てる馬を浮かび上がらせる

大前提

中央開催（表開催）デビュー

※中央開催＝中央場所とは中山・東京・京都・阪神競馬のこと。
ローカル開催に比べてレベルが高いとされます。

ハードル❶

前走1600m以上0.3秒差以上1着
かつ上がり1位

それでは、まず1番人気馬にこの大前提とハードルを課し、勝てるか負けるかを判定しましょう。次ページからの【1番人気的中シート】を利用してください。

注：当レースで示した大前提ならびにハードルは、サンプル数が限られているため厳しい文章になっています。この先は（今年も含めて）ハードルを下回る馬でも勝ったり2着になったりする可能性が高いことをご承知おきください。

1番人気で勝てる馬【1番人気的中シート】

年度	サウジアラビアRCの1番人気馬	性別	大前提	ハードル❶	判定	着順	単勝配当
大前提…………中央開催（表開催）デビュー ※中央開催＝中央場所とは中山・東京・京都・阪神競馬のこと。ローカル開催に比べてレベルが高いとされます。 **ハードル❶**……前走0.3秒差以上1着かつ上がり1位							
2020							
2020							
2019	サリオス	牡	◎	◎	●	1着	¥15
2018	グランアレグリア	牝	◎	◎	●	1着	¥13
2017	ステルヴィオ	牡	◎	×	×	2着	
2016	クライムメジャー	牡	×		×	3着	
2015	イモータル	牡	×		×	2着	
2014	サトノフラム	牡	◎	×	×	10着	

1番人気的中シートの使い方

左のシートに今年の1番人気候補を記入し、過去の成績をもとに「勝てるか、勝てないか」を判定してください。「勝てない」とわかったら、2番人気以下で勝てる馬が浮かび上がる【穴馬的中シート】（後ろのページ）に進んでください。

	2番人気以下で勝った馬	人気	単勝配当	結果
大的中				
大的中				
→	ダノンプレミアム	2	¥360	大的中
→	ブレスジャーニー	3	¥500	大的中
→	ブレイブスマッシュ	4	¥810	大的中
→	クラリティスカイ	4	¥810	大的中

過去6年、1番人気に応えて優勝した馬たちの前走成績を紹介します。
❖1番人気で勝った馬一覧

2019年　サリオス　　　　牡2　55kg　150円
前走　東京1600m　新馬　　　2番人気　1着　0.3秒差　上がり1位

2018年　グランアレグリア　　牝2　54kg　130円
前走　東京1600m　新馬　　　1番人気　1着　0.3秒差　上がり1位

過去6年、1番人気に応えられず2着以下に負けた馬たちの前走成績を紹介します。
✛1番人気で負けた馬一覧

2017年　ステルヴィオ　　　　2着
前走　札幌1800m　OP　コスモス賞　　1番人気　1着　0.0秒差　上がり2位
※デビューは東京1600m　新馬　2番人気　1着　0.3秒差　上がり1位。

2016年　クライムメジャー　　　3着
前走　中京1600m　新馬　　　　　　　1番人気　1着　0.2秒差　上がり1位

2015年　イモータル　　　　　2着
前走　新潟1800m　新馬　　　　　　　1番人気　1着　0.8秒差　上がり1位

2014年　サトノフラム　　　　10着
前走　阪神1600m　新馬　　　　　　　1番人気　1着　0.3秒差　上がり3位

◆1番人気が飛ぶとわかったらココへ

1番人気が2着以下になることが判明したら、2番人気以下の馬から勝つ馬を見つけます。
簡単です。私のハードルをクリアした馬しか勝ちませんので、【穴馬的中シート】を利用して見つけだしてください。

🐎 2番人気以下で勝てる馬を浮かび上がらせる

ハードル❶
前走0.3秒差以上1着かつ上がり1位、
あるいは4角先頭

2番人気以下で勝てる馬【穴馬的中シート】

条件	馬番 or 馬名
ハードル❶ クリア	

過去6年、2番人気以下で優勝した馬たちの前走成績を紹介します。

◉2番人気以下で勝った馬一覧

2017年　2番人気　ダノンプレミアム　360円
前走　阪神1800m　新馬　　　　　　　1番人気　1着　0.7秒差　上がり2位　4角先頭

2016年　3番人気　ブレスジャーニー　500円
前走　東京1600m　未勝利　　　　　　2番人気　1着　0.4秒差　上がり1位
※デビューは東京1400m　新馬　5番人気　3着　0.3秒差　上がり1位。

2015年　4番人気　ブレイブスマッシュ　810円
前走　札幌1500m　未勝利　　　　　　1番人気　1着　0.8秒差　上がり1位
※デビューは東京1600m　新馬　5番人気　2着　0.3秒差　上がり2位。

2014年　4番人気　クラリティスカイ　810円
前走　阪神1800m　未勝利　　　　　　2番人気　1着　0.3秒差　上がり1位
※デビューは中京1400m　新馬　4番人気　4着　0.6秒差　上がり？位。

◆2着馬を見つけるのはココで

2着候補を2番人気以下から探しましょう。「ハードル」を読んで、【穴馬的中シート】を利用して見つけてください。

なお、1番人気に応えられなくても2着に来ることはありますので、1番人気馬は無条件で2着候補です。

🐎 2番人気以下で2着に入れる馬を浮かび上がらせる

> **ハードル❶**
> 前走「1番人気1着、あるいは0.3秒差以上1着
> かつ上がり1位」

2番人気以下で2着に入れる馬【穴馬的中シート】

条件	馬番 or 馬名
ハードル❶ クリア	

過去6年、2番人気以下で2着に入った馬たちの前走成績を紹介します。
◇2番人気以下で2着に入った馬一覧

2019年　2番人気　牝馬　クラヴァシュドール
前走　阪神1600m　新馬　　　　　　1番人気　1着　0.2秒差　上がり1位

2018年　7番人気　ドゴール
前走　新潟1400m　新馬　　　　　　4番人気　1着　0.4秒差　上がり1位

2016年　2番人気　ダンビュライト
前走　中京1600m　新馬　　　　　　3番人気　1着　0.8秒差　上がり1位

2014年　2番人気　ネオルミエール
前走　新潟1600m　新馬　　　　　　1番人気　1着　0.0秒差　上がり2位

毎日王冠

10月11日（日）

東京競馬場　芝1800m　フルゲート18頭
（2002年は中山競馬場 芝1800m）

別定　３歳54kg　４歳以上56kg （牝馬２kg減）

過去１年間で　　　　　　GⅠ競走（牝馬限定競走は除く）１着馬は２kg増
牝馬限定GⅠ競走　およびGⅡ競走（牝馬限定競走は除く）１着馬は１kg増
過去１年以前の　　　　　GⅠ競走（牝馬限定競走は除く）１着馬は１kg増
（ただし、２歳時の成績を除く）。

2011年までの基礎重量は「３歳55kg　４歳以上57kg（牝馬２kg）」
2005年までは「牝馬限定競走は除く」という一文がありません。
2003年までは「（意訳）ただし、過去１年間で～」という一文がありません。

🐎 毎日王冠の真相

8月下旬のGⅡ札幌記念（芝2000m）において、「上昇一途の3歳馬、間もなく競走馬のピークとされる4歳秋を迎える4歳馬に対し、下り坂の5歳以上馬がどう闘うか」がポイントと書きました。それが約1カ月後の同じ3歳以上中距離GⅡである毎日王冠で顕著になります。1番人気に推された5歳以上馬

8頭のうち7頭が負ける

のです。原因は3歳馬・4歳馬の台頭もあるでしょうが、自身の衰えが一番でしょう。そう思わざるを得ないのは、2着に踏ん張れた5歳以上馬も1頭のみで、連対率は25.0％という低い数値だからです。約1カ月前の札幌記念は8頭のうち2頭が勝ち、2着5頭で連対率87.5％です。この2レースだけで判断するのは乱暴かもしれませんが、競走馬の世界は初秋から

一気に世代交代が加速

するわけです。従って、5歳以上馬に求められる成績は厳しいものになります。それらを含めて次ページに判定基準を掲載しましたので見てください。

🐎 1番人気で勝てる馬を浮かび上がらせる

> **大前提①** 牝馬は57kg未満
>
> **大前提②** 4歳以上は1800m以上重賞
> 連対歴（牝馬限定競走は除く）
>
> **3歳　　ハードル❶**
> 前走GⅠ連対かつ重賞完勝歴（牝馬限定競走は除く）
>
> **4歳　　ハードル❷**
> 前走「重賞1〜2番人気1着、
> あるいはGⅠ連対（負けていても0.0秒差）」
>
> **5歳以上　ハードル❸**
> 前走GⅠ連対（負けていても0.0秒差）のGⅠ馬

今年の1番人気馬に大前提とハードルを課し、勝てるか負けるかを判定してください。次ページからの【1番人気的中シート】を利用すると便利です。

1番人気で勝てる馬【1番人気的中シート】

年度	毎日王冠の1番人気馬	性齢	負担重量	大前提①	大前提②	3歳ハードル❶	4歳ハードル❷
大前提①……………………牝馬は57kg未満　　　　　　　　　　　　　　　　4歳　　　　　ハードル❷……前走							
大前提②…………4歳以上は1800m以上重賞連対歴（牝馬限定競走は除く）　5歳以上　　ハードル❸……前走							
3歳　ハードル❶……前走GⅠ連対かつ重賞完勝歴（牝馬限定競走は除く）							
2020							
2020							
2019	ダノンキングリー	牡3	54kg			◎	
2018	アエロリット	牝4	55kg	◎	◎		◎
2017	ソウルスターリング	牝3	53kg	◎		×	
2016	ルージュバック	牝4	54kg	◎	◎		◎
2015	エイシンヒカリ	牡4	56kg		◎		◎
2014	ワールドエース	牡5	57kg		◎		
2013	ショウナンマイティ	牡5	56kg		◎		
2012	カレンブラックヒル	牡3	56kg			◎	
2011	ダークシャドウ	牡4	57kg		◎		◎
2010	ペルーサ	牡3	56kg			×	
2009	ウオッカ	牝5	57kg	×			
2008	ウオッカ	牝4	57kg	×			
2007	ダイワメジャー	牡6	59kg		◎		
2006	アサクサデンエン	牡7	58kg		×		
2005	ダイワメジャー	牡4	58kg		◎		×
2004	テレグノシス	牡5	58kg		◎		
2003	ファインモーション	牝4	57kg	×			
2002	サンライズペガサス	牡4	58kg		◎		×
2001	マグナーテン	せん5	57kg		×		
2000	アメリカンボス	牡5	57kg		◎		

1番人気的中シートの使い方

左のシートに今年の1番人気候補を記入し、過去の成績をもとに「勝てるか、勝てないか」を判定してください。「勝てない」とわかったら、2番人気以下で勝てる馬が浮かび上がる【穴馬的中シート】（後ろのページ）に進んでください。

歳以上 ドル❸	判定	着順	単勝配当	結果	2番人気以下で勝った馬	人気	単勝配当	結果
實1～2番人気1着、あるいはGI連対（負けていても0.0秒差）」								
I連対（負けていても0.0秒差）のGI馬								
	◉	1着	¥160	大的中				
	◉	1着	¥230	大的中				
	×	8着		→	リアルスティール	3	¥580	大的中
	◉	1着	¥330	大的中				
	◉	1着	¥490	大的中				
×	×	13着		→	エアソミュール	8	¥1,310	大的中
×	×	6着		→	エイシンフラッシュ	4	¥790	大的中
	◉	1着	¥350	大的中				
	◉	1着	¥200	大的中				
	×	5着		→	アリゼオ	6	¥1,580	大的中
	×	2着		→	カンパニー	4	¥1,180	大的中
	×	2着		→	スーパーホーネット	2	¥1,070	大的中
×	×	3着		→	チョウサン	8	¥4,440	大的中
	×	13着		→	ダイワメジャー	3	¥640	大的中
	×	5着		→	サンライズペガサス	9	¥1,790	大的中
◎	◉	1着	¥300	大的中				
	×	7着		→	バランスオブゲーム	5	¥1,570	大的中
	×	4着		→	マグナーテン	2	¥290	大的中
	×	4着		→	エイシンプレストン	5	¥880	大的中
×	×	5着		→	トゥナンテ	4	¥570	大的中

過去20年、1番人気に応えて優勝した馬たちの前走成績と実績を紹介します。
まず3歳馬から。
❖1番人気で勝った3歳馬一覧（実績はGⅢ連対以上を列記。以下同様）

2019年　牡3　ダノンキングリー　　　54kg　160円
前走　東京2400m　GⅠ　ダービー　　　　　3番人気　2着　0.0秒差　上がり？位
実績　東京1800m　GⅢ　共同通信杯　　　　3番人気　1着　0.2秒差　上がり1位

2012年　牡3　カレンブラックヒル　56kg（＋2kg）350円
前走　東京1600m　GⅠ　NHKマイルC　1番人気　1着　0.6秒差　上がり？位　逃げ
実績　中山1600m　GⅡ　NZトロフィー　1番人気　1着　0.4秒差　上がり？位
※デビュー4連勝中。

続いて4歳馬。❖1番人気で勝った4歳馬一覧

2018年　牝4　アエロリット　　　　　55kg（＋1kg）230円
前走　東京1600m　GⅠ　安田記念　　　　　5番人気　2着　0.0秒差　上がり？位
実績　札幌1800m　牝馬GⅢ　クイーンS　　2番人気　1着　0.4秒差　上がり？位　逃げ
実績　東京1600m　牝馬GⅢ　クイーンC　　5番人気　2着　0.1秒差　上がり3位
実績　中山1600m　牝馬GⅢ　フェアリーS　1番人気　2着　0.1秒差　上がり？位
実績　中山1800m　GⅡ　中山記念　　　　　5番人気　2着　0.0秒差　上がり？位
実績　東京1600m　GⅠ　NHKマイルC　2番人気　1着　0.2秒差　上がり3位

2016年　牝4　ルージュバック　　　　54kg　330円
前走　東京1800m　GⅢ　エプソムC　　　　1番人気　1着　0.4秒差　上がり1位
実績　京都1800m　GⅢ　きさらぎ賞　　　　1番人気　1着　0.3秒差　上がり1位
実績　中山1800m　牝馬GⅢ　中山牝馬S　　1番人気　2着　0.0秒差　上がり？位
実績　東京2400m　牝GⅠ　オークス　　　　1番人気　2着　0.1秒差　上がり？位

2015年　牡4　エイシンヒカリ　　　　56kg　490円
前走　東京1800m　GⅢ　エプソムC　　　　2番人気　1着　0.0秒差　上がり？位　逃げ
※オープン2連勝中。

2011年　牡4　ダークシャドウ　　　　57kg　200円
前走　東京1800m　GⅢ　エプソムC　　　　1番人気　1着　0.4秒差　上がり3位

次に5歳以上馬。❖1番人気で勝った5歳馬一覧（6歳以上馬の1番人気1着はなし）

2004年　牡5　テレグノシス　　　　　58kg（＋1kg）300円
前走　東京1600m　GⅠ　安田記念　　　　　4番人気　2着　0.0秒差　上がり2位
実績　東京1400m　GⅡ　京王杯SC　　　　5番人気　1着　0.2秒差　上がり1位
実績　東京1400m　GⅡ　京王杯SC　　　　5番人気　2着　0.0秒差　上がり1位
実績　中山1800m　GⅡ　スプリングS　　　8番人気　2着　0.0秒差　上がり1位
実績　東京1600m　GⅠ　NHKマイルC　4番人気　1着　0.3秒差　上がり2位

過去20年、1番人気に応えられず2着以下に負けた馬たちの前走成績と実績を紹介します。
まず3歳馬から。⊕1番人気で負けた3歳馬一覧

2017年　牝3　ソウルスターリング　53kg（＋1kg）8着
前走　東京2400m　牝GI　オークス　　　　1番人気　1着　0.3秒差　上がり2位
実績　阪神1600m　牝GⅢ　チューリップ賞　1番人気　1着　0.3秒差　上がり2位
実績　阪神1600m　牝GI　阪神ＪＦ　　　　1番人気　1着　0.2秒差　上がり2位

2010年　牡3　ペルーサ　　　　　　56kg（＋1kg）5着
前走　東京2400m　GI　ダービー　　　　2番人気　6着　0.5秒差　上がり？位
実績　東京2400m　GⅡ　青葉賞　　　　　1番人気　1着　0.7秒差　上がり1位

続いて4歳馬。⊕1番人気で負けた4歳馬一覧

2008年　牝4　ウオッカ　　　　　57kg（＋2kg）2着
前走　東京1600m　GI　安田記念　　　　2番人気　1着　0.6秒差　上がり1位
実績　阪神1600m　牝GⅢ　チューリップ賞　1番人気　1着　0.0秒差　上がり1位
実績　東京2400m　GI　ダービー　　　　3番人気　1着　0.5秒差　上がり1位
実績　阪神1600m　牝GI　阪神ＪＦ　　　　4番人気　1着　0.0秒差　上がり1位
実績　東京1600m　牝GI　ヴィクトリアマイル　1番人気　2着　0.1秒差　上がり1位
実績　阪神1600m　牝GI　桜花賞　　　　　1番人気　2着　0.2秒差　上がり2位
※57kgがＮＧ。

2005年　牡4　ダイワメジャー　58kg（＋1kg）5着
前走　新潟1600m　GⅢ　関屋記念　　　　1番人気　2着　0.1秒差　上がり？位
実績　中山1600m　GⅢ　ダービー卿ＣＴ　3番人気　1着　0.3秒差　上がり？位
実績　中山2000m　GI　皐月賞　　　　　10番人気　1着　0.2秒差　上がり2位

2003年　牝4　ファインモーション　57kg（＋2kg）7着
前走　札幌1800m　牝GⅡ　クイーンS　　　1番人気　2着　0.0秒差　上がり1位
実績　阪神2000m　牝GⅡ　ローズS　　　　1番人気　1着　0.5秒差　上がり2位
実績　京都2200m　牝GI　エリザベス女王杯　1番人気　1着　0.4秒差　上がり1位
実績　京都2000m　牝GI　秋華賞　　　　　1番人気　1着　0.6秒差　上がり1位
◉2003年時点では負担重量規程に「牝馬限定競走は除く」の一文がありませんでした。そのため、ファインモーションは牝馬GIエリザベス女王杯1着により2kg加増されています。

2002年　牡4　サンライズペガサス　58kg（＋1kg）4着
前走　京都3200m　GI　天皇賞・春　　　4番人気　5着　0.3秒差　上がり1位
実績　阪神2000m　GⅡ　産経大阪杯　　　1番人気　1着　0.4秒差　上がり1位
実績　阪神2000m　GⅡ　神戸新聞杯　　　7番人気　2着　0.0秒差　上がり2位

次に5歳以上馬。まず5歳馬から紹介します。⊕1番人気で負けた5歳馬一覧

2014年　牡5　ワールドエース　57kg（＋1kg）13着
前走　東京1600m　GI　安田記念　　　　3番人気　5着　0.6秒差　上がり？位

実績	京都1800m	GⅢ	きさらぎ賞	1番人気	1着	0.2秒差	上がり2位
実績	京都1600m	GⅡ	マイラーズC	3番人気	1着	0.2秒差	上がり3位
実績	中山2000m	GⅠ	皐月賞	2番人気	2着	0.4秒差	上がり2位

2013年　牡5　ショウナンマイティ　56kg　6着

前走	東京1600m	GⅠ	安田記念	3番人気	2着	0.0秒差	上がり1位
実績	阪神2000m	GⅢ	鳴尾記念	1番人気	2着	0.1秒差	上がり1位
実績	阪神2000m	GⅢ	鳴尾記念	6番人気	2着	0.0秒差	上がり1位
実績	阪神2000m	GⅡ	産経大阪杯	6番人気	1着	0.2秒差	上がり1位
実績	阪神2000m	GⅡ	産経大阪杯	2番人気	2着	0.1秒差	上がり1位

2009年　牝5　ウオッカ　57kg（＋2kg）2着

前走	東京1600m	GⅠ	安田記念	1番人気	1着	0.1秒差	上がり3位	
実績	阪神1600m	牝馬GⅢ	チューリップ賞	1番人気	1着	0.0秒差	上がり1位	
実績	東京1800m	GⅡ	毎日王冠	1番人気	2着	0.0秒差	上がり？位	逃げ
実績	東京1600m	牝馬GⅠ	ヴィクトリアマイル	1番人気	1着	1.2秒差	上がり1位	
実績	東京2000m	GⅠ	天皇賞・秋	1番人気	1着	0.0秒差	上がり？位	
実績	東京1600m	GⅠ	安田記念	2番人気	1着	0.6秒差	上がり1位	
実績	東京2400m	GⅠ	ダービー	3番人気	1着	0.5秒差	上がり1位	
実績	阪神1600m	牝馬GⅠ	阪神JF	4番人気	1着	0.0秒差	上がり1位	
実績	東京1600m	牝馬GⅠ	ヴィクトリアマイル	1番人気	2着	0.1秒差	上がり1位	
実績	阪神1600m	牝馬GⅠ	桜花賞	1番人気	2着	0.2秒差	上がり2位	

2001年　騙5　マグナーテン　57kg　4着

前走	新潟1600m	GⅢ	関屋記念	4番人気	1着	0.4秒差	上がり？位

2000年　牡5　アメリカンボス　57kg　5着

前走	東京1800m	GⅢ	エプソムC	1番人気	1着	0.2秒差	上がり2位
実績	東京1800m	GⅢ	エプソムC	11番人気	1着	0.3秒差	上がり2位
実績	福島2000m	GⅢ	新潟大賞典	1番人気	2着	0.2秒差	上がり2位
実績	中山1800m	GⅡ	中山記念	4番人気	2着	0.1秒差	上がり2位

最後に6歳以上馬。⊕1番人気で負けた6歳以上馬一覧

2007年　牡6　ダイワメジャー　59kg（＋2kg）3着

前走	阪神2200m	GⅠ	宝塚記念	5番人気	12着	3.4秒差	上がり？位
実績	中山1600m	GⅢ	ダービー卿CT	3番人気	1着	0.3秒差	上がり？位
実績	新潟1600m	GⅢ	関屋記念	1番人気	2着	0.1秒差	上がり？位
実績	東京1800m	GⅡ	毎日王冠	3番人気	1着	0.0秒差	上がり？位
実績	阪神1600m	GⅡ	マイラーズC	1番人気	1着	0.1秒差	上がり3位
実績	中山1800m	GⅡ	中山記念	1番人気	1着	0.8秒差	上がり？位
実績	東京1600m	GⅠ	安田記念	2番人気	1着	0.0秒差	上がり2位
実績	京都1600m	GⅠ	マイルCS	1番人気	1着	0.1秒差	上がり？位
実績	東京2000m	GⅠ	天皇賞・秋	4番人気	1着	0.1秒差	上がり？位
実績	京都1600m	GⅠ	マイルCS	4番人気	2着	0.0秒差	上がり？位

実績　中山2000m　GⅠ　皐月賞　　　　　　　10番人気　1着　0.2秒差　上がり2位

2006年　牡7　アサクサデンエン　58kg（＋1kg）13着
前走　東京1600m　GⅠ　安田記念　　　　　　10番人気　2着　0.4秒差　上がり1位
実績　東京1400m　GⅡ　京王杯SC　　　　　　6番人気　1着　0.4秒差　上がり2位
実績　東京1600m　GⅠ　安田記念　　　　　　7番人気　1着　0.0秒差　上がり3位

◆1番人気が飛ぶとわかったらココへ

1番人気が「負ける」とわかったら、2番人気以下の馬から勝つ馬を見つけます。簡単です。私が課すハードルをクリアした馬が勝ちますので、【穴馬的中シート】を利用して見つけだしてください。

🐴 2番人気以下で勝てる馬を浮かび上がらせる

3歳　　　　ハードル❶
1800m以上GⅡ1～2番人気完勝歴

4歳　　　　ハードル❷
GⅡ以上2勝かつ1800m以上重賞1～2番人気完勝歴

5歳以上　　ハードル❸
前走「1800m以上準OP、あるいは重賞」1番人気完勝か、1800m以上重賞を含むOP5勝以上か、GⅡ2勝以上か、GⅠ馬

2番人気以下で勝てる馬 【穴馬的中シート】

条件	馬番 or 馬名
3歳 ハードル❶クリア	
4歳 ハードル❷クリア	
5歳以上 ハードル❸クリア	

過去20年、2番人気以下で優勝した馬たちの前走成績と実績を紹介します。
まず3歳馬から。◆2番人気以下で勝った3歳馬

2010年　牡3　6番人気　アリゼオ　　　　　　56kg（＋1kg）1580円
前走　東京2400m　GⅠ　ダービー　　　　6番人気　13着　1.3秒差　上がり？位
実績　中山1800m　GⅡ　スプリングS　　　2番人気　1着　0.2秒差　上がり？位　　逃げ

続いて4歳馬。◆2番人気以下で勝った4歳馬一覧

2003年　牡4　5番人気　バランスオブゲーム　58kg（＋1kg）1570円
前走　阪神2200m　GⅠ　宝塚記念　　　　11番人気　11着　1.5秒差　上がり？位
実績　新潟1600m　GⅢ　新潟2歳S　　　　5番人気　1着　0.8秒差　上がり1位
実績　中山2200m　GⅡ　セントライト記念　2番人気　1着　0.2秒差　上がり2位
実績　中山2000m　GⅡ　弥生賞　　　　　4番人気　1着　0.1秒差　上がり？位　　逃げ
実績　中山2500m　GⅡ　日経賞　　　　　1番人気　2着　0.2秒差　上がり1位
実績　中山1800m　GⅡ　中山記念　　　　4番人気　2着　0.3秒差　上がり1位

2001年　牡4　5番人気　エイシンプレストン　58kg（＋1kg）880円
前走　新潟1600m　GⅢ　関屋記念　　　　1番人気　3着　0.4秒差　上がり2位
実績　小倉1800m　GⅢ　北九州記念　　　2番人気　1着　0.3秒差　上がり2位
実績　阪神1600m　GⅢ　アーリントンC　1番人気　1着　0.1秒差　上がり1位
実績　中山1600m　GⅢ　ダービー卿CT　3番人気　2着　0.3秒差　上がり1位
実績　中山1600m　GⅡ　NZトロフィー　1番人気　2着　0.0秒差　上がり2位
実績　中山1600m　GⅠ　朝日杯FS　　　4番人気　1着　0.1秒差　上がり2位

次に5歳以上馬。まず5歳馬から紹介します。◆2番人気以下で勝った5歳馬一覧

2017年　牡5　3番人気　リアルスティール　57kg（＋1kg）580円
前走　中山1800m　GⅡ　中山記念　　　　2番人気　8着　0.7秒差　上がり？位
実績　東京1800m　GⅢ　共同通信杯　　　3番人気　1着　0.1秒差　上がり3位
実績　阪神2400m　GⅡ　神戸新聞杯　　　1番人気　2着　0.3秒差　上がり1位
実績　中山1800m　GⅡ　スプリングS　　　1番人気　2着　0.0秒差　上がり1位
実績　UAE1800m　GⅠ　ドバイターフ　　4番人気　1着
実績　東京2000m　GⅠ　天皇賞・秋　　　7番人気　2着　0.2秒差　上がり1位
実績　京都3000m　GⅠ　菊花賞　　　　　2番人気　2着　0.0秒差　上がり2位
実績　中山2000m　GⅠ　皐月賞　　　　　2番人気　2着　0.2秒差　上がり2位

2014年　牡5　8番人気　エアソミュール　56kg　1310円
前走　札幌2000m　GⅡ　札幌記念　　　　5番人気　5着　1.0秒差　上がり？位
実績　阪神2000m　GⅢ　鳴尾記念　　　　1番人気　1着　0.0秒差　上がり1位
※1800m以上のオープン特別4勝。

2008年　牡5　2番人気　スーパーホーネット　58kg（＋1kg）1070円
前走　東京1600m　GⅠ　安田記念　　　　1番人気　8着　1.0秒差　上がり？位
実績　東京1400m　GⅡ　京王杯SC　　　2番人気　1着　0.3秒差　上がり2位

実績	京都1400m	GⅡ	スワンS	3番人気	1着	0.0秒差	上がり1位
実績	京都1600m	GⅠ	マイルCS	4番人気	2着	0.0秒差	上がり？位
実績	中山1600m	GⅠ	朝日杯FS	5番人気	2着	0.0秒差	上がり1位

※1600m以上のオープン特別4勝。

2007年　牡5　8番人気　チョウサン　　　57kg　4440円

前走	中山2000m	1600万	ニューマーケットC	1番人気	1着	0.1秒差	上がり2位

※重賞連対なし。

2006年　牡5　3番人気　ダイワメジャー　　58kg（＋1kg）640円

前走	新潟1600m	GⅢ	関屋記念	1番人気	2着	0.1秒差	上がり？位
実績	中山1600m	GⅢ	ダービー卿CT	3番人気	1着	0.3秒差	上がり？位
実績	中山2000m	GⅠ	皐月賞	10番人気	1着	0.2秒差	上がり2位

2000年　牡5　4番人気　トゥナンテ　　　57kg　570円

前走	小倉1800m	GⅢ	北九州記念	1番人気	1着	0.1秒差	上がり3位
実績	中京2000m	GⅢ	愛知杯	2番人気	1着	0.7秒差	上がり1位

※重賞2連勝中。

最後に6歳以上馬。●2番人気以下で勝った6歳以上馬一覧

2013年　牡6　4番人気　エイシンフラッシュ　58kg（＋1kg）790円

前走	香港2000m	GⅠ	クイーンエリザベス2世C	4番人気	3着	5カ月半	
実績	中山2000m	GⅢ	京成杯	1番人気	1着	0.0秒差	上がり1位
実績	阪神2400m	GⅡ	神戸新聞杯	1番人気	2着	0.0秒差	上がり1位
実績	東京2000m	GⅠ	天皇賞・秋	5番人気	1着	0.1秒差	上がり1位
実績	東京2400m	GⅠ	ダービー	7番人気	1着	0.0秒差	上がり1位
実績	中山2500m	GⅠ	有馬記念	7番人気	2着	0.1秒差	上がり3位
実績	京都3200m	GⅠ	天皇賞・春	3番人気	2着	0.1秒差	上がり2位

2009年　牡8　4番人気　カンパニー　　　58kg（＋1kg）1180円

前走	阪神2200m	GⅠ	宝塚記念	7番人気	4着	0.4秒差	上がり？位
実績	新潟1600m	GⅢ	関屋記念	1番人気	1着	0.6秒差	上がり1位
実績	京都1800m	GⅢ	京阪杯	1番人気	1着	0.6秒差	上がり1位
実績	京都1800m	GⅢ	京阪杯	4番人気	2着	0.2秒差	上がり1位
実績	福島1800m	GⅢ	ラジオたんぱ杯	3番人気	2着	0.0秒差	上がり1位
実績	中山1800m	GⅡ	中山記念	1番人気	1着	0.0秒差	上がり3位
実績	阪神1600m	GⅡ	マイラーズC	1番人気	1着	0.0秒差	上がり？位
実績	中山1800m	GⅡ	中山記念	2番人気	1着	0.3秒差	上がり？位
実績	阪神2000m	GⅡ	産経大阪杯	3番人気	1着	0.1秒差	上がり1位
実績	阪神1600m	GⅡ	マイラーズC	3番人気	2着	0.0秒差	上がり2位
実績	中山1800m	GⅡ	中山記念	2番人気	2着	0.1秒差	上がり2位

2005年　牡7　9番人気　サンライズペガサス　58kg（＋1kg）1790円

前走	阪神2200m	GⅠ	宝塚記念	7番人気	5着	0.7秒差	上がり？位

実績	中京2000m	GⅢ	中京記念	4番人気	2着	0.1秒差	上がり2位
実績	阪神2000m	GⅡ	産経大阪杯	1番人気	1着	0.2秒差	上がり2位
実績	阪神2000m	GⅡ	産経大阪杯	1番人気	1着	0.4秒差	上がり1位
実績	阪神2000m	GⅡ	神戸新聞杯	7番人気	2着	0.0秒差	上がり2位

2002年	騸6	2番人気	マグナーテン		57kg	290円	
前走	新潟1600m	GⅢ	関屋記念	1番人気	1着	0.2秒差	上がり2位
実績	新潟1600m	GⅢ	関屋記念	4番人気	1着	0.4秒差	上がり？位

※オープン2連勝中。

◆2着馬を見つけるのはココで

2着候補を2番人気以下から見つます。ハードルをクリアした馬が該当馬です。【穴馬的中シート】を使ってみましょう。

なお、1番人気に応えられなくても2着に来ることはありますので、1番人気馬は無条件で2着候補です。

🐎 2番人気以下で2着に入れる馬を浮かび上がらせる

3歳　ハードル❶
重賞1～2番人気完勝かつ上がり1位か、GⅠ連対歴（牝馬限定競走は除く）

4歳　ハードル❷
1800m以上重賞連対歴（負けていても0.0秒差）

5歳　ハードル❸
3歳以上GⅠ連対歴
（負けていても0.1秒差以内。牝馬限定競走なら完勝）か、前走重賞完勝

6歳　ハードル❹
GⅡ以上連対歴（負けていても0.1秒差以内）

2番人気以下で2着に入れる馬【穴馬的中シート】

条件	馬番 or 馬名
3歳 ハードル❶クリア	
4歳 ハードル❷クリア	
5歳 ハードル❸クリア	
6歳 ハードル❹クリア	

過去20年、2番人気以下で2着に入った馬たちの前走成績と実績を紹介します。
まず3歳馬から。◇2番人気以下で2着に入った3歳馬一覧

2018年	牡3	3番人気	ステルヴィオ	55kg（＋1kg）			
前走	東京2400m	GI	ダービー	6番人気	8着	0.4秒差	上がり3位
実績	東京1600m	GⅢ	サウジアラビアRC	1番人気	2着	0.3秒差	上がり1位
実績	中山1800m	GⅡ	スプリングS	1番人気	1着	0.0秒差	上がり1位
実績	阪神1600m	GI	朝日杯FS	3番人気	2着	0.6秒差	上がり2位

2012年	牡3	12番人気	ジャスタウェイ	54kg			
前走	東京2400m	GI	ダービー	15番人気	11着	1.0秒差	上がり？位
実績	阪神1600m	GⅢ	アーリントンC	2番人気	1着	0.1秒差	上がり1位
実績	新潟1600m	GⅢ	新潟2歳S	1番人気	2着	0.1秒差	上がり1位

2011年	牡3	2番人気	リアルインパクト	57kg（＋2kg）			
前走	東京1600m	GI	安田記念	9番人気	1着	0.0秒差	上がり？位
実績	東京1400m	GⅡ	京王杯2歳S	2番人気	2着	0.1秒差	上がり2位
実績	中山1600m	GI	朝日杯FS	4番人気	2着	0.1秒差	上がり3位

2010年	牡3	8番人気	エイシンアポロン	55kg			
前走	東京1600m	GI	NHKマイルC	4番人気	9着	1.6秒差	上がり？位
実績	東京1400m	GⅡ	京王杯2歳S	3番人気	1着	0.2秒差	上がり2位
実績	中山2000m	GⅡ	弥生賞	2番人気	2着	0.1秒差	上がり3位
実績	京都1600m	GⅡ	デイリー杯2歳S	5番人気	2着	0.0秒差	上がり2位
実績	中山1600m	GI	朝日杯FS	2番人気	2着	0.2秒差	上がり？位

続いて4歳馬。◇2番人気以下で2着に入った4歳馬一覧

2016年　牡4　3番人気　アンビシャス　　57kg（＋1kg）
前走	阪神2200m	GⅠ	宝塚記念	3番人気	16着	2.1秒差	上がり？位
実績	阪神2000m	GⅢ	ラジオNIKKEI賞	1番人気	1着	0.6秒差	上がり1位
実績	阪神2000m	GⅡ	産経大阪杯	2番人気	1着	0.0秒差	上がり2位
実績	中山1800m	GⅡ	中山記念	4番人気	2着	0.0秒差	上がり1位

2013年　牡4　6番人気　ジャスタウェイ　　56kg
前走	新潟1600m	GⅢ	関屋記念	1番人気	2着	0.2秒差	上がり1位
実績	東京1800m	GⅡ	毎日王冠	12番人気	2着	0.0秒差	上がり1位
実績	阪神1600m	GⅢ	アーリントンC	2番人気	1着	0.1秒差	上がり1位
実績	東京1800m	GⅢ	エプソムC	3番人気	2着	0.0秒差	上がり1位
実績	新潟1600m	GⅢ	新潟2歳S	1番人気	2着	0.1秒差	上がり1位

2007年　牡4　5番人気　アグネスアーク　　57kg
前走	札幌2000m	GⅡ	札幌記念	12番人気	2着	0.0秒差	上がり？位

※重賞勝ちなし。

2000年　牡4　5番人気　アドマイヤカイザー　57kg
前走	東京1600m	GⅠ	安田記念	5番人気	8着	0.7秒差	上がり3位
実績	京都1600m	GⅢ	京都金杯	1番人気	2着	0.9秒差	上がり2位
実績	福島1800m	GⅢ	ラジオたんぱ賞	3番人気	2着	0.0秒差	上がり1位

※重賞勝ちなし。

次に5歳馬。◇2番人気以下で2着に入った5歳馬一覧

2019年　牝5　2番人気　アエロリット　　55kg（＋1kg）
前走	東京1600m	GⅠ	安田記念	3番人気	2着	0.0秒差	上がり？位	逃げ
実績	札幌1800m	牝馬GⅢ	クイーンS	2番人気	1着	0.4秒差	上がり？位	逃げ
実績	東京1600m	牝馬GⅢ	クイーンC	5番人気	2着	0.1秒差	上がり3位	
実績	中山1600m	牝馬GⅢ	フェアリーS	1番人気	2着	0.1秒差	上がり？位	
実績	東京1800m	GⅡ	毎日王冠	1番人気	1着	0.2秒差	上がり？位	逃げ
実績	中山1800m	GⅡ	中山記念	5番人気	2着	0.0秒差	上がり？位	
実績	東京1600m	GⅠ	NHKマイルC	2番人気	1着	0.2秒差	上がり3位	
実績	東京1600m	GⅠ	安田記念	5番人気	2着	0.0秒差	上がり？位	

2006年　牝5　2番人気　ダンスインザムード　56kg（＋1kg）
前走	米国1600m	牝馬GⅢ	キャッシュコールマイル	1着	0.0秒差	3カ月	
実績	中山1800m	牝馬GⅢ	フラワーC	1着	0.2秒差	上がり2位	
実績	阪神1600m	GⅡ	マイラーズC	2番人気	2着	0.1秒差	上がり2位
実績	東京1600m	牝馬GⅠ	ヴィクトリアマイル	2番人気	1着	0.2秒差	上がり2位
実績	阪神1600m	牝馬GⅠ	桜花賞	1番人気	1着	0.3秒差	上がり1位
実績	京都1600m	GⅠ	マイルCS	4番人気	2着	0.3秒差	上がり3位
実績	東京2000m	GⅠ	天皇賞・秋	13番人気	2着	0.2秒差	上がり？位

実績　米国2000m　牝馬GⅠ　アメリカンオークス　1番人気　2着　0.0秒差

2004年　牡5　3番人気　ローエングリン　　　57kg
前走　札幌2000m　GⅡ　札幌記念　　　　3番人気　3着　0.4秒差　上がり？位　逃げ
実績　東京1600m　GⅢ　東京新聞杯　　　1番人気　2着　0.0秒差　上がり3位　3角先頭
実績　阪神1600m　GⅡ　マイラーズC　　　1番人気　1着　0.2秒差　上がり？位
実績　中山1800m　GⅡ　中山記念　　　　1番人気　1着　0.3秒差　上がり2位　逃げ
実績　阪神1600m　GⅡ　マイラーズC　　　1番人気　2着　0.1秒差　上がり3位
実績　仏国1600m　GⅠ　ムーラン・ド・ロンシャン賞　2着　0.1秒差

2002年　牡5　3番人気　エイシンプレストン　59kg（＋2kg）
前走　東京1600m　GⅠ　安田記念　　　　1番人気　5着　0.3秒差　上がり2位
実績　小倉1800m　GⅢ　北九州記念　　　2番人気　1着　0.3秒差　上がり2位
実績　阪神1600m　GⅢ　アーリントンC　　1番人気　1着　0.1秒差　上がり1位
実績　中山1600m　GⅢ　ダービー卿CT　　3番人気　2着　0.3秒差　上がり2位
実績　東京1800m　GⅡ　毎日王冠　　　　5番人気　1着　0.1秒差　上がり？位
実績　中山1600m　GⅡ　NZトロフィー　　1番人気　1着　0.0秒差　上がり2位
実績　香港2000m　GⅠ　クイーンエリザベス2世C　2着　0.1秒差
実績　香港1600m　GⅠ　香港マイル　　　6番人気　1着　0.0秒差
実績　中山1600m　GⅠ　朝日杯FS　　　　4番人気　1着　0.1秒差　上がり2位
実績　京都1600m　GⅠ　マイルCS　　　　2番人気　2着　0.1秒差　上がり2位

2001年　牡5　6番人気　ロサード　　　　57kg
前走　小倉2000m　GⅢ　小倉記念　　　　2番人気　1着　0.1秒差　上がり1位
実績　京都1800m　GⅢ　京阪杯　　　　　3番人気　1着　0.3秒差　上がり1位
実績　新潟1600m　GⅢ　新潟3歳S　　　　5番人気　1着　0.1秒差　上がり1位
実績　小倉1800m　GⅢ　北九州記念　　　1番人気　2着　0.3秒差　上がり3位
実績　京都1800m　GⅢ　京阪杯　　　　　1番人気　2着　0.2秒差　上がり1位
実績　小倉1800m　GⅢ　北九州記念　　　9番人気　2着　0.1秒差　上がり1位

最後に6歳馬。◇2番人気以下で2着に入った6歳馬一覧

2017年　牡6　5番人気　サトノアラジン　　58kg（＋2kg）
前走　東京1600m　GⅠ　安田記念　　　　7番人気　1着　0.0秒差　上がり1位
実績　東京1600m　GⅢ　富士S　　　　　1番人気　2着　0.0秒差　上がり2位
実績　東京1800m　GⅢ　エプソムC　　　1番人気　2着　0.0秒差　上がり3位
実績　京都1400m　GⅡ　スワンS　　　　2番人気　1着　0.2秒差　上がり1位
実績　東京1400m　GⅡ　京王杯SC　　　　3番人気　1着　0.2秒差　上がり1位

2015年　牡6　4番人気　ディサイファ　　　57kg（＋1kg）
前走　札幌2000m　GⅡ　札幌記念　　　　5番人気　1着　0.0秒差　上がり？位
実績　中京2000m　GⅢ　中日新聞杯　　　5番人気　1着　0.2秒差　上がり1位
実績　東京1800m　GⅢ　エプソムC　　　2番人気　1着　0.0秒差　上がり1位

2014年　牡6　11番人気　サンレイレーザー　　56kg
前走　新潟1600m　GⅢ　関屋記念　　　　11番人気　7着　0.6秒差　上がり？位
実績　京都1600m　GⅡ　マイラーズC　　　8番人気　2着　0.1秒差　上がり？位

2005年　牡6　6番人気　テレグノシス　　　58kg（＋1kg）
前走　東京1600m　GⅠ　安田記念　　　　1番人気　6着　0.4秒差　上がり2位
実績　東京1800m　GⅡ　毎日王冠　　　　1番人気　1着　0.1秒差　上がり1位
実績　東京1400m　GⅡ　京王杯SC　　　5番人気　1着　0.2秒差　上がり1位
実績　東京1400m　GⅡ　京王杯SC　　　5番人気　2着　0.0秒差　上がり1位
実績　中山1800m　GⅡ　スプリングS　　8番人気　2着　0.0秒差　上がり1位
実績　東京1600m　GⅠ　NHKマイルC　4番人気　1着　0.3秒差　上がり2位
実績　東京1600m　GⅠ　安田記念　　　　4番人気　2着　0.0秒差　上がり2位

2003年　牡6　4番人気　トーホウシデン　　57kg
前走　京都3200m　GⅠ　天皇賞・春　　　3番人気　10着　1.3秒差　上がり？位
実績　中山2000m　GⅢ　中山金杯　　　　1番人気　1着　0.1秒差　上がり2位
前走　中山2200m　GⅡ　セントライト記念　1番人気　2着　0.1秒差　上がり3位
前走　京都3000m　GⅠ　菊花賞　　　　　3番人気　2着　0.0秒差　上がり2位

京都大賞典

10月11日（日）

京都競馬場　芝2400m　フルゲート16頭

３歳以上

別定　３歳53kg　４歳以上56kg（牝馬２kg減）

過去１年間で　　　　　　ＧⅠ競走（牝馬限定競走は除く）１着馬は２kg増
牝馬限定ＧⅠ競走　およびＧⅡ競走（牝馬限定競走は除く）１着馬は１kg増
過去１年以前の　　　　　ＧⅠ競走（牝馬限定競走は除く）１着馬は１kg増
（ただし、２歳時の成績を除く）。

2011年までの基礎重量は「３歳55kg　４歳以上57kg（牝馬２kg）」
2005年までは「牝馬限定競走は除く」という一文がありません。
2003年までは「（意訳）ただし、過去１年間で～」という一文がありません。

🐎 京都大賞典の真相

　3歳以上の中距離GⅡが札幌記念（2000m）→毎日王冠（1800m）とあり、中長距離GⅡがオールカマー（2200m）→京都大賞典（2400m）です。

当レースの負担重量規程を見ると、3歳馬と4歳以上馬とのあいだに3kg差があります。同日に行われる1800mの毎日王冠は2kg差です。距離が長くなれば長くなるほど能力差が明らかになるため3歳馬をさらに軽くするわけですが、これは

「3歳馬はこの時期、まだ弱いから」

と明言しているようなもので、実際に3歳馬が歴戦の古馬と戦うために当レースを選ぶのは珍しく、過去20年で2頭だけです。トップクラスの3歳馬は、3歳同士で戦うGⅠ菊花賞に向けて、3歳GⅡ神戸新聞杯に出るのが常。オールカマー（3歳以上GⅡ2200m）とセントライト記念（3歳GⅡ2200m）の構図と同じです。つまり、3歳馬の台頭がある毎日王冠とは違い、当レースは5歳以上の古豪がまだまだ活躍できる舞台と言えます。現に過去20年の勝ち馬は5歳馬がなんと11頭。6歳以上も4頭と、5頭の4歳馬と互角の数字を残しています。

それらを踏まえ、まずは1番人気で勝てる馬の基準を次ページに示しましたので読んでください。

🐎 1番人気で勝てる馬を浮かび上がらせる

注意：ハードルはすべて3歳以上戦

4歳　ハードル❶
2400m以上ＧＩ馬

5歳　ハードル❷
2200m以上ＧＩ「1着歴か、
2着歴2回（3歳戦1回は可）」

6歳　大前提
当年2勝以上

6歳　ハードル❸
2500m以上GI連対歴（負けていても0.1秒差以内）か、
菊花賞馬

1番人気候補にこの大前提とハードルを課し、勝てるか負けるかを判定しましょう。次ページからの【1番人気的中シート】を利用してください。

1番人気で勝てる馬 【1番人気的中シート】

注意：ハードルはすべて3歳以上戦
4歳　ハードル❶……2400m以上GI馬
5歳　ハードル❷……2200m以上GI「1着歴か、2着歴2回（3歳戦1回は可）」
6歳　大前提……………当年2勝以上
6歳　ハードル❸………2500m以上G

年度	京都大賞典の1番人気馬	性齢	負担重量	4歳ハードル❶	5歳ハードル❷	6歳大前提	6歳ハードル
2020							
2020							
2019	グローリーヴェイズ	牡4	57kg	×			
2018	シュヴァルグラン	牡6	58kg			×	
2017	シュヴァルグラン	牡5	57kg		×		
2016	キタサンブラック	牡4	58kg	◎			
2015	ラブリーデイ	牡5	58kg		◎		
2014	トーセンラー	牡6	58kg			×	
2013	ゴールドシップ	牡4	58kg	◎			
2012	フミノイマージン	牝6	55kg			×	
2011	ローズキングダム	牡4	59kg	◎			
2010	オウケンブルースリ	牡5	58kg		×		
2009	ジャガーメイル	牡5	57kg		×		
2008	アルナスライン	牡4	57kg	×			
2007	ポップロック	牡6	58kg			×	
2006	インティライミ	牡4	57kg	×			
2005	リンカーン	牡5	57kg		×		
2004	ゼンノロブロイ	牡4	57kg	×			
2003	タップダンスシチー	牡6	58kg			◎	◎
2002	ナリタトップロード	牡6	59kg			◎	◎
2001	テイエムオペラオー	牡5	59kg		◎		
2000	テイエムオペラオー	牡4	59kg	◎			

判定	着順	単勝配当	結果
対歴（負けていても0.1秒差以内）か、菊花賞馬			

1番人気的中シートの使い方

左のシートに今年の1番人気候補を記入し、過去の成績をもとに「勝てるか、勝てないか」を判定してください。「勝てない」とわかったら、2番人気以下で勝てる馬が浮かび上がる【穴馬的中シート】（後ろのページ）に進んでください。

判定	着順	単勝配当	結果	2番人気以下で勝った馬	人気	単勝配当	結果
×	6着		→	ドレッドノータス	11	¥9,070	大的中
×	4着		→	サトノダイヤモンド	2	¥230	大的中
×	3着		→	スマートレイアー	4	¥860	大的中
◎	1着	¥180	大的中				
◎	1着	¥310	大的中				
×	3着		→	ラストインパクト	3	¥520	大的中
◎	5着		ハズレ	ヒットザターゲット	11	¥16,620	
×	4着		→	メイショウカンパク	5	¥1,840	大的中
◎	1着	¥180	大的中				
×	2着		→	メイショウベルーガ	2	¥350	大的中
×	4着		→	オウケンブルースリ	3	¥490	大的中
×	5着		→	トーホウアラン	4	¥910	大的中
×	2着		→	インティライミ	2	¥240	大的中
×	7着		→	スイープトウショウ	2	¥510	大的中
×	1着	¥170	ハズレ				
×	2着		→	ナリタセンチュリー	5	¥1,830	大的中
◎	1着	¥220	大的中				
◎	1着	¥170	大的中				
◎	1着	¥140	大的中				
◎	1着	¥180	大的中				

京都大賞典

過去20年、１番人気に応えて優勝した馬たちの前走成績と実績を紹介します。

まず４歳馬から見ていきます。

❖１番人気で勝った４歳馬一覧（実績は重賞連対を列記。以下同様）

2016年　キタサンブラック　　牡４　58kg（＋２kg）180円

前走	阪神2200m	ＧⅠ	宝塚記念	２番人気	３着	0.0秒差	上がり？位	逃げ	
実績	中山2200m	ＧⅡ	セントライト記念	６番人気	１着	0.1秒差	上がり？位	４角先頭	
実績	中山1800m	ＧⅡ	スプリングS	５番人気	１着	0.0秒差	上がり？位	４角先頭	
実績	阪神2000m	ＧⅡ	産経大阪杯	５番人気	２着	0.0秒差	上がり？位	逃げ	
実績	京都3200m	ＧⅠ	天皇賞・春	２番人気	１着	0.0秒差	上がり？位	逃げ	
実績	京都3000m	ＧⅠ	菊花賞	５番人気	１着	0.0秒差	上がり１位		

2011年　ローズキングダム　　牡４　59kg（＋２kg）180円

前走	阪神2200m	ＧⅠ	宝塚記念	５番人気	４着	0.3秒差	上がり３位
実績	東京1800m	ＧⅢ	東スポ杯２歳S	１番人気	１着	0.0秒差	上がり？位
実績	阪神2400m	ＧⅡ	神戸新聞杯	２番人気	１着	0.0秒差	上がり１位
実績	東京2400m	ＧⅠ	ジャパンC	４番人気	３着	0.3秒差	上がり？位
実績	中山1600m	ＧⅠ	朝日杯FS	１番人気	１着	0.2秒差	上がり２位
実績	京都3000m	ＧⅠ	菊花賞	１番人気	２着	0.2秒差	上がり２位
実績	東京2400m	ＧⅠ	ダービー	５番人気	２着	0.0秒差	上がり２位

2000年　テイエムオペラオー　牡４　59kg（＋２kg）180円

前走	阪神2200m	ＧⅠ	宝塚記念	１番人気	１着	0.0秒差	上がり１位
実績	阪神1800m	ＧⅢ	毎日杯	３番人気	１着	0.7秒差	上がり１位
実績	阪神3000m	ＧⅡ	阪神大賞典	１番人気	１着	0.4秒差	上がり１位
実績	京都2200m	ＧⅡ	京都記念	１番人気	１着	0.0秒差	上がり１位
実績	中山3600m	ＧⅡ	ステイヤーズS	１番人気	２着	0.0秒差	上がり１位
実績	阪神2200m	ＧⅠ	宝塚記念	１番人気	１着	0.0秒差	上がり１位
実績	京都3200m	ＧⅠ	天皇賞・春	１番人気	１着	0.1秒差	上がり２位
実績	中山2000m	ＧⅠ	皐月賞	５番人気	１着	0.0秒差	上がり１位
実績	京都3000m	ＧⅠ	菊花賞	２番人気	２着	0.1秒差	上がり１位

次に５歳馬。

❖１番人気で勝った５歳馬一覧

2015年　ラブリーデイ　　　　牡５　58kg（＋２kg）310円

前走	阪神2200m	ＧⅠ	宝塚記念	６番人気	１着	0.0秒差	上がり？位
実績	阪神2000m	ＧⅢ	鳴尾記念	２番人気	１着	0.3秒差	上がり２位
実績	中山2000m	ＧⅢ	中山金杯	４番人気	１着	0.2秒差	上がり３位
実績	小倉2000m	ＧⅢ	小倉記念	５番人気	２着	0.2秒差	上がり３位
実績	京都2200m	ＧⅡ	京都記念	３番人気	２着	0.0秒差	上がり３位
実績	中京2000m	ＧⅡ	金鯱賞	６番人気	２着	0.4秒差	上がり？位
実績	東京1400m	ＧⅡ	京王杯２歳S	７番人気	２着	0.1秒差	上がり３位

2005年　リンカーン　　　　　　牡5　57kg　170円

前走	阪神2200m	ＧⅠ	宝塚記念	4番人気	4着	0.3秒差	上がり3位	
実績	阪神3000m	ＧⅡ	阪神大賞典	1番人気	1着	0.2秒差	上がり1位	
実績	中山2500m	ＧⅠ	有馬記念	4番人気	2着	1.5秒差	上がり？位	4角先頭
実績	京都3000m	ＧⅠ	菊花賞	4番人気	2着	0.1秒差	上がり1位	

●この年はＧⅠ馬がいませんでした。ＧⅠ連対馬もほかにファストタテヤマだけです。さらに4〜5歳馬で前走重賞勝ち馬がいないという低レベルの一戦でした。

2001年　テイエムオペラオー　牡5　59kg（＋2kg）140円

前走	阪神2200m	ＧⅠ	宝塚記念	1番人気	2着	0.2秒差	上がり1位
実績	阪神1800m	ＧⅢ	毎日杯	3番人気	1着	0.7秒差	上がり1位
実績	京都2400m	ＧⅡ	京都大賞典	1番人気	1着	0.0秒差	上がり2位
実績	阪神3000m	ＧⅡ	阪神大賞典	1番人気	1着	0.4秒差	上がり1位
実績	京都2200m	ＧⅡ	京都記念	1番人気	1着	0.0秒差	上がり1位
実績	中山3600m	ＧⅡ	ステイヤーズS	1番人気	2着	0.0秒差	上がり1位
実績	京都3200m	ＧⅠ	天皇賞・春	1番人気	1着	0.1秒差	上がり3位
実績	中山2500m	ＧⅠ	有馬記念	1番人気	1着	0.0秒差	上がり2位
実績	東京2400m	ＧⅠ	ジャパンC	1番人気	1着	0.0秒差	上がり2位
実績	東京2000m	ＧⅠ	天皇賞・秋	1番人気	1着	0.4秒差	上がり1位
実績	阪神2200m	ＧⅠ	宝塚記念	1番人気	1着	0.0秒差	上がり1位
実績	阪神2200m	ＧⅠ	宝塚記念	1番人気	1着	0.0秒差	上がり1位
実績	京都3200m	ＧⅠ	天皇賞・春	1番人気	1着	0.1秒差	上がり2位
実績	中山2000m	ＧⅠ	皐月賞	5番人気	1着	0.0秒差	上がり1位
実績	京都3000m	ＧⅠ	菊花賞	2番人気	2着	0.1秒差	上がり1位

続いて6歳馬。
❖1番人気で勝った6歳馬一覧

2003年　タップダンスシチー　牡6　58kg（＋1kg）220円

前走	阪神2200m	ＧⅠ	宝塚記念	4番人気	3着	0.2秒差	上がり？位	
実績	阪神2000m	ＧⅢ	朝日CC	5番人気	1着	0.0秒差	上がり3位	
実績	中京2000m	ＧⅡ	金鯱賞	4番人気	1着	0.1秒差	上がり？位	3角先頭　当年
実績	中山2500m	ＧⅡ	日経賞	3番人気	2着	0.0秒差	上がり2位	
実績	中山2500m	ＧⅠ	有馬記念	13番人気	2着	0.1秒差	上がり？位	3角先頭
実績	東京2400m	ＯＰ	東京リニューアル記念	7番人気	1着	0.3秒差	上がり2位	当年

2002年　ナリタトップロード　牡6　59kg（＋2kg）170円

前走	京都3200m	ＧⅠ	天皇賞・春	1番人気	3着	0.1秒差	上がり？位	
実績	京都1800m	ＧⅢ	きさらぎ賞	2番人気	1着	0.0秒差	上がり1位	
実績	阪神3000m	ＧⅡ	阪神大賞典	1番人気	1着	0.3秒差	上がり1位	当年
実績	京都2200m	ＧⅡ	京都記念	3番人気	1着	0.0秒差	上がり3位	当年
実績	阪神3000m	ＧⅡ	阪神大賞典	1番人気	1着	1.3秒差	上がり1位	
実績	中山2000m	ＧⅡ	弥生賞	2番人気	1着	0.2秒差	上がり2位	
実績	京都2400m	ＧⅡ	京都大賞典	2番人気	2着	0.0秒差	上がり3位	
実績	京都2200m	ＧⅡ	京都記念	2番人気	2着	0.0秒差	上がり1位	

実績	京都2200m	GⅡ	京都新聞杯	1番人気	2着	0.0秒差	上がり2位
実績	京都3000m	GⅠ	菊花賞	3番人気	1着	0.1秒差	上がり3位
実績	東京2400m	GⅠ	ダービー	1番人気	2着	0.1秒差	上がり2位

過去20年、1番人気に応えられず2着以下に負けた馬たちの前走成績と実績を紹介します。
はじめに4歳馬。
☺1番人気で負けた4歳馬一覧

2019年　グローリーヴェイズ　牡4　57kg　6着

前走	京都3200m	GⅠ	天皇賞・春	6番人気	2着	0.0秒差	上がり1位
実績	京都1800m	GⅢ	きさらぎ賞	2番人気	2着	0.0秒差	上がり2位
実績	京都2400m	GⅡ	日経新春杯	1番人気	1着	0.1秒差	上がり2位

2013年　ゴールドシップ　　　牡4　58kg（＋2kg）5着

前走	阪神2200m	GⅠ	宝塚記念	2番人気	1着	0.6秒差	上がり1位
実績	東京1800m	GⅢ	共同通信杯	2番人気	1着	0.3秒差	上がり2位
実績	阪神2000m	GⅢ	ラジオNIKKEI杯	3番人気	2着	0.2秒差	上がり2位
実績	札幌1800m	GⅢ	札幌2歳S	2番人気	2着	0.1秒差	上がり1位
実績	阪神3000m	GⅡ	阪神大賞典	1番人気	1着	0.3秒差	上がり1位
実績	阪神2400m	GⅡ	神戸新聞杯	1番人気	1着	0.4秒差	上がり1位
実績	中山2500m	GⅠ	有馬記念	1番人気	1着	0.2秒差	上がり1位
実績	京都3000m	GⅠ	菊花賞	1番人気	1着	0.3秒差	上がり1位
実績	中山2000m	GⅠ	皐月賞	4番人気	1着	0.4秒差	上がり1位

※負ける要素を見つけることができません。

2008年　アルナスライン　　牡4　57kg　5着

前走	阪神2200m	GⅠ	宝塚記念	3番人気	10着	1.4秒差	上がり？位
実績	東京2500m	GⅡ	目黒記念	1番人気	2着	0.1秒差	上がり2位
実績	京都3000m	GⅠ	菊花賞	6番人気	2着	0.0秒差	上がり2位

2006年　インティライミ　　牡4　57kg　7着

前走	阪神3000m	GⅡ	阪神大賞典	3番人気	8着	4.0秒差	上がり？位
実績	京都2200m	GⅡ	京都新聞杯	1番人気	1着	0.0秒差	上がり2位
実績	東京2400m	GⅠ	ダービー	2番人気	2着	0.8秒差	上がり？位

2004年　ゼンノロブロイ　　牡4　57kg　2着

前走	阪神2200m	GⅠ	宝塚記念	2番人気	4着	0.5秒差	上がり？位
実績	阪神2000m	GⅡ	神戸新聞杯	3番人気	1着	0.6秒差	上がり1位
実績	東京2400m	GⅡ	青葉賞	1番人気	1着	0.2秒差	上がり2位
実績	中山2500m	GⅡ	日経賞	1番人気	2着	0.0秒差	上がり2位
実績	京都3200m	GⅠ	天皇賞・春	4番人気	2着	1.1秒差	上がり？位
実績	東京2400m	GⅠ	ダービー	3番人気	2着	0.1秒差	上がり2位

続いて5歳馬。
♔1番人気で負けた5歳馬一覧

2017年　シュヴァルグラン　牡5　57kg（＋1kg）3着

前走	阪神2200m	ＧⅠ	宝塚記念	6番人気	8着	1.2秒差	上がり？位	逃げ
実績	東京2500m	ＧⅡ	アルゼンチン共和国杯	2番人気	1着	0.1秒差	上がり3位	
実績	阪神3000m	ＧⅡ	阪神大賞典	1番人気	1着	0.4秒差	上がり1位	
実績	阪神3000m	ＧⅡ	阪神大賞典	2番人気	2着	0.2秒差	上がり3位	
実績	京都2400m	ＧⅡ	日経新春杯	1番人気	2着	0.3秒差	上がり2位	
実績	京都3200m	ＧⅠ	天皇賞・春	4番人気	2着	0.2秒差	上がり2位	

2010年　オーケンブルースリ　牡5　58kg（＋1kg）2着

前走	東京2400m	ＧⅠ	ジャパンC	2番人気	2着	0.0秒差	上がり1位
実績	京都2400m	ＧⅡ	京都大賞典	3番人気	1着	0.1秒差	上がり2位
実績	京都3000m	ＧⅠ	菊花賞	1番人気	1着	0.2秒差	上がり2位

2009年　ジャガーメイル　牡5　57kg　4着

前走	東京2500m	ＧⅡ	目黒記念	1番人気	2着	0.8秒差	上がり3位
実績	東京2500m	ＧⅡ	アルゼンチン共和国杯	2番人気	2着	0.2秒差	上がり2位

最後に6歳馬。
♔1番人気で負けた6歳馬一覧

2018年　シュヴァルグラン　牡6　58kg（＋2kg）4着

実績	京都3200m	ＧⅠ	天皇賞・春	1番人気	2着	0.0秒差	上がり？位
実績	東京2500m	ＧⅡ	アルゼンチン共和国杯	2番人気	1着	0.1秒差	上がり3位
実績	阪神3000m	ＧⅡ	阪神大賞典	1番人気	1着	0.4秒差	上がり1位
実績	阪神3000m	ＧⅡ	阪神大賞典	2番人気	2着	0.2秒差	上がり3位
実績	京都2400m	ＧⅡ	日経新春杯	1番人気	2着	0.3秒差	上がり2位
実績	東京2400m	ＧⅠ	ジャパンC	5番人気	1着	0.2秒差	上がり2位
実績	京都3200m	ＧⅠ	天皇賞・春	4番人気	2着	0.2秒差	上がり2位

※当年未勝利。

2014年　トーセンラー　牡6　58kg（＋2kg）3着

前走	東京1600m	ＧⅠ	安田記念	8番人気	14着	1.9秒差	上がり？位
実績	京都1800m	ＧⅢ	きさらぎ賞	3番人気	1着	0.0秒差	上がり3位
実績	小倉2000m	ＧⅢ	小倉記念	1番人気	2着	0.4秒差	上がり2位
実績	阪神2000m	ＧⅢ	小倉記念	5番人気	3着	0.4秒差	上がり？位
実績	京都2200m	ＧⅡ	京都記念	6番人気	1着	0.2秒差	上がり1位
実績	京都2200m	ＧⅡ	京都記念	2番人気	2着	0.1秒差	上がり1位
実績	中山2200m	ＧⅡ	セントライト記念	3番人気	2着	0.2秒差	上がり2位
実績	京都1600m	ＧⅠ	マイルＣＳ	2番人気	1着	0.2秒差	上がり1位
実績	京都3200m	ＧⅠ	天皇賞・春	3番人気	2着	0.2秒差	上がり2位

※当年未勝利。

2012年　フミノイマージン　　　牝6　55kg　4着

前走	札幌2000m	GⅡ	札幌記念	4番人気	1着	0.1秒差	上がり1位	
実績	小倉2000m	牝GⅢ	愛知杯	2番人気	1着	0.1秒差	上がり2位	
実績	阪神2000m	牝GⅢ	マーメイドS	2番人気	1着	0.2秒差	上がり1位	
実績	新潟1800m	牝馬GⅢ	福島牝馬S	9番人気	1着	0.3秒差	上がり1位	
実績	阪神1800m	牝馬GⅢ	中山牝馬S	14番人気	2着	0.4秒差	上がり1位	

※当年1勝（前走）。

2007年　ポップロック　　　　　牡6　58kg（＋1kg）2着

前走	GⅠ	宝塚記念	4番人気	3着	0.4秒差	上がり3位	
実績	東京2500m	GⅡ	目黒記念	1番人気	1着	0.0秒差	上がり2位	当年
実績	東京2500m	GⅡ	目黒記念	3番人気	1着	0.0秒差	上がり2位	
実績	京都2200m	GⅡ	京都記念	1番人気	2着	0.0秒差	上がり1位	
実績	中山2500m	GⅠ	有馬記念	6番人気	2着	0.5秒差	上がり？位	
実績	豪州3200m	GⅠ	メルボルンC		2着	0.0秒差		

※当年1勝。

☆Point☆

毎日王冠と同様に、1番人気馬の勝ち負けを年齢別に見てみましょう。

3歳…………0勝0敗
4歳…………3勝5敗
5歳…………3勝3敗
6歳以上……2勝4敗

では、次ページから紹介する、2番人気以下で勝った馬はどうでしょう。

3歳…………0勝
4歳…………2勝
5歳…………8勝
6歳以上……2勝

5歳以上馬が、毎日王冠よりもさらい多い10勝も挙げている点に注目です。
最後に2番人気以下で2着に入った馬を紹介しておきます。

3歳…………0頭
4歳…………9頭
5歳…………3頭
6歳以上……5頭

◆1番人気が飛ぶとわかったらココへ

1番人気が「負ける」とわかったら、2番人気以下の馬から勝つ馬を見つけます。ハードルを越えた馬しか勝ちませんので、【穴馬的中シート】を利用して見つけだしてください。

🐎 2番人気以下で勝てる馬を浮かび上がらせる

注意：ハードルはすべて3歳以上戦

4歳　　　　ハードル❶
前走重賞「1番人気、あるいは上がり1位」
かつ重賞1番人気完勝歴か、菊花賞馬

5歳　　　　ハードル❷
2200m以上GI馬か、1年以内に重賞連対歴

6歳以上　　ハードル❸
重賞1着歴かつ「前走重賞1番人気、
あるいは1年以内にOP1着歴」

2番人気以下で勝てる馬【穴馬的中シート】

条件	馬番 or 馬名
4歳 ハードル❶クリア	
5歳 ハードル❷クリア	
6歳以上 ハードル❸クリア	

過去20年、2番人気以下で優勝した馬たちの前走成績と実績を紹介します。
はじめに4歳馬。
◉2番人気以下で勝った4歳馬一覧

2014年　3番人気　ラストインパクト　　牡4　56kg　520円

前走	新潟2000m	GⅢ	新潟記念	3番人気	3着	0.0秒差	<u>上がり1位</u>	
実績	小倉1800m	GⅢ	小倉大賞典	1番人気	1着	0.4秒差	上がり？位	3角先頭

2009年　3番人気　オウケンブルースリ　牡4　59kg（＋2kg）490円

前走	阪神3000m	GⅡ	阪神大賞典	1番人気	7着	1.2秒差	上がり？位
実績	京都3000m	GⅠ	菊花賞	1番人気	1着	0.2秒差	上がり2位

続いて5歳馬。
◉2番人気以下で勝った5歳馬一覧

2018年　2番人気　サトノダイヤモンド　牡5　57kg（＋1kg）230円

前走	阪神2200m	GⅠ	宝塚記念	1番人気	6着	0.8秒差	上がり？位
実績	京都1800m	GⅢ	きさらぎ賞	1番人気	1着	0.6秒差	上がり1位
実績	阪神3000m	GⅡ	阪神大賞典	1番人気	1着	0.2秒差	上がり1位
実績	阪神2400m	GⅡ	神戸新聞杯	1番人気	1着	0.0秒差	上がり2位
実績	中山2500m	GⅠ	有馬記念	1番人気	1着	0.0秒差	上がり3位
実績	京都3000m	GⅠ	菊花賞	1番人気	1着	0.4秒差	上がり1位
実績	東京2400m	GⅠ	ダービー	2番人気	2着	0.0秒差	上がり3位

2013年　11番人気　ヒットザターゲット　牡5　56kg　16620円

前走	阪神2200m	GⅠ	宝塚記念	9番人気	11着	2.4秒差	上がり？位	
実績	小倉1800m	GⅢ	小倉大賞典	6番人気	1着	0.0秒差	上がり1位	<u>当年</u>
実績	新潟2000m	GⅢ	新潟大賞典	5番人気	1着	0.3秒差	上がり2位	

※単勝1.2倍の1番人気ゴールドシップが沈んだことにより大波乱。

2012年　5番人気　メイショウカンパク　牡5　56kg　1840円

前走	中山2200m	GⅡ	オールカマー	10番人気	6着	0.8秒差	上がり3位
実績	福島2000m	GⅢ	福島記念	7番人気	2着	0.1秒差	上がり1位　<u>過去1年以内</u>

※重賞勝ちなし。

2010年　2番人気　メイショウベルーガ　牝5　56kg（＋1kg）350円

前走	新潟2000m	GⅢ	新潟記念	2番人気	4着	0.1秒差	上がり1位	
実績	京都2400m	GⅡ	日経新春杯	2番人気	1着	0.5秒差	上がり1位	<u>当年</u>

2008年　4番人気　トーホウアラン　　牡5　57kg　910円

前走	阪神2000m	GⅢ	朝日CC	4番人気	2着	0.1秒差	上がり3位	<u>当年</u>
実績	中京2000m	GⅢ	中日新聞杯	3番人気	1着	0.0秒差	上がり1位	
実績	京都2200m	GⅡ	京都新聞杯	3番人気	1着	0.0秒差	上がり？位	

2007年　2番人気　インティライミ　牡5　57kg　240円

前走	阪神2000m	GⅢ	朝日CC	1番人気	1着	0.2秒差	上がり1位 当年
実績	中京2000m	GⅢ	中日新聞杯	2番人気	2着	0.0秒差	上がり2位
実績	京都2200m	GⅡ	京都新聞杯	1番人気	1着	0.0秒差	上がり2位
実績	東京2400m	GⅠ	ダービー	2番人気	2着	0.8秒差	上がり？位

2006年　2番人気　スイープトウショウ　牝5　56kg（＋1kg）510円

前走	京都2200m	牝馬GⅠ	エリザベス女王杯	2番人気	1着	0.1秒差	上がり1位
実績	阪神1600m	牝馬GⅢ	チューリップ賞	1番人気	1着	0.1秒差	上がり1位
実績	京都1400m	牝馬GⅢ	ファンタジーS	2番人気	1着	0.2秒差	上がり1位
実績	阪神2200m	GⅠ	宝塚記念	11番人気	1着	0.0秒差	上がり2位
実績	京都2000m	牝馬GⅠ	秋華賞	2番人気	1着	0.1秒差	上がり1位
実績	東京1600m	GⅠ	安田記念	10番人気	2着	0.0秒差	上がり1位
実績	東京2400m	牝馬GⅠ	オークス	4番人気	2着	0.1秒差	上がり1位

2004年　5番人気　ナリタセンチュリー　牡5　57kg　1830円

前走	京都3200m	GⅠ	天皇賞・春	13番人気	5着	1.7秒差	上がり3位
実績	中京2000m	GⅢ	中京記念	3番人気	2着	0.2秒差	上がり1位 当年

最後に6歳以上馬。
◉2番人気以下で勝った6歳以上馬一覧

2019年　11番人気　ドレッドノータス　騸6　56kg　9070円

前走	札幌2600m	OP	丹頂S	10番人気	5着	0.8秒差	上がり？位 4角先頭
実績	京都2000m	GⅢ	京都2歳S	3番人気	1着	0.0秒差	上がり3位

※過去1年以内にオープン1勝。

実績	京都2000m	OP	アンドロメダS	2番人気	1着	0.3秒差	上がり2位 過去1年以内

2017年　4番人気　スマートレイアー　牝7　54kg　860円

前走	阪神2000m	GⅢ	鳴尾記念	1番人気	2着	0.0秒差	上がり1位
実績	京都2200m	GⅡ	京都記念	5番人気	2着	0.2秒差	上がり3位
実績	東京1600m	GⅢ	東京新聞杯	5番人気	1着	0.3秒差	上がり？位 逃げ
実績	阪神1600m	牝馬GⅡ	阪神牝馬S	2番人気	1着	0.0秒差	上がり？位 逃げ
実績	阪神1600m	牝馬GⅡ	阪神牝馬S	1番人気	1着	0.0秒差	上がり1位
実績	東京1800m	牝馬GⅡ	府中牝馬S	1番人気	2着	0.2秒差	上がり？位
実績	東京1800m	牝馬GⅡ	府中牝馬S	1番人気	2着	0.1秒差	上がり1位
実績	京都2000m	牝馬GⅠ	秋華賞	2番人気	2着	0.2秒差	上がり2位

2着馬を見つけるのはココで

では、2着候補を2番人気以下から見つけたいと思います。それを手助けするのが大前提とハードルです。こちらも【穴馬的中シート】を使って見つけてください。

なお、1番人気に応えられなくても2着に来ることはありますので、1番人気馬は無条件で2着候補です。

🐎 2番人気以下で2着に入れる馬を浮かび上がらせる

4歳　　　ハードル❶
前走準OP以上1番人気1着か、重賞連対歴か、
菊花賞4着以内

5歳　　　ハードル❷
2200m以上GⅡ3着以内歴2回 (ただし1回は当年)

6歳以上　大前提
1年以内に「重賞3着以内歴か、OP特別2勝歴」

6歳以上　ハードル❸
2000m以上重賞2勝歴か、
2400m以上「重賞連対歴3回、
あるいはGⅠ連対歴 (負けていても0.0秒差)」

2番人気以下で2着に入れる馬【穴馬的中シート】

条件	馬番 or 馬名
4歳 ハードル❶クリア	
5歳 ハードル❷クリア	
6歳以上 大前提クリア	
6歳以上 ハードル❸クリア	

過去20年、2番人気以下で2着に入った馬たちの前走成績と実績を紹介します。
はじめに4歳馬。
◇2番人気以下で2着に入った4歳馬一覧

2018年　4番人気　レッドジェノヴァ　牝4　54kg
前走　札幌2000m　1600万　ワールドオールスタージョッキーズ第2戦　1番人気　1着　0.3秒差　上がり1位

2015年　2番人気　サウンズオブアース　牡4　56kg

前走	京都3200m	GⅠ	天皇賞・春	4番人気	9着	0.7秒差	上がり？位
実績	阪神2400m	GⅡ	神戸新聞杯	8番人気	2着	0.0秒差	上がり2位
実績	京都2200m	GⅡ	京都新聞杯	8番人気	2着	0.2秒差	上がり？位
実績	京都3000m	GⅠ	菊花賞	4番人気	2着	0.1秒差	上がり1位

2014年　6番人気　タマモベストプレイ　牡4　56kg

前走	札幌2600m	OP	丹頂S	1番人気	1着	0.0秒差	上がり2位
実績	京都1800m	GⅢ	きさらぎ賞	6番人気	1着	0.0秒差	上がり3位
実績	中山1800m	GⅡ	スプリングS	3番人気	2着	0.2秒差	上がり？位

2013年　7番人気　アンコイルド　牡4　56kg

前走	札幌2000m	GⅡ	札幌記念	14番人気	3着	1.7秒差	上がり？位
実績	函館2000m	GⅢ	函館記念	7番人気	2着	0.3秒差	上がり？位

2011年　4番人気　ビートブラック　牡4　57kg

前走	阪神2200m	GⅠ	宝塚記念	12番人気	11着	1.5秒差	上がり1位

◉GⅠ菊花賞3着0.2秒差。

2009年　4番人気　スマートギア　　　　牡4　57kg
前走　阪神1800m　1600万　西宮S　　　　1番人気　2着　0.0秒差　上がり1位
◉GⅠ菊花賞4着0.5秒差。

2003年　2番人気　ヒシミラクル　　　　牡4　59kg（＋2kg）
前走　阪神2200m　GⅠ　宝塚記念　　　　6番人気　1着　0.0秒差　上がり2位
実績　京都3200m　GⅠ　天皇賞・春　　　7番人気　1着　0.1秒差　上がり2位
実績　京都3000m　GⅠ　菊花賞　　　　 10番人気　1着　0.0秒差　上がり2位

2002年　2番人気　ツルマルボーイ　　　牡4　58kg（＋1kg）
前走　阪神2200m　GⅠ　宝塚記念　　　　4番人気　2着　0.0秒差　上がり1位
実績　中京2000m　GⅢ　中京記念　　　　3番人気　1着　0.8秒差　上がり1位
実績　中京2000m　GⅡ　金鯱賞　　　　　2番人気　1着　0.2秒差　上がり1位

2000年　2番人気　ナリタトップロード　牡4　59kg（＋2kg）
前走　京都3200m　　　天皇賞・春　　　　2番人気　3着　0.2秒差　上がり3位
実績　京都1800m　GⅢ　きさらぎ賞　　　2番人気　1着　0.0秒差　上がり1位
実績　中山2000m　GⅡ　弥生賞　　　　　2番人気　1着　0.2秒差　上がり2位
実績　京都2200m　GⅡ　京都記念　　　　2番人気　2着　0.0秒差　上がり2位
実績　京都2200m　GⅡ　京都新聞杯　　　1番人気　2着　0.0秒差　上がり2位
実績　京都3000m　GⅠ　菊花賞　　　　　3番人気　1着　0.1秒差　上がり3位
実績　東京2400m　GⅠ　ダービー　　　　1番人気　2着　0.1秒差　上がり2位

次に5歳馬。
◇2番人気以下で2着に入った5歳馬一覧（重賞3着歴を適宜追加。以下同様）

2019年　6番人気　ダンビュライト　　　牡5　57kg
前走　阪神2000m　GⅠ　大阪杯　　　　 11番人気　9着　0.6秒差　上がり？位
実績　東京1600m　GⅢ　サウジアラビアRC　2番人気　2着　0.2秒差　上がり2位
実績　京都2200m　GⅡ　京都記念　　　　6番人気　1着　0.0秒差　上がり？位　<u>当年</u>
実績　中山2200m　GⅡ　AJCC　　　　　2番人気　1着　0.3秒差　上がり？位

2017年　6番人気　トーセンバジル　　　牡5　56kg
前走　新潟2000m　GⅢ　新潟記念　　　　2番人気　7着　0.2秒差　上がり1位
実績　阪神3000m　GⅡ　阪神大賞典　　　5番人気　3着　0.6秒差　上がり2位　<u>当年</u>
実績　阪神2400m　GⅡ　神戸新聞杯　　　7番人気　3着　0.7秒差　上がり2位

2016年　アドマイヤデウス　　　　　　　牡5　56kg
前走　京都3200m　GⅠ　天皇賞・春　　 11番人気　9着　0.6秒差　上がり？位
実績　中山2500m　GⅡ　日経賞　　　　　4番人気　1着　0.3秒差　上がり2位
実績　京都2400m　GⅡ　日経新春杯　　　6番人気　1着　0.1秒差　上がり1位
実績　阪神3000m　GⅡ　阪神大賞典　　　3番人気　3着　0.9秒差　上がり？位　<u>当年</u>
実績　京都2200m　GⅡ　京都記念　　　　4番人気　3着　0.5秒差　上がり2位　<u>当年</u>

続いて6歳以上馬。
◇2番人気以下で2着に入った6歳以上馬一覧

2012年　7番人気　オーケンブルースリ　牡7　57kg（＋1kg）

前走	阪神3000m	GⅡ	阪神大賞典	7番人気	8着	2.6秒差	上がり？位	
実績	京都2400m	GⅡ	京都大賞典	3番人気	1着	0.1秒差	上がり2位	
実績	東京2500m	GⅡ	アルゼンチン共和国杯	1番人気	2着	0.2秒差	上がり1位	過去1年以内
実績	京都2400m	GⅡ	京都大賞典	1番人気	2着	0.1秒差	上がり1位	
実績	京都3000m	GⅠ	菊花賞	1番人気	1着	0.2秒差	上がり2位	
実績	東京2400m	GⅠ	ジャパンC	2番人気	2着	0.0秒差	上がり1位	

2008年　6番人気　アドマイヤモナーク　牡7　58kg（＋1kg）

前走	京都3200m	GⅠ	天皇賞・春	7番人気	6着	0.9秒差	上がり3位	
実績	東京3400m	GⅢ	ダイヤモンドS	1番人気	1着	0.4秒差	上がり2位	当年
実績	福島2000m	GⅢ	七夕賞	2番人気	2着	0.2秒差	上がり1位	
実績	京都2400m	GⅡ	日経新春杯	3番人気	1着	0.2秒差	上がり1位	当年

2006年　7番人気　ファストタテヤマ　牡7　57kg

前走	札幌2000m	GⅡ	札幌記念	6番人気	6着	0.4秒差	上がり2位
実績	京都2200m	GⅡ	京都新聞杯	6番人気	1着	0.0秒差	上がり3位
実績	京都1600m	GⅡ	デイリー杯2歳S	8番人気	1着	0.0秒差	上がり1位
実績	札幌2000m	GⅡ	札幌記念	12番人気	2着	0.0秒差	上がり1位
実績	中山2200m	GⅡ	オールカマー	3番人気	2着	0.1秒差	上がり2位
実績	京都3000m	GⅠ	菊花賞	16番人気	2着	0.0秒差	上がり1位

※当年オープン特別2勝。

2005年　9番人気　コイントス　牡7　57kg

前走	中山2200m	GⅡ	オールカマー	3番人気	6着	0.4秒差	上がり？位	4角先頭　半马
実績	阪神1800m	GⅢ	毎日杯	3番人気	2着	0.9秒差	上がり2位	
実績	阪神3000m	GⅡ	阪神大賞典	2番人気	2着	0.2秒差	上がり？位	
実績	京都2400m	GⅡ	日経新春杯	1番人気	2着	0.1秒差	上がり2位	
実績	東京2500m	GⅡ	アルゼンチン共和国杯	1番人気	2着	0.5秒差	上がり2位	
実績	札幌2000m	GⅡ	札幌記念	13番人気	3着	0.2秒差	上がり？位	逃げ　当年
実績	中山2500m	GⅠ	有馬記念	8番人気	3着	0.4秒差	上がり2位	

2001年　4番人気　スエヒロコマンダー　牡6　58kg

前走	東京2500m	GⅡ	目黒記念	7番人気	6着	0.8秒差	上がり？位	3角先頭
実績	阪神2000m	GⅢ	小倉大賞典	6番人気	1着	0.1秒差	上がり3位	
実績	中京2000m	GⅢ	中京記念	12番人気	2着	0.0秒差	上がり？位	当年
実績	阪神2000m	GⅢ	鳴尾記念	2番人気	1着	0.0秒差	上がり3位	4角先頭

府中牝馬Ｓ

10月17日（土）

東京競馬場　　芝1800m　　フルゲート18頭

３歳以上牝馬

別定（2012年からの負担重量規程）　３歳52kg　　４歳以上54kg

過去１年間でＧＩ競走１着馬は　　２kg増
ＧⅡ競走１着馬は　　　　　　　　１kg増
過去１年以前のＧⅠ競走１着馬は１kg増
（ただし、２歳時の成績を除く）。

2005年までは「賞金別定」
３歳53kg、４歳以上55kg　収得賞金３歳3000万円、４歳4000万円、５歳以上5000万円超過馬は、
超過額5000万円毎１kg増

2006～2010年も「賞金別定」
３歳53kg、４歳以上55kg　収得賞金3000万円超過馬は超過額4000万円毎１kg増

2011年からＧⅡに昇格し「グレード別定」
３歳53kg、４歳以上55kg　過去１年間でＧⅠ競走１着馬は２kg増、ＧⅡ競走１着馬は１kg増、
過去１年以前のＧⅠ競走１着馬は１kg増
（ただし、２歳時の成績を除く）。

🐎 府中牝馬Sの真相

府中牝馬Sは現在「グレード別定」ですが、かつては収得賞金額で負担重量が決まる「賞金別定」でした。ここまで紹介してきたレースではGⅢクイーンSとGⅢ関屋記念が該当します。

例えば1着本賞金3600万円のGⅢを勝った場合、収得賞金はその半額である1800万円が加算されますが、それを加えても規程で決められた「超過額」を上回らなければ、1kg加増されません。「グレード別定」の場合はGⅢ1着で1kg増というケースがほとんどです。

ただし、「賞金別定」は重賞で2着に入ると2着本賞金の半額が加算され、それが積み重なると「超過額」を上回り1kg加増される場合があります。「グレード別定」は重賞1着だけをカウントしますので、何度2着になっても加増はありません。

つまり「賞金別定」が有利な馬、不利な馬。「グレード別定」が有利になる馬、不利に働く馬。「別定」の違いによってそういう馬がいるわけです。

府中牝馬Sに関して言えば、「グレード別定」になった2011年以降の9年間で1番人気は1頭しか勝っていませんが、2000〜2010年の11年間の「賞金別定」時代は4頭が1番人気に応えています。

大きな違いがありますので、当レースは近9年のデータをもとに分析していきます。

なお、3歳馬の出走は過去9年間で2頭だけです。トップクラスの3歳馬は、3歳同士で戦うGⅠ秋華賞が翌日にあるため、そちらに回ります。

◆1番人気で勝てる馬を浮かび上がらせる

ハードル❶
前走から6カ月以内のGI馬（57kg未満）

まず1番人気馬にこのハードルを課し、勝てるか負けるかを判定しましょう。次ページからの【1番人気的中シート】に記入するとよいでしょう。

1番人気で勝てる馬【1番人気的中シート】

年度	府中牝馬Sの1番人気馬	馬齢	負担重量	ハードル❶	前走からのレース間隔	判定
ハードル❶……前走から6カ月以内のGⅠ馬 (57kg未満)						
2020						
2020						
2019	プリモシーン	4	54kg	×	3カ月	×
2018	ディアドラ	4	56kg	◎	2カ月半	●
2017	ヴィブロス	4	56kg	×	6カ月半	×
2016	スマートレイアー	6	55kg	×	5カ月	×
2015	スマートレイアー	5	54kg	×	4カ月	×
2014	スマートレイアー	4	55kg	×	2カ月半	×
2013	アロマティコ	4	54kg	×	2カ月	×
2012	ドナウブルー	4	54kg	×	2カ月	×
2011	アパパネ	4	57kg	×	4カ月半	×
2010	ニシノブルームーン	6	55kg			
2009	カワカミプリンセス	6	56kg			
2008	カワカミプリンセス	5	55kg			
2007	アサヒライジング	4	55kg			
2006	ディアデラノビア	4	55kg			
2005	ヤマニンアラバスタ	4	55kg			
2004	スティルインラブ	4	57kg			
2003	レディパステル	5	56kg			
2002	ダイヤモンドビコー	4	55kg			
2001	ヤマカツスズラン	4	55kg			
2000	トゥザヴィクトリー	4	55kg			

左のシートに今年の1番人気候補を記入し、過去の成績をもとに「勝てるか、勝てないか」を判定してください。「勝てない」とわかったら、2番人気以下で勝てる馬が浮かび上がる【穴馬的中シート】（後ろのページ）に進んでください。

着順	単勝配当	結果	2番人気以下で勝った馬	人気	単勝配当	結果
5着		→	スカーレットカラー	4	¥680	大的中
1着	¥230	大的中				
2着		→	クロコスミア	5	¥1,040	大的中
3着		→	クイーンズリング	3	¥650	大的中
2着		→	ノボリディアーナ	11	¥3,200	大的中
2着		→	ディアデラマドレ	4	¥800	大的中
7着		→	ホエールキャプチャ	4	¥680	大的中
3着		→	マイネイサベル	10	¥3,180	大的中
4着		→	イタリアンレッド	5	¥960	大的中
9着		→	テイエムオーロラ	4	¥660	
6着		→	ムードインディゴ	7	¥1,850	
2着		→	ブルーメンブラット	4	¥800	
2着		→	デアリングハート	4	¥780	
3着		→	デアリングハート	2	¥480	
1着	¥320					
3着		→	オースミハルカ	5	¥1,140	
1着	¥210					
1着	¥210					
7着		→	マルカキャンディ	5	¥590	
1着	¥270					

過去９年、１番人気に応えて優勝した馬の前走成績と実績を紹介します。
❖１番人気で勝った馬（実績は重賞連対を列記。以下同様）

2018年　ディアドラ　　　　　　牝４　56kg（＋２kg）230円
前走　札幌1800m　GⅢ　　　　クイーンS　　　　　　１番人気　１着　0.5秒差　<u>２カ月半</u>
実績　中山2000m　GⅢ　　　　紫苑S　　　　　　　　１番人気　１着　0.0秒差
実績　京都2000m　GⅠ　　　　<u>秋華賞</u>　　　　　　　　３番人気　１着　0.2秒差

過去９年、１番人気に応えられず２着以下に負けた馬たちの前走成績と実績を紹介します。
✪１番人気で負けた馬一覧

2019年　プリモシーン　　　　　牝４　54kg　15着
前走　中京1600m　牡馬GⅢ　　中京記念　　　　　　　１番人気　３着　0.1秒差　３カ月
実績　新潟1600m　牡馬GⅢ　　関屋記念　　　　　　　１番人気　１着　0.0秒差
実績　中山1600m　GⅢ　　　　フェアリーS　　　　　２番人気　１着　0.2秒差
実績　中山1600m　牡馬GⅢ　　ダービー卿CT　　　　３番人気　２着　0.0秒差
実績　東京1600m　GⅠ　　　　ヴィクトリアマイル　　４番人気　２着　0.0秒差

2017年　ヴィブロス　　　　　　牝４　56kg（＋２kg）２着
前走　UAE1800m　牡馬GⅠ　　ドバイターフ　　　　　５番人気　１着　0.1秒差　<u>６カ月半</u>
実績　中山2000m　GⅢ　　　　紫苑S　　　　　　　　３番人気　２着　0.4秒差
実績　京都2000m　GⅠ　　　　秋華賞　　　　　　　　３番人気　１着　0.1秒差

2016年　スマートレイアー　　　牝６　55kg（＋１kg）３着
前走　東京1600m　GⅠ　　　　ヴィクトリアマイル　　３番人気　４着　0.6秒差　５カ月
実績　東京1600m　牡馬GⅢ　　東京新聞杯　　　　　　５番人気　１着　0.3秒差　逃げ
実績　阪神1600m　GⅡ　　　　阪神牝馬S　　　　　　２番人気　１着　0.0秒差　逃げ
実績　阪神1400m　GⅡ　　　　阪神牝馬S　　　　　　１番人気　１着　0.0秒差
実績　東京1800m　GⅡ　　　　府中牝馬S　　　　　　１番人気　２着　0.2秒差
実績　東京1800m　GⅡ　　　　府中牝馬S　　　　　　１番人気　２着　0.1秒差
実績　京都2000m　GⅠ　　　　秋華賞　　　　　　　　２番人気　２着　0.2秒差

2015年　スマートレイアー　　　牝５　54kg　２着
前走　阪神1600m　牡馬OP　　米子S　　　　　　　　１番人気　１着　0.2秒差　４カ月
実績　阪神1400m　GⅡ　　　　阪神牝馬S　　　　　　１番人気　１着　0.0秒差
実績　東京1800m　GⅡ　　　　府中牝馬S　　　　　　１番人気　２着　0.1秒差
実績　京都2000m　GⅠ　　　　秋華賞　　　　　　　　２番人気　２着　0.2秒差

2014年　スマートレイアー　　　牝４　55kg（＋１kg）２着
前走　札幌1800m　GⅢ　　　　クイーンS　　　　　　１番人気　３着　0.0秒差　２カ月半
実績　阪神1400m　GⅡ　　　　阪神牝馬S　　　　　　１番人気　１着　0.0秒差
実績　京都2000m　GⅠ　　　　秋華賞　　　　　　　　２番人気　２着　0.2秒差

2013年　アロマティコ　　　　　牝４　54kg　７着
前走　新潟2000m　牡馬1600万　佐渡S　　　　　　　１番人気　１着　0.4秒差　２カ月

※重賞連対なし。オープン勝ちなし。

2012年　ドナウブルー　　　　牝4　54kg　3着

前走	新潟1600m	牡馬GⅢ	関屋記念	1番人気	1着	0.0秒差	2カ月
実績	京都1600m	GⅢ	京都牝馬S	2番人気	1着	0.2秒差	
実績	東京1600m	GⅠ	ヴィクトリアマイル	7番人気	2着	0.1秒差	

2011年　アパパネ　　　　　　牝4　57kg（＋2kg）14着

前走	東京1600m	牡馬GⅠ	安田記念	1番人気	6着	0.2秒差	4カ月半
実績	阪神1600m	GⅢ	チューリップ賞	1番人気	2着	0.1秒差	
実績	東京1600m	GⅠ	ヴィクトリアマイル	2番人気	1着	0.0秒差	
実績	京都2000m	GⅠ	秋華賞	1番人気	1着	0.1秒差	
実績	東京2400m	GⅠ	オークス	1番人気	1着	0.0秒差	
実績	阪神1600m	GⅠ	桜花賞	1番人気	1着	0.1秒差	
実績	阪神1600m	GⅠ	阪神JF	2番人気	1着	0.1秒差	

◉牝馬三冠＋阪神ジュベナイルフィリーズ、そしてヴィクトリアマイルを勝ってGⅠ5勝。京都大賞典のゴールドシップと同じく、名馬が負けるのが休み明けの重賞です。また、牝馬57kg＝牡馬59kgになると、パフォーマンスが一気に落ちると言われ、特に芝のスピード競馬において顕著とされています。2012年の負担重量規程の変更は、そのあたりを考慮したものでしょう。

府中牝馬S

1番人気が「負ける」とわかったら、2番人気以下の馬から勝つ馬を見つけます。大前提とハードルをクリアした馬しか勝ちませんので、【穴馬的中シート】を利用して見つけだしてください。

🐎 2番人気以下で勝てる馬を浮かび上がらせる

大前提
5歳以上馬は当年にハードル❶か❷クリア

ハードル❶
前走「牡馬準OP完勝、あるいは牡馬OP特別連対、あるいは重賞連対」

ハードル❷
前走それ以外は、牡馬GⅢ1着歴、あるいは重賞1番人気1着歴、あるいはGI連対歴

2番人気以下で勝てる馬【穴馬的中シート】

条件	馬番 or 馬名
大前提クリア	
ハードル❶クリア	
ハードル❷クリア	

過去9年、2番人気以下で優勝した馬たちの前走成績と実績を紹介します。

◉2番人気以下で勝った馬一覧

2019年　4番人気　スカーレットカラー　牝4　54kg　680円

前走	札幌1800m	GⅢ	クイーンS	5番人気	2着	0.0秒差	2カ月半
実績	中山1600m	GⅢ	フェアリーS	6番人気	2着	0.2秒差	

2017年　5番人気　クロコスミア　牝4　54kg　1040円

前走	札幌2000m	牝馬1600万	ワールドオールスタージョッキーズ第2戦	1番人気	1着	0.5秒差	逃げ　1カ月半
実績	阪神1800m	GⅡ	ローズS	11番人気	2着	0.0秒差	逃げ

2016年　3番人気　クイーンズリング　牝4　54kg　650円

前走	阪神1600m	牝馬OP	米子S	1番人気	2着	0.6秒差	4カ月
実績	京都1400m	GⅢ	京都牝馬S	1番人気	1着	0.0秒差	
実績	阪神1400m	GⅡ	フィリーズレビュー	1番人気	1着	0.1秒差	
実績	京都2000m	GⅠ	秋華賞	5番人気	2着	0.0秒差	

2015年　11番人気　ノボリディアーナ　牝5　54kg　3200円

前走	小倉1800m	牝馬OP	小倉日経OP	4番人気	2着	0.2秒差	1カ月半

2014年　4番人気　ディアデラマドレ　牝4　54kg　800円

前走	札幌1800m	GⅢ	クイーンS	3番人気	5着	0.6秒差	2カ月半
実績	阪神2000m	GⅢ	マーメイドS	1番人気	1着	0.2秒差	

2013年　4番人気　ホエールキャプチャ　牝5　55kg（+1kg）　680円

前走	札幌2000m	牝馬GⅡ	札幌記念	9番人気	14着	5.4秒差	2カ月
実績	東京1600m	GⅢ	クイーンC	2番人気	1着	0.1秒差	
実績	阪神1800m	GⅡ	ローズS	1番人気	1着	0.0秒差	
実績	東京1600m	GⅠ	ヴィクトリアマイル	4番人気	1着	0.1秒差	
実績	東京1600m	GⅠ	ヴィクトリアマイル	12番人気	2着	0.0秒差	当年
実績	阪神1600m	GⅠ	桜花賞	1番人気	2着	0.1秒差	
実績	阪神1600m	GⅠ	阪神JF	4番人気	2着	0.1秒差	

2012年　10番人気　マイネイサベル　牝4　54kg　3180円

前走	新潟2000m	牝馬GⅢ	新潟記念	9番人気	17着	1.4秒差	1カ月半
実績	新潟1600m	牝馬GⅢ	新潟2歳S	9番人気	1着	0.0秒差	
実績	東京1600m	GⅢ	クイーンC	5番人気	2着	0.1秒差	
実績	阪神1800m	GⅡ	ローズS	10番人気	2着	0.0秒差	

2011年　5番人気　イタリアンレッド　牝5　55kg　960円

前走	小倉2000m	牝馬GⅢ	小倉記念	4番人気	1着	0.3秒差	2カ月半
実績	中山2000m	牝馬GⅢ	七夕賞	7番人気	1着	0.0秒差	当年

※当年牝馬GⅢ2連勝中。

◆2着馬を見つけるのはココで

2着候補を2番人気以下から見つけだしましょう。それを可能にしたのが私が編みだした大前提とハードルです。こちらも【穴馬的中シート】に書きこんでみてください。
なお、1番人気に応えられなくても2着に来ることはありますので、1番人気馬は無条件で2着候補です。

🐎 2番人気以下で2着に入れる馬を浮かび上がらせる

大前提
5歳以上馬は過去1年にハードル❶クリア

ハードル❶
重賞1着歴か、牡馬OP1着歴

2番人気以下で2着に入れる馬【穴馬的中シート】

条件	馬番 or 馬名
大前提 クリア	
ハードル❶ クリア	

過去9年、2番人気以下で2着に入った馬たちの前走成績と実績を紹介します。

◇2番人気以下で2着に入った馬一覧

2019年　9番人気　フロンテアクイーン　牝6　54kg

前走	札幌1800m	GⅢ	クイーンS	2番人気	7着	0.4秒差	2カ月半	
実績	中山1800m	GⅢ	中山牝馬S	5番人気	1着	0.0秒差	当年	
実績	札幌1800m	GⅢ	クイーンS	4番人気	2着	0.5秒差		
実績	中山1800m	GⅢ	中山牝馬S	2番人気	2着	0.1秒差		
実績	中山1600m	GⅢ	ターコイズS	3番人気	2着	0.0秒差		
実績	福島1800m	GⅢ	福島牝馬S	4番人気	2着	0.0秒差		
実績	東京1600m	GⅢ	クイーンC	7番人気	2着	0.8秒差		

2018年　2番人気　リスグラシュー　牝4　54kg

前走	東京1600m	牡馬GⅠ	安田記念	6番人気	8着	0.8秒差	4カ月半	
実績	東京1600m	牡馬GⅢ	東京新聞杯	3番人気	1着	0.2秒差		
実績	東京1600m	GⅢ	アルテミスS	1番人気	1着	0.1秒差		
実績	東京1600m	GⅠ	ヴィクトリアマイル	1番人気	2着	0.0秒差		
実績	京都2000m	GⅠ	秋華賞	4番人気	2着	0.2秒差		
実績	阪神1600m	GⅠ	桜花賞	3番人気	2着	0.1秒差		
実績	阪神1600m	GⅠ	阪神JF	2番人気	2着	0.2秒差		

2016年　2番人気　マジックタイム　牝5　54kg

前走	新潟1600m	GⅢ	関屋記念	1番人気	3着	0.2秒差	2カ月	
実績	中山1600m	牡馬GⅢ	ダービー卿CT	5番人気	1着	0.0秒差	当年	
実績	京都1400m	GⅢ	京都牝馬S	6番人気	2着	0.0秒差	当年	
実績	東京1600m	GⅢ	クイーンC	3番人気	2着	0.0秒差		

2013年　5番人気　ドナウブルー　牝5　54kg

前走	新潟1600m	牡馬GⅢ	関屋記念	2番人気	4着	0.2秒差	2カ月	
実績	新潟1600m	牡馬GⅢ	関屋記念	1番人気	1着	0.0秒差		
実績	京都1600m	GⅢ	京都牝馬S	2番人気	1着	0.2秒差		
実績	東京1600m	GⅠ	ヴィクトリアマイル	7番人気	2着	0.1秒差		

※過去1年以内に牡馬GⅠマイルCS3着0.1秒差があります。5歳以上馬の1年以内の成績
は、これにて条件クリアとします。

2012年　5番人気　スマートシルエット　牝5　54kg

前走	新潟2000m	牡馬GⅢ	新潟記念	4番人気	6着	0.1秒差	1カ月半	
前々走	新潟1800m	牡馬OP	NST賞	1番人気	1着	0.2秒差	当年	

●牡馬と一緒に走るオープン特別を勝つ牝馬は、牝馬限定の重賞を勝てる馬と見なします。
牝馬限定競走はそれだけレベルが低いのです。従って牡馬と一緒に走るGⅡやGⅢを勝った
牝馬は、牝馬限定のGⅠを勝つ能力の持ち主とみて大丈夫です。

牡馬GⅠ	=	牝馬GⅠ
牡馬GⅡ・GⅢ	=	牝馬GⅠ
牡馬オープン特別	=	牝馬GⅡ・GⅢ

2011年		4番人気	アニメイトバイオ		牝4	55kg			
前走	札幌1800m	GⅢ		クイーンS		3番人気	3着	0.2秒差	2カ月
実績	阪神1800m	GⅡ		ローズS		4番人気	1着	0.0秒差	
実績	東京1400m	牡馬GⅡ		京王杯2歳S		4番人気	2着	0.2秒差	
実績	京都2000m	GⅠ		秋華賞		6番人気	2着	0.1秒差	
実績	阪神1600m	GⅠ		阪神JF		5番人気	2着	0.1秒差	

■賞金別定時代の勝ち馬

2010年	テイエムオーロラ	4番人気	牝4	55kg
2009年	ムードインディゴ	7番人気	牝4	55kg
2008年	ブルーメンブラット	4番人気	牝5	55kg
2007年	デアリングハート	4番人気	牝5	55kg
2006年	デアリングハート	2番人気	牝4	55kg
2005年	ヤマニンアラバスタ	1番人気	牝4	55kg
2004年	オースミハルカ	5番人気	牝4	55kg
2003年	レディパステル	1番人気	牝5	56kg
2002年	ダイヤモンドビコー	1番人気	牝4	55kg
2001年	マルカキャンディ	5番人気	牝5	55kg
2000年	トゥザヴィクトリー	1番人気	牝4	55kg

秋華賞

10月18日（日）

京都競馬場　芝2000m　フルゲート18頭

３歳牝馬

馬齢　55kg（2002年までは定量55kg）

🐎 秋華賞の真相

桜花賞（阪神1600m）→オークス（東京2400m）→秋華賞（京都2000m）と、距離が400mずつ違う3歳牝馬三冠レース。では、秋華賞の成績に、桜花賞とオークスのどちらが強く影響を及ぼすかというと、後者です。

オークスの成績を見れば

秋華賞を勝つ1番人気がわかります。

距離短縮馬はパフォーマンスが上がることが多いと言われますが、そのとおりの結果になっています。

ただし、3歳牝馬限定競走で2200mや2400mを超えるレースはオークス以外に存在しません。オークス以外の長距離戦を使ってから2000m戦に挑んでパフォーマンスを高める穴馬は、見つけようにも見つけられないわけです。従って、2番人気以下で勝った馬14頭の単勝平均配当は823円、平均人気は3.6番人気と堅く収まっています。点数を絞って買わないと取りガミの恐れがあります。

その絞り方など、まずは1番人気の取捨選択を次ページに紹介していますので見てください。

♞ 1番人気で勝てる馬を浮かび上がらせる

> **ハードル❶**
> # 前走「オークスかトライアル」
> # 1番人気かつ二冠完勝歴
> （秋華賞のトライアルレースはローズSと紫苑S。二冠とは桜花賞とオークスのことで、どちらか1つでよい）

それでは、まず1番人気馬にこのハードルを課し、勝てるか負けるかを判定しましょう。次ページからの【1番人気的中シート】を利用してください。

1番人気で勝てる馬【1番人気的中シート】

年度	秋華賞の 1番人気馬	ハードル ❶	判定	着順	単勝 配当	結果
ハードル❶……前走「オークスかトライアル」1番人気かつ二冠完勝歴 （秋華賞のトライアルレースはローズSと紫苑S。二冠とは桜花賞とオークスのことで、どちらか1つでよい）						
2020						
2020						
2019	ダノンファンタジー	×	×	8着		→
2018	アーモンドアイ	◎	●	1着	¥130	大的中
2017	アエロリット	×	×	7着		→
2016	ビッシュ	×	×	10着		→
2015	ミッキークイーン	◎	●	1着	¥300	大的中
2014	ヌーヴォレコルト	×	×	2着		→
2013	デニムアンドルビー	×	×	4着		→
2012	ジェンティルドンナ	◎	●	1着	¥130	大的中
2011	ホエールキャプチャ	×	×	3着		→
2010	アパパネ	◎	●	1着	¥230	大的中
2009	ブエナビスタ	×	×	3着		→
2008	トールポピー	×	×	10着		→
2007	ウオッカ	×	×	3着		→
2006	アドマイヤキッス	×	×	4着		→
2005	ラインクラフト	×	×	2着		→
2004	ダンスインザムード	×	×	4着		→
2003	アドマイヤグルーヴ	×	×	2着		→
2002	ファインモーション	○	●	1着	¥110	大的中
2001	テイエムオーシャン	◎	●	1着	¥240	大的中
2000	シルクプリマドンナ	×	×	10着		→

Eのシートに今年の1番人気候補を記入し、過去の成
績をもとに「勝てるか、勝てないか」を判定してください。
「勝てない」とわかったら、2番人気以下で勝てる馬が浮
び上がる【穴馬的中シート】(後ろのページ)に進ん
ください。

2番人気以下で勝った馬	人気	単勝配当	結果
クロノジェネシス	4	¥690	大的中
ディアドラ	3	¥630	大的中
ヴィブロス	3	¥630	大的中
ショウナンパンドラ	3	¥1,010	大的中
メイショウマンボ	3	¥520	大的中
アヴェンチュラ	2	¥310	大的中
レッドディザイア	2	¥320	大的中
ブラックエンブレム	11	¥2,990	大的中
ダイワスカーレット	2	¥280	大的中
カワカミプリンセス	2	¥360	大的中
エアメサイア	2	¥250	大的中
スイープトウショウ	2	¥500	大的中
スティルインラブ	2	¥320	大的中
ティコティコタック	10	¥2,710	大的中

過去20年、1番人気に応えて優勝した馬たちの前走成績と実績を紹介します。
✤1番人気で勝った馬一覧（実績はオークスと桜花賞のみ列記）

2018年　アーモンドアイ　　　130円
前走　東京2400m　GⅠ　オークス　　　　1番人気　1着　0.3秒差　上がり1位
実績　阪神1600m　GⅠ　桜花賞　　　　　2番人気　1着　0.3秒差　上がり1位

2015年　ミッキークイーン　　300円
前走　阪神1800m　GⅡ　ローズS　　　　1番人気　2着　0.2秒差　上がり1位
実績　東京2400m　GⅠ　オークス　　　　3番人気　1着　0.1秒差　上がり1位
※GⅠ桜花賞　不出走。

2012年　ジェンティルドンナ　130円
前走　阪神1800m　GⅡ　ローズS　　　　1番人気　1着　0.2秒差　上がり3位
実績　東京2400m　GⅠ　オークス　　　　3番人気　1着　0.8秒差　上がり1位
実績　阪神1600m　GⅠ　桜花賞　　　　　2番人気　1着　0.1秒差　上がり1位

2010年　アパパネ　　　　　　230円
前走　阪神1800m　GⅡ　ローズS　　　　1番人気　4着　0.2秒差　上がり？位
実績　東京2400m　GⅠ　オークス　　　　1番人気　1着　0.0秒差　上がり1位
実績　阪神1600m　GⅠ　桜花賞　　　　　1番人気　1着　0.1秒差　上がり3位

2002年　ファインモーション　110円
前走　阪神2000m　GⅡ　ローズS　　　　1番人気　1着　0.5秒差　上がり2位
※二冠不出走。デビュー4戦すべて1番人気で無敗。ハードルをクリアというレベルではなく、
超越しています。

2001年　テイエムオーシャン　240円
前走　東京2400m　GⅠ　オークス　　　　1番人気　3着　0.4秒差　上がり？位
実績　阪神1600m　GⅠ　桜花賞　　　　　1番人気　1着　0.5秒差　上がり3位

過去20年、1番人気に応えられず2着以下に負けた馬たちの前走成績と実績を紹介します。
♔1番人気で負けた馬一覧

2019年　ダノンファンタジー　8着
前走　阪神1800m　GⅡ　ローズS　　　　1番人気　1着　0.0秒差　上がり1位
実績　東京2400m　GⅠ　オークス　　　　4番人気　5着　0.5秒差　上がり1位
実績　阪神1600m　GⅠ　桜花賞　　　　　1番人気　4着　0.4秒差　上がり？位

2017年　アエロリット　　　　7着
前走　札幌1800m　GⅢ　クイーンS　　　2番人気　1着　0.4秒差　上がり？位　逃げ
※GⅠオークス　不出走。
実績　阪神1600m　GⅠ　桜花賞　　　　　6番人気　5着　0.2秒差　上がり2位

2016年　ビッシュ　　　　　　10着
前走　中山2000m　GⅢ　紫苑S　　　　　1番人気　1着　0.4秒差　上がり1位
実績　東京2400m　GⅠ　オークス　　　5番人気　3着　0.1秒差　上がり？位
※GⅠ桜花賞　不出走。

2014年　ヌーヴォレコルト　　2着
前走　阪神1800m　GⅡ　ローズS　　　　2番人気　1着　0.2秒差　上がり2位
実績　東京2400m　GⅠ　オークス　　　2番人気　1着　0.0秒差　上がり3位
実績　阪神1600m　GⅠ　桜花賞　　　　5番人気　3着　0.1秒差　上がり3位

2013年　デニムアンドルビー　4着
前走　阪神1800m　GⅡ　ローズS　　　　1番人気　1着　0.1秒差　上がり2位
実績　東京2400m　GⅠ　オークス　　　1番人気　3着　0.5秒差　上がり2位
※GⅠ桜花賞　不出走。

2011年　ホエールキャプチャ　3着
前走　阪神1800m　GⅡ　ローズS　　　　1番人気　1着　0.0秒差　上がり？位
実績　東京2400m　GⅠ　オークス　　　2番人気　3着　0.0秒差　上がり1位
実績　阪神1600m　GⅠ　桜花賞　　　　1番人気　2着　0.1秒差　上がり2位

2009年　ブエナビスタ　　　　3着（ハナ差2位入線）
前走　札幌2000m　牝馬GⅢ　札幌記念　　　1番人気　2着　0.0秒差　上がり1位
実績　東京2400m　GⅠ　オークス　　　1番人気　1着　0.0秒差　上がり1位
実績　阪神1600m　GⅠ　桜花賞　　　　1番人気　1着　0.1秒差　上がり1位
※前走トライアルではありません。

2008年　トールポピー　　　　10着
前走　阪神1800m　GⅡ　ローズS　　　　2番人気　6着　0.7秒差　上がり？位
実績　東京2400m　GⅠ　オークス　　　4番人気　1着　0.0秒差　上がり2位
実績　阪神1600m　GⅠ　桜花賞　　　　1番人気　8着　0.4秒差　上がり3位

2007年　ウオッカ　　　　　　3着
前走　阪神2200m　牝馬GⅠ　宝塚記念　　　1番人気　8着　1.6秒差　上がり？位
※GⅠオークス　不出走。
実績　阪神1600m　GⅠ　桜花賞　　　　1番人気　2着　0.2秒差　上がり2位
※GⅠオークスの代わりに牡馬GⅠダービーに出走し、3番人気1着0.5秒差上がり1位があ
りますが、前走トライアルではありません。

2006年　アドマイヤキッス　　4着
前走　中京2000m　GⅡ　ローズS　　　　1番人気　1着　0.1秒差　上がり2位
実績　東京2400m　GⅠ　オークス　　　1番人気　4着　0.4秒差　上がり？位
実績　阪神1600m　GⅠ　桜花賞　　　　1番人気　2着　0.1秒差　上がり2位

2005年　ラインクラフト　　　2着
前走　阪神2000m　GⅡ　ローズS　　　　1番人気　2着　0.1秒差　上がり2位

※ＧⅠオークス　不出走。
実績　阪神1600m　ＧⅠ　桜花賞　　　　　　　2番人気　1着　0.0秒差　上がり3位
※桜花賞完勝できていません。牡馬ＧⅠHKマイルCを完勝していますが、オークスを選択しなかったのは、距離適性を考慮したためと思われます。

2004年　ダンスインザムード　4着
前走　米国2000m　ＧⅠ　アメリカンオークス　1番人気　2着　0.0秒差
実績　東京2400m　ＧⅠ　オークス　　　　　　1番人気　4着　0.6秒差　上がり？位
実績　阪神1600m　ＧⅠ　桜花賞　　　　　　　1番人気　1着　0.3秒差　上がり1位

2003年　アドマイヤグルーヴ　2着
前走　阪神2000m　ＧⅡ　ローズS　　　　　　2番人気　1着　0.2秒差　上がり1位
実績　東京2400m　ＧⅠ　オークス　　　　　　1番人気　7着　0.7秒差　上がり2位
実績　阪神1600m　ＧⅠ　桜花賞　　　　　　　1番人気　3着　0.3秒差　上がり1位

2000年　シルクプリマドンナ　10着
前走　阪神2000m　ＧⅡ　ローズS　　　　　　1番人気　4着　0.3秒差　上がり？位
実績　東京2400m　ＧⅠ　オークス　　　　　　1番人気　1着　0.0秒差　上がり1位
実績　阪神1600m　ＧⅠ　桜花賞　　　　　　　3番人気　3着　0.2秒差　上がり3位
※オークス完勝できていません。

◆1番人気が飛ぶとわかったらココへ

　1番人気が「負ける」とわかったら、2番人気以下の馬から勝つ馬を見つけます。簡単です。「ハードル」をクリアした馬が勝ちますので、【穴馬的中シート】を利用して見つけだしてください。

🐎 2番人気以下で勝てる馬を浮かび上がらせる

ハードル❶
前走1800m以上「重賞連対、あるいは3歳以上牡馬2勝クラス完勝」

ハードル❷
前走それ以外は、1800m以上重賞1番人気1着歴か、ＧⅠ連対歴（OP特別時代の紫苑Sも重賞に含む）

2番人気以下で勝てる馬【穴馬的中シート】

条件	馬番 or 馬名
ハードル❶クリア	
ハードル❷クリア	

過去20年、2番人気以下で優勝した馬たちの前走成績と実績を紹介します。
◈2番人気以下で勝った馬一覧（実績は3歳以上2勝クラス以上1着、重賞連対を列記。以下同様）

2019年　4番人気　クロノジェネシス　690円
前走　東京2400m　ＧⅠ　オークス　2番人気　3着　0.4秒差　上がり？位
実績　東京1600m　ＧⅢ　クイーンＣ　1番人気　1着　0.0秒差　上がり2位
実績　阪神1600m　ＧⅠ　阪神ＪＦ　2番人気　2着　0.1秒差　上がり1位

2017年　3番人気　ディアドラ　630円
前走　中山2000m　ＧⅢ　紫苑Ｓ　1番人気　1着　0.0秒差　上がり2位
実績　札幌2000m　3歳以上牡馬1000万　ＨＴＢ賞　2番人気　1着　0.0秒差　上がり1位

2016年　3番人気　ヴィブロス　630円
前走　中山2000m　ＧⅢ　紫苑Ｓ　3番人気　2着　0.4秒差　上がり2位

2014年　3番人気　ショウナンパンドラ　1010円
前走　中山2000m　ＯＰ　紫苑Ｓ　1番人気　2着　0.0秒差　上がり2位

2013年　3番人気　メイショウマンボ　520円
前走　阪神1800m　ＧⅡ　ローズＳ　4番人気　4着　0.1秒差　上がり3位
実績　阪神1400m　ＧⅡ　フィリーズレビュー　3番人気　1着　0.2秒差　上がり1位
実績　東京2400m　ＧⅠ　オークス　9番人気　1着　0.2秒差　上がり1位

2011年　2番人気　アヴェンチュラ　310円
前走　札幌1800m　ＧⅢ　クイーンＳ　1番人気　1着　0.0秒差　上がり？位
実績　札幌1800m　牡馬ＧⅢ　札幌2歳Ｓ　2番人気　2着　0.1秒差　上がり1位
実績　函館1800m　3歳以上牡馬1600万　漁火Ｓ　2番人気　1着　0.4秒差　上がり1位

2009年　2番人気　レッドディザイア　320円
前走　阪神1800m　ＧⅡ　ローズＳ　1番人気　2着　0.0秒差　上がり1位
実績　東京2400m　ＧⅠ　オークス　2番人気　2着　0.0秒差　上がり2位
実績　阪神1600m　ＧⅠ　桜花賞　2番人気　2着　0.1秒差　上がり2位

2008年　11番人気　ブラックエンブレム　2990円

前走	阪神1800m	GⅡ	ローズS	4番人気	15着	2.1秒差	上がり？位	
実績	中山1800m	GⅢ	フラワーC	1番人気	1着	0.0秒差	上がり？位	逃げ

2007年　2番人気　ダイワスカーレット　280円

前走	阪神1800m	GⅡ	ローズS	1番人気	1着	0.1秒差	上がり3位	逃げ
実績	阪神1600m	GⅢ	チューリップ賞	2番人気	2着	0.0秒差	上がり2位	逃げ
実績	京都1600m	牝馬GⅢ	シンザン記念	1番人気	2着	0.2秒差	上がり2位	
実績	阪神1600m	GⅠ	桜花賞	3番人気	1着	0.2秒差	上がり2位	

2006年　2番人気　カワカミプリンセス　360円

前走	東京2400m	GⅠ	オークス	3番人気	1着	0.1秒差	上がり？位

※デビュー4戦無敗。

2005年　2番人気　エアメサイア　250円

前走	阪神2000m	GⅡ	ローズS	2番人気	1着	0.1秒差	上がり1位
実績	東京2400m	GⅠ	オークス	2番人気	2着	0.0秒差	上がり3位

2004年　2番人気　スイープトウショウ　500円

前走	阪神2000m	GⅡ	ローズS	2番人気	3着	0.1秒差	上がり2位
実績	阪神1600m	GⅢ	チューリップ賞	1番人気	1着	0.1秒差	上がり1位
実績	京都1400m	GⅢ	ファンタジーS	2番人気	1着	0.2秒差	上がり1位
実績	東京2400m	GⅠ	オークス	4番人気	2着	0.1秒差	上がり1位

2003年　2番人気　スティルインラブ　320円

前走	阪神2000m	GⅡ	ローズS	1番人気	5着	0.5秒差	上がり3位
実績	阪神1600m	GⅢ	チューリップ賞	1番人気	2着	0.1秒差	上がり1位
実績	東京2400m	GⅠ	オークス	2番人気	1着	0.2秒差	上がり1位
実績	阪神1600m	GⅠ	桜花賞	2番人気	1着	0.2秒差	上がり2位

2000年　10番人気　ティコティコタック　2710円

前走	札幌1800m	3歳以上牝馬900万	大倉山特別	2番人気	1着	0.2秒差	上がり1位

◆2着馬を見つけるのはココで

2着候補も2番人気以下から見つけます。それを簡単にするために私は「ハードル」を編みだしたのです。こちらも【穴馬的中シート】を利用して見つけてください。

なお、1番人気に応えられなくても2着に来ることはありますので、1番人気馬は無条件で2着候補です。

🐎 2番人気以下で2着に入れる馬を浮かび上がらせる

ハードル❶
前走1800m以上「３歳以上２勝クラス１番人気完勝
（かつ上がり１位、あるいは逃げ切り）か、ＧⅡ以上連対」

ハードル❷
前走それ以外は３歳以上２勝クラス完勝歴か、ＧⅡ以上連対歴

2番人気以下で2着に入れる馬【穴馬的中シート】

条件	馬番 or 馬名
ハードル❶ クリア	
ハードル❷ クリア	

過去20年、２番人気以下で２着に入った馬たちの前走成績と実績を紹介します。
◇２番人気以下で２着に入った馬一覧

2019年　２番人気　カレンブーケドール
前走　中山2000m　ＧⅢ　紫苑Ｓ　　　　　１番人気　３着　0.1秒差　上がり？位
実績　東京2400m　ＧⅠ　オークス　　　12番人気　２着　0.0秒差　上がり？位

2018年　５番人気　ミッキーチャーム
前走　札幌1800m　3歳以上牝馬1000万 藻岩山特別　１番人気　１着　0.6秒差　上がり２位　逃げ

2017年　４番人気　リスグラシュー
前走　阪神1800m　ＧⅡ　ローズＳ　　　３番人気　３着　0.3秒差　上がり３位
実績　東京1600m　ＧⅢ　アルテミスＳ　１番人気　１着　0.1秒差　上がり２位
実績　阪神1600m　ＧⅠ　桜花賞　　　　３番人気　２着　0.1秒差　上がり３位
実績　阪神1600m　ＧⅠ　阪神ＪＦ　　　２番人気　２着　0.2秒差　上がり１位

2016年　４番人気　パールコード
前走　中山2000m　ＧⅢ　紫苑Ｓ　　　　２番人気　５着　1.1秒差　上がり？位
実績　東京2000m　ＧⅡ　フローラＳ　　２番人気　２着　0.5秒差　上がり３位

2015年　5番人気　クイーンズリング
前走　阪神1800m　GⅡ　ローズS　　　　　　5番人気　5着　0.9秒差　上がり？位
実績　阪神1400m　GⅡ　フィリーズレビュー　1番人気　1着　0.1秒差　上がり1位

2013年　2番人気　スマートレイアー
前走　阪神1800m　3歳以上1000万　夕月特別　1番人気　1着　0.2秒差　上がり1位

2012年　2番人気　ヴィルシーナ
前走　阪神1800m　GⅡ　ローズS　　　　　　2番人気　2着　0.2秒差　上がり3位
実績　東京1600m　GⅢ　クイーンC　　　　　2番人気　1着　0.2秒差　上がり3位
実績　東京2400m　GⅠ　オークス　　　　　　2番人気　2着　0.8秒差　上がり3位
実績　阪神1600m　GⅠ　桜花賞　　　　　　　4番人気　2着　0.1秒差　上がり？位

2011年　7番人気　キョウワジャンヌ
前走　阪神1800m　GⅡ　ローズS　　　　　　　　　7番人気　3着　0.1秒差　上がり3位
実績　新潟1400m　3歳以上牡馬1000万 エクセル浜松開設記念　1番人気　1着　0.3秒差　上がり1位

2010年　6番人気　アニメイトバイオ
前走　阪神1800m　GⅡ　ローズS　　　　　　4番人気　1着　0.0秒差　上がり2位
実績　東京1400m　牡馬GⅡ　京成杯2歳S　　4番人気　2着　0.2秒差　上がり1位
実績　阪神1600m　GⅠ　阪神JF　　　　　　5番人気　2着　0.1秒差　上がり？位

2009年　3番人気　ブロードストリート
前走　阪神1800m　GⅡ　ローズS　　　　　　5番人気　1着　0.0秒差　上がり2位

2008年　8番人気　ムードインディゴ
前走　阪神1800m　GⅡ　ローズS　　　　　　9番人気　2着　0.0秒差　上がり1位

2007年　7番人気　レインダンス
前走　阪神1800m　GⅡ　ローズS　　　　　　3番人気　3着　0.2秒差　上がり3位
実績　新潟1800m　3歳以上1000万　三面川特別　2番人気　1着　0.2秒差　上がり2位

2006年　5番人気　アサヒライジング
前走　米国2000m　GⅠ　アメリカンオークス　1番人気　2着
実績　東京1600m　GⅢ　クイーンC　　　　　6番人気　2着　0.1秒差　上がり？位　逃げ

2004年　5番人気　ヤマニンシュクル
前走　札幌1800m　GⅢ　クイーンS　　　　　3番人気　3着　0.3秒差　上がり3位
実績　阪神1600m　GⅠ　阪神JF　　　　　　6番人気　1着　0.0秒差　上がり3位

2002年　3番人気　サクラヴィクトリア
前走　阪神2000m　GⅡ　ローズS　　　　　　3番人気　2着　0.5秒差　上がり1位
実績　川崎D2100m　GⅢ　関東オークス　　　1番人気　1着　0.0秒差　上がり1位

2001年　2番人気　ローズバド

前走	阪神2000m	GⅡ	ローズS	1番人気	2着	0.1秒差	上がり1位
実績	阪神1400m	GⅡ	フィリーズレビュー	6番人気	1着	0.2秒差	上がり1位
実績	東京2400m	GⅠ	オークス	4番人気	2着	0.0秒差	上がり1位

2000年　7番人気　ヤマカツスズラン

前走	阪神2000m	GⅡ	ローズS	5番人気	14着	2.5秒差	上がり？位	
実績	阪神1600m	GⅠ	阪神3歳牝馬S	1番人気	1着	0.3秒差	上がり？位	逃げ

富士S

10月24日（土）

東京競馬場　芝1600m　フルゲート18頭

（2002年は中山競馬場 芝1600m）

3歳以上

別定　3歳54kg　4歳以上56kg（牝馬2kg減）

ただし、過去1年間で　　　GⅠ競走（牝馬限定競走は除く）1着馬は2kg増
牝馬限定GⅠ競走　およびGⅡ競走（牝馬限定競走は除く）1着馬は1kg増
過去1年以前の　　　　　　GⅠ競走（牝馬限定競走は除く）1着馬は1kg増
（ただし、2歳時の成績を除く）。

今年からマイルチャンピオンシップのステップ競走となりGⅡに昇格。それまでのGⅢ時代
の負担重量規程は以下の別定でした。
3歳54kg、4歳以上56kg（牝馬2キロ減）。
ただし、過去1年間で　　　GⅠ競走（牝馬限定競走は除く）1着馬は3kg増
牝馬限定GⅠ競走　およびGⅡ競走（牝馬限定競走は除く）1着馬は2kg増
牝馬限定GⅡ競走　およびGⅢ競走（牝馬限定競走は除く）1着馬は1kg増
過去1年以前の　　　　　　GⅠ競走（牝馬限定競走は除く）1着馬は2kg増
牝馬限定GⅠ競走　およびGⅡ競走（牝馬限定競走は除く）1着馬は1kg増
（ただし、2歳時の成績を除く）。

※なお、2005年までは（牝馬限定競走は除く）という文言はありません。

🐎 富士Sの真相

2020年からGⅡ昇格の富士Sですが、出走メンバーや傾向は昨年までのGⅢ時代と大きく変わらないと思いますので、過去20年のレース結果をベースに記述します。

「府中のマイル」と言えば、出走全馬が持てる能力をフルに発揮できるコースというイメージがあり、荒れない感じがします。ところが実際は、過去20年で1番人気に応えられた馬はわずか5頭。単勝配当230円が最も安く、平均単勝配当は352円。これが1番人気の配当です。オッズ3.5倍は、ほかのレースで言えば2番人気の領域でしょう。

それだけ馬券は難しいわけです。

ただし、突破口はあります。2週前の毎日王冠の項で紹介しましたように、5歳以上馬が危ないのは不変です。というより、2週経過したためにより顕著になったとも言え、なんと

10頭中2頭しか、 1番人気に

応えられていません。このあたりを含めて、取捨選択法を示しましたので、まずは次ページを見てください。

🐎 1番人気で勝てる馬を浮かび上がらせる

大前提

2カ月半以上の休み明けではない4〜5歳馬

注：4〜5歳馬のハードルは、すべて3歳以上戦

4歳　ハードル❶

前走1600m以上OP連対 (負けていても0.0秒差)

4歳　ハードル❷

前走それ以外は、1600m以上GⅡ連対歴

(負けていても0.1秒差以内)

5歳　ハードル❸

前走1番人気か連対かつ1600m以上「GⅢ・GⅡ上がり1位1番人気完勝歴、あるいはGⅠ連対歴 (負けていても0.0秒差)」

1番人気候補にこの大前提とハードルを課し、勝てるか負けるかを判定しましょう。次ページからの【1番人気的中シート】を利用してください。

1番人気で勝てる馬【1番人気的中シート】

年度	富士Sの1番人気馬	性齢	負担重量	大前提	4歳ハードル❶	4歳ハードル❷	5歳ハードル
大前提……………2カ月半以上の休み明けではない4〜5歳馬 注：4〜5歳馬のハードルは、すべて3歳以上戦 4歳 ハードル❶……前走1600m以上OP連対（負けていても0.0秒差）					4歳 ハードル❷……前走それ以外 5歳 ハードル❸……前走1番気 位1番人気完勝歴、あるいはGI連		
2020							
2020							
2019	アドマイヤマーズ	牡3	57kg	×			
2018	エアスピネル	牡5	57kg	×			
2017	エアスピネル	牡4	57kg	◎		◎	
2016	ロードクエスト	牡3	55kg	×			
2015	サトノアラジン	牡4	56kg	×			
2014	ダノンシャーク	牡6	57kg	×			
2013	ダノンシャーク	牡5	57kg	◎			◎
2012	コスモセンサー	牡5	56kg	◎			×
2011	エイシンアポロン	牡4	56kg	◎		◎	
2010	リルダヴァル	牡3	54kg	×			
2009	レッドスパーダ	牡3	54kg	×			
2008	エイシンドーバー	牡6	57kg	×			
2007	エアシェイディ	牡6	56kg	×			
2006	スズカフェニックス	牡4	56kg	◎	×	×	
2005	キネティクス	牡6	56kg	×			
2004	アドマイヤマックス	牡5	56kg	◎			◎
2003	マグナーテン	せん7	58kg	×			
2002	メイショウラムセス	牡4	56kg	◎	◎		
2001	マグナーテン	せん5	57kg	◎			×
2000	エアギャングスター	牡4	56kg	◎	×		

判定	着順	単勝配当	結果		2番人気以下で勝った馬	人気	単勝配当	結果
×	9着		→		ノームコア	2	¥480	大的中
×	4着		→		ロジクライ	2	¥450	大的中
◉	1着	¥390	大的中					
×	9着		→		ヤングマンパワー	3	¥560	大的中
×	2着		→		ダノンプラチナ	4	¥990	大的中
×	7着		→		ステファノス	2	¥610	大的中
◉	1着	¥240	大的中					
×	8着		→		クラレント	5	¥1,100	大的中
◉	1着	¥410	大的中					
×	4着		→		ダノンヨーヨー	2	¥510	大的中
×	15着		→		アブソリュート	6	¥1,120	大的中
×	4着		→		サイレントプライド	4	¥1,130	大的中
×	4着		→		マイネルシーガル	4	¥830	大的中
×	3着		→		キネティクス	16	¥7,520	大的中
×	3着		→		ウインラディウス	3	¥610	大的中
◉	1着	¥230	大的中					
×	11着		→		ミレニアムバイオ	2	¥340	大的中
◉	1着	¥490	大的中					
×	7着		→		クリスザブレイヴ	3	¥770	大的中
×	9着		→		ダイワカーリアン	6	¥1,370	大的中

判定欄見出し: 0m以上GⅡ連対歴（負けていても0.1秒差以内）かつ1600m以上「GⅢ・GⅡ上がり1（負けていても0.0秒差）」

1番人気的中シートの使い方

左のシートに今年の1番人気候補を記入し、過去の成績をもとに「勝てるか、勝てないか」を判定してください。「勝てない」とわかったら、2番人気以下で勝てる馬が浮かび上がる【穴馬的中シート】（後ろのページ）に進んでください。

過去20年、1番人気に応えて優勝した馬たちの前走成績と実績を紹介します。
まず4歳馬から。
✢1番人気で勝った4歳馬一覧（実績は重賞連対を列記。以下同様）

2017年　エアスピネル　　　牡4　57kg（＋1kg）390円

前走	札幌2000m	GⅢ	札幌記念	2番人気	5着	0.4秒差	上がり？位	2カ月
実績	京都1600m	GⅢ	京都金杯	1番人気	1着	0.0秒差	上がり？位	
実績	京都1600m	GⅡ	マイラーズC	1番人気	2着	0.1秒差	上がり2位	
実績	京都1600m	GⅡ	デイリー杯2歳S	2番人気	1着	0.6秒差	上がり1位	
実績	阪神1600m	GⅠ	朝日杯FS	1番人気	2着	0.1秒差	上がり2位	

2011年　エイシンアポロン　　牡4　56kg　410円

前走	東京1800m	GⅡ	毎日王冠	10番人気	4着	0.1秒差	上がり？位	半月
実績	東京1400m	GⅡ	京王杯2歳S	3番人気	1着	0.2秒差	上がり2位	
実績	東京1800m	GⅡ	毎日王冠	8番人気	2着	0.0秒差	上がり？位	
実績	中山2000m	GⅡ	弥生賞	2番人気	2着	0.1秒差	上がり3位	
実績	京都1600m	GⅡ	デイリー杯2歳S	5番人気	2着	0.0秒差	上がり2位	
実績	中山1600m	GⅠ	朝日杯FS	2番人気	2着	0.2秒差	上がり？位	

2002年　メイショウラムセス　牡4　56kg　490円

前走	阪神1600m	OP	ポートアイランドS	2番人気	2着	0.0秒差	上がり2位	半月

※重賞連対なし。

続いて5歳馬。
✢1番人気で勝った5歳馬一覧

2013年　ダノンシャーク　　　牡5　57kg（＋1kg）240円

前走	中山1600m	GⅢ	京成杯AH	2番人気	2着	0.2秒差	上がり2位	1カ月半
実績	京都1600m	GⅢ	京都金杯	1番人気	1着	0.4秒差	上がり1位	
実績	京都1600m	GⅢ	京都金杯	2番人気	2着	0.2秒差	上がり1位	
実績	東京1800m	GⅢ	エプソムC	2番人気	2着	0.0秒差	上がり1位	
実績	京都1600m	GⅡ	マイラーズC	6番人気	2着	0.2秒差	上がり3位	

2004年　アドマイヤマックス　牡5　56kg　230円

前走	阪神1600m	OP	ポートアイランドS	1番人気	4着	0.2秒差	上がり？位	半月
実績	東京1800m	GⅢ	東スポ杯2歳S	2番人気	1着	0.4秒差	上がり2位	
実績	中山2200m	GⅡ	セントライト記念	1番人気	2着	0.2秒差	上がり2位	
実績	東京1600m	GⅠ	安田記念	6番人気	2着	0.0秒差	上がり？位	

過去20年、1番人気に応えられず2着以下に負けた馬たちの前走成績と実績を紹介します。
まず3歳馬から。
✢1番人気で負けた3歳馬一覧（3歳馬は大前提に引っかかります）

2019年　アドマイヤマーズ　　牡3　57kg（＋3kg）9着

前走	東京1600m	GⅠ	NHKマイルC	2番人気	1着	0.1秒差	上がり3位	5カ月半

実績	東京1800m	GⅢ	共同通信杯	1番人気	2着	0.2秒差	上がり2位	逃げ
実績	京都1600m	GⅡ	デイリー杯2歳S	1番人気	1着	0.1秒差	上がり2位	
実績	阪神1600m	GⅠ	朝日杯FS	2番人気	1着	0.3秒差	上がり2位	

2016年　ロードクエスト　　牡3　55kg（＋1kg）9着

前走	中山1600m	GⅢ	京成杯AH	1番人気	1着	0.1秒差	上がり1位	1カ月半
実績	東京1600m	GⅠ	NHKマイルC	2番人気	2着	0.1秒差	上がり1位	
実績	中山2000m	GⅡ	ホープフルS	1番人気	2着	0.2秒差	上がり1位	
実績	新潟1600m	GⅢ	新潟2歳S	1番人気	1着	0.7秒差	上がり1位	

2010年　リルダヴァル　　牡3　54kg　4着

前走	京都2000m	1600万	大原S	1番人気	1着	0.6秒差	上がり1位	半月

※重賞連対なし。

2009年　レッドスパーダ　　牡3　54kg　15着

前走	東京1600m	GⅠ	NHKマイルC	5番人気	2着	0.3秒差	上がり2位	5カ月半
実績	中山1800m	GⅡ	スプリングS	8番人気	2着	0.1秒差	上がり？位	

続いて4歳馬。
⊕1番人気で負けた4歳馬一覧

2015年　サトノアラジン　　牡4　56kg　2着

前走	東京1800m	GⅢ	エプソムC	1番人気	2着	0.0秒差	上がり3位	4カ月半

2006年　スズカフェニックス　牡4　56kg　3着

前走	京都1800m	1600万	大原S	1番人気	1着	0.3秒差	上がり1位	半月

※オープン連対なし。

2000年　エアギャングスター　牡4　56kg　9着

前走	札幌2000m	GⅡ	札幌記念	2番人気	2着	0.3秒差	上がり3位	2カ月

次に5歳馬。
⊕1番人気で負けた5歳馬一覧

2018年　エアスピネル　　牡5　57kg（＋1kg）4着

前走	京都1600m	GⅡ	マイラーズC	1番人気	3着	0.3秒差	上がり3位	6カ月
実績	東京1600m	GⅢ	富士S	1番人気	1着	0.3秒差	上がり3位	
実績	京都1600m	GⅢ	京都金杯	1番人気	1着	0.0秒差	上がり？位	
実績	京都1600m	GⅡ	デイリー杯2歳S	2番人気	1着	0.6秒差	上がり1位	
実績	京都1600m	GⅡ	マイラーズC	1番人気	2着	0.1秒差	上がり2位	
実績	京都1600m	GⅠ	マイルCS	2番人気	2着	0.0秒差	上がり？位	
実績	阪神1600m	GⅠ	朝日杯FS	1番人気	2着	0.1秒差	上がり2位	

2012年　コスモセンサー　　牡5　56kg　8着

前走	中山1600m	GⅢ	京成杯AH	3番人気	4着	0.6秒差	上がり3位	1カ月半

実績	東京1600m	GⅢ	東京新聞杯	4番人気	2着	0.0秒差	上がり？位	逃げ
実績	阪神1600m	GⅢ	アーリントンC	5番人気	1着	0.2秒差	上がり？位	逃げ

2001年　マグナーテン　　　騸5　57kg（＋1kg）7着

前走	東京1800m	GⅡ	毎日王冠	1番人気	4着	0.2秒差	上がり？位	3角先頭	半年
実績	新潟1600m	GⅢ	関屋記念	4番人気	1着	0.4秒差	上がり？位		

⊕最後に6歳以上馬。1番人気で負けた6歳以上馬一覧（大前提に引っかかります）

2014年　ダノンシャーク　　　牡6　57kg（＋1kg）7着

前走	新潟1600m	GⅢ	関屋記念	1番人気	2着	0.1秒差	上がり？位	2カ月半
実績	東京1600m	GⅢ	富士S	1番人気	1着	0.1秒差	上がり3位	
実績	京都1600m	GⅢ	京都金杯	1番人気	1着	0.4秒差	上がり1位	
実績	中山1600m	GⅢ	京成杯AH	2番人気	2着	0.2秒差	上がり2位	
実績	東京1800m	GⅢ	エプソムC	2番人気	2着	0.0秒差	上がり1位	
実績	京都1600m	GⅢ	京都金杯	2番人気	2着	0.2秒差	上がり1位	
実績	京都1600m	GⅡ	マイラーズC	6番人気	2着	0.2秒差	上がり3位	

2008年　エイシンドーバー　　　牡6　57kg（＋1kg）4着

前走	東京1600m	GⅠ	安田記念	9番人気	3着	0.7秒差	上がり3位	4カ月半
実績	阪神1400m	GⅢ	阪急杯	4番人気	1着	0.0秒差	上がり？位	
実績	小倉1800m	GⅢ	小倉大賞典	2番人気	2着	0.2秒差	上がり？位	
実績	京都1600m	GⅢ	京都金杯	8番人気	2着	0.2秒差	上がり3位	
実績	小倉1800m	GⅢ	小倉大賞典	1番人気	2着	0.1秒差	上がり1位	
実績	東京1400m	GⅡ	京王杯SC	5番人気	1着	0.0秒差	上がり1位	
実績	中山1800m	GⅡ	中山記念	7番人気	2着	0.3秒差	上がり3位	

2007年　エアシェイディ　　　牡6　56kg　4着

前走	東京1600m	GⅠ	安田記念	5番人気	16着	1.3秒差	上がり？位	4カ月半
実績	東京1600m	GⅢ	東京新聞杯	2番人気	2着	0.1秒差	上がり1位	
実績	東京1600m	GⅢ	富士S	2番人気	2着	0.1秒差	上がり1位	
実績	函館2000m	GⅢ	函館記念	2番人気	2着	0.2秒差	上がり？位	
実績	中山1800m	GⅡ	中山記念	3番人気	2着	0.2秒差	上がり2位	
実績	中山2200m	GⅡ	AJCC	3番人気	2着	0.2秒差	上がり？位	

2005年　キネティクス　　　牡6　56kg　3着

前走	中山1600m	GⅢ	京成杯AH	11番人気	5着	0.2秒差	上がり？位	1カ月半
実績	東京1600m	GⅢ	東京新聞杯	7番人気	2着	0.1秒差	上がり2位	

2003年　マグナーテン　　　騸7　58kg（＋2kg）11着

前走	阪神2000m	GⅡ	産経大阪杯	1番人気	2着	0.1秒差	上がり？位 逃げ	6カ月半
実績	新潟1600m	GⅢ	関屋記念	1番人気	1着	0.2秒差	上がり2位	
実績	新潟1600m	GⅢ	関屋記念	4番人気	1着	0.4秒差	上がり？位	
実績	中山2200m	GⅡ	AJCC	1番人気	1着	0.1秒差	上がり？位	逃げ
実績	東京1800m	GⅡ	毎日王冠	2番人気	1着	0.3秒差	上がり？位	逃げ

◆１番人気が飛ぶとわかったらココへ

１番人気が「負ける」とわかったら、２番人気以下の馬から勝つ馬を見つけます。大前提と
ハードルをクリアした馬が勝ちますので、【穴馬的中シート】を利用して見つけてください。

🐎 ２番人気以下で勝てる馬を浮かび上がらせる

３歳　大前提
加増馬ではない＝54kg

３歳　　　ハードル❶
**1600ｍ以上「ＯＰ特別１番人気１着歴、
あるいはＧⅡ以上完勝歴」**

４歳　　　ハードル❷
**前走1600ｍ以上「ＯＰ特別１番人気完勝かつ
上がり１位、あるいはＧⅢ１着、あるいは牝馬ＧⅠ１着」**

５歳　大前提
当年１勝

５歳　　　ハードル❸
**３歳以上1600ｍ以上重賞「１着歴か、
２着歴かつ1600ｍ以上重賞１着歴」**

６歳以上　大前提
前走３着以内

６歳以上　ハードル❹
**３歳以上1600ｍ以上重賞「１着歴、
あるいは２着歴２回、あるいは0.1秒差歴」**

2番人気以下で勝てる馬【穴馬的中シート】

条件	馬番 or 馬名
3歳 大前提クリア	
3歳 ハードル❶クリア	
4歳 ハードル❷クリア	
5歳 大前提クリア	
5歳 ハードル❸クリア	
6歳以上 大前提クリア	
6歳以上 ハードル❹クリア	

過去20年、2番人気以下で優勝した馬たちの前走成績と実績を紹介します。
まず3歳馬から。
◉2番人気以下で勝った3歳馬一覧

2015年	4番人気	ダノンプラチナ	牡3	54kg	990円	
前走	中山2000m	GⅠ	皐月賞	5番人気	11着 1.3秒差	上がり？位
実績	阪神1600m	GⅠ	朝日杯FS	1番人気	1着 0.1秒差	上がり1位

2014年	2番人気	ステファノス	牡3	54kg	610円	
前走	中山2200m	GⅡ	セントライト記念	5番人気	4着 0.2秒差	上がり2位
※実績	京都1800m	OP	白百合S	1番人気	1着 0.0秒差	上がり2位

2012年	5番人気	クラレント	牡3	54kg	1100円	
前走	阪神1600m	OP	ポートアイランドS	6番人気	8着 0.3秒差	上がり？位
実績	京都1600m	GⅡ	デイリー杯2歳S	4番人気	1着 0.1秒差	上がり2位

2007年	4番人気	マイネルシーガル	牡3	54kg	830円	
前走	中山1600m	GⅢ	京成杯AH	1番人気	3着 0.4秒差	上がり3位
実績	中山1800m	GⅡ	スプリングS	3番人気	2着 0.1秒差	上がり3位

※実績　中山1600m　ＯＰ　ジュニアＣ　　　　　1番人気　1着　0.0秒差　上がり1位
※実績　東京1600m　ＯＰ　いちょうＳ　　　　　2番人気　1着　0.1秒差　上がり1位

続いて4歳馬。
◈2番人気以下で勝った4歳馬一覧

2019年　2番人気　ノームコア　　　　　　　　牝4　56kg（＋2kg）480円
前走　東京1600m　牝馬ＧＩ　ヴィクトリアマイル　5番人気　1着　0.0秒差　上がり3位
実績　中山2000m　牝馬ＧⅢ　紫苑Ｓ　　　　2番人気　1着　0.5秒差　上がり1位
実績　中京2000m　牝馬ＧⅢ　愛知杯　　　　1番人気　2着　0.1秒差　上がり1位

2016年　3番人気　ヤングマンパワー　　　　　牡4　57kg（＋1kg）560円
前走　新潟1600m　ＧⅢ　関屋記念　　　　　3番人気　1着　0.0秒差　上がり？位
実績　阪神1600m　ＧⅢ　アーリントンＣ　　9番人気　1着　0.0秒差　上がり？位

2010年　2番人気　ダノンヨーヨー　　　　　　牡4　56kg　510円
前走　阪神1600m　ＯＰ　ポートアイランドＳ　1番人気　1着　0.4秒差　上がり1位

次に5歳馬。
◈2番人気以下で勝った5歳馬一覧

2018年　2番人気　ロジクライ　　　　　　　　牡5　56kg　450円
前走　中山1600m　ＧⅢ　京成杯ＡＨ　　　　2番人気　3着　0.2秒差　上がり？位
実績　京都1600m　ＧⅢ　シンザン記念　　　8番人気　1着　0.0秒差　上がり3位
実績　中京1600m　ＧⅢ　中京記念　　　　　5番人気　2着　0.1秒差　上がり？位
※当年2勝。

2009年　6番人気　アブソリュート　　　　　　牡5　57kg（＋1kg）1120円
前走　東京1600m　ＧⅠ　安田記念　　　　　8番人気　13着　1.4秒差　上がり？位
東京　東京1600m　ＧⅢ　東京新聞杯　　　　5番人気　1着　0.2秒差　上がり1位
※当年1勝。

2008年　4番人気　サイレントプライド　牡5　57kg（＋1kg）1130円
前走　中山1600m　ＧⅢ　ダービー卿ＣＴ　　4番人気　1着　0.0秒差　上がり？位　3角先頭
実績　新潟2000m　ＧⅢ　新潟大賞典　　　　1番人気　2着　0.0秒差　上がり3位
※当年1勝。

2003年　2番人気　ミレニアムバイオ　　　　　牡5　58kg（＋2kg）340円
前走　中山1600m　ＧⅢ　京成杯ＡＨ　　　　1番人気　5着　0.3秒差　上がり？位
実績　小倉1800m　ＧⅢ　北九州記念　　　　1番人気　1着　0.6秒差　上がり1位
実績　阪神1600m　ＧⅡ　マイラーズＣ　　　1番人気　1着　0.0秒差　上がり1位
※当年1勝。

最後に6歳以上馬。
◉2番人気以下で勝った6歳以上馬一覧

2006年　16番人気　キネティクス　　　牡7　56kg　7520円
前走　中京D1700m　GⅢ　シリウスS　　　11番人気　<u>3着</u>　0.4秒差　上がり2位
実績　東京1600m　GⅢ　東京新聞杯　　7番人気　2着　0.1秒差　上がり2位

2005年　3番人気　ウインラディウス　牡7　57kg（＋1kg）610円
前走　中山1600m　GⅢ　京成杯AH　　10番人気　<u>3着</u>　0.1秒差　上がり3位
実績　東京1400m　GⅡ　京王杯SC　　2番人気　1着　0.0秒差　上がり2位
実績　東京1600m　GⅢ　東京新聞杯　　7番人気　1着　0.3秒差　上がり3位

2001年　3番人気　クリスザブレイヴ　牡7　56kg　770円
<u>前走　中山1600m　GⅢ　京成杯AH　　2番人気　2着　0.7秒差　上がり？位</u>
実績　新潟1600m　GⅢ　関屋記念　　8番人気　2着　0.4秒差　上がり？位　逃げ

2000年　6番人気　ダイワカーリアン　牡7　58kg（＋2kg）1370円
<u>前走　札幌2000m　GⅡ　札幌記念　　8番人気　1着　0.3秒差　上がり？位　逃げ</u>
実績　東京1600m　GⅢ　東京新聞杯　　7番人気　1着　0.0秒差　上がり？位

◆2着馬を見つけるのはココで

2着候補を2番人気以下から見つけましょう。「大前提」と「ハードル」をしっかりと読み、【穴馬的中シート】を活用して見つけてください。
なお、1番人気に応えられなくても2着に来ることはありますので、1番人気馬は無条件で2着候補です。

🐎 2番人気以下で2着に入れる馬を浮かび上がらせる

3歳　　　ハードル❶
前走1600m以上重賞完勝

4歳　　　大前提①
前走3歳以上重賞「1番人気、あるいは連対
（負けていても0.1秒差以内）」

4歳　　　ハードル❷
3歳以上1600m以上重賞連対歴（負けていても0.1秒差以内）

5歳　　　大前提②
当年「1勝、あるいは連対2回（GI馬は除く）」

5歳　　　大前提③
前走「1番人気か、連対（GI馬は除く）」

5歳　　　ハードル❸
前走3歳以上1600m以上「準OP1番人気完勝かつ
上がり1位、あるいはOP特別完勝」か、
3歳以上1600m以上重賞連対歴か、GI馬

6歳以上　　大前提④
当年「1勝、あるいは重賞連対」

6歳以上　ハードル❹
3歳以上1600m以上重賞完勝歴か、
当年2勝の上がり馬

2番人気以下で2着に入れる馬【穴馬的中シート】

条件	馬番 or 馬名
3歳 ハードル❶クリア	
4歳 大前提①クリア	
4歳 ハードル❷クリア	
5歳 大前提②クリア	
5歳 大前提③クリア	
5歳 ハードル❸クリア	
6歳以上 大前提④クリア	
6歳以上 ハードル❹クリア	

過去20年、2番人気以下で2着に入った馬たちの前走成績と実績を紹介します。
まず3歳馬から。
◇2番人気以下で2着に入った3歳馬

2012年　3番人気　ファイナルフォーム　牡3　55kg（＋1kg）
前走　福島1800m　GⅢ　ラジオNIKKEI賞　2番人気　1着　0.3秒差　上がり3位

続いて4歳馬。
◇2番人気以下で2着に入った4歳馬一覧

2019年　3番人気　レイエンダ　　　　　牡4　57kg（＋1kg）
前走　新潟2000m　GⅢ　新潟記念　　　　1番人気　10着　0.9秒差　上がり？位
実績　東京1800m　GⅢ　エプソムC　　　5番人気　1着　0.1秒差　上がり1位
実績　中山2200m　GⅡ　セントライト記念　1番人気　2着　0.2秒差　上がり2位

2014年　12番人気　シャイニープリンス　牡4　56kg

前走	新潟1600m	GⅢ	京成杯ＡＨ	10番人気	6着	0.3秒差	上がり2位	
※実績	東京1600m		富士Ｓ	14番人気	3着	0.1秒差	上がり？位	

※2着候補として浮かび上がらせることができませんでした。3歳馬に厳しい当レースで、
前年0.1秒差という実績を持っていますので、2着に来ても不思議ではありません。

2011年　6番人気　アプリコットフィズ　牝4　54kg

前走	中山1600m	GⅢ	京成杯ＡＨ	7番人気	2着	0.1秒差	上がり2位	
実績	札幌1800m	牝馬GⅢ	クイーンＳ	2番人気	1着	0.2秒差	上がり1位	4角先頭
実績	東京1600m	牝馬GⅢ	クイーンＣ	1番人気	1着	0.3秒差	上がり2位	
実績	中山1600m	牝馬GⅢ	フェアリーＳ	2番人気	2着	0.0秒差	上がり3位	

2001年　2番人気　ダイタクリーヴァ　牡4　58kg（＋2kg）

前走	中山1800m	GⅡ	中山記念	1番人気	3着	1.0秒差	上がり？位
実績	京都1600m	GⅢ	京都金杯	1番人気	1着	0.4秒差	上がり3位
実績	阪神2000m	GⅢ	鳴尾記念	1番人気	1着	0.1秒差	上がり3位
実績	京都1600m	GⅢ	シンザン記念	1番人気	1着	0.5秒差	上がり1位
実績	中山1800m	GⅡ	スプリングＳ	1番人気	1着	0.1秒差	上がり2位
実績	京都1600m	GⅠ	マイルＣＳ	1番人気	2着	0.1秒差	上がり2位
実績	中山2000m	GⅠ	皐月賞	1番人気	2着	0.0秒差	上がり？位

2000年　7番人気　トロットスター　牡4　56kg

前走	中山1600m	GⅢ	京成杯ＡＨ	3番人気	2着	0.1秒差	上がり？位
実績	京都1200m	GⅢ	シルクロードＳ	6番人気	2着	0.2秒差	上がり3位
実績	中京1200m	GⅢ	中日スポーツ賞4歳Ｓ	9番人気	2着	0.0秒差	上がり？位

次に5歳馬。
◇2番人気以下で2着に入った5歳馬一覧

2018年　3番人気　ワントゥワン　牝5　54kg

前走	中山1600m	GⅢ	京成杯ＡＨ	3番人気	2着	0.1秒差	上がり1位
実績	新潟1600m	GⅢ	関屋記念	5番人気	2着	0.0秒差	上がり1位

※当年1勝。

2016年　イスラボニータ　牡5　58kg（＋2kg）

前走	東京1600m	GⅠ	安田記念	4番人気	5着	0.3秒差	上がり？位
実績	東京1800m	GⅢ	共同通信杯	1番人気	1着	0.2秒差	上がり3位
実績	東京1800m	GⅢ	東スポ杯2歳Ｓ	2番人気	1着	0.0秒差	上がり？位
実績	新潟1600m	GⅢ	新潟2歳Ｓ	4番人気	2着	0.5秒差	上がり3位
実績	中山2200m	GⅡ	セントライト記念	1番人気	1着	0.2秒差	上がり1位
実績	中山2000m	GⅠ	皐月賞	2番人気	1着	0.2秒差	上がり3位
実績	東京2400m	GⅠ	ダービー	1番人気	2着	0.1秒差	上がり？位

※GⅠ馬。

2013年　9番人気　リアルインパクト　　牡5　58kg（＋2kg）
前走　中山1600m　GⅢ　ダービー卿CT　　7番人気　12着　0.7秒差　上がり？位
実績　東京1800m　GⅡ　毎日王冠　　　　2番人気　2着　0.0秒差　上がり？位
実績　東京1400m　GⅡ　京王杯2歳S　　2番人気　2着　0.1秒差　上がり2位
実績　東京1600m　GⅠ　安田記念　　　　9番人気　1着　0.0秒差　上がり？位
実績　中山1600m　GⅠ　朝日杯FS　　　4番人気　2着　0.1秒差　上がり3位
※GⅠ馬。

2008年　5番人気　リザーブカード　　牡5　56kg
前走　中山1600m　GⅢ　京成杯AH　　　1番人気　6着　0.8秒差　上がり？位
実績　新潟1600m　GⅢ　関屋記念　　　　5番人気　2着　0.2秒差　上がり3位
※当年2連対。

2006年　エアシェイディ　　牡5　56kg
前走　中山2200m　GⅡ　オールカマー　　1番人気　5着　0.1秒差　上がり？位
実績　函館2000m　GⅢ　函館記念　　　　2番人気　2着　0.2秒差　上がり？位
実績　中山2200m　GⅡ　AJCC　　　　3番人気　2着　0.2秒差　上がり？位
※当年2勝。

2005年　11番人気　タニノマティーニ　　牡5　56kg
前走　阪神1600m　OP　ポートアイランドS　5番人気　1着　0.1秒差　上がり2位
※当年2勝。

2004年　2番人気　モノポール　　牡5　56kg
前走　阪神1600m　1600万　大阪スポーツ杯　1番人気　1着　0.2秒差　上がり1位
※当年2勝。

2003年　4番人気　サイドワインダー　　牡5　57kg（＋1kg）
前走　京都1600m　GⅢ　京都金杯　　　　3番人気　1着　0.1秒差　上がり1位
実績　京都1800m　GⅢ　京阪杯　　　　　5番人気　1着　0.1秒差　上がり2位
※当年1勝。

2002年　8番人気　ミデオンビット　　牡5　56kg
前走　中山1600m　GⅢ　京成杯AH　　　4番人気　2着　0.7秒差　上がり？位
実績　新潟1600m　GⅢ　関屋記念　　　　9番人気　2着　0.2秒差　上がり？位　逃げ
※当年1勝。

最後に6歳以上馬。
◇2番人気以下で2着に入った6歳馬一覧

2017年　イスラボニータ　　牡6　58kg（＋2kg）
前走　東京1600m　GⅠ　安田記念　　　　1番人気　8着　0.4秒差　上がり？位
実績　東京1600m　GⅢ　富士S　　　　　4番人気　2着　0.1秒差　上がり3位
実績　東京1800m　GⅢ　共同通信杯　　　1番人気　1着　0.2秒差　上がり3位
実績　東京1800m　GⅢ　東スポ杯2歳S　2番人気　1着　0.0秒差　上がり？位

実績	新潟1600m	GⅢ	新潟2歳S	4番人気	2着	0.5秒差	上がり3位
実績	京都1600m	GⅡ	マイラーズC	2番人気	1着	0.1秒差	上がり2位
実績	中山2200m	GⅡ	セントライト記念	1番人気	1着	0.2秒差	上がり1位
実績	阪神1400m	GⅡ	阪神C	2番人気	2着	0.0秒差	上がり？位
実績	中山2000m	GⅠ	皐月賞	2番人気	1着	0.2秒差	上がり3位
実績	京都1600m	GⅠ	マイルCS	2番人気	2着	0.0秒差	上がり3位
実績	東京2400m	GⅠ	ダービー	1番人気	2着	0.1秒差	上がり？位

※当年1勝。

2010年　14番人気　ライブコンサート　騙6　57kg（＋1kg）

前走	東京1600m	GⅠ	安田記念	18番人気	15着	1.4秒差	上がり？位
実績	京都1600m	GⅢ	京都金杯	5番人気	1着	0.1秒差	上がり2位

※当年1勝。

2009年　11番人気　マルカシェンク　牡6　56kg

前走	阪神2000m	GⅢ	朝日CC	8番人気	14着	1.0秒差	上がり？位	
実績	新潟1600m	GⅢ	関屋記念	1番人気	1着	0.2秒差	上がり1位	
実績	京都1600m	GⅢ	京都金杯	3番人気	2着	0.3秒差	上がり2位	
実績	小倉1800m	GⅢ	小倉大賞典	1番人気	2着	0.2秒差	上がり？位	
実績	阪神1800m	GⅢ	鳴尾記念	2番人気	2着	0.1秒差	上がり？位	逃げ

※当年GⅢ2着。

2007年　7番人気　マイケルバローズ　牡6　56kg

前走	中山1600m	GⅢ	京成杯AH	6番人気	4着	0.5秒差	上がり1位

※当年2勝。

菊花賞

10月25日（日）

京都競馬場　芝3000m　フルゲート18頭

3歳牡馬・牝馬

馬齢　牡馬57kg　牝馬55kg

🐎 菊花賞の真相

秋華賞の項で「桜花賞（阪神1600m）→オークス（東京2400m）→秋華賞（京都2000m）と、距離が400mずつ違う3歳牝馬三冠レース。では、秋華賞の成績に桜花賞とオークス、どちらが強く影響を及ぼしているかというと、後者です」と紹介しました。では、皐月賞（中山2000m）→ダービー（東京2400m）→菊花賞（京都3000m）という3歳クラシック三冠はというと、

皐月賞でもダービーでもなく、

神戸新聞杯を見れば菊花賞を勝つ1番人気がわかります。それだけで13頭もの1番人気を「負ける」と判定できるので、ほかには見られない非常に有用なトライアル戦と言えます。さらに、2番人気以下で勝つ穴馬も神戸新聞杯を見れば浮かび上がらせることができます。この影響力から判断して、2400mという距離のレースは菊花賞3000mが含まれる長距離戦であると言えるでしょう。なお、国際競走馬格付け委員会は下記のような区分にしています。参考まで。

スプリント	1000〜1300m
マイル	1301〜1899m
インターミディエイト	1900〜2100m
ロング	2101〜2700m
エクステンディッド	2701m以上

では、まずは1番人気の取捨選択を次ページに紹介していますので見てください。

♞ 1番人気で勝てる馬を浮かび上がらせる

大前提

前走GⅡ神戸新聞杯

（※2006年まで神戸新聞杯は2000m）

ハードル❶

前走1番人気1着かつ上がり1〜2位

ハードル❷

前走それ以外は、二冠の両方に出走していない馬にかぎり、前走上がり1位

1番人気候補にこの大前提とハードルを課し、勝てるか負けるかを判定しましょう。次ページからの【1番人気的中シート】を利用してください。

1番人気で勝てる馬【1番人気的中シート】

年度	菊花賞の1番人気馬	性別	大前提	ハードル❶	ハードル❷	判

大前提………前走GⅡ神戸新聞杯（※2006年まで神戸新聞杯は2000m）
ハードル❶……前走1番人気1着かつ上がり1～2位
ハードル❷……前走それ以外は、二冠の両方に出走していない馬にかぎり、前走上がり1位

年度	菊花賞の1番人気馬	性別	大前提	ハードル❶	ハードル❷	
2020						
2020						
2019	ヴェロックス	牡	◎	×	×	
2018	ブラストワンピース	牡	×			
2017	キセキ	牡	◎		◎	
2016	サトノダイヤモンド	牡	◎	◎		
2015	リアファル	牡	◎	×	×	
2014	ワンアンドオンリー	牡	◎	×		
2013	エピファネイア	牡	◎	◎		
2012	ゴールドシップ	牡	◎	◎		
2011	オルフェーヴル	牡	◎	◎		
2010	ローズキングダム	牡	◎	×	×	
2009	リーチザクラウン	牡	◎	×	×	
2008	オウケンブルースリ	牡	◎		◎	
2007	ロックドゥカンブ	牡	×			
2006	メイショウサムソン	牡	◎	×	×	
2005	ディープインパクト	牡	◎	◎		
2004	ハーツクライ	牡	◎	×	×	
2003	ネオユニヴァース	牡	◎	×	×	
2002	ノーリーズン	牡	◎	×	×	
2001	ジャングルポケット	牡	×			
2000	アグネスフライト	牡	◎	×	×	

1番人気的中シートの使い方

左のシートに今年の1番人気候補を記入し、過去の成績をもとに「勝てるか、勝てないか」を判定してください。「勝てない」とわかったら、2番人気以下で勝てる馬が浮かび上がる【穴馬的中シート】(後ろのページ)に進んでください。

着順	単勝配当	結果	2番人気以下で勝った馬	人気	単勝配当	結果
着		→	ワールドプレミア	3	¥650	大的中
着		→	フィエールマン	7	¥1,450	大的中
着	¥450	大的中				
着	¥230	大的中				
着		→	キタサンブラック	5	¥1,340	大的中
着		→	トーホウジャッカル	3	¥690	大的中
着	¥160	大的中				
着	¥140	大的中				
着	¥140	大的中				
着		→	ビッグウィーク	7	¥2,320	大的中
着		→	スリーロールス	8	¥1,920	大的中
着	¥370	大的中				
着		→	アサクサキングス	4	¥840	大的中
着		→	ソングオブウインド	8	¥4,420	大的中
着	¥100	大的中				
着		→	デルタブルース	8	¥4,510	大的中
着		→	ザッツザプレンティ	5	¥2,020	大的中
止		→	ヒシミラクル	10	¥3,660	大的中
着		→	マンハッタンカフェ	6	¥1,710	大的中
着		→	エアシャカール	2	¥280	大的中

過去20年、1番人気に応えて優勝した馬たちの前走成績と実績を紹介します。
✤1番人気で勝った馬一覧（実績はダービーと皐月賞のみを列記）

2017年　キセキ　　　　　　450円
前走　GⅡ　神戸新聞杯　　　　　　　　2番人気　2着　0.3秒差　上がり1位
※二冠とも出走せず。

2016年　サトノダイヤモンド　230円
前走　GⅡ　神戸新聞杯　　　　　　　　1番人気　1着　0.0秒差　上がり2位
ダービー　　　　　　　　　　　　　　　2番人気　2着
皐月賞　　　　　　　　　　　　　　　　1番人気　3着

2013年　エピファネイア　　160円
前走　GⅡ　神戸新聞杯　　　　　　　　1番人気　1着　0.4秒差　上がり2位
ダービー　　　　　　　　　　　　　　　3番人気　2着
皐月賞　　　　　　　　　　　　　　　　2番人気　2着

2012年　ゴールドシップ　　140円
前走　GⅡ　神戸新聞杯　　　　　　　　1番人気　1着　0.4秒差　上がり1位
ダービー　　　　　　　　　　　　　　　2番人気　5着
皐月賞　　　　　　　　　　　　　　　　4番人気　1着

2011年　オルフェーヴル　　140円
前走　GⅡ　神戸新聞杯　　　　　　　　1番人気　1着　0.4秒差　上がり1位
ダービー　　　　　　　　　　　　　　　1番人気　1着
皐月賞　　　　　　　　　　　　　　　　4番人気　1着

2008年　オウケンブルースリ　370円
前走　GⅡ　神戸新聞杯　　　　　　　　2番人気　3着　0.1秒差　上がり1位
※二冠とも出走せず。

2005年　ディープインパクト　100円
前走　GⅡ　神戸新聞杯　　　　　　　　1番人気　1着　0.4秒差　上がり1位
ダービー　　　　　　　　　　　　　　　1番人気　1着
皐月賞　　　　　　　　　　　　　　　　1番人気　1着

過去20年、1番人気に応えられず2着以下に負けた馬たちの前走成績と実績を紹介します。
✤1番人気で負けた馬一覧

2019年　ヴェロックス　　　3着
前走　GⅡ　神戸新聞杯　　　　　　　　2番人気　2着　0.5秒差　上がり2位
ダービー　　　　　　　　　　　　　　　2番人気　3着
皐月賞　　　　　　　　　　　　　　　　4番人気　2着

2018年　ブラストワンピース　4着

前走　GⅢ　新潟記念　　　　　　　1番人気　1着　0.3秒差　上がり1位
ダービー　　　　　　　　　　　　2番人気　5着
※皐月賞出走せず。

2015年　リアファル　　　　　3着
前走　GⅡ　神戸新聞杯　　　　　　3番人気　1着　0.3秒差　上がり2位　逃げ
※二冠とも出走せず。

2014年　ワンアンドオンリー　9着
前走　GⅡ　神戸新聞杯　　　　　　1番人気　1着　0.5秒差　上がり3位
ダービー　　　　　　　　　　　　3番人気　1着
皐月賞　　　　　　　　　　　　　4番人気　4着

2010年　ローズキングダム　　2着
前走　GⅡ　神戸新聞杯　　　　　　2番人気　1着　0.0秒差　上がり1位
ダービー　　　　　　　　　　　　5番人気　2着
皐月賞　　　　　　　　　　　　　2番人気　4着

2009年　リーチザクラウン　　5着
前走　GⅡ　神戸新聞杯　　　　　　3番人気　2着　0.3秒差　上がり？位　逃げ
ダービー　　　　　　　　　　　　5番人気　2着
皐月賞　　　　　　　　　　　　　2番人気　13着

2007年　ロックドゥカンブ　　3着
前走　GⅡ　セントライト記念　　　1番人気　1着　0.2秒差　上がり2位
※デビュー4戦全勝。

2006年　メイショウサムソン　4着
前走　GⅡ　神戸新聞杯　　　　　　1番人気　2着　0.0秒差　上がり？位
ダービー　　　　　　　　　　　　1番人気　1着
皐月賞　　　　　　　　　　　　　6番人気　1着

2004年　ハーツクライ　　　　7着
前走　GⅡ　神戸新聞杯　　　　　　2番人気　3着　0.4秒差　上がり2位
ダービー　　　　　　　　　　　　5番人気　2着
皐月賞　　　　　　　　　　　　　5番人気　14着

2003年　ネオユニヴァース　　3着
前走　GⅡ　神戸新聞杯　　　　　　2番人気　3着　0.7秒差　上がり3位
ダービー　　　　　　　　　　　　1番人気　1着
皐月賞　　　　　　　　　　　　　1番人気　1着

2002年　ノーリーズン　　　　中止
前走　GⅡ　神戸新聞杯　　　　　　2番人気　2着　0.4秒差　上がり1位
ダービー　　　　　　　　　　　　2番人気　8着

菊花賞

| 皐月賞 | | 15番人気　1着 | | |

2001年　ジャングルポケット　4着
前走　GⅡ　札幌記念	1番人気　3着	0.4秒差　上がり1位
ダービー	1番人気　1着	
皐月賞	2番人気　3着	

2000年　アグネスフライト　5着
| 前走　GⅡ　神戸新聞杯 | 2番人気　2着 | 0.3秒差　上がり1位 |
| ダービー | 3番人気　1着 | |

※皐月賞出走せず。

◆1番人気が飛ぶとわかったらココへ

1番人気が「負ける」とわかったら、2番人気以下から勝つ馬を見つけます。簡単です。私が課す4つのハードルのうちどれか1つを満たしている馬しか勝ちませんので、【穴馬的中シート】を利用して見つけだしてください。

🐴 2番人気以下で勝てる馬を浮かび上がらせる

ハードル❶
前走神戸新聞杯
・1番人気
・負けていても0.1秒差以内
・二冠ともに出走せず上がり1位

ハードル❷
前走神戸新聞杯以外の重賞
・完勝
・二冠ともに出走せず上がり1位

ハードル❸
前走それ以外は、二冠ともに出走せず近2走内に1800m以上3歳以上2勝クラス特別完勝歴

ハードル❹
2000m以上重賞圧勝かつ上がり1位歴

2番人気以下で勝てる馬【穴馬的中シート】

条件	馬番 or 馬名
ハードル❶ クリア	
ハードル❷ クリア	
ハードル❸ クリア	
ハードル❹ クリア	

過去20年、2番人気以下で優勝した馬たちの前走成績と実績を紹介します。

◉2番人気以下で勝った馬一覧（実績は二冠に加え、3歳以上2勝クラス以上1着、重賞連対、一部長距離戦1着を列記。以下同様）

2019年　3番人気　ワールドプレミア　650円
前走　GⅡ　神戸新聞杯　　　　　　　3番人気　3着　0.7秒差　<u>上がり1位</u>
※二冠とも出走せず。

2018年　7番人気　フィエールマン　1450円
前走　GⅢ　ラジオNIKKEI賞　　　　1番人気　2着　0.1秒差　<u>上がり1位</u>
※二冠とも出走せず

2015年　5番人気　キタサンブラック　1340円
<u>前走　GⅡ　セントライト記念　　　　6番人気　1着　0.1秒差　4角先頭</u>
ダービー　　　　　　　　　　　　　6番人気　14着
皐月賞　　　　　　　　　　　　　　4番人気　3着

2014年　3番人気　トーホウジャッカル　690円
<u>前走　GⅡ　神戸新聞杯</u>　　　　　　9番人気　3着　0.0秒差　<u>上がり1位</u>
※二冠とも出走せず。

2010年　7番人気　ビッグウィーク　2320円
前走　GⅡ　神戸新聞杯　　　　　　　5番人気　3着　0.5秒差　上がり？位
前々走　小倉2000m　1000万　玄海特別　1番人気　1着　0.1秒差　上がり2位　4角先頭
※二冠とも出走せず。

2009年　8番人気　スリーロールス　1920円

前走　阪神1800m　1000万　野分特別　　　　3番人気　1着　0.7秒差　上がり1位
※二冠とも出走せず。

2007年　4番人気　アサクサキングス　　840円
前走　GⅡ　神戸新聞杯　　　　　　　　　5番人気　2着　0.1秒差　上がり2位
ダービー　　　　　　　　　　　　　　　14番人気　2着
皐月賞　　　　　　　　　　　　　　　　6番人気　7着

2006年　8番人気　ソングオブウインド　4420円
前走　GⅡ　神戸新聞杯　　　　　　　　　6番人気　3着　0.1秒差　4角先頭
※二冠とも出走せず。

2004年　8番人気　デルタブルース　　　4510円
前走　中山2500m　1000万　九十九里特別　1番人気　1着　0.2秒差　上がり1位
※二冠とも出走せず。

2003年　5番人気　ザッツザプレンティ　2020円
前走　GⅡ　神戸新聞杯　　　　　　　　　4番人気　5着　0.9秒差　上がり？位　　　4角先頭
実績　阪神2000m　GⅢ　ラジオたんぱ杯2歳S　2番人気　1着　0.7秒差　上がり1位
ダービー　　　　　　　　　　　　　　　7番人気　3着
皐月賞　　　　　　　　　　　　　　　　5番人気　8着

2002年　10番人気　ヒシミラクル　　　3660円
前走　GⅡ　神戸新聞杯　　　　　　　　　7番人気　6着　1.3秒差　上がり3位
前々走　阪神2000m　1000万　野分特別　　1番人気　1着　0.1秒差　上がり1位
※二冠とも出走せず。

2001年　6番人気　マンハッタンカフェ　1710円
前走　GⅡ　セントライト記念　　　　　　3番人気　4着　0.7秒差　上がり？位
前々走　札幌2600m　1000万　阿寒湖特別　1番人気　1着　0.1秒差　上がり2位
※二冠とも出走せず。

2000年　2番人気　エアシャカール　　　280円
前走　GⅡ　神戸新聞杯　　　　　　　　　1番人気　3着　0.4秒差　上がり1位
ダービー　　　　　　　　　　　　　　　1番人気　2着
皐月賞　　　　　　　　　　　　　　　　2番人気　1着

◆2着馬を見つけるのはココで

2着候補を2番人気以下から見つけだします。4つのハードルのうちどれか1つを満たしている馬しか来ません。こちらも【穴馬的中シート】を活用して見つけてください。
なお、1番人気に応えられなくても2着に来ることはありますので、1番人気馬は無条件で2着候補です。

🐎 2番人気以下で2着に入れる馬を浮かび上がらせる

ハードル❶
前走神戸新聞杯・セントライト記念「連対、
あるいは0.1秒差以内3着」

ハードル❷
近2走で2000m以上3歳以上「2勝クラス特別1番
人気連対歴（負けていても0.0秒差）、あるいはGⅡ上がり1
位歴」

ハードル❸
その時点で最長距離の条件特別戦「かきつばた賞」、
OP特別戦「すみれS」1着かつ上がり1位

ハードル❹
1800m以上GⅡ連対歴（負けていても0.0秒差）

2番人気以下で2着に入れる馬【穴馬的中シート】

条件	馬番 or 馬名
ハードル❶ クリア	
ハードル❷ クリア	
ハードル❸ クリア	
ハードル❹ クリア	

過去20年、2番人気以下で2着に入った馬たちの前走成績と実績を紹介します。
◇2番人気以下で2着に入った馬一覧

2019年　8番人気　サトノルークス
前走　GⅡ　セントライト記念　　　　　8番人気　2着　0.3秒差　上がり3位
ダービー　　　　　　　　　　　　　　　8番人気　17着
皐月賞　　　　　　　　　　　　　　　　8番人気　14着

2018年　2番人気　エタリオウ
前走　GⅡ　神戸新聞杯　　　　　　　　3番人気　2着　0.1秒差　上がり1位
ダービー　　　　　　　　　　　　　　　13番人気　4着

2017年　10番人気　クリンチャー
前走　GⅡ　セントライト記念　　　　　4番人気　9着　1.1秒差　上がり？位
ダービー　　　　　　　　　　　　　　　9番人気　13着
皐月賞　　　　　　　　　　　　　　　　13番人気　4着
実績　阪神2200m　ＯＰ　すみれＳ　　5番人気　1着　0.7秒差　上がり1位

2016年　9番人気　レインボーライン
前走　GⅡ　札幌記念　　　　　　　　　4番人気　3着　0.4秒差　上がり1位
ダービー　　　　　　　　　　　　　　　12番人気　8着

2015年　2番人気　リアルスティール
前走　GⅡ　神戸新聞杯　　　　　　　　1番人気　2着　0.3秒差　上がり1位
ダービー　　　　　　　　　　　　　　　2番人気　4着
皐月賞　　　　　　　　　　　　　　　　2番人気　2着

2014年　4番人気　サウンズオブアース
前走　GⅡ　神戸新聞杯　　　　　　　　8番人気　2着　0.0秒差　上がり2位
ダービー　　　　　　　　　　　　　　　11番人気　11着

2013年　5番人気　サトノノブレス
前走　GⅡ　神戸新聞杯　　　　　　　　2番人気　3着　0.5秒差　上がり？位
前々走　新潟2000m　1000万　信濃川特別　1番人気　2着　0.0秒差　上がり2位

2012年　5番人気　スカイディグニティ
前走　GⅡ　セントライト記念　　　　　14番人気　2着　0.2秒差　上がり2位

2011年　2番人気　ウインバリアシオン
前走　GⅡ　神戸新聞杯　　　　　　　　2番人気　2着　0.4秒差　上がり2位
ダービー　　　　　　　　　　　　　　　10番人気　2着

2009年　7番人気　フォゲッタブル
前走　GⅡ　セントライト記念　　　　　7番人気　3着　0.1秒差　上がり2位

2008年　15番人気　フローテーション

前走　GⅡ神戸新聞杯	14番人気　12着	1.2秒差	上がり？位
ダービー	15番人気　8着		
皐月賞	11番人気　11着		
実績　中山1800m　GⅡ　スプリングS	11番人気　2着	0.0秒差	上がり1位

2007年　6番人気　アルナスライン

前走　GⅡ　京都大賞典	6番人気　3着	0.3秒差	上がり？位

●ダービー2着の5歳馬インティライミが1着、前年の有馬記念＆豪州メルボルンC2着の6歳馬ポップロックが2着と骨っぽい古馬が連対した前走京都大賞典で3着。前年の豪州メルボルンCを勝った菊花賞馬デルタブルースには先着しました。また、アルナスラインには下記の長距離実績があり、3歳同士の3000m戦で2着に入れるだけの潜在能力は示していました。

実績　阪神2200m　OP　すみれS	6番人気　1着	0.0秒差	上がり1位

2006年　2番人気　ドリームパスポート

前走　GⅡ　神戸新聞杯	3番人気　1着	0.0秒差	上がり3位
ダービー	7番人気　3着		
皐月賞	10番人気　2着		

2005年　6番人気　アドマイヤジャパン

前走　GⅡ　神戸新聞杯	3番人気　5着	1.5秒差	上がり？位
ダービー	6番人気　10着		
皐月賞	3番人気　3着		
実績　中山2000m　GⅡ　弥生賞	3番人気　2着	0.0秒差	上がり2位

●中山2000mGⅡ弥生賞でディープインパクトにタイム差なし（クビ差）の2着まで迫りました。同期のなかでディープインパクトに最も接近した馬です（世界的に見ても仏国ハリケーンランより上。4歳時ですが）。その実績だけで、菊花賞でまたディープの2着になれると判断できます。

2004年　4番人気　ホオキパウェーブ

前走　GⅡ　セントライト記念	2番人気　2着	0.0秒差	上がり1位

2003年　4番人気　リンカーン

前走　GⅡ　神戸新聞杯	5番人気　4着	0.7秒差	上がり？位
ダービー	9番人気　8着		
実績　阪神2200m　OP　すみれS	1番人気　1着	0.1秒差	上がり1位

●3歳2月に行われる「すみれステークス（L）」は、スタミナ自慢の若駒たちが待ちに待った、その時点で最も距離が長いオープン特別競走。同期の長距離エリートが集まります。そこで結果を出した馬が、秋に再びスタミナを示すわけです。自身に流れる2400mあたりでは表現できない血を、3000mの菊花賞で表出させます。

2002年　16番人気　ファストタテヤマ

前走　GⅡ　札幌記念	11番人気　13着	1.5秒差	
ダービー	15番人気　15着		

皐月賞			12番人気　15着			
実績　京都2200m　GⅡ　京都新聞杯			6番人気	1着	0.0秒差	上がり3位

2001年　11番人気　マイネルデスポット

前走　京都2400m　1000万　鳴滝特別			10番人気	3着	0.3秒差	上がり3位	
実績　中京2500m　500万　かきつばた賞			4番人気	1着	0.5秒差	上がり1位	4角先頭

●**2006年までは、この2500m戦かきつばた賞が最長距離の3歳条件戦でした。**

2000年　3番人気　トーホウシデン

前走　GⅡ　セントライト記念			1番人気	2着	0.1秒差	上がり3位

アルテミスS

10月31日（土）

東京競馬場　芝1600m　フルゲート18頭

2歳牝馬

馬齢　54kg

🐎 アルテミスSの真相

本書ではここまで2歳重賞を4つ紹介してきました。新潟2歳S（1600m）、札幌2歳S（1800m）、小倉2歳S（1200m）、サウジアラビアロイヤルC（1600m）というGⅢです。

共通しているのは、1600m以上戦では「上がり」の時計が重要ということ。前走を含むデビューからの数戦において、最後の3ハロン＝600mでどれだけの末脚を発揮したかが、その後のレース成績を大きく左右します。

府中のマイルで行われる当レースも直線が長いだけに、やはり

上がり3ハロン

が重要です。

もうひとつ挙げるとすれば、連勝馬の真贋の見分け方です。2歳戦には1戦1勝馬や、2戦以上無敗といった

一見大物

が参戦します。しかし、例えばその大物が「2戦2勝」したならば、関係者が3戦目に選ぶのはGI阪神ジュベナイルフィリーズではないでしょうか。そういう視点で私は当レースにおいて「2戦無敗馬」は1番人気に推されていても買わないことに決めました。

それらを含めて勝てる馬の条件を一文にしましたので次ページを見てください。

なお、アルテミスSは2012年新設重賞、2013年に重賞、2014年にGⅢ重賞になりました。記述は2012年からの8年を分析したことによるものです。

♞ 1番人気で勝てる馬を浮かび上がらせる

大前提　2戦2勝ではないこと

ハードル❶
前走牝馬限定競走以外の1600m以上
上がり1位

1番人気候補にこの大前提とハードルを課し、勝てるか負けるかを判定しましょう。次ページからの【1番人気的中シート】を利用してください。

1番人気で勝てる馬【1番人気的中シート】

年度	アルテミスSの1番人気馬	大前提	ハードル❶	判定	着順	単勝配当	結果
大前提…………2戦2勝ではないこと **ハードル❶**……前走牝馬限定競走以外の1600m以上上がり1位							
2020							
2020							
2019	リアアメリア	◎	◎	●	1着	¥130	大的
2018	グレイシア	×		×	11着		→
2017	トーセンブレス	◎	×	×	6着		→
2016	リスグラシュー	◎	◎	●	1着	¥240	大的
2015	メジャーエンブレム	×		×	2着		→
2014	レッツゴードンキ	◎	×	×	2着		→
2013	クリスマス	×		×	7着		→
2012	コレクターアイテム	◎	◎	●	1着	¥270	大的

このシートに今年の1番人気候補を記入し、過去の成
績をもとに「勝てるか、勝てないか」を判定してください。
「勝てない」とわかったら、2番人気以下で勝てる馬が浮
かび上がる【穴馬的中シート】（後ろのページ）に進ん
でください。

2番人気以下で勝った馬	人気	単勝配当	結果
ヴェーングランツ	6	¥1,360	大的中
ラッキーライラック	2	¥440	大的中
デンコウアンジュ	12	¥8,280	大的中
ココロノアイ	9	¥1,580	大的中
マーブルカテドラル	2	¥370	大的中

アルテミスS   339

過去8年、1番人気に応えて優勝した馬たちの近2走成績を紹介します。
⚐1番人気で勝った馬一覧

2019年　リアアメリア　　　130円

前走	6月1日	阪神1600m	新馬			1番人気	1着	1.3秒差	上がり1位

2016年　リスグラシュー　　　240円

前走	9月10日	阪神1800m	未勝利			2番人気	1着	0.7秒差	上がり1位

2012年　コレクターアイテム　270円

前走	10月6日	京都1600m	GⅡ	デイリー杯2歳S		7番人気	4着	0.2秒差	上がり1位
前々走	9月15日	阪神1600m	牝馬新馬			2番人気	1着	0.1秒差	上がり2位

過去8年、1番人気に応えられず2着以下に負けた馬たちの近2走成績を紹介します。
⊕1番人気で負けた馬一覧

2018年　グレイシア　　　　11着

前走	9月8日	中山1600m	牝馬500万	アスター賞	1番人気	1着	0.2秒差	上がり1位
前々走	7月28日	新潟1400m	新馬		3番人気	1着	1.0秒差	上がり2位 逃げ

※2戦2勝。

2017年　トーセンブレス　　　6着

前走	9月17日	中山1600m	牝馬新馬		2番人気	1着	0.3秒差	上がり1位

※前走牝馬限定競走

2015年　メジャーエンブレム　2着

前走	9月12日	中山1600m	牝馬500万	アスター賞	1番人気	1着	0.4秒差	上がり1位
前々走	6月14日	東京1800m	新馬		1番人気	1着	0.2秒差	上がり2位 4角先頭

※2戦2勝。

2014年　レッツゴードンキ　2着

前走	9月6日	札幌1800m	牝馬GⅢ	札幌2歳S	7番人気	3着	0.2秒差	上がり3位
前々走	8月24日	札幌1800m	新馬		3番人気	1着	0.5秒差	上がり1位

※前走上がり3位。

2013年　クリスマス　　7着

前走	7月21日	函館1200m	牝馬GⅢ	函館2歳S	1番人気	1着	0.3秒差	上がり1位
前々走	6月30日	函館1200m	新馬		3番人気	1着	1.1秒差	上がり1位 逃げ

※2戦2勝。前走1200m。

◆1番人気が飛ぶとわかったらココへ

1番人気が「負ける」とわかったら、私が課すハードルに照らし合わせて2番人気以下から勝つ馬を見つけます。【穴馬的中シート】を利用して見つけだしてください。

🐎 2番人気以下で勝てる馬を浮かび上がらせる

ハードル❶
完勝での初勝利は上がり1位（上がり2位の場合は1〜2番人気）

2番人気以下で勝てる馬【穴馬的中シート】

条件	馬番 or 馬名
ハードル❶ クリア	

過去8年、2番人気以下で優勝した馬たちの初勝利を紹介します。
◉2番人気以下で勝った馬一覧

2018年	6番人気	シェーングランツ	1360円					
前走	8月18日	札幌1800m	未勝利		1番人気	1着	0.9秒差	上がり1位
2017年	2番人気	ラッキーライラック	440円					
前走	8月20日	新潟1600m	牝馬新馬		2番人気	1着	0.2秒差	上がり2位
2015年	12番人気	デンコウアンジュ	8280円					
前走	10月17日	京都1800m	未勝利		5番人気	1着	0.1秒差	上がり1位
2014年	9番人気	ココロノアイ	1580円					
前走	9月6日	新潟1600m	牝馬未勝利		1番人気	1着	0.4秒差	上がり1位
2013年	2番人気	マーブルカテドラル	370円					
前走	9月28日	中山1600m	牝馬OP 芙蓉S		2番人気	1着	0.1秒差	上がり3位
前々走	8月25日	新潟1600m	牝馬GⅢ 新潟2歳S		5番人気	5着	0.5秒差	上がり？位
3走前	6月22日	東京1400m	牝馬新馬		5番人気	1着	0.3秒差	上がり1位

◆2着馬を見つけるのはココで

2着候補を2番人気以下から見つけだすためのハードルを紹介します。1番人気に応えられなくても2着に来ることはありますので、1番人気馬は無条件で2着候補です

🐴 2番人気以下で2着に入れる馬を浮かび上がらせる

ハードル❶
完勝での初勝利は1番人気

2番人気以下で2着に入れる馬【穴馬的中シート】

条件	馬番 or 馬名
ハードル❶ クリア	

過去8年、2番人気以下で2着に入った馬たちの初勝利を紹介します。
◇2番人気以下で2着に入った馬一覧

2019年　2番人気　サンクテュエール
前走　　8月11日　新潟1600m　新馬　　　　　　　　　　　　1番人気　1着　0.2秒差　上がり1位

2018年　5番人気　ビーチサンバ
前走　　9月15日　阪神1600m　牝馬新馬　　　　　　　　　　1番人気　1着　0.3秒差　上がり1位

2017年　13番人気　サヤカチャン　逃げ
前走　　10月8日　京都1400m　牝馬500万　りんどう賞　5番人気　5着　0.3秒差　上がり？位
前々走　9月23日　阪神1600m　牝馬未勝利　　　　　　　5番人気　1着　0.1秒差　上がり2位　逃げ
※単勝108.5倍の同馬を2着候補に浮かび上がらせることはできませんでした。逃げ馬についてはこのようなケースが多々あり、レース前に「逃げる」とわかっているならどんな人気薄でも2着候補にしておくべきですが、逃げることを事前に察知するのも馬券を当てることと同じくらい難しく……そこまで完璧な馬券術は不可能と観念しています。

2016年　2番人気　フローレスマジック
前走　　10月9日　東京1600m　牝馬未勝利　　　　　　　1番人気　1着　0.6秒差　上がり2位

2013年　6番人気　パシフィックギャル
前走　　9月28日　中山1600m　牡馬OP　芙蓉S　　3番人気　3着　0.2秒差　上がり2位
前々走　9月7日　中山1600m　牡馬500万　アスター賞　3番人気　2着　0.0秒差　上がり3位
3走前　6月30日　福島1800m　新馬　　　　　　　　1番人気　1着　0.1秒差　上がり2位

2012年　4番人気　アユサン
前走　　10月6日　東京　芝1400m　新馬　　　　　　1番人気　1着　0.3秒差　上がり1位

スワンS

10月31日（土）

京都競馬場　芝1400m　フルゲート18頭

3歳以上

別定　3歳54kg　4歳以上56kg（牝馬2kg減）

ただし、過去1年間で　　　GⅠ競走（牝馬限定競走は除く）1着馬は2kg増
牝馬限定GⅠ競走　およびGⅡ競走（牝馬限定競走は除く）1着馬は1kg増
過去1年以前の　　　　　GⅠ競走（牝馬限定競走は除く）1着馬は1kg増
（ただし、2歳時の成績を除く）。
※今年は3歳馬は基礎重量54kgで出走できます。

現在の負担重量規程になったのは2012年からで、それまでは3歳55kg、4歳以上57kg（2kg差であることは同じ）。

また、2005年までは、現在明記されている文言「（牝馬限定競走は除く）」が入っていません（下記参照）。3歳55kg、4歳57kg（牝馬2kg減）。GⅠ競走1着馬2kg増、GⅡ競走1着馬1kg増。過去1年以前のGⅠ競走1着馬は1kg増（ただし、2歳時の成績は除く）。

また、2003年までは、現在明記されている文言「（意訳）過去1年以前のGⅠ競走1着馬は1kg増」が入っていません（下記参照）。3歳55kg、4歳57kg（牝馬2kg減）。GⅠ競走1着馬2kg増、GⅡ競走1着馬1kg増（ただし、2歳時の成績は除く）。

※2003年と2014年は、11月1日（日）開催のため3歳馬の基礎重量は1kg増えています。

♞ スワンSの真相

1200mのGⅡセントウルSの項で、GⅢは1200m以下の実績に
もとづいて判定すればよいが、GⅡともなるとそういうわけに
はいかず、1400mの実績までチェックすべきと書きました。
スワンSは1400mのGⅡです。この伝でいくと、1400m以下の
実績だけではなく1600mまでチェックすべきですが、そう簡単
に話は進みません。実は、1600mを気にする必要はなく、逆に
1200mを気にするべきです。それも、

1200m戦に出走しているだけでダメ

なのです。ほとんど人が1400mを短距離と考え、同じレンジと
判断している1200m戦で好成績を挙げている馬を重視しますが、
どうやら間違いなようです。当レースでファンが1番人気に支
持した20頭は、3頭が勝ったのみ。17頭が人気に応えられず、
2着に入ったのも3頭だけです。
ファンもマスコミも早く気づいたほうがいい真実です。祭り上
げられた1番人気に騎乗して勝てなかった鞍上が「下手」なん
て言われかねません。下手なのは予想する側。
それら、明らかになっている当レースを勝てる1番人気馬の条
件を次ページに記しましたので見てください。

♞ 1番人気で勝てる馬を浮かび上がらせる

大前提
1200m以下、2000m以上戦未出走

3歳　　　ハードル❶
1600mGⅠ馬

4歳以上　ハードル❷
前走OP1番人気1着

今年も怪しい1番人気馬にまずこの大前提とハードルを課し、勝てるか負けるかを判定しましょう。次ページからの【1番人気的中シート】を利用してください。

1番人気で勝てる馬【1番人気的中シート】

年度	スワンSの1番人気馬	性齢	負担重量	大前提	3歳ハードル❶	4歳以上ハードル❷	判定
大前提………………1200m以下、2000m以上戦未出走							
3歳　　ハードル❶……1600mGI馬							
4歳以上　ハードル❷……前走OP1番人気1着							
2020							
2020							
2019	ダイアトニック	牡4	56kg	◎		◎	●
2018	モズアスコット	牡4	58kg	×			×
2017	レッツゴードンキ	牝5	54kg	×			×
2016	フィエロ	牡7	56kg	◎		×	×
2015	フィエロ	牡6	56kg	◎		×	×
2014	ミッキーアイル	牡3	57kg	◎	◎		●
2013	マジンプロスパー	牡6	56kg	×			×
2012	レオアクティブ	牡3	54kg	×			×
2011	リディル	牡4	57kg	◎		◎	●
2010	エーシンフォワード	牡5	57kg	×			×
2009	スズカコーズウェイ	牡5	58kg	×			×
2008	スズカフェニックス	牡6	58kg	×			×
2007	アストンマーチャン	牝3	55kg	×			×
2006	オレハマッテルゼ	牡6	59kg	×			×
2005	サイドワインダー	牡7	57kg	×			×
2004	メイショウボーラー	牡3	55kg	×			×
2003	ロイヤルキャンサー	牡5	57kg	×			×
2002	モノポライザー	牡3	55kg	×			×
2001	ダイタクヤマト	牡7	59kg	×			×
2000	レジェンドハンター	牡3	55kg	×			×

着順	単勝配当	結果
1着	¥290	大的中
2着		→
3着		→
9着		→
2着		→
1着	¥250	大的中
5着		→
9着		→
1着	¥310	大的中
8着		→
5着		→
4着		→
4着		→
5着		→
2着		→
3着		→
4着		→
5着		→
7着		→
6着		→

1番人気的中シートの使い方

左のシートに今年の1番人気候補を記入し、過去の成績をもとに「勝てるか、勝てないか」を判定してください。「勝てない」とわかったら、2番人気以下で勝てる馬が浮かび上がる【穴馬的中シート】（後ろのページ）に進んでください。

2番人気以下で勝った馬	人気	単勝配当	結果
ロードクエスト	2	¥560	大的中
サングレーザー	2	¥520	大的中
サトノアラジン	2	¥400	大的中
アルビアーノ	2	¥550	大的中
コパノリチャード	8	¥2,050	大的中
グランプリボス	3	¥750	大的中
マルカフェニックス	3	¥570	大的中
キンシャサノキセキ	4	¥860	大的中
マイネルレーニア	5	¥940	大的中
スーパーホーネット	3	¥580	大的中
プリサイスマシーン	14	¥3,940	大的中
コスモサンビーム	11	¥1,830	大的中
タマモホットプレイ	10	¥2,170	大的中
ギャラントアロー	11	¥3,460	大的中
ショウナンカンプ	2	¥530	大的中
ビハインドザマスク	2	¥330	大的中
ダイタクヤマト	8	¥1,560	大的中

過去20年、1番人気に応えて優勝した馬たちの前走成績と実績を紹介します。
まず3歳馬から。
✢1番人気で勝った3歳馬（実績は重賞連対を列記。以下同様）

2014年　ミッキーアイル　　　　牡3　57kg（＋2kg）250円

前走	東京1600m	GⅠ	安田記念	2番人気	16着	2.0秒差	逃げ
実績	阪神1600m	GⅢ	アーリントンC	1番人気	1着	0.6秒差	逃げ
実績	京都1600m	GⅢ	シンザン記念	1番人気	1着	0.1秒差	逃げ
実績	東京1600m	GⅠ	ＮＨＫマイルC	1番人気	1着	0.0秒差	逃げ

続いて4歳馬。
✢1番人気で勝った4歳馬一覧

2019年　ダイアトニック　　　　牡4　56kg　290円

前走	京都1400m	ＯＰ	安土城S	1番人気	1着	0.0秒差

※重賞連対なし。

2011年　リディル　　　　　　　牡4　57kg　310円

前走	京都1600m	ＯＰ	米子S	1番人気	1着	0.1秒差
実績	京都1600m	GⅡ	デイリー杯2歳S	1番人気	1着	0.0秒差

過去20年、1番人気に応えられず2着以下に負けた馬たちの前走成績と実績を紹介します。
まず3歳馬から。
✢1番人気で負けた3歳馬一覧

2012年　レオアクティブ　　　　牡3　54kg　9着

前走	中山1600m	GⅢ	京成杯ＡＨ	2番人気	1着	0.2秒差
実績	東京1400m	GⅡ	京王杯2歳S	5番人気	1着	0.2秒差

※1200m戦出走歴あり。

2007年　アストンマーチャン　牝3　55kg（＋2kg）14着

前走	中山1200m	GⅠ	スプリンターズS	3番人気	1着	0.1秒差	逃げ
実績	京都1400m	牝GⅢ	ファンタジーS	3番人気	1着	0.8秒差	
実績	小倉1200m	GⅢ	小倉2歳S	3番人気	1着	0.4秒差	4角先頭
実績	阪神1400m	牝GⅡ	フィリーズレビュー	1番人気	1着	0.4秒差	
実績	阪神1600m	牝GⅠ	阪神ＪＦ	1番人気	2着	0.0秒差	

※1200m戦出走歴あり。

2004年　メイショウボーラー　牡3　55kg　3着

前走	東京1600m	GⅠ	安田記念	8番人気	11着	0.8秒差	
実績	小倉1200m	GⅢ	小倉2歳S	1番人気	1着	0.9秒差	逃げ
実績	京都1600m	GⅡ	デイリー杯2歳S	1番人気	1着	0.3秒差	逃げ
実績	中山2000m	GⅡ	弥生賞	3番人気	2着	0.2秒差	逃げ
実績	中山1600m	GⅠ	朝日杯ＦS	1番人気	2着	0.0秒差	逃げ

※1000m戦・2000m戦出走歴あり。

2002年　モノポライザー　　牡3　55kg　5着
前走　阪神1600m　ＯＰ　ポートアイランドS　　　1番人気　1着　0.0秒差
※2400m戦出走歴あり。重賞連対なし。

2000年　レジェンドハンター　牡3　55kg　16着
前走　笠松1800m　ＯＰ　東海クラウン　　　　　　1番人気　1着　1.5秒差　逃げ
実績　京都1600m　ＧⅡ　デイリー杯3歳S　　　　6番人気　1着　0.4秒差　逃げ
実績　中山1600m　ＧⅠ　朝日杯3歳S　　　　　　1番人気　2着　0.1秒差
※D800m戦出走歴あり。

続いて4歳以上馬。まず4歳馬から紹介します。
⊕1番人気で負けた4歳馬

2018年　モズアスコット　　　牡4　58kg（＋2kg）2着
前走　東京1600m　ＧⅠ　安田記念　　　　　　　　9番人気　1着　0.0秒差
実績　阪神1400m　ＧⅢ　阪急杯　　　　　　　　　1番人気　2着　0.0秒差
実績　京都1600m　ＧⅡ　マイラーズＣ　　　　　　2番人気　2着　0.2秒差
※2000m戦出走歴あり。

次に5歳馬。
⊕1番人気で負けた5歳馬一覧

2017年　レッツゴードンキ　　牝5　54kg　3着
前走　中山1200m　ＧⅠ　スプリンターズS　　　　5番人気　2着　0.0秒差
実績　京都1600m　牝ＧⅢ　京都牝馬S　　　　　　1番人気　1着　0.3秒差
実績　東京1600m　牝ＧⅢ　アルテミスS　　　　　1番人気　2着　0.0秒差
実績　阪神1600m　牝ＧⅠ　桜花賞　　　　　　　　5番人気　1着　0.7秒差　逃げ
実績　中京1200m　ＧⅠ　高松宮記念　　　　　　　2番人気　2着　0.2秒差
実績　川崎1600m　牝ＧⅠ　ＪＢＣレディスクラシック　4番人気　2着　0.2秒差
実績　阪神1600m　牝ＧⅠ　阪神ＪＦ　　　　　　　2番人気　2着　0.1秒差
※1200m・2400m戦出走歴あり。

2010年　エーシンフォワード　牡5　57kg　8着
前走　東京1600m　ＧⅠ　安田記念　　　　　　　　9番人気　10着　0.9秒差　逃げ
実績　阪神1400m　ＧⅢ　阪急杯　　　　　　　　　2番人気　1着　0.2秒差
実績　中山1600m　ＧⅡ　ＮＺトロフィー　　　　　5番人気　2着　0.1秒差
実績　阪神1600m　ＧⅢ　アーリントンＣ　　　　　9番人気　2着　0.3秒差
※1200m・2400m戦出走歴あり。

2009年　スズカコーズウェイ　牡5　58kg（＋1kg）5着
前走　阪神1200m　ＧⅡ　セントウルS　　　　　　7番人気　6着　0.7秒差
実績　東京1400m　ＧⅡ　スプリングＣ　　　　　　8番人気　1着　0.0秒差
※1200m・2200m戦出走歴あり。

スワンS

2003年　ロイヤルキャンサー　牡5　57kg　4着
前走　中山1600m　GⅢ　京成杯AH　　　　　　　　5番人気　6着　0.3秒差
※1200m・2200m戦出走歴あり。重賞連対なし。

最後に6歳馬と7歳馬。
⊕1番人気で負けた6歳馬と7歳馬一覧

2015年　フィエロ　　　　　　　牡6　56kg　2着
前走　東京1600m　GⅠ　安田記念　　　　　　　　2番人気　4着　0.4秒差
実績　京都1600m　GⅠ　マイルCS　　　　　　　3番人気　2着　0.0秒差
実績　京都1600m　GⅡ　マイラーズC　　　　　　1番人気　2着　0.2秒差

2013年　マジンプロスパー　　牡6　56kg　5着
前走　中山1200m　GⅠ　スプリンターズS　　　　6番人気　4着　0.2秒差
実績　中京1200m　GⅢ　CBC賞　　　　　　　　1番人気　1着　0.0秒差
実績　阪神1400m　GⅢ　阪急杯　　　　　　　　2番人気　2着　0.1秒差
実績　中京1200m　GⅢ　CBC賞　　　　　　　　2番人気　1着　0.1秒差
実績　阪神1400m　GⅢ　阪急杯　　　　　　　　4番人気　1着　0.2秒差
※1200m戦出走歴あり。

2008年　スズカフェニックス　牡6　58kg（＋1kg）4着
前走　中山1200m　GⅠ　スプリンターズS　　　　4番人気　4着　0.3秒差
実績　東京1600m　GⅢ　東京新聞杯　　　　　　1番人気　1着　0.1秒差
実績　阪神1400m　GⅢ　阪急杯　　　　　　　　1番人気　2着　0.0秒差
実績　阪神1400m　GⅡ　阪神C　　　　　　　　1番人気　1着　0.1秒差
実績　中京1200m　GⅠ　高松宮記念　　　　　　1番人気　1着　0.4秒差
※1200m・2000m戦出走歴あり。

2006年　オレハマッテルゼ　　牡6　59kg（＋2kg）5着
前走　中山1200m　GⅠ　スプリンターズS　　　　5番人気　9着　0.6秒差
実績　東京1600m　GⅢ　東京新聞杯　　　　　　2番人気　2着　0.0秒差
実績　東京1400m　GⅡ　スプリングC　　　　　　3番人気　1着　0.3秒差　逃げ
実績　東京1400m　GⅡ　スプリングC　　　　　　5番人気　2着　0.4秒差
実績　中京1200m　GⅠ　高松宮記念　　　　　　4番人気　1着　0.0秒差
※1200m・2000m戦出走歴あり。

2016年　フィエロ　　　　　　　牡7　56kg　9着
前走　東京1600m　GⅠ　安田記念　　　　　　　　6番人気　3着　0.2秒差
実績　京都1400m　GⅡ　スワンS　　　　　　　　1番人気　2着　0.2秒差
実績、京都1600m　GⅡ　マイラーズC　　　　　　1番人気　2着　0.2秒差
実績　京都1600m　GⅠ　マイルCS　　　　　　　2番人気　2着　0.2秒差
実績　京都1600m　GⅠ　マイルCS　　　　　　　3番人気　2着　0.0秒差

2005年　サイドワインダー　　牡7　57kg　2着

前走	新潟1600m	GⅢ	関屋記念	2番人気	1着	0.1秒差	
実績	京都1600m	GⅢ	京都金杯	3番人気	1着	0.1秒差	
実績	京都1800m	GⅢ	京阪杯	5番人気	1着	0.1秒差	
実績	京都1600m	GⅢ	京都金杯	1番人気	2着	0.0秒差	
実績	東京1600m	GⅢ	富士S	4番人気	2着	0.4秒差	
実績	中山1800m	GⅡ	中山記念	3番人気	2着	0.4秒差	

※2000m戦出走歴あり。

2001年　ダイタクヤマト　　牡7　59kg（＋2kg）7着

前走	中山1200m	GⅠ	スプリンターズS	2番人気	3着	0.0秒差	
実績	阪神1200m	GⅢ	阪急杯	2番人気	1着	0.1秒差	
実績	阪神1200m	GⅢ	セントウルS	2番人気	2着	0.1秒差	逃げ
実績	函館1200m	GⅢ	函館SS	6番人気	2着	0.2秒差	逃げ
実績	京都1400m	GⅡ	スワンS	8番人気	1着	0.1秒差	
実績	中山1200m	GⅠ	スプリンターズS	16番人気	1着	0.2秒差	4角先頭

※1200m戦出走歴あり。

◆1番人気が飛ぶとわかったらココへ

今年も1番人気が「負ける」とわかったら、2番人気以下の馬から勝つ馬を見つけましょう。
簡単です。私が課す大前提とハードルをクリアした馬しか勝ちませんので、【穴馬的中シート】
を利用して見つけだしてください。

🐴 2番人気以下で勝てる馬を浮かび上がらせる

3歳　　　ハードル❶
前走3歳以上「準OP1番人気完勝、
あるいはOP1〜2番人気」

3歳　　　ハードル❷
前走それ以外は、重賞圧勝歴か、
3歳以上OP特別完勝歴

4歳　　　ハードル❸
前走1600m3歳以上OP特別圧勝か、GI馬

5歳　大前提
当年連対歴

5歳　　　ハードル❹
3歳以上重賞1着歴

6歳以上　ハードル❺
3歳以上重賞完勝歴

２番人気以下で勝てる馬【穴馬的中シート】

条件	馬番 or 馬名
３歳 ハードル❶クリア	
３歳 ハードル❷クリア	
４歳 ハードル❸クリア	
５歳 大前提クリア	
５歳 ハードル❹クリア	
６歳以上 ハードル❺クリア	

過去20年、２番人気以下で優勝した馬たちの前走成績と実績を紹介します。
まず３歳馬から。
◉２番人気以下で勝った３歳馬一覧

2017年　２番人気　サングレーザー　　　牡３　54kg　520円
前走　阪神1400m　1600万　仲秋Ｓ　　　　　　　　１番人気　１着　0.2秒差
※重賞連対なし。

2015年　２番人気　アルビアーノ　　　　牝３　52kg　550円
前走　中山1600m　GⅢ　京成杯ＡＨ　　　　　　　１番人気　７着　0.1秒差　４角先頭
実績　中山1800m　牝馬GⅢ　フラワーＣ　　　　　　１番人気　１着　0.2秒差　逃げ
実績　東京1600m　GⅠ　ＮＨＫマイルＣ　　　　　　４番人気　２着　0.2秒差

2013年　８番人気　コパノリチャード　　牡３　54kg　2050円
前走　阪神1600m　ＯＰ　ポートアイランドＳ　　　２番人気　16着　2.9秒差　４角先頭
実績　阪神1600m　GⅢ　アーリントンＣ　　　　　　１番人気　１着　0.2秒差

2004年　10番人気　タマモホットプレイ　牡３　55kg　2170円
前走　中山1200m　GⅠ　スプリンターズＳ　　　　14番人気　８着　1.3秒差
実績　京都1600m　GⅢ　シンザン記念　　　　　　２番人気　２着　0.3秒差
※実績　函館1200m　ＯＰ　青函Ｓ　　　　　　　　　６番人気　１着　0.1秒差

2003年　11番人気　ギャラントアロー　牡3　56kg（11月開催）3460円

前走	中山1200m	GⅡ	セントウルS	6番人気	6着	0.8秒差	
実績	中京1200m	GⅢ	ファルコンS	5番人気	1着	0.3秒差	逃げ
実績	中山1200m	GⅢ	クリスタルC	13番人気	2着	0.1秒差	逃げ
前走	中山1600m	GⅡ	NZトロフィー	8番人気	2着	0.0秒差	逃げ

続いて4歳馬。
◉2番人気以下で勝った4歳馬一覧

2012年　3番人気　グランプリボス　牡4　57kg（＋1kg）750円

前走	東京1800m	GⅡ	毎日王冠	14番人気	6着	0.5秒差
実績	東京1400m	GⅡ	京王杯2歳S	7番人気	1着	0.1秒差
実績	阪神1400m	GⅡ	阪神C	5番人気	2着	0.0秒差
実績	東京1600m	GⅠ	NHKマイルC	1番人気	1着	0.2秒差
実績	中山1600m	GⅠ	朝日杯FS	5番人気	1着	0.1秒差
実績	東京1600m	GⅠ	安田記念	13番人気	2着	0.0秒差

2008年　5番人気　マイネルレーニア　牡4　57kg　940円

前走	阪神1600m	OP	ポートアイランドS	7番人気	1着	0.6秒差	逃げ
実績	東京1400m	GⅡ	京王杯2歳S	3番人気	1着	0.0秒差	

◉1600m戦の圧勝は0.5秒差以上の1着。

2007年　3番人気　スーパーホーネット　牡4　57kg　580円

前走	阪神1600m	OP	ポートアイランドS	2番人気	1着	0.7秒差
実績	中山1600m	GⅠ	朝日杯FS	5番人気	2着	0.0秒差

◉1600m戦の圧勝は0.5秒差以上の1着。

2005年　11番人気　コスモサンビーム　牡4　57kg　1830円

前走	東京1600m	GⅢ	富士S	4番人気	9着	0.6秒差
実績	小倉1200m	GⅢ	小倉2歳S	3番人気	2着	0.9秒差
実績	東京1400m	GⅡ	京王杯2歳S	1番人気	1着	0.2秒差
実績	中山1600m	GⅠ	朝日杯FS	4番人気	1着	0.0秒差
実績	東京1600m	GⅠ	NHKマイルC	4番人気	2着	0.8秒差

2002年　2番人気　ショウナンカンプ　牡4　59kg（＋2kg）530円

前走	新潟1200m	GⅠ	スプリンターズS	2番人気	3着	0.2秒差	逃げ
実績	中京1200m	GⅠ	高松宮記念	3番人気	1着	0.6秒差	逃げ

次に5歳馬。
◉2番人気以下で勝った5歳馬一覧

2018年　2番人気　ロードクエスト　牡5　56kg　560円

前走	中山1600m	GⅢ	京成杯AH	5番人気	4着	0.2秒差
実績	中山1600m	GⅢ	京成杯AH	1番人気	1着	0.1秒差
実績	新潟1600m	GⅢ	新潟2歳S	1番人気	1着	0.7秒差

実績　中山2000m　GⅡ　ホープフルＳ　　　　　1番人気　2着　0.2秒差
実績　東京1600m　GⅠ　ＮＨＫマイルＣ　　　　2番人気　2着　0.1秒差
※当年連対。

2016年　2番人気　サトノアラジン　　牡5　57kg（＋1kg）400円
前走　東京1600m　GⅠ　安田記念　　　　　　　3番人気　4着　0.2秒差
実績　東京1600m　GⅢ　富士Ｓ　　　　　　　　1番人気　2着　0.0秒差
実績　東京1800m　GⅢ　エプソムＣ　　　　　　1番人気　2着　0.0秒差
実績　東京1400m　GⅡ　京王杯ＳＣ　　　　　　3番人気　1着　0.2秒差　　当年
※当年1勝。

2001年　2番人気　ビハインドザマスク　牝5　55kg　330円
前走　中山1200m　GⅠ　スプリンターズＳ　　　6番人気　6着　0.2秒差
実績　阪神1200m　GⅢ　セントウルＳ　　　　　2番人気　1着　0.0秒差
※当年1勝。

最後に6歳以上馬。
◉2番人気以下で勝った6歳以上馬一覧

2010年　3番人気　マルカフェニックス　牡6　57kg　570円
前走　中山1200m　GⅠ　スプリンターズＳ　　　11番人気　9着　0.6秒差
実績　小倉1200m　GⅢ　北九州記念　　　　　　3番人気　2着　0.3秒差
実績　阪神1400m　GⅡ　阪神Ｃ　　　　　　　　8番人気　1着　0.1秒差
実績　東京1400m　GⅡ　京王杯ＳＣ　　　　　　5番人気　2着　0.1秒差

2009年　4番人気　キンシャサノキセキ　牡6　57kg　860円
前走　中山1200m　GⅠ　スプリンターズＳ　　　4番人気　12着　0.4秒差
実績　函館1200m　GⅢ　函館ＳＳ　　　　　　　1番人気　1着　0.1秒差
実績　中山1200m　GⅠ　スプリンターズＳ　　　2番人気　2着　0.2秒差
実績　中京1200m　GⅠ　高松宮記念　　　　　　5番人気　2着　0.0秒差

2000年　8番人気　ダイタクヤマト　　　牡6　59kg（＋2kg）1560円
前走　中山1200m　GⅠ　スプリンターズＳ　　　16番人気　1着　0.2秒差　4角先頭
実績　函館1200m　GⅢ　函館ＳＳ　　　　　　　6番人気　2着　0.2秒差　逃げ

2006年　14番人気　プリサイスマシーン　牡7　57kg　3940円
前走　函館1200m　GⅢ　函館ＳＳ　　　　　　　3番人気　9着　0.9秒差
実績　中京1800m　GⅢ　中日新聞杯　　　　　　1番人気　1着　0.1秒差
実績　中京1800m　GⅢ　中日新聞杯　　　　　　4番人気　1着　0.1秒差
実績　名古屋D1400m　GⅢ　かきつばた記念　　　1番人気　2着　0.0秒差
実績　中山D1800m　GⅢ　マーチＳ　　　　　　　1番人気　2着　0.2秒差　3角先頭
実績　阪神1600m　GⅡ　マイラーズＣ　　　　　7番人気　2着　0.0秒差

◆2着馬を見つけるのはココで

2着候補を2番人気以下から見つけます。こちらもハードルをしっかりと読み、【穴馬的中シート】を利用して見つけてください。

なお、1番人気に応えられなくても2着に来ることはありますので、1番人気馬は無条件で2着候補です。

🐎 2番人気以下で2着に入れる馬を浮かび上がらせる

3歳　　　ハードル❶
重賞1着歴

4歳　　　ハードル❷
前走3歳以上「OP1番人気、
あるいはGⅠ1～2番人気」

4歳　　　ハードル❸
前走それ以外は、3歳以上GⅡ1着歴か、GⅠ馬

5歳以上　ハードル❹
前走3歳以上OP特別「1番人気、
あるいは連対（負けていても0.0秒差）」

5歳以上　ハードル❺
前走それ以外は、3歳以上重賞1着歴か、
3歳重賞完勝歴

2番人気以下で2着に入れる馬【穴馬的中シート】

条件	馬番 or 馬名
3歳 ハードル❶クリア	
4歳 ハードル❷クリア	
4歳 ハードル❸クリア	
5歳以上 ハードル❹クリア	
5歳以上 ハードル❺クリア	

過去20年、2番人気以下で2着に入った馬たちの前走成績と実績を紹介します。
まず3歳馬から。
◇2番人気以下で2着に入った3歳馬一覧

2009年　16番人気　アーリーロブスト　牡3　55kg
前走　金沢D2100m　GⅢ　白山大賞典　　　　　　　4番人気　3着　1.4秒差
実績　中山2000m　GⅢ　京成杯　　　　　　　　　　2番人気　1着　0.0秒差

続いて4歳馬。
◇2番人気以下で2着に入った4歳馬一覧

2013年　4番人気　ダイワマッジョーレ　牡4　57kg（＋1kg）
前走　東京1600m　GⅠ　安田記念　　　　　　　　　6番人気　9着　0.7秒差
実績　中山1600m　GⅢ　ダービー卿CT　　　　　　1番人気　2着　0.0秒差
実績　東京1600m　GⅢ　東京新聞杯　　　　　　　　5番人気　2着　0.1秒差
実績　東京1400m　GⅡ　京王杯SC　　　　　　　　1番人気　1着　0.1秒差
実績　中京2000m　GⅡ　金鯱賞　　　　　　　　　　8番人気　2着　0.1秒差

2012年　6番人気　テイエムオオタカ　牡4　56kg
前走　京都1200m　OP　オパールS　　　　　　　　1番人気　1着　0.0秒差　逃げ
実績　函館1200m　GⅢ　函館SS　　　　　　　　　3番人気　2着　0.0秒差　逃げ

2007年　10番人気　フサイチリシャール　牡4　58kg（＋1kg）
前走　阪神1200m　GⅡ　セントウルS　　　　　　　6番人気　12着　1.6秒差

実績	東京1800m	GⅢ	東スポ杯2歳S	1番人気	1着	0.4秒差	逃げ
実績	東京1800m	GⅢ	共同通信杯	1番人気	2着	0.1秒差	
実績	阪神1400m	GⅡ	阪神C	8番人気	1着	0.1秒差	
実績	中山1800m	GⅡ	スプリングS	1番人気	2着	0.0秒差	
実績	中山1600m	GⅠ	朝日杯FS	2番人気	1着	0.0秒差	

2006年　8番人気　シンボリグラン　牡4　58kg（＋1kg）

前走	函館1200m	GⅢ	函館SS	2番人気	5着	0.6秒差	
実績	中京1200m	GⅡ	CBC賞	3番人気	1着	0.0秒差	

2004年　5番人気　マイネルソロモン　牡4　57kg

前走	中山1600m	GⅢ	京成杯AH	1番人気	3着	0.2秒差	
実績	中山1600m	GⅢ	ダービー卿CT	5番人気	2着	0.0秒差	

2008年　3番人気　ローレルゲレイロ　牡4　57kg

前走	中京1200m	GⅠ	高松宮記念	2番人気	4着	0.3秒差	逃げ
実績	阪神1400m	GⅢ	阪急杯	3番人気	1着	0.0秒差	逃げ
実績	東京1600m	GⅢ	東京新聞杯	6番人気	1着	0.0秒差	
実績	阪神1600m	GⅢ	アーリントンC	1番人気	2着	0.0秒差	
実績	函館1200m	GⅢ	函館2歳S	5番人気	2着	0.2秒差	4角先頭
実績	京都1600m	GⅡ	デイリー杯2歳S	2番人気	2着	0.1秒差	
実績	東京1600m	GⅠ	NHKマイルC	1番人気	2着	0.1秒差	
実績	中山1600m	GⅠ	朝日杯FS	7番人気	2着	0.1秒差	

2002年　9番人気　リキアイタイカン　牡4　58kg（＋1kg）

前走	中山1200m	GⅠ	スプリンターズS	11番人気	7着	1.2秒差	
実績	中京1200m	GⅡ	CBC賞	7番人気	1着	0.0秒差	

2000年　6番人気　シンボリインディ　牡4　59kg（＋2kg）

前走	中山1200m	GⅠ	スプリンターズS	7番人気	14着	1.4秒差	
実績	中山1600m	GⅢ	京成杯AH	1番人気	1着	0.1秒差	
実績	東京1600m	GⅠ	NHKマイルC	6番人気	1着	0.1秒差	

次に5歳以上馬。まず5歳馬から紹介します。
◇2番人気以下で2着に入った5歳馬一覧

2019年　2番人気　モズアスコット　牡5　57kg（＋1kg）

前走	東京1800m	GⅡ	毎日王冠	5番人気	6着	0.6秒差	
実績	阪神1400m	GⅢ	阪急杯	1番人気	2着	0.0秒差	
実績	京都1400m	GⅡ	スワンS	1番人気	2着	0.0秒差	
実績	京都1600m	GⅡ	マイラーズC	2番人気	2着	0.2秒差	
実績	東京1600m	GⅠ	安田記念	9番人気	1着	0.0秒差	

2016年　8番人気　サトノルパン　牡5　56kg

前走	中山1200m	GⅠ	スプリンターズS	14番人気	7着	0.2秒差	

実績	京都1200m	GⅢ	京阪杯	4番人気	1着	0.0秒差	
実績	中京1400m	GⅢ	ファルコンS	3番人気	2着	0.0秒差	

2014年　4番人気　サンライズメジャー　牡5　56kg

前走	阪神1600m	ＯＰ	ポートアイランドS	1番人気	3着	0.0秒差

※重賞連対なし。

2011年　3番人気　ジョーカプチーノ　牡5　58kg（＋1kg）

前走	札幌1200m	GⅢ	キーンランドC	2番人気	9着	1.0秒差
実績	京都1200m	GⅢ	シルクロードS	1番人気	1着	0.1秒差
実績	中京1200m	GⅢ	ファルコンS	4番人気	1着	0.0秒差
実績	東京1600m	GⅠ	ＮＨＫマイルC	10番人気	1着	0.3秒差

2010年　9番人気　ショウナンアルバ　牡5　57kg

前走	阪神1200m	GⅡ	セントウルS	8番人気	11着	0.6秒差
実績	東京1800m	GⅢ	共同通信杯	6番人気	1着	0.1秒差

2003年　2番人気　テンシノキセキ　牝5　55kg

前走	中山1200m	GⅠ	スプリンターズS	4番人気	5着	0.3秒差	逃げ
実績	阪神1200m	GⅢ	セントウルS	2番人気	1着	0.0秒差	
実績	中山1600m	牝馬GⅢ	フェアリーS	2番人気	1着	0.2秒差	
実績	中京1200m	GⅡ	ＣＢＣ賞	7番人気	2着	0.1秒差	

2001年　4番人気　タイキトレジャー　牡5　57kg

前走	札幌1200m	ＯＰ	札幌日刊スポーツ杯	1番人気	1着	0.1秒差
実績	函館1200m	GⅢ	函館ＳＳ	2番人気	1着	0.2秒差
実績	函館1200m	GⅢ	函館ＳＳ	1番人気	2着	0.4秒差
実績	京都1200m	GⅢ	シルクロードS	2番人気	2着	0.0秒差

最後に6歳馬。
◇2番人気以下で2着に入った6歳馬

2017年　12番人気　ヒルノデイバロー　牡6　56kg

前走	京都1200m	ＯＰ	オパールS	9番人気	2着	0.0秒差
実績	阪神1400m	GⅢ	阪急杯	4番人気	2着	0.0秒差

天皇賞・秋

東京競馬場　芝2000m　フルゲート18頭
(2002年は中山競馬場 芝2000m)

3歳以上

定量　3歳56kg　4歳以上58kg（牝馬2kg減）

🐎 天皇賞・秋の真相

もし、東京競馬場の芝2000m3歳以上GⅢがあれば、そこを勝ってコース適性を証明した馬は、この東京2000m3歳以上GⅠでも買うか否か検討するに値しますが、そのような重賞はありません。実は府中の2000mは3歳限定、2歳限定の重賞もないのです（牝馬限定競走としては3歳GⅡフローラSがあります）。
では、他競馬場の芝2000m3歳以上GⅢ（例えば同じ左回りの中日新聞杯や新潟記念）の勝ち馬は検討に値するでしょうか。
私はそのGⅢでの実績が中距離レースの頂点であるGⅠ天皇賞・秋において買い要素になるとは思えず、現にそのような勝ち鞍を売りにして勝った馬は皆無です。ましてや距離1800mや2200mの3歳以上GⅢはいわずもがなでしょう。
従って、距離にかかわらずGⅢの成績、GⅡの2着歴は判断材料とせず、GⅡ勝ち以上の成績を分析して勝ち馬を見つけだしていきます。

ハイレベルでの実績だけ

が、天皇賞・秋ではモノを言います。
また、私の計算では10月いっぱいは3歳馬と4歳以上馬のあいだに3kgの能力差があります。まだまだ古馬の壁は厚く、天皇賞・秋における3歳馬の苦戦は、今年も続くでしょう。

🐎 1番人気で勝てる馬を浮かび上がらせる

大前提①

４〜５歳牡馬か、３歳以上ＧⅠ連対歴のある４歳牝馬（牝馬限定競走を除く）

大前提②

５歳牡馬は当年に１勝以上

ハードル❶

前走３歳以上ＧⅡ・ＧⅠ１〜２番人気連対（負けていても0.1秒差）

ハードル❷

前走それ以外は、３歳以上ＧⅠ完勝歴２回以上（牝馬限定競走を除く）

それでは、まず１番人気馬にこの大前提とハードルを課し、勝てるか負けるかを判定しましょう。次ページからの【１番人気的中シート】を利用してください。

1番人気で勝てる馬【1番人気的中シート】

年度	天皇賞・秋の 1番人気馬	性齢	大前提 ①	大前提 ②	ハードル ❶	ハードル ❷
大前提①‥‥‥‥4～5歳牡馬か、3歳以上GⅠ連対歴のある4歳牡馬（牝馬限定競走を除く） 大前提②‥‥‥‥5歳牡馬は当年に1勝以上 ハードル❶‥‥‥前走3歳以上GⅡ・GⅠ1～2番人気連対（負けていても0.1秒差）						
2020						
2020						
2019	アーモンドアイ	牝4	◎			◎
2018	スワーヴリチャード	牡4	◎			×
2017	キタサンブラック	牡5	◎	◎		◎
2016	モーリス	牡5	◎	◎		◎
2015	ラブリーデイ	牡5	◎	◎	◎	
2014	イスラボニータ	牡3	×			
2013	ジェンティルドンナ	牝4	◎			×
2012	フェノーメノ	牡3	×			
2011	ブエナビスタ	牝5	×			
2010	ブエナビスタ	牝4	◎		◎	
2009	ウオッカ	牝5	×			
2008	ウオッカ	牝4	◎		◎	
2007	メイショウサムソン	牡4	◎		◎	
2006	スイープトウショウ	牝5	×			
2005	ゼンノロブロイ	牡5	◎	×		
2004	ゼンノロブロイ	牡4	◎		◎	
2003	シンボリクリスエス	牡4	◎			◎
2002	テイエムオーシャン	牝4	×			
2001	テイエムオペラオー	牡5	◎	◎	◎	
2000	テイエムオペラオー	牡4	◎		◎	

判定	着順	単勝配当	結果	2番人気以下で勝った馬	人気	単勝配当	結果
◎	1着	¥160	大的中				
×	10着		→	レイデオロ	2	¥310	大的中
◎	1着	¥310	大的中				
◎	1着	¥360	大的中				
◎	1着	¥340	大的中				
×	3着		→	スピルバーグ	5	¥1,100	大的中
×	2着		→	ジャスタウェイ	5	¥1,550	大的中
×	2着		→	エイシンフラッシュ	5	¥1,660	大的中
×	4着		→	トーセンジョーダン	7	¥3,330	大的中
◎	1着	¥220	大的中				
×	3着		→	カンパニー	5	¥1,150	大的中
◎	1着	¥270	大的中				
◎	1着	¥290	大的中				
×	5着		→	ダイワメジャー	4	¥700	大的中
×	2着		→	ヘヴンリーロマンス	14	¥7,580	大的中
◎	1着	¥340	大的中				
◎	1着	¥270	大的中				
×	13着		→	シンボリクリスエス	3	¥650	大的中
◎	2着		ハズレ	アグネスデジタル	4	¥2,000	
◎	1着	¥240	大的中				

（上部ヘッダー欄外左）
ードル❷……前走それ以外は、3歳以上
Ⅰ完勝歴2回以上（牝馬限定競走を除く）

1番人気的中シートの使い方

左のシートに今年の1番人気候補を記入し、過去の成績をもとに「勝てるか、勝てないか」を判定してください。「勝てない」とわかったら、2番人気以下で勝てる馬が浮かび上がる【穴馬的中シート】（後ろのページ）に進んでください。

過去20年、1番人気に応えて優勝した馬たちの前走成績と実績を紹介します。
✛ 1番人気で勝った馬一覧（実績はGⅡ1着以上を列記。以下同様）

2019年　アーモンドアイ　　　牝4　160円

前走	GⅠ	安田記念	1番人気	3着	0.0秒差	
実績	UAE GⅠ	ドバイターフ	1番人気	1着	0.3秒差	
実績	GⅠ	ジャパンC	1番人気	1着	0.3秒差	
実績	牝GⅠ	秋華賞	1番人気	1着	0.2秒差	
実績	牝GⅠ	オークス	1番人気	1着	0.3秒差	
実績	牝GⅠ	桜花賞	2番人気	1着	0.3秒差	

※3歳以上GⅠ完勝2回。

2017年　キタサンブラック　　　牡5　310円

前走	GⅠ	宝塚記念	1番人気	9着	1.3秒差	
実績	GⅡ	京都大賞典	1番人気	1着	0.0秒差	
実績	GⅡ	セントライト記念	6番人気	1着	0.1秒差	4角先頭
実績	GⅡ	スプリングS	5番人気	1着	0.0秒差	4角先頭
実績	GⅠ	天皇賞・春	1番人気	1着	0.2秒差	4角先頭　当年
実績	GⅠ	大阪杯	1番人気	1着	0.1秒差	当年
実績	GⅠ	ジャパンC	1番人気	1着	0.4秒差	逃げ
実績	GⅠ	天皇賞・春	2番人気	1着	0.0秒差	逃げ
実績	GⅠ	菊花賞	5番人気	1着	0.0秒差	
実績	GⅠ	有馬記念	2番人気	2着	0.0秒差	

※3歳以上GⅠ完勝3回。当年2勝。

2016年　モーリス　　　　　　牡5　360円

前走	GⅡ	札幌記念	1番人気	2着	0.3秒差	
実績	香GⅠ	チャンピオンズマイル	1番人気	1着	0.3秒差	当年
実績	香GⅠ	香港マイル	2番人気	1着	0.1秒差	
実績	GⅠ	マイルCS	4番人気	1着	0.2秒差	
実績	GⅠ	安田記念	1番人気	1着	0.0秒差	
実績	GⅠ	安田記念	1番人気	2着	0.2秒差	

※3歳以上GⅠ完勝3回。当年1勝。

2015年　ラブリーデイ　　　　牡5　340円

前走	GⅡ	京都大賞典	1番人気	1着	0.2秒差	当年
実績	GⅡ	京都記念	3番人気	1着	0.0秒差	当年
実績	GⅠ	宝塚記念	6番人気	1着	0.0秒差	当年

※前走3歳以上GⅡ1番人気1着。当年5勝。

2010年　ブエナビスタ　　　　牝4　220円

前走	GⅠ	宝塚記念	1番人気	2着	0.1秒差	
実績	GⅡ	京都記念	1番人気	1着	0.1秒差	
実績	牝GⅠ	ヴィクトリアマイル	1番人気	1着	0.0秒差	
実績	牝GⅠ	オークス	1番人気	1着	0.0秒差	

実績	牝馬GI	桜花賞	1番人気	1着	0.1秒差	
実績	牝馬GI	阪神JF	1番人気	1着	0.4秒差	
実績	UAEGI	ドバイシーマクラシック		2着	0.1秒差	
実績	GI	有馬記念	1番人気	2着	0.1秒差	

※前走3歳以上GI1番人気2着0.1秒差。

2008年　ウオッカ　　　　牝4　270円

前走	GII	毎日王冠	1番人気	2着	0.0秒差	逃げ
実績	GI	安田記念	2番人気	1着	0.6秒差	
実績	GI	ダービー	3番人気	1着	0.5秒差	
実績	牝馬GI	阪神JF	4番人気	1着	0.0秒差	
実績	牝馬GI	ヴィクトリアマイル	1番人気	2着	0.1秒差	
実績	牝馬GI	桜花賞	1番人気	2着	0.2秒差	

※前走3歳以上GII1番人気2着0.0秒差。

2007年　メイショウサムソン　牡4　290円

前走	GI	宝塚記念	2番人気	2着	0.1秒差
実績	GII	大阪杯	1番人気	1着	0.1秒差
実績	GII	スプリングS	4番人気	1着	0.0秒差
実績	GI	天皇賞・春	2番人気	1着	0.0秒差
実績	GI	ダービー	1番人気	1着	0.1秒差
実績	GI	皐月賞	6番人気	1着	0.1秒差

※前走3歳以上GII1番人気2着0.1秒差。

2004年　ゼンノロブロイ　　牡4　340円

前走	GII	京都大賞典	1番人気	2着	0.0秒差
実績	GII	神戸新聞杯	3番人気	1着	0.6秒差
実績	GII	青葉賞	1番人気	1着	0.2秒差
実績	GI	天皇賞・春	4番人気	2着	1.1秒差
実績	GI	ダービー	3番人気	2着	0.1秒差

※前走3歳以上GII1番人気2着0.0秒差。

2003年　シンボリクリスエス　牡4　270円

前走	GI	宝塚記念	1番人気	5着	0.3秒差
実績	GII	神戸新聞杯	1番人気	1着	0.4秒差
実績	GII	青葉賞	1番人気	1着	0.4秒差
実績	GI	有馬記念	2番人気	1着	0.1秒差
実績	GI	天皇賞・秋	3番人気	1着	0.1秒差
実績	GI	ダービー	3番人気	2着	0.2秒差

※3歳以上GI完勝2回。

2000年　テイエムオペラオー　牡4　240円

前走	GII	京都大賞典	1番人気	1着	0.4秒差
実績	GII	阪神大賞典	1番人気	1着	0.4秒差
実績	GII	京都記念	1番人気	1着	0.0秒差

実績	ＧＩ	宝塚記念	1番人気	1着	0.0秒差
実績	ＧＩ	天皇賞・春	1番人気	1着	0.1秒差
実績	ＧＩ	皐月賞	5番人気	1着	0.0秒差
実績	ＧＩ	菊花賞	2番人気	2着	0.1秒差

※前走3歳以上ＧⅡ1番人気1着。

過去20年、1番人気に応えられず2着以下に負けた馬たちの前走成績と実績を紹介します。
✿1番人気で負けた馬一覧

2018年　スワーヴリチャード　牡4　10着

前走	ＧＩ	安田記念	1番人気	3着	0.1秒差
実績	ＧＩ	大阪杯	1番人気	1着	0.1秒差
実績	ＧⅡ	金鯱賞	1番人気	1着	0.1秒差
実績	ＧⅡ	アルゼンチン共和国杯	1番人気	1着	0.4秒差
実績	ＧＩ	ダービー	3番人気	2着	0.1秒差

※3歳以上ＧＩ完勝1回。

2002年　テイエムオーシャン　牝4　13着

前走	ＧⅡ	札幌記念	2番人気	1着	0.2秒差
実績	牝ＧＩ	秋華賞	1番人気	1着	0.1秒差
実績	牝ＧＩ	桜花賞	1番人気	1着	0.5秒差
実績	牝ＧＩ	阪神3歳牝馬Ｓ	1番人気	1着	0.3秒差

※牝馬限定競走を除く3歳以上ＧＩ連対歴なし。

2001年　テイエムオペラオー　牡5　2着

前走	ＧⅡ	京都大賞典	1番人気	1着	0.8秒差	当年
前走	ＧⅡ	京都大賞典	1番人気	1着	0.0秒差	
実績	ＧⅡ	阪神大賞典	1番人気	1着	0.4秒差	
実績	ＧⅡ	京都記念	1番人気	1着	0.0秒差	
実績	ＧＩ	天皇賞・春	1番人気	1着	0.1秒差	当年
実績	ＧＩ	有馬記念	1番人気	1着	0.0秒差	
実績	ＧＩ	ジャパンＣ	1番人気	1着	0.0秒差	
実績	ＧＩ	天皇賞・秋	1番人気	1着	0.4秒差	
実績	ＧＩ	宝塚記念	1番人気	1着	0.0秒差	
実績	ＧＩ	天皇賞・春	1番人気	1着	0.1秒差	
実績	ＧＩ	皐月賞	5番人気	1着	0.0秒差	
実績	ＧＩ	宝塚記念	1番人気	2着	0.2秒差	
実績	ＧＩ	菊花賞	2番人気	2着	0.1秒差	

※3歳以上ＧＩ完勝3回。当年2勝（3歳時4勝、4歳時8勝）。
●勝ち時計2分02秒0というひどい重馬場が1馬身差の2着に影響したと思います。この2年前、1999年良馬場の天皇賞・秋は1分58秒0です。4秒も遅い馬場は、ダート競馬でも超一流の4番人気アグネスデジタルに味方しました。また、ここまで3歳以上芝ＧＩを6勝してきたテイエムオペラオーですが、この時点でＪＲＡ史上最多。3歳以上芝ＧＩ7勝は未踏の領域であり、その壁に阻まれたとも言えるでしょう。そして現在まで7勝馬はいません（2017年有馬記念でキタサンブラックが6勝タイを記録。海外ＧＩを含めるとモーリスとロードカ

ナロアが6勝タイを記録)。

2014年　イスラボニータ　　牡3　3着
前走　GⅡ　セントライト記念　　　　　　1番人気　1着　0.2秒差
実績　GⅠ　ダービー　　　　　　　　　　1番人気　2着　0.1秒差
実績　GⅠ　皐月賞　　　　　　　　　　　2番人気　1着　0.2秒差
※3歳以上GⅠ未出走。

2013年　ジェンティルドンナ　牝4　2着
前走　GⅠ　宝塚記念　　　　　　　　　　1番人気　3着　0.6秒差
実績　牝馬GⅡ　ローズS　　　　　　　　1番人気　1着　0.2秒差
実績　UAEGⅠ　ドバイシーマクラシック　1番人気　2着
実績　GⅠ　ジャパンC　　　　　　　　　3番人気　1着　0.0秒差
実績　牝馬GⅠ　秋華賞　　　　　　　　　1番人気　1着　0.0秒差
実績　牝馬GⅠ　オークス　　　　　　　　3番人気　1着　0.8秒差
実績　牝馬GⅠ　桜花賞　　　　　　　　　2番人気　1着　0.1秒差
※3歳以上GⅠ完勝なし。

2012年　フェノーメノ　　　　牡3　2着
前走　GⅡ　セントライト記念　　　　　　1番人気　1着　0.2秒差
実績　GⅠ　ダービー　　　　　　　　　　5番人気　2着　0.0秒差
実績　GⅡ　青葉賞　　　　　　　　　　　1番人気　1着　0.4秒差
※3歳以上GⅠ未出走。

2011年　ブエナビスタ　　　　牝5　4着
前走　GⅠ　宝塚記念　　　　　　　　　　1番人気　2着　0.2秒差
実績　GⅡ　京都記念　　　　　　　　　　1番人気　1着　0.1秒差
実績　GⅠ　天皇賞・秋　　　　　　　　　1番人気　1着　0.3秒差
実績　牝馬GⅠ　ヴィクトリアマイル　　　1番人気　1着　0.0秒差
実績　牝馬GⅠ　オークス　　　　　　　　1番人気　1着　0.0秒差
実績　牝馬GⅠ　桜花賞　　　　　　　　　1番人気　1着　0.1秒差
実績　牝馬GⅠ　阪神JF　　　　　　　　1番人気　1着　0.4秒差
実績　牝馬GⅠ　ヴィクトリアマイル　　　1番人気　2着　0.0秒差
実績　GⅠ　有馬記念　　　　　　　　　　1番人気　2着　0.0秒差
実績　GⅠ　ジャパンC　　　　　　　　　1番人気　2着　0.3秒差　1位入線2着降着
実績　GⅠ　宝塚記念　　　　　　　　　　1番人気　2着　0.1秒差
実績　UAEGⅠ　ドバイシーマクラシック　　　　　2着
実績　GⅠ　有馬記念　　　　　　　　　　1番人気　2着　0.1秒差
※3歳以上GⅠ完勝(実質)2回。しかし、5歳牝馬。5歳時未勝利。

2009年　ウオッカ　　　　　　牝5　3着
前走　GⅡ　毎日王冠　　　　　　　　　　1番人気　2着　0.2秒差　逃げ
実績　GⅠ　安田記念　　　　　　　　　　1番人気　1着　0.1秒差　当年
実績　牝馬GⅠ　ヴィクトリアマイル　　　1番人気　1着　1.2秒差　当年
実績　GⅠ　安田記念　　　　　　　　　　2番人気　1着　0.6秒差

実績	ＧⅠ	ダービー	3番人気	1着	0.5秒差
実績	牝ＧⅠ	阪神ＪＦ	4番人気	1着	0.0秒差
実績	牝ＧⅠ	ヴィクトリアマイル	1番人気	2着	0.1秒差
実績	牝ＧⅠ	桜花賞	1番人気	2着	0.2秒差

※3歳以上ＧⅠ完勝2回。当年2勝。しかし、5歳牝馬。

2006年　スイープトウショウ　牝5　5着

前走	ＧⅡ	京都大賞典	2番人気	1着	0.1秒差	当年
実績	牝ＧⅠ	エリザベス女王杯	2番人気	1着	0.1秒差	
実績	ＧⅠ	宝塚記念	11番人気	1着	0.0秒差	
実績	牝ＧⅠ	秋華賞	2番人気	1着	0.1秒差	
実績	ＧⅠ	安田記念	10番人気	2着	0.0秒差	
実績	牝ＧⅠ	オークス	4番人気	2着	0.1秒差	

※5歳牝馬。

2005年　ゼンノロブロイ　牡5　2着

前走	英ＧⅠ	インターナショナルＳ	2番人気	2着	0.0秒差
実績	ＧⅡ	神戸新聞杯	3番人気	1着	0.6秒差
実績	ＧⅡ	青葉賞	1番人気	1着	0.2秒差
実績	ＧⅠ	有馬記念	1番人気	1着	0.1秒差
実績	ＧⅠ	ジャパンＣ	1番人気	1着	0.5秒差
実績	ＧⅠ	天皇賞・秋	1番人気	1着	0.2秒差
実績	ＧⅠ	天皇賞・春	4番人気	2着	1.1秒差
実績	ＧⅠ	ダービー	3番人気	2着	0.1秒差

※3歳以上ＧⅠ完勝3回。しかし、5歳時未勝利。

◆1番人気が飛ぶとわかったらココへ

1番人気が「負ける」とわかったら、2番人気以下から勝つ馬を見つけます。簡単です。私が課すハードルをクリアした馬しか勝ちませんので、【穴馬的中シート】を利用して見つけだしてください。

🐴 2番人気以下で勝てる馬を浮かび上がらせる

> 3歳　　　ハードル❶
> ## 前走GⅡ・GⅠ1番人気完勝かつGⅠ連対歴
>
> 4歳　　　ハードル❷
> ## 前走3歳以上GⅡ・GⅠ以上連対（負けていても0.1秒差以内）
>
> 5歳以上　ハードル❸
> ## 前走3歳以上GⅡ・GⅠ負けていても0.1秒差以内
>
> 5歳以上　ハードル❹
> ## 前走それ以外は、GⅠ馬（牝馬限定競走を除く）

2番人気以下で勝てる馬 【穴馬的中シート】

条件	馬番 or 馬名
3歳 ハードル❶クリア	
4歳 ハードル❷クリア	
5歳以上 ハードル❸クリア	
5歳以上 ハードル❹クリア	

過去20年、2番人気以下で優勝した馬たちの前走成績と実績を紹介します。
まず3歳馬から。
◉2番人気以下で勝った3歳馬

2002年　3番人気　シンボリクリスエス　牡3　650円

前走	GⅡ	神戸新聞杯	1番人気	1着	0.4秒差
実績	GⅡ	青葉賞	1番人気	1着	0.4秒差
実績	GⅠ	ダービー	3番人気	2着	0.2秒差

続いて4歳馬。
◉2番人気以下で勝った4歳馬一覧

2018年　2番人気　レイデオロ　牡4　310円

前走	GⅡ	オールカマー	2番人気	1着	0.2秒差
実績	GⅡ	神戸新聞杯	1番人気	1着	0.3秒差
実績	GⅡ	ホープフルS	1番人気	1着	0.2秒差
実績	GⅠ	ダービー	2番人気	1着	0.1秒差
実績	GⅠ	ジャパンC	2番人気	2着	0.2秒差

2013年　5番人気　ジャスタウェイ　牡4　1550円

前走	GⅡ	毎日王冠	6番人気	2着	0.1秒差

2001年　アグネスデジタル　牡4　2000円

前走	香GⅠ	マイルCS	1番人気	1着	0.1秒差	4角先頭
実績	GⅠ	マイルCS	13番人気	1着	0.1秒差	

次に5歳以上馬。
◉2番人気以下で勝った5歳以上馬一覧

2014年　5番人気　スピルバーグ　牡5

前走	GⅡ	毎日王冠	5番人気	3着	0.1秒差

※当年1勝。

2012年　5番人気　エイシンフラッシュ　牡5　1660円

前走	GⅡ	毎日王冠	2番人気	9着	0.6秒差
実績	GⅠ	ダービー	7番人気	1着	0.0秒差
実績	GⅠ	有馬記念	7番人気	2着	0.1秒差
実績	GⅠ	天皇賞・春	3番人気	2着	0.1秒差

※1年以内1連対。

2011年　7番人気　トーセンジョーダン　牡5　3330円

前走	GⅡ	札幌記念	1番人気	1着	0.0秒差
実績	GⅡ	AJCC	1番人気	1着	0.1秒差
実績	GⅡ	アルゼンチン共和国杯	1番人気	1着	0.3秒差

※当年2勝。

2006年　4番人気　ダイワメジャー　　　　牡5　700円

前走	GⅡ	毎日王冠		3番人気	1着	0.0秒差
実績	GⅡ	マイラーズC		1番人気	1着	0.1秒差
実績	GⅠ	皐月賞		10番人気	1着	0.2秒差
実績	GⅠ	マイルCS		4番人気	2着	0.0秒差

※当年2勝。

2005年　14番人気　ヘヴンリーロマンス　　牝5　7580円

前走	GⅡ	札幌記念		9番人気	1着	0.0秒差
実績	牝馬GⅡ	阪神牝馬S		3番人気	1着	0.2秒差

※当年1勝。

●1番人気では勝てない5歳牝馬ですが、前走で牡馬を相手に見事な差し切りを収めた夏の上がり馬。その勢いそのままに中距離馬のトップに立ちました。

2009年　5番人気　カンパニー　　　　　　牡8　1150円

前走	GⅡ	毎日王冠		4番人気	1着	0.2秒差
実績	GⅡ	中山記念		1番人気	1着	0.0秒差
実績	GⅡ	マイラーズC		1番人気	1着	0.0秒差
実績	GⅡ	中山記念		2番人気	1着	0.3秒差
実績	GⅡ	大阪杯		3番人気	1着	0.1秒差

●当年2勝（GⅡ）の驚くべき8歳馬。もっとも、7歳時の当レースでもの豪脚を繰り出してタイム差なしの4着まで追い込んでいるのです（1着ウオッカ、2着ダイワスカーレット、3着ディープスカイ）。

◆2着馬を見つけるのはココで

2着候補も2番人気以下から見つけだします。それを簡易にしたのが私の編みだしたハードルです。こちらも【穴馬的中シート】を利用して見つけてください。

なお、1番人気に応えられなくても2着に来ることはありますので、1番人気馬は無条件で2着候補です。

🐎 2番人気以下で2着に入れる馬を浮かび上がらせる

3歳　　　ハードル❶
前走GⅡ・GⅠ1番人気かつGⅡ・GⅠ1番人気完勝歴（3歳牝馬GⅠを含む）

4歳　　　ハードル❷
前走3歳以上GⅡ・GⅠ連対

4歳　　　ハードル❸
前走それ以外は、GⅠ連対歴（牝馬限定競走を除く）

5歳以上　ハードル❹
前走3歳以上GⅡ・GⅠ負けていても0.1秒差以内

5歳以上　ハードル❺
前走それ以外は、3歳以上GⅠ完勝歴（牝馬限定競走を除く）

2番人気以下で2着に入れる馬【穴馬的中シート】

条件	馬番 or 馬名
3歳 ハードル❶クリア	
4歳 ハードル❷クリア	
4歳 ハードル❸クリア	
5歳以上 ハードル❹クリア	
5歳以上 ハードル❺クリア	

過去20年、2番人気以下で2着に入った馬たちの前走成績と実績を紹介します。
まず3歳馬から。
◇2番人気以下で2着に入った3歳馬一覧

2010年　4番人気　ペルーサ　　　　　牡3

前走	GⅡ	毎日王冠	1番人気	5着	0.5秒差
実績	GⅡ	青葉賞	1番人気	1着	0.7秒差

2004年　13番人気　ダンスインザムード　牝3

前走	牝GⅠ	秋華賞	1番人気	4着	0.9秒差
実績	牝GⅠ	桜花賞	1番人気	1着	0.3秒差
実績	米国牝馬GⅠ	アメリカンオークス		2着	0.0秒差

続いて4歳馬。
◇2番人気以下で2着に入った4歳馬一覧

2019年　3番人気　ダノンプレミアム　　牡4

前走	GⅠ	安田記念	2番人気	16着	2.0秒差
実績	GⅡ	マイラーズC	1番人気	1着	0.2秒差
実績	GⅡ	金鯱賞	2番人気	1着	0.2秒差
実績	GⅡ	弥生賞	1番人気	1着	0.2秒差
実績	GⅠ	朝日杯FS	1番人気	1着	0.6秒差

2018年　4番人気　サングレーザー　　牡4
前走　GⅡ　札幌記念　　　　　　　　2番人気　1着　0.0秒差
実績　GⅡ　マイラーズC　　　　　　 4番人気　1着　0.2秒差
実績　GⅡ　スワンS　　　　　　　　　2番人気　1着　0.0秒差

2016年　7番人気　リアルスティール　牡4
前走　GⅠ　安田記念　　　　　　　　2番人気　11着　1.0秒差
実績　UAEGⅠ　ドバイターフ　　　　 4番人気　1着　0.1秒差
実績　GⅠ　菊花賞　　　　　　　　　2番人気　2着　0.0秒差
実績　GⅠ　皐月賞　　　　　　　　　2番人気　2着　0.2秒差

2015年　10番人気　ステファノス　　　牡4
前走　GⅡ　毎日王冠　　　　　　　　6番人気　7着　0.5秒差
実績　香GⅠ　クイーンエリザベス2世C　8番人気　2着

2011年　2番人気　ダークシャドウ　　牡4
前走　GⅡ　毎日王冠　　　　　　　　1番人気　1着　0.0秒差

2008年　2番人気　ダイワスカーレット　牝4
前走　GⅡ　産経大阪杯　　　　　　　1番人気　1着　0.1秒差　逃げ
実績　牝GⅠ　ローズS　　　　　　　 1番人気　1着　0.1秒差　逃げ
実績　牝GⅠ　エリザベス女王杯　　　 1番人気　1着　0.1秒差　逃げ
実績　牝GⅠ　秋華賞　　　　　　　　2番人気　1着　0.2秒差　4角先頭
実績　牝GⅠ　桜花賞　　　　　　　　3番人気　1着　0.2秒差
実績　GⅠ　有馬記念　　　　　　　　5番人気　2着　0.2秒差　4角先頭

2007年　7番人気　アグネスアーク　　牡4
前走　GⅡ　毎日王冠　　　　　　　　5番人気　2着　0.2秒差

2000年　2番人気　メイショウドトウ　牡4
前走　GⅡ　オールカマー　　　　　　1番人気　1着　0.3秒差
実績　GⅠ　宝塚記念　　　　　　　　6番人気　2着　0.0秒差

次に5歳以上馬。
◇2番人気以下で2着に入った5歳以上馬一覧

2017年　2番人気　サトノクラウン　　牡5
前走　GⅠ　宝塚記念　　　　　　　　3番人気　1着　0.1秒差
実績　GⅡ　京都記念　　　　　　　　3番人気　1着　0.2秒差
実績　GⅡ　京都記念　　　　　　　　6番人気　1着　0.5秒差
実績　GⅡ　弥生賞　　　　　　　　　2番人気　1着　0.2秒差
実績　香GⅠ　香港ヴァーズ　　　　　 4番人気　1着　0.1秒差
※当年2勝。

2014年　2番人気　ジェンティルドンナ　牝5

前走	GI	宝塚記念	3番人気	9着	1.2秒差
実績	牝馬GⅡ	ローズS	1番人気	1着	0.2秒差
実績	UAEGI	ドバイシーマクラシック	2番人気	1着	0.3秒差
実績	GI	ジャパンC	1番人気	1着	0.0秒差
実績	GI	ジャパンC	3番人気	1着	0.0秒差
実績	牝馬GI	秋華賞	1番人気	1着	0.0秒差
実績	牝馬GI	オークス	3番人気	1着	0.8秒差
実績	牝馬GI	桜花賞	2番人気	1着	0.1秒差
実績	GI	天皇賞・秋	1番人気	2着	0.7秒差
実績	UAEGI	ドバイシーマクラシック	1番人気	2着	0.4秒差

※当年1勝。

2009年　7番人気　スクリーンヒーロー　牡5

前走	GI	宝塚記念	6番人気	5着	0.5秒差
実績	GⅡ	アルゼンチン共和国杯	3番人気	1着	0.2秒差
実績	GI	ジャパンC	9番人気	1着	0.1秒差

※1年以内2勝。

2006年　7番人気　スウィフトカレント　牡5

前走	GⅡ	オールカマー	3番人気	4着	0.0秒差

※当年1勝。

2003年　5番人気　ツルマルボーイ　牡5

前走	GI	宝塚記念	8番人気	2着	0.0秒差
実績	GI	宝塚記念	4番人気	2着	0.0秒差

※当年2連対。

2002年　2番人気　ナリタトップロード　牡6

前走	GⅡ	京都大賞典	1番人気	1着	0.4秒差
実績	GⅡ	阪神大賞典	1番人気	1着	0.3秒差
実績	GⅡ	京都記念	3番人気	1着	0.0秒差
実績	GⅡ	阪神大賞典	1番人気	1着	1.3秒差
実績	GⅡ	弥生賞	2番人気	1着	0.2秒差
実績	GI	菊花賞	3番人気	1着	0.1秒差
実績	GI	ダービー	1番人気	2着	0.1秒差

※当年3勝。

京王杯2歳S

11月7日(土)

東京競馬場　芝1400m　フルゲート18頭
(2002年は中山競馬場 芝1200m)

2歳

馬齢　牡馬・騸馬55kg　牝馬54kg

🐎 京王杯2歳Sの真相

同日に同距離の牝馬限定競走GⅢファンタジーSが阪神競馬場で行われるため（2019年までは京都競馬場での開催）、牝馬の多くが、特に関西馬はそちらを選択します。わざわざ強い牡馬と戦う必要はありません。また、1週前には距離1600m牝馬限定競走GⅢアルテミスSが東京競馬場で行われるため、関東の牝馬は多くがそちらへ回ります（ちなみにGⅢアルテミスSとGⅢファンタジーSの1着本賞金は2900万円。GⅡ京王杯2歳Sは3800万円です）。GⅡ京王杯2歳Sに挑んでくる牝馬はなにかしらの事情があるわけですが、結果はついてこず、過去20年のあいだ

牝馬は勝っていません。

1番人気に推されたことが3度ありますが、2着・2着・6着です。従って牡馬を焦点を当て、上がり3ハロン時計に注目するのが正しい攻略法になります。
また、距離1400mですが、前述のように短距離という感覚は捨てないと、過去20年で4頭しか

勝てない1番人気馬

をまた生みだすことになります。
そのあたりを含め、勝てる1番人気の条件を次ページに記しましたので見てください。

♞ 1番人気で勝てる馬を浮かび上がらせる

大前提①
牝馬ではない

大前提②
近２走で1400m以上出走

ハードル❶
前走ＯＰ上がり１位かつ
前々走上がり１位１番人気連対
（負けていても0.1秒差以内）

それでは、まず１番人気馬にこの大前提とハードルを課し、勝てるか負けるかを判定しましょう。次ページからの【１番人気的中シート】を利用してください。

1番人気で勝てる馬【1番人気的中シート】

年度	京王杯2歳Sの1番人気馬	性別	大前提①	大前提②	ハードル❶	判定	着順
大前提①………牝馬ではない 大前提②………近2走で1400m以上出走 ハードル❶……前走OP上がり1位かつ前々走上がり1位1番人気連対（負けていても0.1秒差以内）							
2020							
2020							
2019	タイセイビジョン	牡	◎	◎	◎	◉	1着
2018	アウィルアウェイ	牝	×			×	2着
2017	タワーオブロンドン	牡	◎	◎	◎	◉	1着
2016	レーヌミノル	牝	×			×	2着
2015	シャドウアプローチ	牡	◎	◎	×	×	3着
2014	ニシノラッシュ	牡	◎	◎	×	×	3着
2013	モーリス	牡	◎	◎	×	×	6着
2012	テイエムイナズマ	牡	◎	◎	×	×	9着
2011	モンストール	牡	◎	◎	×	×	4着
2010	オルフェーヴル	牡	◎	◎	×	×	10着
2009	ダッシャーゴーゴー	牡	◎	◎	×	×	4着
2008	フィフスペトル	牡	◎	×		×	2着
2007	アポロドルチェ	牡	◎	◎	◎	◉	1着
2006	ゴールドアグリ	牡	◎	◎	×	×	4着
2005	イースター	牡	◎	◎	×	×	2着
2004	マイネルレコルト	牡	◎	◎	×	×	5着
2003	コスモサンビーム	牡	◎	×	×	×	1着
2002	タガノラフレシア	牝	×			×	6着
2001	アグネスソニック	牡	◎	◎	×	×	2着
2000	ネイティヴハート	牡	◎	◎	?	×	2着

単勝 配当	結果				

1番人気的中シートの使い方

左のシートに今年の1番人気候補を記入し、過去の成績をもとに「勝てるか、勝てないか」を判定してください。「勝てない」とわかったら、2番人気以下で勝てる馬が浮かび上がる【穴馬的中シート】（後ろのページ）に進んでください。

		2番人気以下で 勝った馬	人気	単勝 配当	結果
¥210	大的中				
	→	ファンタジスト	2	¥370	大的中
¥180	大的中				
	→	モンドキャンノ	3	¥740	大的中
	→	ボールライトニング	2	¥570	大的中
	→	セカンドテーブル	11	¥3,440	大的中
	→	カラダレジェンド	5	¥1,570	大的中
	→	エーシントップ	5	¥650	大的中
	→	レオアクティブ	5	¥1,540	大的中
	→	グランプリボス	7	¥1,230	大的中
	→	エイシンアポロン	3	¥630	大的中
	→	ゲットフルマークス	14	¥6,190	大的中
¥370	大的中				
	→	マイネルレーニア	3	¥410	大的中
	→	デンシャミチ	4	¥710	大的中
	→	スキップジャック	9	¥3,470	大的中
¥260	ハズレ				
	→	ブルーコンコルド	2	¥350	大的中
	→	シベリアンメドウ	2	¥480	大的中
	→	テイエムサウスポー	2	¥440	大的中

京王杯2歳S

過去20年、1番人気に応えて優勝した馬たちの近2走を紹介します。
❖1番人気で勝った馬一覧（近2走を列記。以下同様）

2019年　タイセイビジョン　　　210円
前走　　函館1200m　　GⅢ　　函館2歳S　　　2番人気　2着　0.3秒差　<u>上がり1位</u>
前々走　阪神1400m　　新馬　　　　　　　　　<u>1番人気　1着　0.4秒差　上がり1位</u>

2017年　タワーオブロンドン　　180円
前走　　阪神1400m　　OP　　ききょうS　　　1番人気　1着　0.6秒差　<u>上がり1位</u>
前々走　札幌1500m　　OP　　クローバー賞　　1番人気　2着　0.1秒差　<u>上がり1位</u>

2007年　アポロドルチェ　　　　370円
前走　　東京1600m　　OP　　いちょうS　　　3番人気　3着　0.1秒差　<u>上がり1位</u>
前々走　中山1200m　　新馬　　　　　　　　　<u>1番人気　1着　0.6秒差　上がり1位</u>　逃げ

2003年　コスモサンビーム　　　260円
前走　　阪神1400m　　OP　　ききょうS　　　1番人気　1着　0.2秒差　上がり3位
前々走　小倉1200m　　GⅢ　　小倉2歳S　　　3番人気　2着　0.9秒差　上がり？位
●この年の京王杯2歳Sは低レベルで、2〜3番人気は前走500万条件平場勝ちの昇級馬、
4番人気は前走新馬勝ちの牝馬、5番人気は500万条件平場2着の格上挑戦馬、6番人気も
前走500万条件平場勝ちの昇級馬でした。上がり3位が引っかかるコスモサンビームですが、
オープン特別を1番人気で完勝している同馬を負かせるだけの有力馬がいませんでした。

過去20年、1番人気に応えられず2着以下に負けた馬たちの前走成績と実績を紹介します。
❖1番人気で負けた馬一覧

2018年　<u>牝馬</u>　アウィルアウェイ　　　2着
前走　　新潟1400m　　OP　　ダリア賞　　　　1番人気　1着　0.3秒差　上がり1位
前々走　阪神1200m　　新馬　　　　　　　　　1番人気　1着　0.3秒差　上がり1位
※牝馬ですので大前提①に引っかかりますが、ハードルはクリアしています。京王杯2歳S
ではハナ差2着でした。

2016年　<u>牝馬</u>　レーヌミノル　　　　　2着
前走　　小倉1200m　　GⅢ　　小倉2歳S　　　1番人気　1着　1.0秒差　上がり1位
前々走　小倉1200m　　牝馬新馬　　　　　　　1番人気　1着　0.3秒差　上がり2位
※近2走とも1200m戦です。

2015年　シャドウアプローチ　　　3着
前走　　阪神1400m　　OP　　ききょうS　　　2番人気　1着　0.0秒差　上がり2位
前々走　函館1200m　　未勝利　　　　　　　　1番人気　1着　0.4秒差　上がり1位
※上がり1位がクリアできていません。

2014年　ニシノラッシュ　　　　　3着
前走　　東京1400m　　500万　くるみ賞　　　　1番人気　1着　0.0秒差　上がり？位
前々走　新潟1600m　　GⅢ　　新潟2歳S　　　6番人気　3着　0.2秒差　上がり？位

※前走500万条件戦。

2013年　モーリス　　6着
前走　京都1400m　新馬　　　　　　　　　1番人気　1着　0.5秒差　上がり1位
※前走新馬がNGです。

2012年　テイエムイナズマ　　9着
前走　　京都1600m　GⅢ　デイリー杯2歳S　6番人気　1着　0.1秒差　上がり？位　　逃げ
前々走　阪神1600m　未勝利　　　　　　　6番人気　1着　0.2秒差　上がり1位
※前々走6番人気と0.2秒差が引っかかります。

2011年　モンストール　　　　4着
前走　　新潟1600m　GⅢ　新潟2歳S　　4番人気　1着　0.1秒差　上がり2位
前々走　新潟1400m　新馬　　　　　　　3番人気　1着　0.6秒差　上がり1位
※上がり1位がクリアできていません。

2010年　オルフェーヴル　　　10着
前走　　中山1600m　OP　芙蓉S　　　　1番人気　2着　0.0秒差　上がり1位
前々走　新潟1600m　新馬　　　　　　　2番人気　1着　0.2秒差　上がり1位
※前々走2番人気が引っかかります。

2009年　ダッシャーゴーゴー　　4着
前走　　阪神1400m　OP　ききょうS　　1番人気　1着　0.3秒差　上がり2位
前々走　小倉1200m　GⅢ　小倉2歳S　　5番人気　2着　0.0秒差　上がり1位
※上がり1位がクリアできていません。

2008年　フィフスペトル　　　　2着
前走　　函館1200m　GⅢ　函館2歳S　　2番人気　1着　0.4秒差　上がり1位
前々走　函館1200m　新馬　　　　　　　1番人気　1着　0.0秒差　上がり1位
※近2走とも1200m戦がNG。

2006年　ゴールドアグリ　　　　4着
前走　　新潟1600m　GⅢ　新潟2歳S　　2番人気　1着　0.0秒差　上がり1位
前々走　新潟1600m　新馬　　　　　　　6番人気　1着　0.0秒差　上がり1位
※前々走6番人気が引っかかります。

2005年　イースター　　　　　　2着
前走　　京都1600m　新馬　　　　　　　2番人気　1着　0.4秒差　上がり1位
※前走新馬がNGです。

2004年　マイネルレコルト　　　5着
前走　　新潟1600m　GⅢ　新潟2歳S　　1番人気　1着　0.2秒差　上がり1位
前々走　新潟1400m　OP　ダリア賞　　2番人気　1着　0.3秒差　上がり1位
※前々走2番人気が引っかかります。

2002年　牝馬　タガノラフレシア　　6着
前走　中山1200m　ＯＰ　アイビーＳ　　　　1番人気　1着　0.1秒差　上がり3位　逃げ
前々走　新潟1200m　ＯＰ　カンナＳ　　　　2番人気　2着　0.3秒差　上がり2位　逃げ

2001年　アグネスソニック　　2着
前走　東京1400m　ＯＰ　アイビーＳ　　　　1番人気　1着　0.3秒差　上がり1位
前々走　札幌1500m　ＯＰ　クローバー賞　　1番人気　3着　0.3秒差　上がり2位
※前々走上がり2位がＮＧ。

2000年　ネイティヴハート　　2着
前走　東京1400m　ＯＰ　アイビーＳ　　　　1番人気　1着　0.4秒差　上がり1位
前々走　盛岡1600m　重賞　東北ジュニアグランプリ　1番人気　1着　1.0秒差　逃げ
※前々走の上がり順位は未発表です。

●**地方デビュー3戦無敗を含む4戦無敗（すべて1番人気）。デビュー5連勝は名馬と呼ば
れる馬たちの域です。それほど高いハードルに挑む馬が単勝1.6倍。ハードルはクリアしてい
ると思いますが、リスクに対して配当が低すぎます。**

☆Point☆
東京競馬場で行われる2歳重賞は、この時点でほかに10月10日のＧⅢサウジアラビアロイ
ヤルＣ、10月31日の牝馬ＧⅢアルテミスＳの2レースがあります（ともに芝1600m）。さ
すがに大回りで直線が長く誤魔化しの効かない府中コースということなのでしょう、1600
m戦の上記2レースにおいては「1600m以上で上がり1位の実績」が求められ、1400m戦
の京王杯2歳Ｓにおいては「1400m以上で上がり1位の実績」が要求されています。
この「距離適性」と「上がり」の両方についての注文は、もし同じ関東圏内の中山競馬場で
秋季2歳重賞があったとしたら、言い及されない要素かもしれません。それが暮れのＧⅠホー
プフルＳまで中山競馬場での2歳重賞がない理由のひとつではないと思います。中山のマイ
ルでは能力検定が難しいのです（1400m戦はありません）。現にＧⅠ朝日杯ＦＳは阪神競馬
場に変更されています。
ほかの2歳戦でも、中山・東京での好走馬・凡走馬の評価は、よ〜く考えなければなりません。

◆1番人気が飛ぶとわかったらココへ

1番人気が「負ける」とわかったら、2番人気以下から勝つ馬を見つけます。ハードルをクリアした馬しか勝ちませんので、【穴馬的中シート】を利用して見つけだしてください。

🐎 2番人気以下で勝てる馬を浮かび上がらせる

> **ハードル❶**
> 前走完勝か、負けていても「0.1秒差、あるいは上がり1位」。なお、前走OP以外は中央開催であること
>
> **ハードル❷**
> 前走それ以外は、前々走「完勝上がり1〜2位、あるいはOP連対（負けていても0.1秒差以内）」

2番人気以下で勝てる馬 【穴馬的中シート】

条件	馬番 or 馬名
ハードル❶ クリア	
ハードル❷ クリア	

過去20年、2番人気以下で優勝した馬たちの前走あるいは近2走を紹介します。
◉2番人気以下で勝った馬一覧（原則として前走を列記。以下同様）

2018年　2番人気　ファンタジスト　　　370円
前走　　小倉1200m　GⅢ　小倉2歳S　　　3番人気　1着　0.3秒差　上がり3位

2016年　3番人気　モンドキャンノ　　　740円
前走　　函館1200m　GⅢ　函館2歳S　　　1番人気　2着　0.1秒差　上がり2位

2015年　2番人気　ボールライトニング　570円
前走　京都1400m　新馬　　　　　　　　　1番人気　1着　0.2秒差　上がり1位

2014年　11番人気　セカンドテーブル　3440円
前走　小倉1200m　GⅢ　小倉2歳S　6番人気　7着　0.7秒差　上がり3位
前々走　小倉1200m　新馬　　　　　　　　1番人気　1着　0.8秒差　上がり1位

2013年　5番人気　カラダレジェンド　1570円
前走　東京1400m　新馬　　　　　　　　　2番人気　1着　0.3秒差　上がり2位

2012年　5番人気　エーシントップ　650円
前走　中京1400m　OP　中京2歳S　1番人気　1着　0.1秒差　上がり3位　逃げ

2011年　5番人気　レオアクティブ　1540円
前走　東京1400m　500万　くるみ賞　　2番人気　2着　0.2秒差　上がり1位

2010年　7番人気　グランプリボス　1230円
前走　京都1600m　GⅡ　デイリー杯2歳S　3番人気　7着　1.3秒差　上がり？位
前々走　札幌1500m　新馬　　　　　　　　6番人気　1着　0.1秒差　上がり2位

2009年　3番人気　エイシンアポロン　630円
前走　京都1600m　GⅡ　デイリー杯2歳S　5番人気　2着　0.0秒差　上がり2位

2008年　14番人気　ゲットフルマークス　6190円　逃げ
前走　札幌1200m　OP　すずらん賞　4番人気　6着　0.3秒差　上がり？位　逃げ
前々走　札幌1200m　新馬　　　　　　　　1番人気　1着　0.1秒差　上がり1位　逃げ

2006年　3番人気　マイネルレーニア　410円
前走　新潟1600m　GⅢ　新潟2歳S　1番人気　3着　0.3秒差　上がり？位　逃げ
前々走　新潟1400m　OP　ダリア賞　1番人気　1着　0.8秒差　上がり2位　逃げ

2005年　4番人気　デンシャミチ　710円
前走　中山1600m　OP　芙蓉S　2番人気　2着　0.0秒差　上がり2位

2004年　9番人気　スキップジャック　3470円
前走　函館1200m　GⅢ　函館2歳S　4番人気　7着　0.6秒差　上がり？位
前々走　函館1200m　OP　ラベンダー賞　1番人気　2着　0.1秒差　上がり？位

2002年　2番人気　ブルーコンコルド　350円
前走　京都1600m　GⅡ　デイリー杯2歳S　6番人気　5着　1.0秒差　上がり？位
前々走　小倉1200m　GⅢ　小倉2歳S　5番人気　2着　0.0秒差　上がり3位
◉2002年の京王杯2歳Sは中山1200m。例年どおり東京1400mで行われたならば、前走デイリー杯2歳Sから判断して勝てなかったかもしれません。

2001年　2番人気　シベリアンメドウ　　480円
前走　　東京D1400m　500万　プラタナス賞　1番人気　1着　0.1秒差　上がり2位

2000年　2番人気　テイエムサウスポー　440円
前走　　京都1600m　GⅡ　デイリー杯2歳S　2番人気　2着　0.1秒差　上がり1位

◆2着馬を見つけるのはココで

2着候補も2番人気以下から見つけましょう。その馬は私のハードルを超えた馬です。こちらも【穴馬的中シート】を利用して見つけてください。
なお、1番人気に応えられなくても2着に来ることはありますので、1番人気馬は無条件で2着候補です。

◆2番人気以下で2着に入れる馬を浮かび上がらせる

ハードル❶
前走「1400m以上新馬・未勝利完勝、
あるいは1勝クラス以上1番人気か、1着」

2番人気以下で2着に入れる馬【穴馬的中シート】

条件	馬番 or 馬名
ハードル❶ クリア	

過去20年、2番人気以下で2着に入った馬たちの前走成績を紹介します。
◇2番人気以下で2着に入った馬一覧

2019年　3番人気　ビアンフェ
前走　　函館1200m　GⅢ　函館2歳S　4番人気　1着　0.3秒差　上がり？位　逃げ

2017年　5番人気　カシアス
前走　　函館1200m　GⅢ　函館2歳S　1番人気　1着　0.0秒差　上がり3位

2015年　6番人気　アドマイヤモラール
前走　中山1600m　未勝利　　　　　　　1番人気　1着　0.1秒差　上がり？位

2014年　4番人気　サフィロス
前走　新潟1200m　ＯＰ　カンナＳ　　　1番人気　1着　0.1秒差　上がり2位

2013年　6番人気　クインズハリジャン
前走　京都1400m　未勝利　　　　　　　1番人気　1着　0.1秒差　上がり2位

2012年　7番人気　ラブリーデイ
前走　阪神1800m　ＯＰ　野路菊Ｓ　　　2番人気　1着　0.0秒差　上がり2位

2011年　9番人気　サドンストーム
前走　札幌1200m　ＯＰ　すずらん賞　　1番人気　5着　0.6秒差　上がり？位

2010年　2番人気　リアルインパクト
前走　東京1400m　新馬　　　　　　　　1番人気　1着　0.5秒差　上がり1位

2009年　4番人気　牝馬　アニメイトバイオ
前走　東京1400m　牝馬500万　サフラン賞　5番人気　1着　0.0秒差　上がり2位

2007年　12番人気　ドリームシグナル
前走　京都1600m　未勝利　　　　　　　2番人気　1着　0.2秒差　上がり3位

2006年　6番人気　マイネルフォーグ
前走　京都1600m　未勝利　　　　　　　3番人気　1着　0.2秒差　上がり1位

2004年　3番人気　キングストレイル
前走　東京1600m　ＯＰ　いちょうＳ　　1番人気　3着　0.0秒差　上がり2位

2003年　5番人気　アポインテッドデイ
前走　東京1400m　500万　　　　　　　1番人気　2着　0.2秒差　上がり？位　逃げ

2002年　3番人気　マルブツタイクーン
前走　京都1200m　500万　　　　　　　2番人気　1着　0.1秒差　上がり2位

ファンタジーS

11月7日(土)

阪神競馬場　芝1400m　フルゲート18頭

２歳牝馬

馬齢　54kg

🐎 ファンタジーSの真相

当レースは2019年まで京都競馬場の外回り芝1400mで行われていました。今年は阪神競馬場での開催です。どのような変化が起きるか予測できません。ここでは変わらないものとして昨年までの20年間を分析した結果を記述します。

ここまで本書で紹介した2歳重賞において1番人気に応える馬たちは、

札幌2歳Sと小倉2歳Sでは「逃げ切り勝ちではない」、

新潟2歳SとサウジアラビアロイヤルCでは「0.3秒差以上」、

という要素を持っていました。同じ2歳重賞のファンタジーSで求められる実績は、それらの要素が合体したものです。

極めてわかりやすいレース

であるにもかかわらず、過去20年で1番人気が5頭しか勝てないのは、その馬を1番人気にした私たちの

物差しが間違っている

と言えるでしょう。次ページから正確な物差しを提示しますので見てください。

🐎 1番人気で勝てる馬を浮かび上がらせる

> **大前提**
> ## 前走逃げていない
>
> **ハードル❶**
> ## ３連勝中か、前走中央開催0.3秒差以上
> ## １着かつ初勝利0.3秒差以上

まず１番人気馬にこの大前提とハードルを課し、勝てるか負けるかを判定しましょう。次ページからの【１番人気的中シート】を利用してください。

1番人気で勝てる馬【1番人気的中シート】

年度	ファンタジーSの1番人気馬	大前提	ハードル❶	判定	着順	単勝配当	結果
大前提………前走逃げていない ハードル❶……3連勝中か、前走中央開催0.3秒差以上1着かつ初勝利0.3秒差以上							
2020							
2020							
2019	マジックキャッスル	◎	×	×	2着		→
2018	ダノンファンタジー	◎	◎	●	1着	¥150	大的中
2017	アマルフィコースト	◎	×	×	3着		→
2016	ミスエルテ	◎	◎	●	1着	¥140	大的中
2015	ブランボヌール	◎	×	×	3着		→
2014	ダノングラシアス	◎	×	×	2着		→
2013	エイシンオルドス	◎	×	×	4着		→
2012	プリンセスジャック	◎	×	×	4着		→
2011	ファインチョイス	◎	×	×	3着		→
2010	ケイティーズジェム	◎	×	×	5着		→
2009	ラナンキュラス	◎	×	×	4着		→
2008	ワイドサファイア	◎	◎	●	4着		ハズレ
2007	エイムアットビップ	×		×	2着		→
2006	ハロースピード	◎	×	×	3着		→
2005	アルーリングボイス	◎	◎	●	1着	¥250	大的中
2004	ライラプス	◎	×	×	4着		→
2003	ツルマルシスター	◎	×	×	7着		→
2002	ピースオブワールド	◎	◎	●	1着	¥140	大的中
2001	キタサンヒボタン	◎	◎	●	1着	¥390	大的中
2000	ハクバノテンシ	◎	×	×	4着		→

1番人気的中シートの使い方

左のシートに今年の1番人気候補を記入し、過去の成績をもとに「勝てるか、勝てないか」を判定してください。「勝てない」とわかったら、2番人気以下で勝てる馬が浮かび上がる【穴馬的中シート】（後ろのページ）に進んでください。

2番人気以下で 勝った馬	人気	単勝 配当	結果
レシステンシア	6	¥1,360	大的中
ベルーガ	5	¥760	大的中
キャンディバローズ	5	¥1,170	大的中
クールホタルビ	14	¥9,230	大的中
ベルカント	4	¥620	大的中
サウンドリアーナ	2	¥460	大的中
アイムユアーズ	8	¥1,940	大的中
マルモセーラ	4	¥750	大的中
タガノエリザベート	8	¥2,240	大的中
イナズマアマリリス	13	¥7,460	
オディール	4	¥820	大的中
アストンマーチャン	3	¥480	大的中
ラインクラフト	2	¥270	大的中
スイープトウショウ	2	¥350	大的中
タシロスプリング	4	¥1,490	大的中

ファンタジーS

過去20年、１番人気に応えて優勝した馬たちの近走成績を紹介します。

2018年　ダノンファンタジー　150円
前走　　阪神1600m　未勝利　　　　　　　　1番人気　1着　0.3秒差　上がり2位
※この年のファンタジーＳは低レベルで、２〜４番人気は２番人気新馬勝ち。５〜６番人気
は前走負け。押し出された１番人気と言えますが、ダノンファンタジーをまかせる馬がいな
い状況でした。

2016年　ミスエルテ　　　　　140円
前走　　阪神1600m　新馬　　　　　　　　　1番人気　1着　0.3秒差　上がり2位
※この年のファンタジーＳも低レベルで、２、４、７番人気は前走負け、３、５番人気は２
戦目の未勝利勝ち、６番人気も４番人気での未勝利勝ち。押し出された１番人気と言えますが、
ミスエルテをまかせる馬がいない状況でした。

2005年　アルーリングボイス　250円
前走　　阪神1400m　牡馬ＯＰ　ききょうＳ　1番人気　1着　0.2秒差　上がり1位
前々走　小倉1200m　牡馬ＧⅢ　小倉２歳Ｓ　2番人気　1着　0.0秒差　上がり3位　逃げ
3走前　小倉1200m　牡馬未勝利　　　　　　1番人気　1着　0.6秒差　上がり1位　逃げ

2002年　ピースオブワールド　140円
前走　　京都1400m　牡馬500万　かえで賞　1番人気　1着　0.3秒差　上がり1位
前々走　京都Ｄ1400m　新馬　　　　　　　　1番人気　1着　1.0秒差　上がり2位　逃げ

2001年　キタサンヒボタン　390円
前走　　札幌1200m　牡馬ＯＰ　すずらん賞　2番人気　1着　0.0秒差　上がり3位
前々走　札幌1200m　500万　　　　　　　　3番人気　1着　0.5秒差　上がり3位
3走前　札幌1000m　新馬　　　　　　　　　7番人気　1着　0.4秒差　上がり1位

過去20年、１番人気に応えられず２着以下に負けた馬たちの近走成績を紹介します。

2019年　マジックキャッスル　2着
前走　　中山1600m　1勝クラス　サフラン賞　2番人気　2着　0.0秒差　上がり3位
前々走　福島1200m　新馬　　　　　　　　　1番人気　1着　0.7秒差　上がり1位

2017年　アマルフィコースト　3着
前走　　中京1600m　牡馬ＯＰ　中京２歳Ｓ　1番人気　1着　0.0秒差　上がり2位
前々走　阪神1400m　牡馬新馬　　　　　　　2番人気　1着　0.3秒差　上がり2位　逃げ

2015年　ブランボヌール　　　3着
前走　　函館1200m　牡馬ＧⅢ　函館２歳Ｓ　1番人気　1着　0.6秒差　上がり2位
前々走　函館1200m　新馬　　　　　　　　　2番人気　1着　0.0秒差　上がり1位

2014年　ダノングラシアス　2着
前走　　京都1400m　500万　りんどう賞　　2番人気　2着　0.0秒差　上がり2位
前々走　新潟1400m　牡馬新馬　　　　　　　1番人気　1着　0.1秒差　上がり？位

2013年　エイシンオルドス　　4着
前走　京都1400m　500万　りんどう賞　　　1番人気　1着　0.1秒差　上がり2位
前々走　阪神1200m　牡馬新馬　　　　　　　1番人気　1着　0.4秒差　上がり2位

2012年　プリンセスジャック　　4着
前走　阪神1400m　牡馬OP　ききょうS　　　5番人気　1着　0.0秒差　上がり1位
前々走　札幌1500m　牡馬新馬　　　　　　　1番人気　1着　0.0秒差　上がり2位

2011年　ファインチョイス　　3着
前走　函館1200m　牡馬GⅢ　函館2歳S　　　2番人気　1着　0.2秒差　上がり2位
前々走　函館1200m　牡馬新馬　　　　　　　2番人気　1着　0.5秒差　上がり1位

2010年　ケイティーズジェム　　5着
前走　京都1600m　牡馬新馬　　　　　　　　1番人気　1着　0.2秒差　上がり3位

2009年　ラナンキュラス　　4着
前走　京都1400m　500万　りんどう賞　　　1番人気　1着　0.2秒差　上がり1位
前々走　阪神1400m　新馬　　　　　　　　　1番人気　1着　0.0秒差　上がり1位

2008年　ワイドサファイア　　4着
前走　阪神1600m　牡馬新馬　　　　1番人気　1着　0.4秒差　上がり1位
※ハードルをクリアして1着候補ですが、この新馬戦は稍重馬場で1分35秒9という遅い勝ち時計。渋った馬場の巧拙の差が0.4秒に現れただけかもしれません。

2007年　エイムアットビップ　　2着
前走　京都1400m　500万　りんどう賞　　　1番人気　1着　0.3秒差　上がり2位　逃げ
前々走　阪神1200m　未勝利　　　　　　　　1番人気　1着　1.0秒差　上がり2位　逃げ

2006年　ハロースピード　　3着
前走　新潟1400m　牡馬OP　マリーゴールド賞　1番人気　1着　0.3秒差　上がり1位
前々走　福島1200m　牡馬新馬　　　　　　　1番人気　1着　1.3秒差　上がり1位

2004年　ライラプス　　4着
前走　京都1600m　牡馬GⅡ　デイリー杯2歳S　3番人気　2着　0.2秒差　上がり？位
前々走　阪神1400m　牡馬新馬　　　　　　　1番人気　1着　0.5秒差　上がり1位

2003年　ツルマルシスター　　7着
前走　阪神1600m　牡馬OP　野路菊S　　　　1番人気　1着　0.2秒差　上がり1位
前々走　小倉1800m　牡馬未勝利　　　　　　1番人気　1着　0.6秒差　上がり1位　4角先頭

2000年　ハクバノテンシ　　4着
前走　京都1400m　500万　りんどう賞　　　4番人気　1着　0.1秒差　上がり1位
前々走　小倉1000m　牡馬新馬　　　　　　　1番人気　1着　0.1秒差　上がり1位

◆ 1番人気が飛ぶとわかったらココへ

1番人気が「負ける」とわかったら、2番人気以下から勝つ馬を見つけます。私の2つのハードルのいずれかをクリアした馬しか勝ちませんので、【穴馬的中シート】を利用して見つけだしてください。

🐴 2番人気以下で勝てる馬を浮かび上がらせる

ハードル❶
前走新馬・未勝利「1番人気完勝、あるいは圧勝

ハードル❷
前走それ以外は、近2走「1勝クラス連対歴、
あるいはOP特別・GⅢ連対歴か0.1秒差以内歴、
あるいはGⅡ上がり1位歴」

2番人気以下で勝てる馬【穴馬的中シート】

条件	馬番 or 馬名
ハードル❶ クリア	
ハードル❷ クリア	

過去20年、2番人気以下で優勝した馬たちの近2走を紹介します。
◉2番人気以下で勝った馬一覧

2019年	6番人気	レシステンシア	1360円				
前走	京都1400m	新馬		1番人気	1着	0.2秒差	上がり？位

2017年	5番人気	ベルーガ	760円				
前走	札幌1200m	牡馬新馬		1番人気	1着	0.7秒差	上がり1位

2015年　5番人気　キャンディバローズ　1170円
前走　札幌1500m　牡馬未勝利　　　　　　　1番人気　1着　0.1秒差　上がり2位

2014年　14番人気　クールホタルビ　9230円
前走　小倉1200m　牡馬GⅢ　小倉2歳S　7番人気　13着　1.1秒差　上がり？位
前々走　小倉1200m　牡馬OP　フェニックス賞　2番人気　2着　0.1秒差　上がり3位　逃げ

2013年　4番人気　ベルカント　620円
前走　小倉1200m　牡馬GⅢ　小倉2歳S　1番人気　2着　0.2秒差　上がり？位　逃げ

2012年　2番人気　サウンドリアーナ　460円
前走　京都1600m　牡馬GⅡ　デイリー杯2歳S　4番人気　7着　0.5秒差　上がり3位
前々走　新潟1600m　牡馬GⅢ　新潟2歳　9番人気　3着　0.1秒差　上がり？位

2011年　8番人気　アイムユアーズ　1940円
前走　函館1200m　牡馬GⅢ　函館2歳S　5番人気　2着　0.2秒差　上がり1位

2010年　4番人気　マルモセーラ　750円
前走　京都1400m　未勝利　　　　　　　　3番人気　1着　0.7秒差　上がり3位　逃げ

2009年　8番人気　タガノエリザベート　2240円
前走　京都1600m　牡馬GⅡ　デイリー杯2歳S　9番人気　6着　0.6秒差　上がり1位
前々走　阪神1400m　牡馬OP　ききょうS　2番人気　5着　0.7秒差　上がり1位

2008年　13番人気　イナズマアマリリス　7460円
前走　札幌1200m　牡馬OP　すずらん賞　5番人気　2着　0.0秒差　上がり？位

2007年　4番人気　オディール　820円
前走　京都1400m　500万　りんどう賞　2番人気　2着　0.3秒差　上がり1位
前々走　阪神1200m　牡馬未勝利　　　　　1番人気　1着　0.7秒差　上がり1位

2006年　3番人気　アストンマーチャン　480円
前走　小倉1200m　牡馬GⅢ　小倉2歳S　3番人気　1着　0.4秒差　上がり1位　4角先頭

2004年　2番人気　ラインクラフト　270円
前走　京都1400m　新馬　　　　　　　　　3番人気　1着　0.8秒差　上がり1位

2003年　2番人気　スイープトウショウ　350円
前走　京都1400m　新馬　　　　　　　　　1番人気　1着　0.5秒差　上がり1位

2000年　4番人気　タシロスプリング　1490円
前走　札幌1200m　牡馬OP　すずらん賞　3番人気　3着　0.6秒差　上がり？位
前々走　札幌1000m　牡馬500万　　　　　3番人気　1着　0.2秒差　上がり2位

◆2着馬を見つけるのはココで

2着候補を2番人気以下から見つけましょう。3つのハードルのどれか1つをクリアしている馬しか来ません。こちらも【穴馬的中シート】を利用して見つけてください。

なお、1番人気を裏切っても2着に来ることはありますので、1番人気馬は無条件で2着候補です。

🐎 2番人気以下で2着に入れる馬を浮かび上がらせる

ハードル❶
前走新馬・未勝利「1番人気完勝、
あるいは2番人気『完勝上がり1位か、圧勝』」

ハードル❷
前走1勝クラス連対 （負けていても0.0秒差）

ハードル❸
前走それ以外は、近2走「OP特別・GⅢ連対、
あるいはGⅡ出走」

2番人気以下で2着に入れる馬【穴馬的中シート】

条件	馬番 or 馬名
ハードル❶ クリア	
ハードル❷ クリア	
ハードル❸ クリア	

過去20年、2番人気以下で2着に入った馬たちの近2走を紹介します。
◇2番人気以下で2着に入った馬一覧

2018年　4番人気　ベルスール
前走　　新潟1400m　牡馬新馬　　　　　　　　　2番人気　1着　0.6秒差　上がり2位

2017年　3番人気　コーディエライト
前走　　新潟1600m　牡馬GⅢ　新潟2歳S　　　5番人気　2着　0.1秒差　上がり？位　逃げ
前々走　中京1400m　牡馬未勝利　　　　　　　　3番人気　1着　1.0秒差　上がり2位　逃げ

2016年　12番人気　ショーウェイ
前走　　阪神1400m　牡馬OP　ききょうS　　　6番人気　8着　1.0秒差　上がり？位
前々走　小倉1200m　未勝利　　　　　　　　　　2番人気　1着　0.1秒差　上がり3位　逃げ
※2着候補として浮かび上がらせることはできませんでした。

2015年　6番人気　メジェルダ
前走　　京都1400m　500万　りんどう賞　　　2番人気　2着　0.0秒差　上がり？位　逃げ
前々走　函館1200m　牡馬GⅢ　函館2歳S　　　2番人気　7着　0.9秒差　上がり？位　逃げ

2013年　7番人気　モズハツコイ
前走　　京都1600m　牡馬GⅡ　デイリー杯2歳S　10番人気　6着　0.9秒差　上がり？位
前々走　阪神1400m　牡馬OP　ききょうS　　　1番人気　3着　0.3秒差　上がり2位

2012年　4番人気　ロープティサージュ
前走　　函館1800m　牡馬新馬　　　　　　　　　2番人気　1着　0.2秒差　上がり1位

2011年　4番人気　アンチュラス
前走　　阪神1400m　牡馬未勝利　　　　　　　　1番人気　1着　0.7秒差　上がり1位

2010年　7番人気　ホーマンフリップ
前走　　阪神1400m　牡馬新馬　　　　　　　　　1番人気　1着　0.1秒差　上がり1位
※新馬勝ち後の牡馬GⅢ新潟2歳Sは除外。

2009年　5番人気　ベストクルーズ
前走　　京都1600m　牡馬未勝利　　　　　　　　1番人気　1着　0.1秒差　上がり2位

2008年　5番人気　ワンカラット
前走　　京都1600m　牡馬GⅡ　デイリー杯2歳S　5番人気　6着　0.5秒差　上がり？位
前々走　小倉1200m　牡馬GⅢ　小倉2歳S　　　4番人気　5着　0.4秒差　上がり？位

2006年　2番人気　イクスキューズ
前走　　札幌1800m　牡馬GⅢ　札幌2歳S　　　2番人気　3着　0.1秒差　上がり3位　逃げ
前々走　札幌1500m　牡馬OP　クローバー賞　　1番人気　1着　0.3秒差　上がり3位

2005年　4番人気　ラッシュライフ
前走　　函館1200m　牡馬GⅢ　函館2歳S　　5番人気　2着　0.0秒差　上がり1位
前々走　函館1200m　牡馬新馬　　　　　　　1番人気　1着　0.8秒差　上がり1位　逃げ

2004年　4番人気　モンローブロンド
前走　　京都1400m　500万　りんどう賞　　2番人気　1着　0.3秒差　上がり1位
前々走　小倉1000m　牡馬新馬　　　　　　　5番人気　1着　0.0秒差　上がり3位

2003年　3番人気　ロイヤルセランガー
前走　　京都1400m　500万　りんどう賞　　1番人気　1着　0.1秒差　上がり2位
前々走　阪神1400m　牡馬OP　ききょうS　　2番人気　2着　0.2秒差　上がり2位

2002年　5番人気　シーイズトウショウ
前走　　京都1400m　500万　りんどう賞　　1番人気　3着　0.1秒差　上がり？位
前々走　阪神1600m　牡馬OP　野路菊S　　4番人気　2着　0.2秒差　上がり2位

2001年　4番人気　ツルマルグラマー
前走　　小倉1200m　牡馬新馬　　　　　　　1番人気　1着　0.3秒差　上がり2位

2000年　2番人気　テンザンデザート
前走　　東京1400m　牡馬OP　アイビーS　　2番人気　3着　0.5秒差　上がり？位
前々走　函館1200m　牡馬OP　ラベンダー賞　2番人気　1着　0.1秒差　上がり2位　逃げ

☆Point☆
GⅡはデイリー杯2歳Sのことです。前述の「2番人気以下で勝てる馬」にも同レース出走
馬が2頭いました。「2番人気以下で2着になれる馬」と合わせると以下のように4頭。こ
れは忘れないでください

2番人気　1着　サウンドリアーナ　　デイリー杯2歳S　4番人気　7着
8番人気　1着　タガノエリザベート　デイリー杯2歳S　9番人気　6着
7番人気　2着　モズハツコイ　　　　デイリー杯2歳S　10番人気　6着
5番人気　2着　ワンカラット　　　　デイリー杯2歳S　5番人気　6着

みやこS

11月8日（日）

阪神競馬場　ダート1800m　フルゲート16頭

3歳以上

別定　3歳54kg　4歳以上56kg（牝馬2kg減）

ただし、過去1年間で　　　GⅠ競走（牝馬限定競走は除く）1着馬は3kg増
牝馬限定GⅠ競走　およびGⅡ競走（牝馬限定競走は除く）1着馬は2kg増
牝馬限定GⅡ競走　およびGⅢ競走（牝馬限定競走は除く）1着馬は1kg増
過去1年以前の　　　　　　GⅠ競走（牝馬限定競走は除く）1着馬は2kg増
牝馬限定GⅠ競走　およびGⅡ競走（牝馬限定競走は除く）1着馬は1kg増
（ただし、2歳時の成績を除く）。

🐎 みやこSの真相

当レースは2009年まではオープン特別トパーズSとして開催。
2010年に重賞に昇格してGⅢ格付けとなったため、ここではその近10年を分析しています。なお、2018年は京都競馬場で地方競馬のＪＢＣ競走が開催された関係でみやこSは休止になりました。データは９回分しかありません。

さて、GⅢエルムSの項で言及したように、３歳以上ダートGⅢにおいて

地方競馬の重賞を勝ったことによる加増

は非常に不利に働きます。当レース過去９回と翌週の３歳以上
ダートGⅢ武蔵野Sの過去20回の計29回で勝った１番人気７頭
は、すべてが上記の加増がない馬たちです。負担重量１kgに泣いたり笑ったりするのが競馬なのです。

また、芝のレースでは要求されることの多い「上がり３ハロンの優秀さ」が、

ダート戦では必要ない

ことに注目です。これは次週のGⅢ武蔵野Sでも同様です。
それらを含めた「当レースが求める要件」をまとめましたので
次ページを見てください。

♞ 1番人気で勝てる馬を浮かび上がらせる

大前提

３カ月以上の休み明けではない４～６歳馬

４歳　　ハードル❶

1700m以上「重賞を含むＯＰ２連勝中、あるいはＯＰ特別３連勝中」

５～６歳　ハードル❷

1800m以上ＧⅠ馬

それでは、まず１番人気馬にこの大前提とハードルを課し、勝てるかどうかを判定しましょう。次ページからの【１番人気的中シート】を利用してください。

1番人気で勝てる馬【1番人気的中シート】

年度	みやこSの 1番人気馬	性齢	負担 重量	前走からの レース間隔	大前提	4歳 ハードル❶
大前提……………………3カ月以上の休み明けではない4～6歳馬 4歳　　ハードル❶……1700m以上「重賞を含むOP2連勝中、あるいはOP特別3連勝中」 5～6歳　ハードル❷……1800m以上GⅠ馬						
2020						
2020						
2019	インティ	牡5	59kg	4カ月	×	
2018	休止					
2017	エピカリス	牡3	54kg	3カ月	×	
2016	グレンツェント	牡3	55kg	3カ月	×	
2015	ダノンリバティ	牡3	54kg	1カ月	×	
2014	クリノスターオー	牡4	57kg	1カ月	◎	×
2013	ローマンレジェンド	牡5	59kg	4カ月	×	
2012	ローマンレジェンド	牡4	57kg	2カ月半	◎	◎
2011	エスポワールシチー	牡6	58kg	1カ月	◎	
2010	キングスエンブレム	牡5	57kg	1カ月	◎	

1番人気的中シートの使い方

左のシートに今年の1番人気候補を記入し、過去の成績をもとに「勝てるか、勝てないか」を判定してください。「勝てない」とわかったら、2番人気以下で勝てる馬が浮かび上がる【穴馬的中シート】（後ろのページ）に進んでください。

5～6歳 ード❷	判定	着順	単勝配当	結果	2番人気以下で勝った馬	人気	単勝配当	結果
	×	15着		→	ヴェンジェンス	7	¥1,870	大的中
				→				
	×	8着		→	テイエムジンソク	2	¥310	大的中
	×	2着		→	アポロケンタッキー	4	¥760	大的中
	×	6着		→	ロワジャルダン	7	¥2,340	大的中
	×	5着		→	インカンテーション	2	¥550	大的中
	×	3着		→	ブライトライン	2	¥420	大的中
	◉	1着	¥140	大的中				
◎	◉	1着	¥160	大的中				
×	×	2着		→	トランセンド	2	¥310	大的中

みやこS

過去９年、１番人気に応えて優勝した馬たちの前走成績と実績を紹介します。
✣１番人気で勝った馬一覧（実績はオープン特別１着以上を列記。以下同様）

2012年　ローマンレジェンド　牡４　57kg（＋１kg）140円
前走　札幌1700m　ＧⅢ　エルムＳ　　　　　　　１番人気　１着　0.0秒差　　２カ月半
実績　中京1800m　ＯＰ　ジュライＳ　　　　　　１番人気　１着　1.0秒差
※１番人気で５連勝中。

2011年　エスポワールシチー　牡６　58kg（＋２kg）160円
前走　東京1600m　ＧⅠ　マイルＣＳ南部杯　　　２番人気　４着　0.3秒差　逃げ　１カ月
実績　京都1800m　ＯＰ　トパーズＳ　　　　　　１番人気　１着　0.3秒差　逃げ
実績　名古屋1900m　ＧⅢ　名古屋大賞典　　　　１番人気　１着　0.4秒差　逃げ
実績　中山1800m　ＧⅢ　マーチＳ　　　　　　　１番人気　１着　0.2秒差
実績　京都1800m　ＧⅢ　平安Ｓ　　　　　　　　１番人気　２着　0.0秒差　逃げ
実績　船橋1600m　ＧⅠ　かしわ記念　　　　　　１番人気　１着　0.2秒差
実績　東京1600m　ＧⅠ　フェブラリーＳ　　　　１番人気　１着　0.4秒差
実績　阪神1800m　ＧⅠ　ジャパンＣダート　　　１番人気　１着　0.6秒差　逃げ
実績　盛岡1600m　ＧⅠ　マイルＣＳ　　　　　　２番人気　１着　0.7秒差　逃げ
実績　船橋1600m　ＧⅠ　かしわ記念　　　　　　２番人気　１着　0.1秒差
実績　大井2000m　ＧⅠ　帝王賞　　　　　　　　２番人気　２着　1.8秒差
実績　盛岡1600m　ＧⅠ　マイルＣＳ　　　　　　１番人気　２着　0.5秒差
※同馬の２kg加増は、2010年ＧⅠフェブラリーＳ勝ちによるものです。

過去９年、１番人気に応えられず２着以下に負けた馬たちの前走成績と実績を紹介します。
はじめに３歳馬。３歳馬は大前提に引っかかります。
✣１番人気で負けた３歳馬一覧

2017年　エピカリス　　　　　牡３　54kg　８着
前走　新潟1800m　ＧⅢ　レパードＳ　　　　　　１番人気　３着　0.3秒差　　３カ月
実績　東京1600m　ＯＰ　ヒヤシンスＳ　　　　　１番人気　１着　0.1秒差
実績　門別1800m　ＧⅢ　北海道２歳優駿　　　　１番人気　１着　2.4秒差　逃げ
実績　UAE1900m　ＧⅡ　ＵＡＥダービー　　　　２番人気　２着　0.0秒差

2016年　グレンツェント　　　牡３　55kg（＋１kg）２着
前走　新潟1800m　ＧⅢ　レパードＳ　　　　　　２番人気　１着　0.0秒差　　３カ月
実績　東京1600m　ＯＰ　青竜Ｓ　　　　　　　　２番人気　１着　0.0秒差

2015年　ダノンリバティ　　　牡３　54kg　６着
前走　阪神2000m　ＧⅢ　シリウスＳ　　　　　　１番人気　２着　0.5秒差　　１カ月
実績　新潟1800m　ＯＰ　ＢＳＮ賞　　　　　　　２番人気　１着　0.2秒差
実績　阪神芝1800m　ＧⅢ　毎日杯　　　　　　　３番人気　２着　0.0秒差

続いて4歳馬。
⊕1番人気で負けた4歳馬

2014年　クリノスターオー　　牡4　57kg（＋1kg）5着
前走　阪神2000m　GⅢ　シリウスS　　　　　　　1番人気　1着　0.1秒差　　1カ月
実績　札幌1700m　GⅢ　エルムS　　　　　　　　5番人気　2着　0.0秒差　　4角先頭
実績　京都1900m　GⅢ　平安S　　　　　　　　　12番人気　1着　0.1秒差
※近3走すべてGⅢ（1着→2着→1着）。

次に5歳馬。
⊕1番人気で負けた5歳馬一覧

2019年　インティ　　　　　　牡5　59kg（＋3kg）15着
前走　大井2000m　GⅠ　帝王賞　　　　　　　　　1番人気　6着　1.1秒差　　4カ月
実績　東京1600m　GⅠ　フェブラリーS　　　　　1番人気　1着　0.0秒差　　逃げ
実績　中京1800m　GⅡ　東海S　　　　　　　　　1番人気　1着　0.3秒差　　逃げ
実績　船橋1600m　GⅠ　かしわ記念　　　　　　　1番人気　2着　0.2秒差　　3角先頭
※同馬の3kg加増はフェブラリーS勝ちによるものです。
※4カ月の休み明けがNG。

2013年　ローマンレジェンド　牡5　59kg（＋3kg）3着
前走　大井2000m　GⅠ　帝王賞　　　　　　　　　2番人気　6着　2.1秒差　　4カ月
実績　中京1800m　OP　ジュライS　　　　　　　　1番人気　1着　1.0秒差
実績　京都1800m　GⅢ　みやこS　　　　　　　　1番人気　1着　0.0秒差
実績　札幌1700m　GⅢ　エルムS　　　　　　　　1番人気　1着　0.0秒差　　2カ月半
実績　大井2000m　GⅠ　東京大賞典　　　　　　　2番人気　1着　0.1秒差
※同馬の3kg加増は地方競馬大井GⅠ東京大賞典勝ちによるものです。
※4カ月の休み明けがNG。

2010年　キングスエンブレム　牡5　57kg（＋1kg）2着
前走　阪神2000m　GⅢ　シリウスS　　　　　　　1番人気　1着　0.1秒差　　1カ月
実績　阪神芝2200m　OP　すみれS　　　　　　　　1番人気　1着　0.2秒差

◆1番人気が飛ぶとわかったらココへ

1番人気が「負ける」とわかったら、2番人気以下から勝つ馬を見つけます。大前提とハードルを満たした馬しか勝ちませんので、【穴馬的中シート】を利用して見つけだしてください。

🐎 2番人気以下で勝てる馬を浮かび上がらせる

大前提
3カ月以上の休み明けではない

4歳　　ハードル❶
1700m以上3歳以上「前走OP1番人気、あるいはGⅡ連対歴（負けていても0.0秒差）」

5歳以上　ハードル❷
3歳以上OP2連勝歴
かつ前走1700m以上3歳以上OP連対

2番人気以下で勝てる馬 【穴馬的中シート】

条件	馬番 or 馬名
大前提 クリア	
4歳 ハードル❶クリア	
5歳以上 ハードル❷クリア	

過去9年、2番人気以下で優勝した馬たちの前走成績と実績を紹介します。
まず4歳馬から。
◉2番人気以下で勝った4歳馬一覧

2016年　4番人気　アポロケンタッキー　牡4　56kg　760円

				人気	着	秒差	
前走	東京2100m	OP	ブラジルC	1番人気	8着	1.4秒差	半月
実績	東京2100m	OP	ブリリアントS	1番人気	1着	0.2秒差	
実績	阪神2000m	OP	仁川S	1番人気	1着	0.4秒差	

※3歳以上オープン2連勝歴。

2015年　7番人気　ロワジャルダン　牡4　56kg　2340円

前走、	東京2100m	OP	ブラジルC	1番人気	4着	0.6秒差	半月

※オープン特別勝ちなし。

2014年　2番人気　インカンテーション　牡4　56kg　550円

前走	新潟1800m	OP	ラジオ日本賞	1番人気	1着	0.2秒差	1カ月半
実績	新潟1800m	OP	BSN賞	2番人気	1着	0.2秒差	
実績	新潟1800m	GⅢ	レパードS	1番人気	1着	0.4秒差	
実績	京都1800m	GⅢ	みやこS	7番人気	2着	0.0秒差	

※3歳以上オープン特別2連勝中。

2013年　2番人気　ブライトライン　牡4　56kg　420円

前走	札幌1700m	GⅢ	エルムS	1番人気	3着	0.3秒差	2カ月半
実績	函館1700m	OP	マリーンS	1番人気	1着	0.7秒差	
実績	中京芝1400m	GⅢ	ファルコンS	4番人気	1着	0.1秒差	

2010年　2番人気　トランセンド　牡4　56kg　310円

前走	船橋1800m	GⅡ	日本テレビ盃	2番人気	2着	0.5秒差	逃げ	1カ月半
実績	京都1900m	OP	アルデバランS	2番人気	1着	0.2秒差		
実績	新潟1800m	重賞	レパードS	1番人気	1着	0.4秒差		
実績	中京1900m	GⅡ	東海S	1番人気	2着	0.0秒差	逃げ	

続いて5歳以上馬。
◉2番人気以下で勝った5歳以上馬一覧

2017年　2番人気　テイエムジンソク　牡5　56kg　310円

前走	札幌1700m	GⅢ	エルムS	1番人気	2着	0.1秒差	2カ月半
実績	函館1700m	OP	マリーンS	1番人気	1着	0.8秒差	逃げ
実績	函館1700m	OP	大沼S	1番人気	1着	0.7秒差	

※3歳以上オープン2連勝。

2019年　7番人気　ヴェンジェンス　牡6　56kg　1870円

前走	京都1800m	OP	太秦S	3番人気	2着	0.4秒差	半月

実績	阪神1400m	ＯＰ	天保山Ｓ	3番人気	1着	0.2秒差
実績	阪神1400m	ＯＰ	ポラリスＳ	2番人気	1着	0.2秒差

※3歳以上オープン2連勝。

◆2着馬を見つけるのはココで

2着候補を2番人気以下から見つけましょう。ハードルをクリアした馬しか来ませんので簡単です。こちらも【穴馬的中シート】を利用して見つけてください。

なお、1番人気に応えられなくても2着に来ることはありますので、1番人気馬は無条件で2着候補です。

🐴 2番人気以下で2着に入れる馬を浮かび上がらせる

3歳　　　ハードル❶
**1800m以上「3歳以上ＯＰ2連続連対中、
あるいは3歳重賞1着歴」**

4歳　　　ハードル❷
1800m以上「前走1番人気完勝、あるいはＧⅠ馬」

5歳以上　ハードル❸
前走1着か、重賞連対歴

2番人気以下で2着に入れる馬【穴馬的中シート】

条件	馬番 or 馬名
3歳 ハードル❶クリア	
4歳 ハードル❷クリア	
5歳以上 ハードル❸クリア	

過去9年、2番人気以下で2着に入った馬たちの前走成績と実績を紹介します。
まず3歳馬から。
◇2番人気以下で2着に入った3歳馬一覧

2014年　9番人気　ランウェイワルツ　牡3　54kg

前走	東京2100m	OP　ブラジルC	2番人気	2着	0.2秒差	半月
実績	中山1800m	OP　伏竜S	8番人気	1着	0.0秒差	
実績	園田1870m	GⅡ　兵庫チャンピオンシップ	3番人気	2着	0.0秒差	

※2走前に新潟1800mオープン特別BSN賞3番人気2着0.2秒差があり、3歳以上オープン2連続連対中。

2013年　7番人気　インカンテーション　牡3　55kg（＋1kg）

前走	中山1800m	OP　ラジオ日本賞	2番人気	6着	0.9秒差	1カ月半
実績	新潟1800m	GⅢ　レパードS	1番人気	1着	0.4秒差	

続いて4歳馬。
◇2番人気以下で2着に入った4歳馬一覧

2015年　6番人気　カゼノコ　牡4　58kg（＋2kg）

前走	東京2100m	OP　ブラジルC	4番人気	7着	0.7秒差	半月
実績	京都1800m	OP　鳳雛S	2番人気	1着	0.2秒差	
実績	大井2000m	GⅠ　ジャパンDD	2番人気	1着	0.0秒差	
実績	川崎2100m	GⅠ　川崎記念	3番人気	2着	0.1秒差	

※同馬の2kg加増は地方競馬大井GⅠジャパンダートダービー1着によるものです。

2011年　4番人気　トウショウフリーク　牡4　56kg

前走	京都1800m	1600万　京都クラウンプレミアム	1番人気	1着	0.3秒差	逃げ	半月

※5連続完勝中。オープン初戦。

次に5歳以上馬。
◇2番人気以下で2着に入った5歳以上馬一覧

2017年　9番人気　ルールソヴァール　騙5　56kg

前走	東京1600m	1600万　夏至S	6番人気	1着	0.0秒差	4カ月半

※オープン出走歴なし。

2012年　3番人気　ニホンピロアワーズ　牡5　58kg（＋2kg）

前走	金沢2100m	GⅢ　白山大賞典	1番人気	1着	0.9秒差	3角先頭	1カ月
実績	京都1800m	OP　祇園S	1番人気	1着	0.0秒差	4角先頭	
実績	名古屋1900m	GⅢ　名古屋大賞典	1番人気	1着	1.2秒差		
実績	名古屋2500m	GⅡ　名古屋グランプリ	1番人気	1着	0.4秒差	4角先頭	
実績	金沢2100m	GⅢ　白山大賞典	1番人気	2着	0.5秒差	3角先頭	
実績	中京1900m	GⅡ　東海S	3番人気	2着	0.0秒差		

みやこS

2019年　10番人気　キングズガード　　　牡8　56kg

前走	阪神2000m	GⅢ	シリウスS	10番人気	5着	0.3秒差	1カ月
実績	中京1400m	GⅢ	プロキオンS	5番人気	1着	0.3秒差	
実績	名古屋1400m	GⅢ	かきつばた記念	1番人気	2着	0.2秒差	
実績	高知1400m	GⅢ	黒船賞	1番人気	2着	0.1秒差	
実績	高知1400m	GⅢ	黒船賞	3番人気	2着	0.2秒差	
実績	阪神1400m	OP	エニフS	1番人気	1着	0.3秒差	
実績	京都1400m	OP	立冬S	1番人気	1着	0.4秒差	

武蔵野S

11月14日（土）

東京競馬場　ダート1600m　フルゲート16頭
（2002年は中山競馬場 ダート1800m）

3歳以上

別定　3歳55kg　4歳以上56kg（牝馬2kg減）

ただし、過去1年間で　　　GⅠ競走（牝馬限定競走は除く）1着馬は3kg増
牝馬限定GⅠ競走　およびGⅡ競走（牝馬限定競走は除く）1着馬は2kg増
牝馬限定GⅡ競走　およびGⅢ競走（牝馬限定競走は除く）1着馬は1kg増
過去1年以前の　　　　　GⅠ競走（牝馬限定競走は除く）1着馬は2kg増
牝馬限定GⅠ競走　およびGⅡ競走（牝馬限定競走は除く）1着馬は1kg増
（ただし、2歳時の成績を除く）。

現在の負担重量規程になったのは2007年からで、それまでは現在明記されている文言「（牝
馬限定競走は除く）」「（意訳）過去1年以前の〜」が入っていません。
また、10月開催時の3歳馬の基礎重量は54kgです。2000〜2017年の8年間、2003年11月1日
開催を除く7年は10月開催でした。

🐎 武蔵野Ｓの真相

１週前のＧⅢみやこＳに比べて、３歳馬の基礎重量は55kgと、１kg重くなっています。これはＧⅢみやこＳが1600m超の1800m戦であるのに対して、当レースが1600m以下であることによります。

なお、2000〜2007年は、2003年だけ11月1日（土）開催であとは10月開催だったため、３歳馬の基礎重量は54kgです。

負担重量規程に若干の違いがあるだけで、ＧⅢ武蔵野Ｓは

ＧⅢみやこＳとほぼ同じ能力を検定されるレース

と言えます。具体的には、３歳馬は３歳馬同士の重賞実績が求められ、さらに古馬とのレースで結果を出していることも要求されます。

４歳馬はオープンでバリバリ活躍中であること。

５歳馬はいまだ意気軒昂であることを前走で示していること。

年齢ごとに極めてハッキリとした素養

が求められます。一文にまとめましたので次ページを見てください。

♞ 1番人気で勝てる馬を浮かび上がらせる

大前提

地方競馬の重賞勝ちで加増されていない

3歳　　　ハードル❶

1600m以上「前走準OP以上1番人気圧勝、あるいは芝重賞1番人気完勝歴」

4歳　　　ハードル❷

1600m以上を含む3歳以上OP 2連続完勝中

5歳以上　ハードル❸

前走1番人気完勝

それでは、まず1番人気馬にこの大前提とハードルを課し、勝てるか負けるかを判定しましょう。次ページからの【1番人気的中シート】を利用してください。

1番人気で勝てる馬【1番人気的中シート】

年度	武蔵野Sの1番人気馬	性齢	負担重量	加増	大前提	3歳ハードル❶	4歳ハードル❷
大前提…………………地方競馬の重賞勝ちで加増されていない 3歳　ハードル❶……1600m以上「前走準OP以上1番人気圧勝、あるいは芝重賞1番人気完勝歴」 4歳　ハードル❷……1600m以上を含む3歳以上OP2連続完勝中							
2020							
2020							
2019	エアアルマス	牡4	56kg	なし	◎		×
2018	サンライズノヴァ	牡4	56kg	なし	◎		◎
2017	サンライズノヴァ	牡3	56kg	1kg	◎	×	
2016	モーニン	牡4	59kg	3kg	◎		×
2015	モーニン	牡3	55kg	なし	◎	×	
2014	エアハリファ	牡5	56kg	なし	◎		
2013	ベルシャザール	牡5	56kg	なし	◎		
2012	イジゲン	牡3	55kg	なし	◎	◎	
2011	ダノンカモン	牡5	56kg	なし	◎		
2010	ケイアイガーベラ	牝4	55kg	1kg	◎		×
2009	サクセスブロッケン	牡4	59kg	3kg	◎		×
2008	ユビキタス	牡3	56kg	1kg	◎	×	
2007	ワイルドワンダー	牡5	57kg	1kg	◎		
2006	フサイチリシャール	牡3	54kg	なし	◎	×	
2005	カネヒキリ	牡3	57kg	3kg	×		
2004	エコルプレイス	牡4	57kg	1kg	×		
2003	サイレントディール	牡3	56kg	1kg	◎	◎	
2002	ハギノハイグレイド	牡6	58kg	2kg	◎		
2001	クロフネ	牡3	57kg	3kg	◎	◎	
2000	ゴールドティアラ	牝4	57kg	3kg	×		

歳以上 ハードル❸……前走1番人気完勝	判定	着順	単勝配当	結果	2番人気以下で勝った馬	人気	単勝配当	結果
	×	11着		→	ワンダーリーデル	9	¥2,520	大的中
	◉	1着	¥290	大的中				
	×	12着		→	インカンテーション	6	¥1,390	大的中
	×	7着		→	タガノトネール	8	¥3,660	大的中
	×	3着		→	ノンコノユメ	2	¥390	大的中
×	×	2着		→	ワイドバッハ	7	¥970	大的中
◎	◉	1着	¥350	大的中				
	◉	1着	¥310	大的中				
×	×	2着		→	ナムラタイタン	4	¥1,330	大的中
	×	15着		→	グロリアスノア	6	¥1,480	大的中
	×	10着		→	ワンダーアキュート	5	¥1,040	大的中
	×	3着		→	キクノサリーレ	5	¥1,310	大的中
×	×	2着		→	エイシンロンバード	9	¥4,170	大的中
	×	5着		→	シーキングザベスト	2	¥870	大的中
	×	2着		→	サンライズバッカス	2	¥1,250	大的中
	×	13着		→	ピットファイター	5	¥1,240	大的中
	◉	1着	¥380	大的中				
×	×	6着		→	ダブルハピネス	4	¥1,080	大的中
	◉	1着	¥230	大的中				
	×	5着		→	サンフォードシチー	2	¥480	大的中

1番人気的中シートの使い方

左のシートに今年の1番人気候補を記入し、過去の成績をもとに「勝てるか、勝てないか」を判定してください。「勝てない」とわかったら、2番人気以下で勝てる馬が浮かび上がる【穴馬的中シート】（後ろのページ）に進んでください。

過去20年、1番人気に応えて優勝した馬たちの前走成績と実績を紹介します。
まず3歳馬から。
✣1番人気で勝った3歳馬一覧（実績はオープン特別1着以上を列記。以下同様）

2012年　イジゲン　　　　　　　牡3　55kg　310円
前走　　東京1600m　1600万　秋嶺S　　　　　　　　1番人気　1着　0.5秒差　逃げ
※ハードルに関係ありませんが、2走前に新潟1800mGⅢレパードS1番人気3着0.4秒差という実績があります。

2003年　サイレントディール　牡3　56kg（＋1kg）380円
前走　　阪神芝2200m　GⅠ　宝塚記念　　　　　9番人気　10着　1.2秒差
実績　　京都芝1600m　GⅢ　シンザン記念　　1番人気　1着　0.1秒差
実績　　京都芝1800m　GⅢ　きさらぎ賞　　　2番人気　2着　0.1秒差

2001年　クロフネ　　　　　　　牡3　57kg（＋3kg）230円
前走　　阪神芝2000m　GⅡ　神戸新聞杯　　　2番人気　3着　0.1秒差
実績　　阪神芝2000m　GⅢ　毎日杯　　　　　1番人気　1着　0.9秒差
実績　　東京芝1600m　GⅠ　NHKマイルC　　1番人気　1着　0.1秒差

続いて4歳馬。
✣1番人気で勝った4歳馬

2018年　サンライズノヴァ　　牡4　56kg　290円
前走　　東京1400m　OP　グリーンチャンネルC　1番人気　1着　0.1秒差
前々走　東京1600m　OP　アハルテケS　　　　1番人気　1着　0.1秒差
実績　　東京1400m　OP　グリーンチャンネルC　2番人気　1着　0.2秒差
実績　　東京1600m　GⅢ　ユニコーンS　　　2番人気　1着　0.7秒差
実績　　東京1400m　GⅢ　根岸S　　　　　　1番人気　2着　0.0秒差
※1600mを含むオープン特別2連続完勝中。

次に5歳馬。
✣1番人気で勝った5歳以上馬一覧

2013年　ベルシャザール　　　牡5　56kg　350円
前走　　東京2100m　OP　ブラジルC　　　　　1番人気　1着　0.2秒差
実績　　中山芝2000m　OP　ホープフルS　　　4番人気　1着　0.0秒差
実績　　阪神芝1800m　GⅡ　スプリングS　　　4番人気　2着　0.1秒差

過去20年、1番人気に応えられず2着以下に負けた馬たちの前走成績と実績を紹介します。
まず3歳馬から。
✤1番人気で負けた3歳馬一覧

2017年　サンライズノヴァ　　牡3　56kg（＋1kg）12着
前走　　東京1400m　OP　グリーンチャンネルC　2番人気　1着　0.2秒差
実績　　東京1600m　GⅢ　ユニコーンS　　　2番人気　1着　0.7秒差

2015年　モーニン　　　　　　牡3　55kg　3着
前走　　東京1600m　1600万　秋嶺S　　　　　　　1番人気　1着　0.4秒差
※1600m戦における「圧勝」は0.5秒差以上のこと。0.4秒差であることが引っかかっての3
着だと判断しています。

2008年　ユビキタス　　　　　牡3　56kg（＋1kg）3着
前走　　東京1400m　ＯＰ　ペルセウスS　　　　　1番人気　2着　0.4秒差
実績　　中京1700m　ＯＰ　昇竜S　　　　　　　　1番人気　1着　0.2秒差　逃げ
実績　　東京1600m　ＧⅢ　ユニコーンS　　　　　1番人気　1着　1.1秒差
※1600m以上3歳ダート重賞1番人気完勝歴がありますが、ハードルは芝重賞です。ダート
よりもレベルの高い芝重賞で1番人気完勝歴がないと、ここでは通用しないと判断しています。

2006年　フサイチリシャール　牡3　54kg　5着
前走　　中京芝2000m　ＧⅡ　神戸新聞杯　　　　　4番人気　4着　0.2秒差
実績　　京都芝1800m　ＯＰ　萩S　　　　　　　　5番人気　1着　0.5秒差　逃げ
実績　　東京芝1800m　ＧⅢ　東スポ杯2歳S　　　1番人気　1着　0.4秒差　逃げ
実績　　東京芝1800m　ＧⅢ　共同通信杯　　　　　1番人気　2着　0.0秒差
実績　　中山芝1800m　ＧⅡ　スプリングS　　　　2番人気　2着　0.0秒差
実績　　中山芝1600m　ＧⅠ　朝日杯ＦＳ　　　　　2番人気　1着　0.0秒差
※3歳芝重賞勝ちがありません。

2005年　カネヒキリ　　　　　牡3　57kg（＋3kg）2着
前走　　盛岡2000m　ＧⅠ　ダービーグランプリ　1番人気　1着　0.4秒差
実績　　京都1800m　ＯＰ　端午S　　　　　　　　1番人気　1着　1.4秒差
実績　　東京1600m　ＧⅢ　ユニコーンS　　　　　1番人気　1着　0.3秒差
実績　　大井2000m　ＧⅠ　ジャパンＤＤ　　　　　1番人気　1着　0.8秒差
※同馬の3kg加増は地方競馬ＧⅠ勝ちによります。

続いて4歳馬。
⊕1番人気で負けた4歳馬一覧

2019年　エアアルマス　　　　牡4　56kg　11着
前走　　京都1800m　ＯＰ　太秦S　　　　　　　　1番人気　1着　0.4秒差
前々走　阪神1400m　ＯＰ　エニフS（Ｌ）　　　　1番人気　1着　0.0秒差
※1600m以上を含む3歳以上オープン特別2連勝中ですが、ハードルは2連続「完勝」中です。
2走前の0.0秒差が引っかかります。

2016年　モーニン　　　　　　牡4　59kg（＋3kg）7着
前走　　船橋1800m　ＧⅡ　日本テレビ盃　　　　　3番人気　2着　0.0秒差　逃げ
実績　　東京1400m　ＧⅢ　根岸S　　　　　　　　1番人気　1着　0.1秒差
実績　　東京1600m　ＧⅠ　フェブラリーS　　　　2番人気　1着　0.2秒差

2010年　ケイアイガーベラ　　牝4　55kg（＋1kg）15着
前走　　阪神1400m　ＯＰ　エニフS　　　　　　　1番人気　1着　0.9秒差
前々走　阪神1400m　ＯＰ　ポラリスS　　　　　　2番人気　1着　0.8秒差

3走前　　阪神1400m　　GⅢ　プロキオンS　　　　　4番人気　1着　0.7秒差　逃げ
※3歳以上オープン3連続完勝中ですが、距離1600m以上ではありません。

2009年　サクセスブロッケン　牡4　59kg（＋3kg）10着
前走　　盛岡1600m　GⅠ　マイルCS　　　　　　　1番人気　2着　0.7秒差　1カ月
前々走　東京1600m　GⅠ　フェブラリーS　　　　　6番人気　1着　0.0秒差
実績　　京都1800m　OP　端午S　　　　　　　　　1番人気　1着　0.9秒差
実績　　東京1600m　OP　ヒヤシンスS　　　　　　1番人気　1着　0.7秒差
実績　　大井2000m　GⅠ　ジャパンDD　　　　　　1番人気　1着　0.6秒差
実績　　園田1870m　GⅠ　JBCクラシック　　　　2番人気　2着　0.1秒差　逃げ
※同馬の3kg加増はGⅠフェブラリーS勝ちによるものですから「大前提」はクリアしていますが、2連勝完勝中ではありません。

2004年　エコルプレイス　　　牡4　57kg（＋1kg）13着
前走　　阪神1400m　　GⅢ　シリウスS　　　　　　1番人気　2着　0.1秒差　逃げ
実績　　東京1400m　　OP　欅S　　　　　　　　　10番人気　1着　0.2秒差　逃げ
実績　　京都1400m　　OP　バイオレットS　　　　　3番人気　1着　0.5秒差　逃げ
実績　　旭川1600m　　GⅢ　グランシャリオC　　　　1番人気　1着　1.2秒差
実績　　阪神芝1600m　GⅢ　アーリントンC　　　　　4番人気　2着　0.1秒差　逃げ
※同馬の1kg加増は地方競馬GⅢ勝ちによります。2006年まで、別定ルールに「ただし、過去1年間で～」という一文はありませんでした。何年前に獲ったタイトルでも、それが2歳戦でない場合、加増対象になったのです。同馬は1年3カ月前に勝った地方競馬（旭川）GⅢグランシャリオC1着により1kg加増でした。

2000年　ゴールドティアラ　　牝4　57kg（＋3kg）5着
前走　　盛岡1600m　GⅠ　マイルCS　　　　　　　2番人気　1着　0.7秒差
前々走　阪神1400m　OP　ギャラクシーS　　　　　1番人気　1着　0.1秒差
実績　　阪神1400m　GⅢ　プロキオンS　　　　　　1番人気　1着　0.2秒差
実績　　名古屋1400m　GⅢ　かきつばた記念　　　　1番人気　1着　1.1秒差
実績　　阪神1400m　GⅢ　シリウスS　　　　　　　1番人気　1着　0.2秒差
実績　　東京1600m　GⅢ　ユニコーンS　　　　　　8番人気　1着　0.4秒差
実績　　東京1600m　GⅠ　フェブラリーS　　　　　2番人気　2着　0.1秒差
※1600m以上を含む3歳以上オープン2連続完勝中ですが、前走の地方競馬GⅠ勝ちによる3kg加増が「大前提」に引っかかります。

次に5歳馬。
✥1番人気で負けた5歳以上馬一覧

2014年　エアハリファ　　　　牡5　56kg　2着
前走　　東京1600m　OP　アハルテケS　　　　　　2番人気　1着　0.0秒差
実績　　阪神1400m　OP　コーラルS　　　　　　　1番人気　1着　0.2秒差
実績　　東京1600m　OP　オアシスS　　　　　　　3番人気　1着　0.3秒差

2011年　ダノンカモン　　　牡5　56kg　2着

前走	東京1600m	GI	マイルCS南部杯	3番人気	2着	0.0秒差
実績	阪神1400m	OP	エニフS	2番人気	1着	0.2秒差
実績	京都1400m	OP	大和S	1番人気	1着	0.1秒差
実績	東京1400m	OP	ペルセウスS	1番人気	1着	0.2秒差
実績	東京芝1600m	OP	いちょうS	4番人気	1着	0.1秒差
実績	京都1400m	GⅢ	プロキオンS	3番人気	2着	0.4秒差
実績	東京1400m	GⅢ	根岸S	3番人気	2着	0.2秒差
実績	東京1600m	GⅢ	武蔵野S	4番人気	2着	0.1秒差

2007年　ワイルドワンダー　　牡5　57kg（＋1kg）2着

前走	盛岡1600m	GI	マイルCS	1番人気	2着	0.1秒差
実績	阪神1400m	OP	コーラルS	1番人気	1着	0.2秒差
実績	東京芝1600m	OP	サウジアラビアRC	2番人気	1着	0.0秒差
実績	阪神1400m	GⅢ	プロキオンS	1番人気	1着	0.2秒差
実績	京都1800m	GⅢ	アンタレスS	3番人気	1着	0.4秒差

2002年　ハギノハイグレイド　牡6　58kg（＋2kg）6着

前走	中京2300m	GⅡ	東海S	1番人気	1着	0.0秒差
実績	阪神1800m	OP	仁川S	2番人気	1着	0.5秒差
実績	京都1800m	GⅢ	アンタレスS	3番人気	1着	0.3秒差
実績	佐賀2000m	GⅢ	佐賀記念	1番人気	2着	0.0秒差
実績	京都1800m	GⅢ	平安S	5番人気	2着	0.1秒差
実績	中京2300m	GⅡ	東海S	5番人気	1着	0.2秒差
実績	船橋2400m	GⅡ	ダイオライト記念	4番人気	2着	0.4秒差
実績	名古屋2500m	GⅡ	名古屋グランプリ	1番人気	2着	0.2秒差
実績	旭川2300m	GⅡ	ブリーダーズゴールドC	3番人気	2着	0.7秒差
実績	川崎2100m	GI	川崎記念	2番人気	2着	0.0秒差

武蔵野S

◆ 1番人気が飛ぶとわかったらココへ

1番人気が「負ける」とわかったら、2番人気以下の馬から勝つ馬を見つけます。ハードル
を満たした馬しか勝ちませんので、簡単です。【穴馬的中シート】を利用して見つけだして
ください。

🐴 2番人気以下で勝てる馬を浮かび上がらせる

3歳　　　　ハードル❶
前走1800m以上「GⅠ連対、あるいは準OP以上完勝」

4〜5歳　ハードル❷
3歳以上「OP2連続完勝歴、あるいはOP2連続
連対中、あるいはOP2つを含む3連続連対中、
あるいはOP4連続3着中」か、前走3歳以上重賞
連対（負けていても0.1秒差以内）

6歳以上　ハードル❸
3歳以上OP3連続3着以内中か、
1600m以上3歳以上GⅠ連対歴

2番人気以下で勝てる馬【穴馬的中シート】

条件	馬番 or 馬名
3歳 ハードル❶クリア	
4〜5歳 ハードル❷クリア	
6歳以上 ハードル❸クリア	

過去20年、2番人気以下で優勝した馬たちの前走成績と実績を紹介します。
まず3歳馬から。
◎2番人気以下で勝った3歳馬一覧

2015年　2番人気　ノンコノユメ　　　　牡3　58kg（＋3kg）390円

前走	大井2000m	GⅠ	ジャパンDD		2番人気	1着	0.5秒差
前々走	東京1600m	GⅢ	ユニコーンS		2番人気	1着	0.4秒差
3走前	東京1600m	OP	青竜S		5番人気	1着	0.1秒差

2009年　ワンダーアキュート　牡3　56kg（＋1kg）1040円

前走	阪神2000m	GⅢ	シリウスS		3番人気	1着	0.5秒差

2008年　5番人気　キクノサリーレ　　牡3　55kg　1310円

前走	中山1800m	1600万	ながつきS		4番人気	1着	0.2秒差

※初オープン

2005年　2番人気　サンライズバッカス　牡3　54kg　1250円

前走	盛岡2000m	GⅠ	ダービーグランプリ		2番人気	2着	0.4秒差
前々走	小倉1700m	OP	阿蘇S		1番人気	1着	0.0秒差

続いて4〜5歳馬。はじめに4歳馬を紹介します。◎2番人気以下で勝った4歳馬

2010年　6番人気　グロリアスノア　　　牡4　57kg（＋1kg）1480円

前走	阪神1400m	GⅢ	プロキオンS		3番人気	9着	1.6秒差
実績	阪神1400m	OP	エニフS		3番人気	1着	0.3秒差
実績	東京1400m	GⅢ	根岸S		11番人気	1着	0.2秒差
実績	東京1600m	GⅢ	ユニコーンS		2番人気	2着	0.3秒差

※エニフS→根岸Sのオープン2連続完勝歴。

次に5歳馬。◎2番人気以下で勝った5歳馬一覧

2014年　7番人気　ワイドバッハ　　　　牡5　56kg　970円

前走	東京1400m	OP	エルコンドルパサーメモリアル	3番人気	1着	0.3秒差

※前々走で阪神1400mオープン特別エニフS3番人気2着0.2秒差があり、オープン2連続連対中。

2011年　4番人気　ナムラタイタン　　　牡5　56kg　1330円

前走	東京1400m	OP	ペルセウスS		1番人気	4着	0.7秒差
実績	東京1400m	OP	オアシスS		4番人気	1着	0.1秒差
実績	東京1400m	OP	欅S		1番人気	1着	0.2秒差
実績	阪神1400m	OP	コーラルS		1番人気	1着	0.6秒差

※コーラルS→欅Sのオープン2連続完勝歴。

2007年　9番人気　エイシンロンバード　牡5　56kg　4170円　逃げ

前走	小倉1700m	OP	阿蘇S		1番人気	5着	0.3秒差

※逃げ馬の一発です。1着候補として浮かび上がらせることができませんでした。

2006年　2番人気　シーキングザベスト　牡5　56kg　870円
前走　　大井1200m　GⅡ　東京盃　　　　　　　　2番人気　2着　0.1秒差
前々走　京都1400m　GⅢ　プロキオンS　　　　　　1番人気　2着　0.4秒差
3走前　札幌1000m　GⅢ　北海道スプリントC　　　1番人気　2着　0.1秒差
※重賞3連続連対中。

2004年　5番人気　ピットファイター　牡5　56kg　1240円
前走　　京都1800m　OP　師走S　　　　　　　　　1番人気　1着　0.1秒差　3角先頭
※前々走で東京1600m1600万秋嶺S1番人気1着1.0秒差、3走前に中山1800mオープン特別
ペルセウスS1番人気2着0.3秒差があり、2着→1着→2着という3連続連対中です。

2002年　4番人気　ダブルハピネス　牡5　56kg　1080円
前走　　阪神1400m　GⅢ　シリウスS　　　　　　　5番人気　2着　0.1秒差

2000年　2番人気　サンフォードシチー　牡5　56kg　480円
前走　　京都1800m　OP　エニフS　　　　　　　　2番人気　3着　0.8秒差
実績　　東京1600m　OP　レインボーS　　　　　　2番人気　1着　0.5秒差
※オープン4連続3着中。

最後に6歳以上馬。◉2番人気以下で勝った6歳以上馬一覧

2019年　9番人気　ワンダーリーデル　牡6　56kg　2520円
前走　　東京1400m　OP　グリーンチャンネルC　2番人気　3着　0.6秒差
前々走　東京1600m　OP　アハルテケS　　　　　4番人気　1着　0.4秒差
※3走前に東京1400mオープン特別欅S2番人気3着0.4秒差があり、オープン3連続3着以内中。

2016年　8番人気　タガノトネール　騙6　56kg　3660円
前走　　佐賀1400m　GⅢ　サマーチャンピオン　　2番人気　3着　0.8秒差
実績　　阪神1400m　OP　天保山S　　　　　　　　4番人気　1着　0.3秒差
実績　　佐賀1400m　GⅢ　サマーチャンピオン　　1番人気　2着　0.5秒差
実績　　東京1600m　GⅢ　武蔵野S　　　　　　　　5番人気　2着　0.0秒差
実績　　盛岡1600m　GⅠ　マイルCS　　　　　　　4番人気　2着　0.3秒差　逃げ

2017年　6番人気　インカンテーション　牡7　57kg（＋1kg）1390円
前走　　金沢2100m　GⅢ　白山大賞典　　　　　　　1番人気　1着　0.5秒差
実績　　新潟1800m　OP　ラジオ日本賞　　　　　　1番人気　1着　0.5秒差
実績　　新潟1800m　OP　BSN賞　　　　　　　　　2番人気　1着　0.2秒差
実績　　中山1800m　GⅢ　マーチS　　　　　　　10番人気　1着　0.1秒差
実績　　京都1800m　GⅢ　みやこS　　　　　　　　2番人気　1着　0.1秒差
実績　　新潟1800m　GⅢ　レパードS　　　　　　　1番人気　1着　0.4秒差
実績　　京都1800m　GⅢ　みやこS　　　　　　　　7番人気　1着　0.0秒差
実績　　船橋1600m　GⅠ　かしわ記念　　　　　　　5番人気　2着　0.4秒差
実績　　東京1600m　GⅠ　フェブラリーS　　　　　5番人気　2着　0.1秒差

◆2着馬を見つけるのはココで

2着候補を2番人気以下から見つけます。ハードルをクリアした馬を探すのです。こちらも【穴馬的中シート】を利用してください。

なお、1番人気に応えられなくても2着に来ることはありますので、1番人気馬は無条件で2着候補です。

🐎 2番人気以下で2着に入れる馬を浮かび上がらせる

3歳　　ハードル❶
前走3歳以上OP特別「1番人気、あるいは完勝」か、1600m以上3歳重賞1着歴（＝3歳以上戦未出走馬）

4歳　　ハードル❷
前走3歳以上OP特別1番人気完勝か、GI連対歴（芝GI1着歴）

5歳　　ハードル❸
1600m以上3歳以上重賞連対歴（負けていても0.1秒差以内）

6歳以上　ハードル❹
重賞連対歴

2番人気以下で2着に入れる馬【穴馬的中シート】

条件	馬番 or 馬名
3歳 ハードル❶クリア	
4歳 ハードル❷クリア	
5歳 ハードル❸クリア	
6歳以上 ハードル❹クリア	

過去20年、2番人気以下で2着に入った馬たちの前走成績と実績を紹介します。
まず3歳馬から。

◇2番人気以下で2着に入った3歳馬一覧

2017年　8番人気　サンライズソア　　牡3　55kg

前走	東京2100m	ＯＰ	ブラジルC	1番人気	3着	0.4秒差
実績	東京1600m	ＯＰ	青竜S	7番人気	1着	0.2秒差
実績	大井2000m	ＧⅠ	ジャパンDD	4番人気	2着	0.0秒差

2016年　2番人気　ゴールドドリーム　　牡3　56kg（＋1kg）

前走	大井2000m	ＧⅠ	ジャパンDD	1番人気	3着	1.2秒差
実績	東京1600m	ＯＰ	ヒヤシンスS	5番人気	1着	0.3秒差
実績	東京1600m	ＧⅢ	ユニコーンS	2番人気	1着	0.0秒差
実績	園田1870m	ＧⅡ	兵庫チャンピオンシップ	1番人気	2着	1.2秒差

2012年　4番人気　ガンジス　　牡3　55kg

前走	東京1400m	ＯＰ	ペルセウスS	2番人気	1着	0.4秒差
実績	中京芝1400m	ＯＰ	橘S	1番人気	1着	0.0秒差

2000年　4番人気　アグネスデジタル　　牡3　55kg（＋1kg）

前走	中山1800m	ＧⅢ	ユニコーンS	4番人気	1着	0.4秒差
実績	名古屋1900m	ＧⅢ	名古屋優駿	3番人気	1着	0.3秒差
実績	川崎1600m	ＧⅡ	全日本3歳優駿	1番人気	1着	0.5秒差

続いて4歳馬。

◇2番人気以下で2着に入った4歳馬一覧

2019年　8番人気　タイムフライヤー　　牡4　56kg

前走	阪神2000m	ＧⅢ	シリウスS	1番人気	6着	0.6秒差
実績	京都芝1800m	ＯＰ	萩S	1番人気	1着	0.7秒差
実績	京都芝2000m	ＧⅢ	京都2歳S	1番人気	2着	0.0秒差
実績	中山芝2000m	ＧⅠ	ホープフルS	1番人気	1着	0.2秒差

2010年　4番人気　ダノンカモン　　牡4　56kg

前走	東京1400m	ＯＰ	ペルセウスS	1番人気	1着	0.2秒差
実績	東京芝1600m	ＯＰ	いちょうS	4番人気	1着	0.1秒差

2006年　6番人気　サンライズバッカス　　牡4　57kg（＋1kg）

前走	中山1800m	ＧⅢ	マーチS	4番人気	8着	0.9秒差
実績	小倉1700m	ＯＰ	阿蘇S	1番人気	1着	0.0秒差
実績	東京1600m	ＧⅢ	武蔵野S	2番人気	1着	0.3秒差
実績	盛岡2000m	ＧⅠ	ダービーグランプリ	2番人気	2着	0.4秒差

2001年　5番人気　イーグルカフェ　　牡4　59kg（＋3kg）

前走	東京芝1800m	ＧⅡ	毎日王冠	8番人気	5着	0.2秒差

実績	東京芝1800m	GⅢ	共同通信杯4歳S		4番人気	1着	0.0秒差	
実績	中山芝2000m	GⅢ	京成杯		9番人気	2着	0.0秒差	
実績	東京芝1600m	GⅠ	NHKマイルC		2番人気	1着	0.0秒差	

次に5歳馬。
◇2番人気以下で2着に入った5歳馬一覧

2018年　7番人気　クインズサターン　牡5　56kg

前走	阪神2000m	GⅢ	シリウスS		6番人気	9着	1.8秒差	
実績	中山1800m	GⅢ	マーチS		5番人気	2着	0.0秒差	

2015年　5番人気　タガノトネール　騸5　57kg（＋1kg）

前走	盛岡1600m	GⅠ	マイルCS		4番人気	2着	0.3秒差	逃げ
実績	阪神1400m	OP	天保山S		4番人気	1着	0.3秒差	
実績	佐賀1400m	GⅢ	サマーチャンピオン		1番人気	1着	0.5秒差	

2004年　2番人気　サイレンスボーイ　牡5　56kg

前走	阪神1400m	GⅢ	シリウスS		4番人気	5着	0.4秒差	
実績	阪神1400m	OP	コーラルS		5番人気	1着	0.3秒差	
実績	京都1800m	GⅢ	アンタレスS		1番人気	2着	0.1秒差	

2002年　10番人気　マイネルブライアン　牡5　57kg（＋1kg）

前走	上山1800m	GⅢ	さくらんぼ記念		3番人気	12着	4.4秒差	
実績	阪神1800m	OP	ベテルギウスS		4番人気	1着	0.2秒差	
実績	中山1800m	OP	伏竜S		3番人気	1着	0.3秒差	
実績	阪神1400m	GⅢ	シリウスS		5番人気	1着	0.0秒差	
実績	旭川1600m	GⅢ	グランシャリオC		1番人気	1着	0.5秒差	
実績	名古屋1900m	GⅢ	名古屋大賞典		2番人気	2着	0.1秒差	
実績	京都1800m	GⅢ	平安S		3番人気	2着	0.3秒差	

最後に6歳以上馬。
◇2番人気以下で2着に入った6歳以上馬一覧

2013年　3番人気　アドマイヤロイヤル　牡6　57kg（＋1kg）

前走	盛岡1600m	GⅠ	マイルCS		4番人気	5着	1.4秒差	
実績	東京1400m	OP	欅S		2番人気	1着	0.1秒差	
実績	中京1400m	GⅢ	プロキオンS		2番人気	1着	0.0秒差	
実績	中京1400m	GⅢ	プロキオンS		4番人気	2着	0.1秒差	

2009年　11番人気　ダイショウジェット　牡6　56kg

前走	京都1200m	OP	室町S		4番人気	9着	0.9秒差	
実績	東京1400m	OP	欅S		5番人気	1着	0.5秒差	
実績	阪神1400m	OP	ポラリスS		7番人気	1着	0.0秒差	
実績	中山1800m	GⅢ	マーチS		13番人気	2着	0.2秒差	

武蔵野S

2008年　4番人気　サンライズバッカス　牡6　58kg（＋2kg）

前走	船橋1800m	GⅡ	日本テレビ盃	3番人気	3着	1.1秒差
実績	小倉1700m	OP	阿蘇S	1番人気	1着	0.0秒差
実績	東京1600m	GⅢ	武蔵野S	2番人気	1着	0.3秒差
実績	京都1800m	GⅢ	平安S	3番人気	2着	0.0秒差
実績	東京1600m	GⅢ	武蔵野S	6番人気	2着	0.1秒差
実績	東京1600m	GⅠ	フェブラリーS	3番人気	1着	0.2秒差
実績	盛岡2000m	GⅠ	ダービーグランプリ	2番人気	2着	0.4秒差

2003年　8番人気　ハギノハイグレイド　牡7　58kg（＋2kg）

前走	金沢2100m	GⅢ	白山大賞典	2番人気	2着	1.3秒差
実績	阪神1800m	OP	仁川S	2番人気	1着	0.2秒差
実績	阪神1800m	OP	仁川S	2番人気	1着	0.5秒差
実績	京都1800m	GⅢ	アンタレスS	3番人気	1着	0.3秒差
実績	佐賀2000m	GⅢ	佐賀記念	1番人気	2着	0.0秒差
実績	京都1800m	GⅢ	平安S	5番人気	2着	0.1秒差
実績	中京2300m	GⅡ	東海S	1番人気	1着	0.0秒差
実績	中京2300m	GⅡ	東海S	5番人気	1着	0.2秒差
実績	名古屋2500m	GⅡ	名古屋グランプリ	1番人気	2着	0.2秒差
実績	旭川2300m	GⅡ	ブリーダーズゴールドC	3番人気	2着	0.7秒差
実績	船橋2400m	GⅡ	ダイオライト記念	4番人気	2着	0.4秒差
実績	川崎2100m	GⅠ	川崎記念	2番人気	2着	0.0秒差

デイリー杯2歳S

11月14日（土）

阪神競馬場　芝1600m　フルゲート18頭

2歳

馬齢　牡馬・騸馬55kg　牝馬54kg

🐎 デイリー杯2歳Sの真相

当レースは2019年まで京都競馬場の外回り芝1600mで行われていました。今年は阪神競馬場での開催です。ファンタジーSもそうでしたが、ここもどのような変化が起こるか予測できません。考えられるのはGI朝日杯フューチュリティSと同じ舞台になったことで出走馬のレベルが高まる可能性ですが、現時点ではなにひとつ変わらないものとして過去20年の分析結果を紹介します。

ところで、2歳GⅢと2歳GⅡの違いはなにでしょうか？

当レースよりあとに行われるGⅢ京都2歳SとGⅢ東スポ杯2歳Sが、GⅡ京王杯2歳SやこのGⅡデイリー杯2歳Sより価値が低いとは思えません。私は「たまたまこの時期に2歳GⅡ2つがあり、その後に2歳GⅢ2つがあって、年末に総集編の2歳GⅠが2つある」といった程度に思っています。そして私は2歳戦のクラス分けを

「新馬・未勝利」
「1勝クラス」
「オープン特別・GⅢ・GⅡ」
「GⅠ」

と考えています。3歳以上戦のように、GⅡだからといって"格"を気にしたりせず、2歳戦特有の要素で見極めていくことが大切です。次ページ以降にまとめましたので見てください。

🐎 1番人気で勝てる馬を浮かび上がらせる

> **大前提**
> ## 1400m以下のレースでは圧勝
> ※圧勝は1200m＝0.3秒差以上、1400m＝0.4秒差以上のこと
>
> **ハードル❶**
> ## 前走新馬・未勝利1500m以上
> ## 1番人気0.3秒差以上1着
>
> **ハードル❷**
> ## 前走OP1番人気完勝かつ
> ## 初勝利は1番人気

この大前提とハードルを1番人気馬に課し、勝てるか負けるかを判定しましょう。次ページからの【1番人気的中シート】を利用してください。

1番人気で勝てる馬【1番人気的中シート】

年度	デイリー杯2歳Sの1番人気馬	性別	大前提	ハードル❶	ハードル❷	判定	着順
大前提…………1400m以下のレースでは圧勝　※圧勝は1200m＝0.3秒差以上、1400m＝0.4秒差以上のこと ハードル❶……前走新馬・未勝利1500m以上1番人気0.3秒差以上1着 ハードル❷……前走OP1番人気完勝かつ初勝利は1番人気							
2020							
2020							
2019	ペールエール	牡	×			×	3.
2018	アドマイヤマーズ	牡			◎	●	1
2017	フロンティア	牡			×	×	4.
2016	タイセイスターリー	牡	×			×	8
2015	シュウジ	牡	×			×	2
2014	ナヴィオン	牡	×			×	3
2013	アトム	牡		×		×	2.
2012	メイケイペガスター	牡		◎		●	11
2011	ダローネガ	牡			×	×	2
2010	レーヴディソール	牝		○		●	1
2009	リディル	牡		×		×	1
2008	ホッコータキオン	牡	◎		×	×	2
2007	マリエンベルク	牡		×		×	8
2006	オースミダイドウ	牡	◎		◎	●	1
2005	マルカシェンク	牡		◎		●	1
2004	エイシンヴァイデン	牡	×			×	4
2003	メイショウボーラー	牡	◎		◎	●	1
2002	シルクブラボー	牡	◎		◎	●	1
2001	ダイワファルコン	牡	×			×	3
2000	フジノテンビー	牡	◎		◎	●	1

単勝配当	結果		2番人気以下で勝った馬	人気	単勝配当	結果

1番人気的中シートの使い方

左のシートに今年の1番人気候補を記入し、過去の成績をもとに「勝てるか、勝てないか」を判定してください。「勝てない」とわかったら、2番人気以下で勝てる馬が浮かび上がる【穴馬的中シート】(後ろのページ)に進んでください。

単勝配当	結果		2番人気以下で勝った馬	人気	単勝配当	結果
		→	レッドベルジュール	3	¥770	大的中
¥180	大的中					
		→	ジャンダルム	5	¥730	大的中
		→	ジューヌエコール	2	¥360	大的中
		→	エアスピネル	2	¥260	大的中
		→	タガノエスプレッソ	5	¥790	大的中
		→	ホウライアキコ	2	¥440	大的中
		ハズレ	テイエムイナズマ	6	¥1,560	
		→	クラレント	4	¥510	大的中
¥240	大的中					
¥290	ハズレ					
		→	シェーンヴァルト	3	¥520	大的中
		→	キャプテントゥーレ	3	¥750	大的中
¥130	大的中					
¥160	大的中					
		→	ペールギュント	9	¥5,150	大的中
¥170	大的中					
¥270	大的中					
		→	ファストタテヤマ	8	¥2,820	大的中
¥400						

過去20年、1番人気に応えて優勝した馬たちの近走成績を紹介します。
✢1番人気で勝った馬一覧

2018年　アドマイヤマーズ　　180円
前走　　中京1600m　ＯＰ　中京２歳Ｓ　　1番人気　1着　0.5秒差　上がり1位
前々走　中京1600m　新馬　　　　　　　　1番人気　1着　0.0秒差　上がり3位

2010年　牝馬　レーヴディソール　　240円
前走　　札幌1500m　（牡馬）新馬　　　　1番人気　1着　0.2秒差　上がり1位
◉デイリー杯２歳Ｓの２カ月前、レーヴディソールの９月11日の新馬戦は牡馬と一緒に走る
レースでした。９月まで、牝馬は牡馬と同じ馬齢重量54kgを背負い、10月に入ると牝馬は54
kgのままで牡馬だけが55kgになり、12月までそのままです。年が明けて３歳になると牝馬と
牡馬の差は２kgになり、ずっと続きます。
なにが言いたいのかというと、10月になると牝馬は牡馬より１kg軽くしてもらえるのに、９
月は同斤量というのはいかにも厳しく、せめて0.5kg軽くしてほしいところです。それが0.3
秒差ではなく0.2秒差しかつけられなかった要因だと思います。レーヴディソールはハードル
をクリアしているとみなしてよいのではないでしょうか。

2009年　リディル　　　　　290円
前走　　阪神1600m　未勝利　　　　　　　2番人気　1着　0.3秒差　上がり1位
◉前週の京王杯２歳Ｓに照らし合わせても、２番人気で勝ち上がってきた１番人気馬を「１
着候補」として浮かび上がらせることはできません。リディルのようなケースは、レベルの
低い年に稀に見られます。

2006年　オースミダイドウ　　130円
前走　　中京1800m　ＯＰ　野路菊Ｓ　　1番人気　1着　0.3秒差　上がり1位　逃げ
前々走　京都1200m　新馬　　　　　　　　1番人気　1着　0.8秒差　上がり1位

2005年　マルカシェンク　　　160円
前走　　阪神2000m　新馬　　　　　　　　1番人気　1着　0.5秒差　上がり1位

2003年　メイショウボーラー　170円
前走　　小倉1200m　ＧⅢ　小倉２歳Ｓ　1番人気　1着　0.9秒差　上がり3位　逃げ
前々走　小倉1200m　ＯＰ　フェニックス賞　1番人気　1着　0.4秒差　上がり1位
３走前　小倉1000m　新馬　　　　　　　　1番人気　1着　0.4秒差　上がり2位　逃げ
※デビュー３戦無敗すべて１番人気。

2002年　シルクブラボー　　　270円
前走　　新潟1200m　ＯＰ　かんなＳ　　1番人気　1着　0.3秒差　上がり1位
前々走　阪神1200m　新馬　　　　　　　　1番人気　1着　1.4秒差　上がり1位　4角先頭

2000年　フジノテンビー　　　400円
◉大前提、ハードルともにクリア。地方競馬ダート４戦無敗（すべて１番人気）。しかし、
前週の京王杯２歳Ｓで４戦無敗のネイティブハートをＮＧにした関係上、同馬も１着候補に
はできません。ただ、単勝4.0倍なら押さえ程度の購入は考えたいところです。

過去20年、1番人気に応えられず2着以下に負けた馬たちの近走成績を紹介します。
❀1番人気で負けた馬一覧

2019年　ペールエール　　　　3着
前走　新潟1600m　ＧⅢ　新潟２歳Ｓ　　3番人気　2着　0.1秒差　上がり2位
前々走　中京1400m　新馬　　　　　　　1番人気　1着　0.1秒差　上がり1位

2017年　フロンティア　　　　4着
前走　新潟1600m　ＧⅢ　新潟２歳Ｓ　　3番人気　1着　0.1秒差　上がり2位
前々走　中京1600m　新馬　　　　　　　1番人気　1着　0.1秒差　上がり2位　逃げ

2016年　タイセイスターリー　　8着
前走　京都1400m　新馬　　　　　　　　1番人気　1着　0.2秒差　上がり1位

2015年　シュウジ　　　　　　2着
前走　小倉1200m　ＧⅢ　小倉２歳Ｓ　　1番人気　1着　0.4秒差　上がり2位
前々走　中京1600m　ＯＰ　中京２歳Ｓ　　1番人気　1着　0.5秒差　上がり2位　逃げ
３走前　中京1400m　新馬　　　　　　　1番人気　1着　0.3秒差　上がり3位　逃げ
※1400mの新馬戦で圧勝できていません。

2014年　ナヴィオン　　　　　3着
前走　阪神1400m　ＯＰ　ききょうＳ　　1番人気　1着　0.1秒差　上がり1位
前々走　新潟1600m　新馬　　　　　　　3番人気　1着　0.0秒差　上がり1位

2013年　アトム　2着
前走　阪神1600m　新馬　　　　　　　　1番人気　1着　0.1秒差　上がり1位

2012年　メイケイペガスター　11着
前走　阪神1600m　新馬　　　　　　　　1番人気　1着　0.3秒差　上がり1位
※出遅れ、かかりどおしで、大外を回して0.7秒差11着と、まったく競馬になりませんでした。
２歳戦に散見される、データからは予測できないレースです。

2011年　ダローネガ　　　　　2着
前走　阪神1800m　ＯＰ　野路菊Ｓ　　　1番人気　1着　0.1秒差　上がり1位
前々走　新潟1600m　ＧⅢ　新潟２歳Ｓ　　2番人気　4着　1.1秒差　上がり？位
３走前　阪神1600m　新馬　　　　　　　2番人気　1着　0.0秒差　上がり2位

2008年　ホッコータキオン　　2着
前走　阪神1800m　ＯＰ　野路菊Ｓ　　　5番人気　1着　0.2秒差　上がり？位　逃げ
前々走　小倉1200m　ＯＰ　フェニックス賞　1番人気　3着　0.3秒差　上がり2位
３走前　小倉1200m　未勝利　　　　　　5番人気　1着　0.4秒差　上がり2位

2007年　マリエンベルク　　　8着
前走　阪神1600m　未勝利　　　　　　　2番人気　1着　0.3秒差　上がり1位

2004年　エイシンヴァイデン			4着					
前走	阪神1600m	OP	野路菊S	1番人気	1着	0.4秒差	上がり3位	3角先頭
前々走	小倉1200m	GⅢ	小倉2歳S	1番人気	4着	0.7秒差	上がり2位	
3走前	小倉1200m	OP	フェニックス賞	1番人気	1着	0.8秒差	上がり1位	
4走前	阪神1400m	新馬		1番人気	1着	0.0秒差	上がり2位	

2001年　ダイワファルコン			3着					
前走	阪神1600m	OP	野路菊S	4番人気	1着	0.2秒差	上がり1位	
前々走	函館1200m	新馬		1番人気	1着	0.1秒差	上がり3位	逃げ

◆1番人気が飛ぶとわかったらココへ

1番人気が「負ける」とわかったら、2番人気以下から勝つ馬を見つけます。2つのハード
ルのいずれかを満たした馬しか勝ちませんので、【穴馬的中シート】を利用して見つけだし
てください。

🐎 2番人気以下で勝てる馬を浮かび上がらせる

ハードル❶
前走新馬・未勝利「完勝、あるいは1番人気1着、
あるいは上がり1位1着」。なお1400m以下は圧勝

ハードル❷
前走OP「1番人気、あるいは完勝」

2番人気以下で勝てる馬【穴馬的中シート】

条件	馬番 or 馬名
ハードル❶ クリア	
ハードル❷ クリア	

過去20年、2番人気以下で優勝した馬たちの近走成績を紹介します。
◉ 2番人気以下で勝った馬一覧

2019年　3番人気　レッドベルジュール　770円
前走　阪神1800m　新馬　　　　　　　　　2番人気　1着　0.0秒差　上がり1位

2017年　5番人気　ジャンダルム　730円
前走　阪神1600m　新馬　　　　　　　　　2番人気　1着　0.2秒差　上がり2位

2016年　2番人気　牝馬　ジューヌエコール　360円
前走　阪神1400m　OP　ききょうS　　　1番人気　1着　0.1秒差　上がり1位

2015年　2番人気　エアスピネル　260円
前走　阪神1600m　新馬　　　　　　　　　1番人気　1着　0.3秒差　上がり2位

2014年　5番人気　タガノエスプレッソ　790円
前走　京都1800m　未勝利　　　　　　　　1番人気　1着　0.0秒差　上がり2位

2013年　2番人気　牝馬　ホウライアキコ　440円
前走　小倉1200m　GⅢ　小倉2歳S　　　2番人気　1着　0.2秒差　上がり3位

2012年　6番人気　テイエムイナズマ　1560円
前走　阪神1600m　未勝利　　　　　　　　6番人気　1着　0.2秒差　上がり1位

2011年　4番人気　クラレント　510円
前走　京都1400m　新馬　　　　　　　　　2番人気　1着　0.4秒差　上がり1位

2008年　3番人気　シェーンヴァルト　520円
前走　札幌1800m　未勝利　　　　　　　　2番人気　1着　0.2秒差　上がり1位

2007年　3番人気　キャプテントゥーレ　750円
前走　阪神1800m　OP　野路菊S　　　　1番人気　3着　0.3秒差　上がり3位

2004年　9番人気　ベールギュント　5150円
前走　小倉1800m　未勝利　　　　　　　　1番人気　1着　0.3秒差　上がり1位

2001年　8番人気　ファストタテヤマ　2820円
前走　札幌1200m　新馬　　　　　　　　　3番人気　1着　0.4秒差　上がり1位

◆ 2着馬を見つけるのはココで

2着候補を2番人気以下から見つけるためにハードルを課します。こちらも【穴馬的中シート】を使って見つけてください。
なお、1番人気に応えられなくても2着に来ることはありますので、1番人気馬は無条件で2着候補です。

🐎 2番人気以下で2着に入れる馬を浮かび上がらせる

ハードル❶
前走新馬・未勝利1400m以上「1番人気1着、あるいは1〜3番人気完勝」

ハードル❷
前走OP「1〜2番人気、あるいは連対」

2番人気以下で2着に入れる馬【穴馬的中シート】

条件	馬番 or 馬名
ハードル❶ クリア	
ハードル❷ クリア	

過去20年、2番人気以下で2着に入った馬たちの近走成績を紹介します。
◇2番人気以下で2着に入った馬一覧

2019年　7番人気　ウイングレイテスト
前走　　福島1800m　未勝利　　　　　　　　1番人気　1着　0.0秒差　上がり？位

2018年　6番人気　牝馬　メイショウショウブ
前走　　京都D1400m　未勝利　　　　　　　　2番人気　1着　0.4秒差　上がり1位　逃げ

2017年　4番人気　カツジ
前走　　京都1600m　新馬　　　　　　　　　　1番人気　1着　0.2秒差　上がり1位

2016年　8番人気　ボンセルヴィーソ
前走　　京都1400m　未勝利　　　　　　　　　3番人気　1着　0.2秒差　上がり2位

2015年　2番人気　アッシュゴールド
前走　　京都1600m　未勝利　　　　　　　　　1番人気　1着　0.1秒差　上がり1位

2012年　3番人気　クラウンレガーロ
前走　　小倉1200m　GⅢ　小倉2歳S　　　　6番人気　2着　0.0秒差　上がり2位

2010年　5番人気　アドマイヤサガス
前走　　阪神1600m　未勝利　　　　　　　　　1番人気　1着　0.2秒差　上がり1位

2009年　5番人気　エイシンアポロン
前走　　阪神1800m　OP　野路菊S　　　　　2番人気　5着　1.1秒差　上がり？位

2007年　6番人気　タケミカヅチ
前走　　新潟1600m　GⅢ　新潟2歳S　　　　1番人気　6着　0.5秒差　上がり？位

2006年　2番人気　ローレルゲレイロ
前走　　函館1200m　GⅢ　函館2歳S　　　　5番人気　2着　0.2秒差　上がり？位　4角先頭

2005年　3番人気　ダイアモンドヘッド
前走　　阪神1600m　新馬　　　　　　　　　　2番人気　1着　0.1秒差　上がり？位

2004年　3番人気　ライラプス
前走　　阪神1400m　新馬　　　　　　　　　　1番人気　1着　0.5秒差　上がり1位

2003年　2番人気　グレイトジャーニー
前走　　阪神1400m　新馬　　　　　　　　　　1番人気　1着　0.2秒差　上がり1位

2002年　2番人気　ブルーイレヴン
前走　　阪神2000m　新馬　　　　　　　　　　2番人気　1着　0.6秒差　上がり1位　逃げ

2001年　3番人気　ホーマンウイナー
前走　　阪神1400m　OP　ききょうS　　　　1番人気　2着　0.0秒差　上がり3位

2000年　2番人気　テイエムサウスポー
前走　　小倉1200m　GⅢ　小倉2歳S　　　　4番人気　2着　0.3秒差　上がり2位

GI
エリザベス女王杯
11月15日（日）

阪神競馬場　芝2200m　フルゲート18頭

3歳以上　牝馬

定量　3歳54kg　4歳以上56kg

🐴 エリザベス女王杯の真相

過去20年間で1番人気に応えて勝ったのはわずか3頭という当レース。

ファンはなにを間違えて、

負ける馬を1番人気に推しているのでしょうか？

それは、その年の出走馬のなかで最も素晴らしい実績の持ち主を選んでいるからです。巻頭にも書きましたし、ここまで読み進めてきた読者はもう理解していると思いますが、それは明らかな誤りで、競馬とは、そのレースが求めている素養の持ち主が1番人気で勝つのであって、それに合致していなければ、いくら「いちばん勝てそうだ」と高く支持されても篩い落とされるのです。すると、全馬から目標にされて重圧のなか戦う1番人気を横目に、気楽な立場で自由気ままにレースを進める2番人気以下の穴馬が、持てる以上の能力を発揮したりして勝ちます。顕著なのは逃げ馬の一発ですね。もちろん、「そのレースが求めている素養の持ち主」ではないことが多いためラッキーな勝利と言え、二番は効きません。人気薄だったからこそ勝てたのであり、その実績を引っさげて迎える1番人気での次レースで負けることになります。

だから「1番人気1着」が希有で価値があるのです。

競馬はギャンブルです。いちばん勝てそうな1番人気がいつも勝っていたら成り立ちません。フェイク1番人気は必要なのです。そのフェイクを見極めるのが私の得意とするところであり、皆さんにもぜひとも実践してほしい単勝による黒字計上なのです。そのエッセンスを著した次ページの短い一文を見てください。

♞ 1番人気で勝てる馬を浮かび上がらせる

ハードル❶
2000m以上ＧⅠ0.2秒差以上1着歴

まず1番人気馬にこのハードルを課し、勝てるか負けるかを判定しましょう。次ページからの【1番人気的中シート】を利用してください。

1番人気で勝てる馬【1番人気的中シート】

年度	エリザベス女王杯の1番人気馬	馬齢	ハードル❶	判定	着順	単勝配当	結果
ハードル❶……2000m以上GⅠ0.2秒差以上1着歴							
2020							
2020							
2019	ラヴズオンリーユー	3	×	×	3着		→
2018	モズカッチャン	4	×	×	3着		→
2017	ヴィブロス	4	×	×	5着		→
2016	マリアライト	5	×	×	6着		→
2015	ヌーヴォレコルト	4	×	×	2着		→
2014	ヌーヴォレコルト	3	×	×	2着		→
2013	ヴィルシーナ	4	×	×	10着		→
2012	ヴィルシーナ	3	×	×	2着		→
2011	スノーフェアリー	4	◎	●	1着	¥270	大的中
2010	アパパネ	3	×	×	3着		→
2009	ブエナビスタ	3	×	×	3着		→
2008	カワカミプリンセス	5	×	×	2着		→
2007	ダイワスカーレット	3	◎	●	1着	¥190	大的中
2006	カワカミプリンセス	3	×	×	12着		→
2005	エアメサイア	3	×	×	5着		→
2004	スイープトウショウ	3	×	×	5着		→
2003	スティルインラブ	3	◎	●	2着		ハズレ
2002	ファインモーション	3	◎	●	1着	¥120	大的中
2001	テイエムオーシャン	3	×	×	5着		→
2000	フサイチエアデール	4	×	×	2着		→

1番人気的中シートの使い方

左のシートに今年の1番人気候補を記入し、過去の成績をもとに「勝てるか、勝てないか」を判定してください。「勝てない」とわかったら、2番人気以下で勝てる馬が浮かび上がる【穴馬的中シート】（後ろのページ）に進んでください。

2番人気以下で勝った馬	人気	単勝配当	結果
ラッキーライラック	3	¥540	大的中
リスグラシュー	3	¥470	大的中
モズカッチャン	5	¥770	大的中
クイーンズリング	3	¥610	大的中
マリアライト	6	¥1,520	ハズレ
ラキシス	3	¥680	大的中
メイショウマンボ	2	¥390	大的中
レインボーダリア	7	¥2,300	ハズレ
スノーフェアリー	4	¥850	大的中
クィーンスプマンテ	11	¥7,710	大的中
リトルアマポーラ	4	¥1,320	大的中
フサイチパンドラ	7	¥2,620	
スイープトウショウ	2	¥280	大的中
アドマイヤグルーヴ	2	¥330	大的中
アドマイヤグルーヴ	2	¥360	
トゥザヴィクトリー	4	¥590	大的中
ファレノプシス	3	¥640	大的中

過去20年、1番人気に応えて優勝した馬たちの前走成績と実績を紹介します。
⚕1番人気で勝った馬一覧

2011年　スノーフェアリー　　4歳　270円

前走	英国2000m	牝馬GI	チャンピオンS	3番人気	3着	1馬身1/4		
実績	香港2000m	牝馬GI	香港C	1番人気	1着	0.0秒差		
実績	京都2200m	GI	エリザベス女王杯	4番人気	1着	0.7秒差	上がり1位	
実績	愛国2400m	GI	アイリッシュオークス	1番人気	1着	8馬身		
実績	英国2400m	GI	オークス		1着	0.0秒差		
実績	愛国2000m	牝馬GI	アイリッシュチャンピオンS	2番人気	2着	0.1秒差		
実績	英国2000m	牝馬GI	ナッソーS	2番人気	2着	2馬身		
実績	英国2400m	GI	ヨークシャーオークス	2番人気	2着	3馬身		

※前年のエリザベス女王杯だけで買いたくなります。

2007年　ダイワスカーレット　　3歳　190円

前走	京都2000m	GI	秋華賞	2番人気	1着	0.2秒差	上がり？位	4角先頭
実績	阪神1600m	GI	チューリップ賞	2番人気	2着	0.2秒差	上がり3位	逃げ
実績	京都1600m	GIII	シンザン記念	1番人気	2着	0.2秒差	上がり2位	
実績	阪神2000m	GII	ローズS	1番人気	1着	0.1秒差	上がり3位	逃げ
実績	阪神1600m	GI	桜花賞	3番人気	1着	0.2秒差	上がり3位	

2002年　ファインモーション　　3歳　120円

前走	京都2000m	GI	秋華賞	1番人気	1着	0.6秒差	上がり1位
実績	阪神2000m	GII	ローズS	1番人気	1着	0.5秒差	上がり2位

過去20年、1番人気に応えて優勝した馬たちの前走成績と実績を紹介します。
⚕1番人気で負けた馬一覧

2019年　ラヴズオンリーユー　3歳　3着

前走	東京2400m	GI	オークス	1番人気	1着	0.0秒差	上がり1位

※着差0.0秒（4戦無敗馬）。

2018年　モズカッチャン　　4歳　3着

前走	札幌2000m	牝馬GII	札幌記念	4番人気	3着	0.0秒差	上がり1位
実績	東京2000m	GII	フローラS	12番人気	1着	0.0秒差	上がり1位
実績	京都2200m	GI	エリザベス女王杯	5番人気	1着	0.0秒差	上がり？位
実績	東京2400m	GI	オークス	6番人気	2着	0.3秒差	上がり2位

※着差0.0秒。

2017年　ヴィブロス　　4歳　5着

前走	東京1800m	GII	府中牝馬S	1番人気	2着	0.0秒差	上がり3位
実績	中山2000m	GIII	紫苑S	3番人気	2着	0.4秒差	上がり2位
実績	UAE1800m	牝馬GI	ドバイターフ	5番人気	1着	0.1秒差	
実績	京都2000m	GI	秋華賞	3番人気	1着	0.1秒差	上がり1位

※着差0.1秒。

2016年　マリアライト　　　5歳　6着
前走　中山2200m　牝馬GⅡ　オールカマー　　　2番人気　5着　0.3秒差　上がり3位
実績　阪神2000m　GⅢ　マーメイドＳ　　　1番人気　2着　0.1秒差　上がり？位
実績　阪神2200m　牝馬GⅠ　宝塚記念　　　　8番人気　1着　0.0秒差　上がり2位
実績　東京2500m　牝馬GⅡ　目黒記念　　　　1番人気　2着　0.0秒差　上がり？位
実績　京都2200m　GⅠ　エリザベス女王杯　6番人気　1着　0.0秒差　上がり？位
※着差0.0秒2回。

2015年　ヌーヴォレコルト　　　4歳　2着
前走　中山2200m　牝馬GⅡ　オールカマー　　　1番人気　2着　0.2秒差　上がり2位
実績　阪神1600m　GⅢ　チューリップ賞　4番人気　2着　0.4秒差　上がり3位
実績　中山1800m　牝馬GⅡ　中山記念　　　　3番人気　1着　0.0秒差　上がり1位
実績　阪神1800m　GⅡ　ローズＳ　　　　2番人気　1着　0.2秒差　上がり2位
実績　東京2400m　GⅠ　オークス　　　　2番人気　1着　0.0秒差　上がり3位
実績　京都2200m　GⅠ　エリザベス女王杯　1番人気　2着　0.0秒差　上がり？位
実績　京都2000m　GⅠ　秋華賞　　　　　1番人気　2着　0.0秒差　上がり2位
※着差0.0秒。

2014年　ヌーヴォレコルト　　　3歳　2着
前走　京都2000m　GⅠ　秋華賞　　　　　1番人気　2着　0.0秒差　上がり2位
実績　阪神1600m　GⅢ　チューリップ賞　4番人気　2着　0.4秒差　上がり3位
実績　阪神1800m　GⅡ　ローズＳ　　　　2番人気　1着　0.2秒差　上がり2位
実績　東京2400m　GⅠ　オークス　　　　2番人気　1着　0.0秒差　上がり3位
※着差0.0秒。

2013年　ヴィルシーナ　　　4歳　10着
前走　京都2400m　牝馬GⅡ　京都大賞典　　　3番人気　8着　0.6秒差　上がり？位
実績　東京1600m　GⅢ　クイーンＣ　　　2番人気　1着　0.2秒差　上がり3位
実績　阪神1800m　GⅡ　ローズＳ　　　　2番人気　2着　0.2秒差　上がり3位
実績　東京1600m　GⅠ　ヴィクトリアマイル　1番人気　1着　0.0秒差　上がり？位
実績　京都2200m　GⅠ　エリザベス女王杯　1番人気　2着　0.0秒差　上がり3位
実績　京都2000m　GⅠ　秋華賞　　　　　2番人気　2着　0.0秒差　上がり？位
実績　東京2400m　GⅠ　オークス　　　　2番人気　2着　0.8秒差　上がり3位
実績　阪神1600m　GⅠ　桜花賞　　　　　4番人気　2着　0.1秒差　上がり？位
※2000m以上GⅠ未勝利。

2012年　ヴィルシーナ　　　3歳　2着
前走　京都2000m　GⅠ　秋華賞　　　　　2番人気　2着　0.0秒差　上がり？位
実績　東京1600m　GⅢ　クイーンＣ　　　2番人気　1着　0.2秒差　上がり3位
実績　阪神1800m　GⅡ　ローズＳ　　　　2番人気　2着　0.2秒差　上がり3位
実績　東京2400m　GⅠ　オークス　　　　2番人気　2着　0.8秒差　上がり3位
実績　阪神1600m　GⅠ　桜花賞　　　　　4番人気　2着　0.1秒差　上がり？位
※GⅠ未勝利。

エリザベス女王杯

2010年　アパパネ　　　　　　3歳　3着
前走　京都2000m　GⅠ　秋華賞　　　　　　1番人気　1着　0.1秒差　上がり2位
実績　東京2400m　GⅠ　オークス　　　　　1番人気　1着　0.0秒差　上がり1位
実績　阪神1600m　GⅠ　桜花賞　　　　　　1番人気　1着　0.1秒差　上がり3位
実績　阪神1600m　GⅠ　阪神JF　　　　　　2番人気　1着　0.1秒差　上がり2位
※着差0.1秒と0.0秒。1600mGⅠでも着差0.1秒2回。

2009年　ブエナビスタ　　　　3歳　3着
前走　京都2000m　GⅠ　秋華賞　　　　　　1番人気　3着（ハナ差2位入線）0.0秒差　上がり2位
実績　阪神1600m　GⅠ　チューリップ賞　　1番人気　1着　0.2秒差　上がり1位
実績　札幌2000m　牝馬GⅡ　札幌記念　　　1番人気　2着　0.0秒差　上がり1位
実績　東京2400m　GⅠ　オークス　　　　　1番人気　1着　0.0秒差　上がり1位
実績　阪神1600m　GⅠ　桜花賞　　　　　　1番人気　1着　0.1秒差　上がり1位
実績、阪神1600m　GⅠ　阪神JF　　　　　　1番人気　1着　0.4秒差　上がり1位
※着差0.0秒。1600m2歳GⅠなら着差0.4秒。

2008年　カワカミプリンセス　5歳　2着
前走　東京1800m　GⅡ　府中牝馬S　　　　1番人気　2着　0.1秒差　上がり？位
実績　東京1600m　GⅠ　ヴィクトリアマイル　1番人気　10着　0.9秒差　上がり？位
実績　京都2200m　GⅠ　エリザベス女王杯　1番人気　12着（1位入線）0.2秒差　上がり2位
実績　京都2000m　GⅠ　秋華賞　　　　　　2番人気　1着　0.1秒差　上がり1位
実績　東京2400m　GⅠ　オークス　　　　　3番人気　1着　0.1秒差　上がり？位
●着差0.1秒2回。加えてエリザベス女王杯1位入線0.2秒差がありますが、ここでは審議の結果どおり12着として判断をします。ちなみに、もしエリザベス女王杯1着であれば、デビューから無傷の6連勝。2002年ファインモーションに並ぶ牝馬の大記録でした。

2006年　カワカミプリンセス　3歳　1位入線　12着降着
前走　京都2000m　GⅠ　秋華賞　　　　　　2番人気　1着　0.1秒差　上がり1位
実績　東京2400m　GⅠ　オークス　　　　　3番人気　1着　0.1秒差　上がり？位
※着差0.1秒2回。
※エリザベス女王杯で1位入線（0.0秒差）しました。

2005年　エアメサイア　　　　3歳　5着
前走　京都2000m　GⅠ　秋華賞　　　　　　2番人気　1着　0.0秒差　上がり1位
実績　阪神2000m　GⅡ　ローズS　　　　　2番人気　1着　0.1秒差　上がり1位
実績　東京2400m　GⅠ　オークス　　　　　2番人気　2着　0.0秒差　上がり3位
※着差0.0秒。

2004年　スイープトウショウ　3歳　5着
前走　京都2000m　GⅠ　秋華賞　　　　　　2番人気　1着　0.1秒差　上がり1位
実績　阪神1600m　GⅢ　チューリップ賞　　1番人気　1着　0.1秒差　上がり1位
実績　京都1400m　GⅢ　ファンタジーS　　2番人気　1着　0.2秒差　上がり1位
実績　東京2400m　GⅠ　オークス　　　　　4番人気　2着　0.1秒差　上がり1位
※着差0.1秒。

2003年　スティルインラブ　3歳　2着

前走	京都2000m	G I	秋華賞	2番人気	1着	0.1秒差	上がり2位
実績	阪神1600m	G Ⅲ	チューリップ賞	1番人気	2着	0.1秒差	上がり1位
実績	東京2400m	G I	オークス	2番人気	1着	0.2秒差	上がり1位
実績	阪神1600m	G I	桜花賞	2番人気	1着	0.2秒差	上がり2位

◉2400mGⅠオークスで着差0.2秒の1着がありますからエリザベス女王杯を勝てる馬でしたが、アドマイヤグルーヴにハナ差及びませんでした。アドマイヤグルーヴは前走秋華賞で牝馬二冠馬スティルインラブを上回る1番人気に推されていました。潜在能力は3歳牝馬No.1であると競馬ファンに思われていたわけです。そして上がり1位の末脚を繰り出してスティルインラブの2着。エリザベス女王杯で着順が入れ替わる可能性は十分にありました。それが現実となった大きな要因は、アドマイヤグルーヴの鞍上が武豊だったとこと。JRA史上初の年間200勝を達成したこの年は、何度も神がかった騎乗を見せていました。

2001年　テイエムオーシャン　3歳　5着

前走	京都2000m	G I	秋華賞	1番人気	1着	0.1秒差	上がり2位
実績	阪神1600m	G Ⅲ	チューリップ賞	1番人気	1着	0.7秒差	上がり1位
実績	阪神1600m	G I	桜花賞	1番人気	1着	0.5秒差	上がり3位
実績	阪神1600m	G I	阪神3歳牝馬S	1番人気	1着	0.3秒差	上がり？位

※着差0.1秒。

2000年　フサイチエアデール　4歳　2着

前走	東京1800m	G Ⅲ	府中牝馬S	2番人気	3着	0.8秒差	上がり3位
実績	阪神2000m	G Ⅲ	マーメイドS	5番人気	1着	0.2秒差	上がり2位
実績	中山1600m	牝GⅢ	ダービー卿CT	3番人気	1着	0.0秒差	上がり2位
実績	京都1600m	牝GⅢ	シンザン記念	2番人気	1着	0.2秒差	上がり？位
実績	阪神1400m	G Ⅱ	報知杯4歳牝馬特別	1番人気	1着	0.5秒差	上がり3位
実績	阪神2000m	G Ⅱ	ローズS	3番人気	2着	0.0秒差	上がり2位
実績	東京2000m	G Ⅱ	サンスポ杯4歳牝馬特別	1番人気	2着	0.0秒差	上がり2位
実績	京都2200m	G I	エリザベス女王杯	7番人気	2着	0.1秒差	上がり3位
実績	阪神1600m	G I	桜花賞	2番人気	2着	0.2秒差	上がり3位

※GⅠ未勝利。

◆1番人気が飛ぶとわかったらココへ

今年はどうでしょう？　また1番人気が負ける年とわかったら、2番人気以下の馬から勝つ馬を見つけます。年齢別に課したハードルをクリアできた馬しか勝ちませんので、【穴馬的中シート】を利用して見つけだしてください。

🐎 2番人気以下で勝てる馬を浮かび上がらせる

3歳　ハードル❶
重賞1着歴かつ2000m以上GⅠ「連対、あるいは上がり1位」

4歳　ハードル❷
1800m以上「3歳以上GⅠ（牡馬GⅡ可）連対歴、あるいは3歳GⅠと3歳以上重賞連対歴」

5歳　ハードル❸
1800m以上「GⅠ完勝歴、あるいは3歳以上重賞完勝歴（牡馬OP特別可）」

2番人気以下で勝てる馬【穴馬的中シート】

条件	馬番 or 馬名
3歳 ハードル❶クリア	
4歳 ハードル❷クリア	
5歳 ハードル❸クリア	

過去20年、2番人気以下で優勝した馬たちの近走成績を紹介します。
まず3歳馬から。
◉2番人気以下で勝った3歳馬一覧

2017年　5番人気　モズカッチャン　　3歳　770円
前走　京都2000m　GⅠ　秋華賞　　　　5番人気　3着　0.2秒差　上がり3位
実績　東京2000m　GⅡ　フローラS　　12番人気　1着　0.0秒差　上がり1位
実績　東京2400m　GⅠ　オークス　　　6番人気　2着　0.3秒差　上がり2位

2013年　2番人気　メイショウマンボ　　3歳　390円
前走　京都2000m　GⅠ　秋華賞　　　　3番人気　1着　0.2秒差　上がり？位
実績　東京2400m　GⅠ　オークス　　　9番人気　1着　0.2秒差　上がり1位
実績　阪神1400m　GⅡ　フィリーズレビュー　3番人気　1着　0.2秒差　上がり1位
◉GⅠで着差0.2秒を2回記録しています。1番人気に推されても勝てる馬です。そもそもヴィ
ルシーナより人気が低い理由がわかりません。

2010年　4番人気　スノーフェアリー　　3歳　850円
前走　英国2920m　牝GⅠ　セントレジャー　4番人気　4着
実績　愛国2400m　GⅠ　アイリッシュオークス　1番人気　1着　8馬身
実績　英国2400m　GⅠ　オークス　　　　　　　1着　0.0秒差
実績　英国2400m　GⅠ　ヨークシャーオークス　2番人気　2着　3馬身
◉Youtubeなどで英国オークスの勝ちっぷりを見ると、「エリザベス女王杯でこの馬が負け
るわけがないよ」と思えます。

2008年　4番人気　リトルアマポーラ　　3歳　1320円
前走　京都2000m　GⅠ　秋華賞　　　　6番人気　6着　0.3秒差　上がり1位
実績　東京1600m　GⅢ　クイーンC　　1番人気　1着　0.2秒差　上がり1位

2006年　7番人気　フサイチパンドラ　　3歳　2620円　2位入線
前走　京都2000m　GⅠ　秋華賞　　　　4番人気　3着　0.3秒差　上がり2位
実績　中山1800m　GⅢ　フラワーC　　1番人気　2着　0.2秒差　上がり？位　4角先頭
実績　東京2400m　GⅠ　オークス　　　5番人気　2着　0.1秒差　上がり3位
※重賞1着歴がなく、ハードルは越えていません。

2003年　2番人気　アドマイヤグルーヴ　3歳　360円
前走　京都2000m　GⅠ　秋華賞　　　　1番人気　2着　0.1秒差　上がり1位
実績　阪神2000m　GⅡ　ローズS　　　2番人気　1着　0.2秒差　上がり1位

続いて4歳馬。
◉2番人気以下で勝った4歳馬一覧

2019年　3番人気　ラッキーライラック　4歳　540円
前走　東京1800m　GⅡ　府中牝馬S　　2番人気　3着　0.3秒差　上がり？位
実績　東京1600m　GⅢ　アルテミスS　2番人気　1着　0.1秒差　上がり1位
実績　阪神1600m　GⅡ　チューリップ賞　1番人気　1着　0.3秒差　上がり1位

実績	中山1800m	牡馬GⅡ	中山記念	6番人気	2着	0.0秒差	上がり？位
実績	阪神1600m	GⅠ	阪神ＪＦ	2番人気	1着	0.1秒差	上がり1位
実績	阪神1600m	GⅠ	桜花賞	1番人気	2着	0.3秒差	上がり？位

2018年　3番人気　リスグラシュー　　4歳　470円

前走	東京1800m	GⅡ	府中牝馬S	2番人気	2着	0.0秒差	上がり2位
実績	東京1600m	牡馬GⅢ	東京新聞杯	3番人気	1着	0.2秒差	上がり？位
実績	東京1600m	GⅢ	アルテミスS	1番人気	1着	0.1秒差	上がり2位
実績	東京1600m	GⅠ	ヴィクトリアマイル	1番人気	2着	0.0秒差	上がり1位
実績	京都2000m	GⅠ	秋華賞	4番人気	2着	0.2秒差	上がり2位
実績	阪神1600m	GⅠ	桜花賞	3番人気	2着	0.1秒差	上がり3位
実績	阪神1600m	GⅠ	阪神ＪＦ	2番人気	2着	0.2秒差	上がり1位

2016年　3番人気　クイーンズリング　　4歳　610円

前走	東京1800m	GⅡ	府中牝馬S	3番人気	1着	0.2秒差	上がり2位
実績	京都1400m	GⅢ	京都牝馬S	1番人気	1着	0.0秒差	上がり3位
実績	阪神1400m	GⅡ	フィリーズレビュー	1番人気	1着	0.1秒差	上がり1位
実績	京都2000m	GⅠ	秋華賞	5番人気	2着	0.0秒差	上がり1位

2015年　6番人気　マリアライト　　4歳　1520円

| 前走 | 中山2200m | 牡馬GⅡ | オールカマー | 4番人気 | 5着 | 0.8秒差 | 上がり3位 |

●この牡馬GⅡオールカマーは、同馬にとっては前々走（阪神2000mGⅢマーメイドS1番人気2着0.1秒差上がり？位）から3カ月半の休み明け初戦。しかもハイレベルのメンバーで、上位人気は次のとおりでした。
1番人気　オークス馬ヌーヴォレコルト
2番人気　皐月賞＆朝日杯ＦＳ馬ロゴタイプ
3番人気　秋華賞馬ショウナンパンドラ
結果は、この上位人気3頭に加えて同コース同距離の牡馬GⅡアメリカジョッキークラブC2着の7歳騙馬ミトラに先着を許しただけで、成績の見た目はよくありませんが大変な善戦です。前々走の牝馬GⅢ2着が唯一の重賞実績である同馬が、何頭もの牡馬重賞ウイナーに先着しているのは、明らかに能力急上昇の証し。ちなみに同馬は次走で有馬記念に挑み、すごいメンバーのなか0.1秒差4着と好走。翌年に宝塚記念を制します。エリザベス女王杯では1着候補に浮かび上がらせることはできませんでしたが、あとから見れば納得のハズレです。

2014年　3番人気　ラキシス　　4歳　680円

前走	中山2200m	牡馬GⅡ	オールカマー	7番人気	2着	0.1秒差	上がり？位
実績	中京2000m	牡馬GⅢ	中日新聞杯	3番人気	2着	0.0秒差	上がり？位
実績	京都2200m	GⅠ	エリザベス女王杯	6番人気	2着	0.2秒差	上がり？位

2005年　2番人気　スイープトウショウ　　4歳　280円

前走	東京2000m	牡馬GⅠ	天皇賞・秋	4番人気	5着	0.3秒差	上がり3位
実績	阪神1600m	GⅢ	チューリップ賞	1番人気	1着	0.1秒差	上がり1位
実績	京都1400m	GⅢ	ファンタジーS	2番人気	1着	0.2秒差	上がり1位
実績	阪神2200m	牡馬GⅠ	宝塚記念	11番人気	1着	0.0秒差	上がり2位
実績	京都2000m	GⅠ	秋華賞	2番人気	1着	0.1秒差	上がり1位

| 実績 | 東京1600m | 牝GI | 安田記念 | 10番人気 | 2着 | 0.0秒差 | 上がり1位 | |
| 実績 | 東京2400m | GI | オークス | 4番人気 | 2着 | 0.1秒差 | 上がり1位 | |

2004年　2番人気　アドマイヤグルーヴ　4歳　330円

前走	東京2000m	牝GI	天皇賞・秋	9番人気	3着	0.4秒差	上がり?位	
実績	阪神2000m	GⅢ	マーメイドS	1番人気	1着	0.5秒差	上がり1位	
実績	阪神2000m	GⅡ	ローズS	2番人気	1着	0.2秒差	上がり1位	
実績	京都2200m	GI	エリザベス女王杯	2番人気	1着	0.0秒差	上がり2位	
実績	京都2000m	GI	秋華賞	1番人気	2着	0.1秒差	上がり1位	

次に5歳馬。
◉2番人気以下で勝った5歳馬一覧

2012年　7番人気　レインボーダリア　5歳　2300円

| 前走、東京1800m | GⅡ | 府中牝馬S | 9番人気 | 4着 | 0.4秒差 | 上がり2位 |

◉1着候補に浮かび上がらせることはできませんでした。勝ち時計2分16秒3という京都2200mになった1996年以降で最も遅い重馬場による1着でしょう。良馬場なら2分11秒台の決着がある当レース。5秒も遅い馬場がオープン連対のないレインボーダリアをGIウイナーに誘いました。

同馬が越えてしまうようなハードルを作成すると、出走馬のほとんどが1着候補になってしまいます。1番人気ヴィルシーナが勝てないとわかっているこの年の場合、残り15頭すべての単勝を買えば回収率150％超になりますが、そういうわけには……。

2009年　11番人気　クィーンスプマンテ　5歳　7710円

| 前走 | 京都2400m | 牝GⅡ | 京都大賞典 | 11番人気 | 9着 | 1.0秒差 | 上がり?位 | |

◉たびたび遭遇する逃げ馬の一発ですが、クィーンスプマンテには2走前に以下の実績があります。

| 実績 | 札幌2600m | 牝OP | みなみ北海道S | 6番人気 | 1着 | 0.6秒差 | 上がり?位 | 逃げ |

私は牡馬オープン特別を、クラスとしては牝馬限定GⅢ・GⅡと同等と換算しています。つまりクィーンスプマンテは「1800m以上3歳以上重賞完勝歴」の持つ主と見なせるのです。

2001年　4番人気　トゥザヴィクトリー　5歳　590円

前走	UAEダート2000m	牝GI	ドバイワールドC		2着	0.0秒差		
実績	東京1800m	GⅢ	府中牝馬S	1番人気	1着	0.7秒差	上がり1位	逃げ
実績	札幌1800m	GⅢ	クイーンS	1番人気	1着	0.1秒差	上がり2位	逃げ
実績	阪神2000m	GⅢ	マーメイドS	1番人気	2着	0.2秒差	上がり?位	逃げ
実績	阪神1600m	GⅡ	阪神牝馬特別	3番人気	1着	0.4秒差	上がり2位	
実績	東京2400m	GI	オークス	1番人気	2着	0.0秒差	上がり1位	

2000年　3番人気　ファレノプシス　5歳　640円

前走	札幌2000m	牝GⅡ	札幌記念	1番人気	7着	0.6秒差	上がり?位	
実績	阪神2000m	GⅡ	ローズS	1番人気	1着	0.1秒差	上がり2位	
実績	札幌2000m	牝GⅡ	札幌記念	2番人気	2着	0.1秒差	上がり1位	
実績	京都2000m	GI	秋華賞	2番人気	1着	0.2秒差	上がり3位	
実績	阪神1600m	GI	桜花賞	3番人気	1着	0.2秒差	上がり3位	

◆２着馬を見つけるのはココで

２着候補も２番人気以下から見つけます。年齢別に課したハードルをクリアしている馬しか勝ちませんので、【穴馬的中シート】を利用して見つけだしてください。
なお、１番人気に応えられなくても２着に来ることはありますので、１番人気馬は無条件で２着候補です。

🐎 ２番人気以下で２着に入れる馬を浮かび上がらせる

３歳　　　ハードル❶
2000m以上「ＧⅠ連対（負けていても0.1秒差以内）、あるいは前走３歳以上牡馬２勝クラス特別１番人気完勝」

４歳　　　ハードル❷
1800m以上３歳以上重賞１勝を含む重賞連対歴２回か、重賞２勝歴

５〜６歳　ハードル❸
2200m以上３歳以上「ＧⅠ連対歴（負けていても0.1秒差以内）、あるいは牡馬ＧⅡ完勝歴」

２番人気以下で２着に入れる馬【穴馬的中シート】

条件	馬番 or 馬名
３歳 ハードル❶クリア	
４歳 ハードル❷クリア	
５〜６歳 ハードル❸クリア	

過去20年、2番人気以下で2着に入った馬たちの近走成績を紹介します。
まず3歳馬から。◇2番人気以下で2着に入った3歳馬一覧

2013年	6番人気	ラキシス		3歳					
前走	京都2200m	牝馬1000万	鳴滝特別	1番人気	1着	0.1秒差	上がり2位		

2011年	2番人気	アヴェンチュラ		3歳					
前走	京都2000m	GI	秋華賞	2番人気	1着	0.2秒差	上がり?位		
実績	札幌1800m	GⅢ	クイーンS	1番人気	1着	0.0秒差	上がり?位		
実績	札幌1800m	牝馬GⅢ	札幌2歳S	2番人気	2着	0.1秒差	上がり1位		

2001年	2番人気	ローズバド	3歳						
前走	京都2000m	GI	秋華賞	2番人気	2着	0.1秒差	上がり1位		
実績	阪神1400m	GⅡ	フィリーズレビュー	6番人気	1着	0.2秒差	上がり1位		
実績	阪神2000m	GⅡ	ローズS	1番人気	2着	0.1秒差	上がり1位		
実績	東京2400m	GI	オークス	4番人気	2着	0.0秒差	上がり1位		

続いて4歳馬。◇2番人気以下で2着に入った4歳馬一覧

2017年	9番人気	クロコスミア		4歳					
前走	東京1800m	GⅡ	府中牝馬S	5番人気	1着	0.0秒差	上がり?位	逃げ	
実績	阪神2000m	GⅡ	ローズS	11番人気	2着	0.0秒差	上がり3位	逃げ	

2016年	12番人気	シングウィズジョイ		4歳					
前走	東京1800m	GⅡ	府中牝馬S	8番人気	7着	0.9秒差	上がり?位		
実績	中山1600m	牝馬重賞	ターコイズS	11番人気	1着	0.2秒差	上がり?位		
実績	東京2000m	GⅡ	フローラS	2番人気	1着	0.0秒差	上がり?位		

2007年	3番人気	フサイチパンドラ		4歳					
前走	札幌D1700m	牝馬GⅢ	エルムS	4番人気	11着	1.8秒差	上がり?位		
実績	中山1800m	GⅢ	フラワーC	1番人気	2着	0.2秒差	上がり?位		
実績	札幌2000m	牝馬GⅡ	札幌記念	5番人気	1着	0.0秒差	上がり?位	逃げ	
実績	京都2200m	GI	エリザベス女王杯	7番人気	1着	0.0秒差	上がり?位	※繰り上がり	
実績	東京2400m	GI	オークス	5番人気	2着	0.1秒差	上がり3位		

2004年	5番人気	オースミハルカ		4歳					
前走	東京1800m	GⅢ	府中牝馬S	5番人気	1着	0.0秒差	上がり?位		
実績	札幌1800m	GⅢ	クイーンS	5番人気	1着	0.0秒差	上がり?位	逃げ	
実績	札幌1800m	GⅢ	クイーンS	7番人気	1着	0.0秒差	上がり2位	逃げ	
実績	阪神1600m	GⅢ	チューリップ賞	4番人気	1着	0.1秒差	上がり1位		

2002年	2番人気	ダイヤモンドビコー		4歳					
前走	東京1800m	GⅢ	府中牝馬S	1番人気	1着	0.2秒差	上がり?位		
実績	中山1800m	GⅢ	中山牝馬S	1番人気	1着	0.8秒差	上がり1位		
実績	札幌1800m	GⅢ	クイーンS	1番人気	2着	0.0秒差	上がり?位		

| 実績 | 京都1600m | GⅢ | 京都牝馬S | 2番人気 | 2着 | 0.1秒差 | 上がり？位 | |
| 実績 | 阪神2000m | GⅡ | ローズS | 3番人気 | 1着 | 0.1秒差 | 上がり3位 | |

次に５歳以上馬。◇２番人気以下で２着に入った５歳以上馬一覧

2018年　9番人気　クロコスミア　5歳

前走	東京1800m	GⅡ	府中牝馬S	6番人気	5着	0.5秒差	上がり？位	
実績	東京1800m	GⅡ	府中牝馬S	5番人気	1着	0.0秒差	上がり？位	逃げ
実績	阪神2000m	GⅡ	ローズS	11番人気	2着	0.0秒差	上がり3位	逃げ
実績	京都2200m	GⅠ	エリザベス女王杯	9番人気	2着	0.0秒差	上がり？位	

2010年　2番人気　メイショウベルーガ　5歳

| 前走 | 京都2400m | 牡馬GⅡ | 京都大賞典 | 2番人気 | 1着 | 0.1秒差 | 上がり2位 | |
| 実績 | 京都2400m | 牡馬GⅡ | 日経新春杯 | 2番人気 | 1着 | 0.5秒差 | 上がり1位 | |

2006年　2番人気　スイープトウショウ　5歳

前走	東京2000m	牡馬GⅠ	天皇賞・秋	1番人気	5着	0.4秒差	上がり2位	
実績	阪神1600m	GⅢ	チューリップ賞	1番人気	1着	0.1秒差	上がり1位	
実績	京都1400m	GⅢ	ファンタジーS	2番人気	1着	0.2秒差	上がり1位	
実績	京都2400m	牡馬GⅡ	京都大賞典	2番人気	1着	0.1秒差	上がり1位	
実績	京都2200m	GⅠ	エリザベス女王杯	2番人気	1着	0.1秒差	上がり1位	
実績	阪神2200m	牡馬GⅠ	宝塚記念	11番人気	1着	0.0秒差	上がり2位	
実績	京都2000m	GⅠ	秋華賞	2番人気	1着	0.1秒差	上がり1位	
実績	東京1600m	牡馬GⅠ	安田記念	10番人気	2着	0.0秒差	上がり1位	
実績	東京2400m	GⅠ	オークス	4番人気	2着	0.1秒差	上がり1位	

2005年　5番人気　オースミハルカ　5歳

前走	東京1800m	GⅢ	府中牝馬S	4番人気	3着	0.3秒差	上がり？位	
実績	札幌1800m	GⅢ	クイーンS	5番人気	1着	0.0秒差	上がり？位	逃げ
実績	札幌1800m	GⅢ	クイーンS	7番人気	1着	0.0秒差	上がり2位	逃げ
実績	阪神1600m	GⅢ	チューリップ賞	4番人気	1着	0.1秒差	上がり1位	
実績	東京1800m	GⅢ	府中牝馬S	5番人気	1着	0.0秒差	上がり？位	
実績	京都2200m	GⅠ	エリザベス女王杯	5番人気	2着	0.1秒差	上がり？位	

2019年　7番人気　クロコスミア　6歳

前走	東京1800m	GⅡ	府中牝馬S	3番人気	5着	0.6秒差	上がり？位	
実績	東京1800m	GⅡ	府中牝馬S	5番人気	1着	0.0秒差	上がり？位	逃げ
実績	阪神2000m	GⅡ	ローズS	11番人気	2着	0.0秒差	上がり3位	逃げ
実績	京都2200m	GⅠ	エリザベス女王杯	9番人気	2着	0.0秒差	上がり？位	逃げ
実績	京都2200m	GⅠ	エリザベス女王杯	9番人気	2着	0.0秒差	上がり？位	

2009年　12番人気　テイエムプリキュア　6歳

前走	京都2400m	牡馬GⅡ	京都大賞典	9番人気	14着	3.2秒差	上がり？位	逃げ
実績	京都2400m	牡馬GⅡ	日経新春杯	11番人気	1着	0.6秒差	上がり？位	逃げ
実績	阪神1600m	GⅠ	阪神JF	8番人気	1着	0.2秒差	上がり1位	

マイルCS

11月22日（日）

阪神競馬場　芝1600m　フルゲート18頭

3歳以上

定量　3歳56kg　4歳以上57kg <small>（牝馬2kg減）</small>
<small>（2000年までは3歳55kg）</small>

🐎 マイルCSの真相

初夏のGI安田記念と同様に芝1600mで日本一のマイラーを決する晩秋の当レース。しかしながら

距離1600mの成績とはまったく関係のない

実績がモノを言うGIとなっており、それでも『マイルチャンピオンシップ』と呼ぶことに留意してください。今年は阪神競馬場での開催ですが、この傾向が変わることはないでしょう。それを前提に私の考えを書いていきます。

レース名を堅く信じてマイル王者を選ぼうとした多くのファンのお金は、長らくハズレ馬券と化してきました。過去20年間で1番人気に支持された馬は4頭しか勝っていません。今年もまた、あらぬ方向を見て無駄遣いしないように、次ページから紹介している「マイルCSというレースが求めている馬の本質」を知ってほしいと思います。

ちなみに1番人気に応えた馬の年齢は5歳、5歳、6歳、8歳。元気いっぱいの3歳馬、競走馬としてピークに達した4歳馬がことごとく沈んでいるのは驚くべき現実です。ダイワメジャーが2度勝っていますので、マイルCSの需要に合致した1番人気はわずか3頭ということです。この3頭が内包していた勝因、そして残る16頭に欠けていた素養。これを浮かび上がらせて「マイルCSの本質」に迫ります。

♞ 1番人気で勝てる馬を浮かび上がらせる

ハードル❶

近2走とも1～3番人気（4番人気以下のときは1着）
かつ3歳以上GI完勝歴
※完勝とは0.1秒差以上の1着のこと

まず、今年も多くのファンを失望させることになるかもしれない1番人気馬をハードルに照らし合わせ、勝てるか負けるかを判定しましょう。次ページからの【1番人気的中シート】を利用してください。

1番人気で勝てる馬【1番人気的中シート】

年度	マイルＣＳの1番人気馬	性齢	ハードル❶	判定	着順	単勝配当	結果
ハードル❶……近２走とも１～３番人気（４番人気以下のときは１着）かつ３歳以上ＧⅠ完勝歴 ※完勝とは0.1秒差以上の１着のこと							
2020							
2020							
2019	ダノンプレミアム	牡4	×	×	2着		→
2018	モズアスコット	牡4	×	×	13着		→
2017	イスラボニータ	牡6	×	×	5着		→
2016	サトノアラジン	牡5	×	×	5着		→
2015	イスラボニータ	牡4	×	×	3着		→
2014	ミッキーアイル	牡3	×	×	13着		→
2013	ダノンシャーク	牡5	×	×	3着		→
2012	グランプリボス	牡4	×	×	2着		→
2011	リアルインパクト	牡3	×	×	5着		→
2010	ダノンヨーヨー	牡4	×	×	2着		→
2009	カンパニー	牡8	◎	●	1着	¥230	大的中
2008	スーパーホーネット	牡5	×	×	2着		→
2007	ダイワメジャー	牡6	◎	●	1着	¥380	大的中
2006	ダイワメジャー	牡5	◎	●	1着	¥230	大的中
2005	デュランダル	牡6	◎	●	8着		ハズレ
2004	デュランダル	牡5	◎	●	1着	¥270	大的中
2003	サイドワインダー	牡5	×	×	8着		→
2002	アドマイヤコジーン	牡6	×	×	7着		→
2001	ダイタクリーヴァ	牡4	×	×	9着		→
2000	ダイタクリーヴァ	牡3	×	×	2着		→

1番人気的中シートの使い方

左のシートに今年の1番人気候補を記入し、過去の成
績をもとに「勝てるか、勝てないか」を判定してください。
「勝てない」とわかったら、2番人気以下で勝てる馬が浮
かび上がる【穴馬的中シート】（後ろのページ）に進ん
でください。

2番人気以下で勝った馬	人気	単勝配当	結果
インディチャンプ	3	¥640	大的中
ステルヴィオ	5	¥870	大的中
ペルシアンナイト	4	¥880	大的中
ミッキーアイル	3	¥590	大的中
モーリス	4	¥570	大的中
ダノンシャーク	8	¥1,810	大的中
トーセンラー	2	¥470	大的中
サダムパテック	4	¥1,050	大的中
エイシンアポロン	5	¥980	大的中
エーシンフォワード	13	¥5,240	大的中
ブルーメンブラット	4	¥1,060	大的中
ハットトリック	3	¥1,180	
デュランダル	5	¥810	大的中
トウカイポイント	11	¥2,380	大的中
ダンツェルシド	4	¥780	大的中
アグネスデジタル	13	¥5,570	大的中

マイルCS

過去20年、１番人気に応えて優勝した馬たちの前走成績と実績を紹介します。
❖１番人気で勝った馬一覧（近２走とＧⅠ１着歴を列記。以下同様）

2009年　カンパニー　　　　牡８　230円
前走　　東京2000m　ＧⅠ　天皇賞・秋　　　　　　５番人気　１着　0.3秒差
前々走　東京1800m　ＧⅡ　毎日王冠　　　　　　　５番人気　１着　0.3秒差
※2000mＧⅠ完勝。

2007年　ダイワメジャー　　　牡６　380円
前走　　東京2000m　ＧⅠ　天皇賞・秋　　　　　　３番人気　９着　0.9秒差
前々走　東京1800m　ＧⅡ　毎日王冠　　　　　　　１番人気　３着　0.3秒差
６歳時　東京1600m　ＧⅠ　安田記念　　　　　　　２番人気　１着　0.0秒差
５歳時　京都1600m　ＧⅠ　マイルＣＳ　　　　　　１番人気　１着　0.1秒差
５歳時　東京2000m　ＧⅠ　天皇賞・秋　　　　　　４番人気　１着　0.1秒差
３歳時　中山2000m　ＧⅠ　皐月賞　　　　　　　　10番人気　１着　0.2秒差
※前年の完勝馬。2000mＧⅠ完勝。

2006年　ダイワメジャー　　　牡５　230円
前走　　東京2000m　ＧⅠ　天皇賞・秋　　　　　　４番人気　１着　0.1秒差
前々走　東京1800m　ＧⅡ　毎日王冠　　　　　　　３番人気　１着　0.0秒差
３歳時　中山2000m　ＧⅠ　皐月賞　　　　　　　　10番人気　１着　0.2秒差
※2000mＧⅠ完勝。

2004年　デュランダル　　　　牡５　270円
前走　　中山1200m　ＧⅠ　スプリンターズＳ　　　２番人気　２着　0.7秒差
前々走　中京1200m　ＧⅠ　高松宮記念　　　　　　１番人気　２着　0.0秒差
４歳時　京都1600m　ＧⅠ　マイルＣＳ　　　　　　５番人気　１着　0.1秒差
４歳時　中山1200m　ＧⅠ　スプリンターズＳ　　　５番人気　１着　0.0秒差
※前年の完勝馬。

過去20年、１番人気に応えられず２着以下に負けた馬たちの前走成績と実績を紹介します。
❖１番人気で負けた馬一覧

2019年　ダノンプレミアム　　牡４　２着
前走　　東京2000m　ＧⅠ　天皇賞・秋　　　　　　３番人気　２着　0.5秒差
前々走　東京1600m　ＧⅠ　安田記念　　　　　　　２番人気　16着　2.0秒差
２歳時　阪神1600m　ＧⅠ　朝日杯ＦＳ　　　　　　１番人気　１着　0.6秒差
※２歳ＧⅠ完勝歴では……。

2018年　モズアスコット　　　牡４　13着
前走　　京都1400m　ＧⅡ　スワンＳ　　　　　　　１番人気　２着　0.0秒差
前々走　東京1600m　ＧⅠ　安田記念　　　　　　　９番人気　１着　0.0秒差
※0.0秒差。

2017年　イスラボニータ　　　牡6　5着
前走　　東京1600m　GⅢ　　富士S　　　　　　　　　4番人気　2着　0.3秒差
前々走　東京1600m　GⅠ　　安田記念　　　　　　　1番人気　8着　0.4秒差
3歳時　中山2000m　GⅠ　　皐月賞　　　　　　　　2番人気　1着　0.2秒差
※前走2着、3歳GⅠ完勝歴では……。

2016年　サトノアラジン　　　牡5　5着
前走　　京都1400m　GⅡ　　スワンS　　　　　　　2番人気　1着　0.2秒差
前々走　東京1600m　GⅠ　　安田記念　　　　　　　3番人気　4着　0.2秒差
※GⅠ未勝利。

2015年　イスラボニータ　　　牡4　3着
前走　　東京2000m　GⅠ　　天皇賞・秋　　　　　　6番人気　3着　0.2秒差
前々走　東京1800m　GⅡ　　毎日王冠　　　　　　　7番人気　3着　0.2秒差
3歳時　中山2000m　GⅠ　　皐月賞　　　　　　　　2番人気　1着　0.2秒差
※近2走4番人気以下で3着、3歳GⅠ完勝歴では……。

2014年　ミッキーアイル　　　牡3　13着
前走　　京都1400m　GⅡ　　スワンS　　　　　　　1番人気　1着　0.1秒差
前々走　東京1600m　GⅠ　　安田記念　　　　　　　2番人気　16着　2.0秒差
3歳時　東京1600m　GⅠ　　NHKマイルC　　　　1番人気　1着　0.0秒差
※3歳GⅠ0.0秒差。

2013年　ダノンシャーク　　　牡5　3着
前走　　東京1600m　GⅢ　　富士S　　　　　　　　1番人気　1着　0.1秒差
前々走　中山1600m　GⅢ　　京成杯AH　　　　　　2番人気　2着　0.2秒差
※GⅠ未勝利。

2012年　グランプリボス　　　牡4　2着
前走　　京都1400m　GⅡ　　スワンS　　　　　　　3番人気　1着　0.2秒差
前々走　東京1800m　GⅡ　　毎日王冠　　　　　　　14番人気　6着　0.5秒差
3歳時　東京1600m　GⅠ　　NHKマイルC　　　　1番人気　1着　0.2秒差
2歳時　中山1600m　GⅠ　　朝日杯FS　　　　　　5番人気　1着　0.1秒差
※2走前6着。2・3歳GⅠ完勝歴では……。

2011年　リアルインパクト　　牡3　5着
前走　　東京1800m　GⅡ　　毎日王冠　　　　　　　2番人気　2着　0.0秒差
前々走　東京1600m　GⅠ　　安田記念　　　　　　　9番人気　1着　0.0秒差
2歳時　中山1600m　GⅠ　　朝日杯FS　　　　　　4番人気　2着　0.1秒差
※0.0秒差で完勝ではありません。

2010年　ダノンヨーヨー　　　牡4　2着
前走　　東京1600m　GⅢ　　富士S　　　　　　　　2番人気　1着　0.2秒差
前々走　阪神1600m　OP　　ポートアイランドS　　1番人気　1着　0.4秒差
※GⅠ未勝利。

マイルCS　　　　　　　　　467

2008年　スーパーホーネット　牡5　2着
前走　　東京1800m　GⅡ　毎日王冠　　　　　　　2番人気　1着　0.0秒差
前々走　東京1600m　GⅠ　安田記念　　　　　　　1番人気　8着　1.0秒差
※GⅠ未勝利。

2005年　デュランダル　　　　牡6　8着
前走　　中山1200m　GⅠ　スプリンターズS　　　2番人気　2着　0.2秒差
前々走　香港1600m　GⅠ　香港マイル　　　　　　1番人気　5着　0.2秒差
5歳時　京都1600m　GⅠ　マイルCS　　　　　　　1番人気　1着　0.3秒差
4歳時　京都1600m　GⅠ　マイルCS　　　　　　　5番人気　1着　0.1秒差
4歳時　中山1200m　GⅠ　スプリンターズS　　　5番人気　1着　0.0秒差
※同一GⅠ3連覇はJRA史上いまだ達成されていないゆえ、ハードルをクリアしているの
に負けたのかもしれません。

2003年　サイドワインダー　　牡5　8着
前走　　東京1600m　GⅢ　富士S　　　　　　　　4番人気　2着　0.4秒差
前々走　京都1600m　GⅢ　京都金杯　　　　　　　3番人気　1着　0.1秒差

◆1番人気が飛ぶとわかったらココへ

今年も1番人気が「負ける」とわかったら、2番人気以下の馬から勝つ馬を見つけます。大
前提とハードルを満たした馬しか勝ちませんので、【穴馬的中シート】を利用して見つけだ
してください。

🐎 2番人気以下で勝てる馬を浮かび上がらせる

3歳　大前提 前走1600m以上3歳以上重賞「1～2番人気、あるいは連対」	5歳　大前提 当年1勝かつ前走「1～2番人気、あるいは1着」
3歳　ハードル❶ 1600m以上「GⅠ連対歴、あるいは重賞3勝以上」	5歳　ハードル❸ 3歳以上「GⅠ連対歴か、重賞完勝歴」
4歳　ハードル❷ 3歳以上GⅠ「連対歴、あるいは1番人気歴」か、1600m以上重賞1番人気1着歴	6歳　大前提　当年連対歴 6歳　ハードル❹ 1600m以上3歳以上「GⅡ連対歴2回、あるいはGⅢ1番人気完勝歴2回」

※前走2着＆GⅠ未勝利がNG。

2002年　アドマイヤコジーン　牡6　7着
前走　　新潟1200m　GⅢ　スプリンターズS　　　3番人気　2着　0.1秒差
前々走　東京1600m　GⅠ　安田記念　　　　　　　7番人気　1着　0.0秒差
2歳時　中山1600m　GⅠ　朝日杯3歳S　　　　　　1番人気　1着　0.0秒差
※0.0秒差。

2001年　ダイタクリーヴァ　牡4　9着
前走　　東京1600m　GⅢ　富士S　　　　　　　　2番人気　2着　0.3秒差
前々走　中山1800m　GⅡ　中山記念　　　　　　　1番人気　3着　1.0秒差
※GⅠ未勝利。

2000年　ダイタクリーヴァ　牡3　2着
前走　　東京1600m　GⅢ　富士S　　　　　　　　4番人気　3着　0.2秒差
前々走　東京2400m　GⅠ　ダービー　　　　　　　2番人気　12着　2.2秒差
※この実績で1番人気はすごい。そして2着も驚き。

2番人気以下で勝てる馬【穴馬的中シート】

条件	馬番 or 馬名
3歳 大前提クリア	
3歳 ハードル❶クリア	
4歳 ハードル❷クリア	
5歳 大前提クリア	
5歳 ハードル❸クリア	
6歳 大前提クリア	
6歳 ハードル❹クリア	

過去20年、2番人気以下で優勝した馬たちの前走成績と実績を紹介します。
まず3歳馬から。
◉2番人気以下で勝った3歳馬一覧（実績は重賞連対を列記。以下同様）

2018年　5番人気　ステルヴィオ　　　　牡3　870円

前走	東京1800m	GⅡ	毎日王冠		3番人気	2着	0.2秒差
実績	東京1600m	GⅢ	サウジアラビアRC		1番人気	2着	0.3秒差
実績	中山1800m	GⅡ	スプリングS		1番人気	1着	0.0秒差
実績	阪神1600m	GⅠ	朝日杯FS		3番人気	2着	0.6秒差

2017年　4番人気　ペルシアンナイト　　牡3　880円

前走	東京1600m	GⅢ	富士S		2番人気	5着	0.8秒差
実績	阪神1600m	GⅢ	アーリントンC		1番人気	1着	0.5秒差
実績	中山2000m	GⅠ	皐月賞		4番人気	2着	0.0秒差

2000年　13番人気　アグネスデジタル　　牡3　5570円

前走	東京D1600m	GⅢ	武蔵野S		4番人気	2着	0.2秒差
実績	東京D1600m	GⅢ	ユニコーンS		4番人気	1着	0.4秒差
実績	名古屋D1900m	GⅢ	名古屋優駿		3番人気	1着	0.3秒差
実績	川崎D1600m	GⅡ	全日本3歳優駿		1番人気	1着	0.5秒差

※ダート重賞ですが3勝をマーク。

続いて4歳馬。
◉2番人気以下で勝った4歳馬一覧

2019年　3番人気　インディチャンプ　　牡4　640円

前走	東京1800m	GⅡ	毎日王冠		3番人気	3着	0.4秒差
実績	東京1600m	GⅠ	安田記念		4番人気	1着	0.0秒差
実績	東京1600m	GⅢ	東京新聞杯		1番人気	1着	0.1秒差
実績	東京1600m	GⅠ	安田記念		4番人気	1着	0.0秒差

2015年　4番人気　モーリス　　　　　　牡4　570円

前走	東京1600m	GⅠ	安田記念		1番人気	1着	0.0秒差
実績	中山1600m	GⅢ	ダービー卿CT		1番人気	1着	0.6秒差

2012年　4番人気　サダムパテック　　　牡4　1050円

前走	東京2000m	GⅠ	天皇賞・秋		10番人気	8着	0.6秒差
実績	東京1800m	GⅢ	東スポ杯2歳S		1番人気	1着	0.6秒差
実績	東京1400m	GⅡ	京王杯SC		4番人気	1着	0.1秒差
実績	中山2000m	GⅡ	弥生賞		1番人気	1着	0.1秒差
実績	中山1600m	GⅠ	皐月賞		1番人気	2着	0.5秒差

※GⅠ安田記念、朝日杯FS1番人気歴がある馬です。

2011年　5番人気　エイシンアポロン　　牡4　980円

前走	東京1600m	GⅢ	富士S		1番人気	1着	0.0秒差

実績	東京1400m	GⅡ	京王杯2歳S		3番人気	1着	0.2秒差	
実績	東京1800m	GⅡ	毎日王冠		8番人気	2着	0.0秒差	
実績	中山2000m	GⅡ	弥生賞		2番人気	2着	0.1秒差	
実績	京都1600m	GⅡ	デイリー杯2歳S		5番人気	2着	0.0秒差	
実績	中山1600m	GⅠ	朝日杯FS		2番人気	2着	0.2秒差	

2005年　3番人気　ハットトリック　牡4　1180円

前走	東京2000m	GⅠ	天皇賞・秋		11番人気	7着	0.4秒差	
実績	東京1600m	GⅢ	東京新聞杯		1番人気	1着	0.1秒差	
実績	京都1600m	GⅢ	京都金杯		1番人気	1着	0.0秒差	

2003年　5番人気　デュランダル　牡4　810円

前走	中山1200m	GⅠ	スプリンターズS		5番人気	1着	0.0秒差	

2001年　4番人気　ゼンノエルシド　牡4　780円

前走	中山1200m	GⅠ	スプリンターズS		1番人気	10着	0.5秒差	
実績	中山1600m	GⅢ	京成杯AH		1番人気	1着	0.7秒差	

次に5歳馬。
◉2番人気以下で勝った5歳馬一覧

2016年　3番人気　ミッキーアイル　牡5　590円

前走	中山1200m	GⅠ	スプリンターズS		2番人気	2着	0.0秒差	逃げ
実績	阪神1400m	GⅢ	阪急杯		1番人気	1着	0.1秒差	逃げ　当年
実績	阪神1600m	GⅢ	アーリントンC		1番人気	1着	0.6秒差	逃げ
実績	京都1600m	GⅢ	シンザン記念		1番人気	1着	0.1秒差	逃げ
実績	阪神1400m	GⅢ	阪急杯		4番人気	2着	0.0秒差	
実績	京都1400m	GⅡ	スワンS		1番人気	1着	0.1秒差	逃げ
実績	東京1600m	GⅠ	NHKマイルC		1番人気	1着	0.0秒差	逃げ
実績	中京1200m	GⅠ	高松宮記念		2番人気	2着	0.1秒差	

※当年1勝。

2013年　2番人気　トーセンラー　牡5　470円

前走	京都2400m	GⅡ	京都大賞典		2番人気	3着	0.3秒差	
実績	京都1800m	GⅢ	きさらぎ賞		3番人気	1着	0.0秒差	
実績	小倉2000m	GⅢ	小倉記念		1番人気	1着	0.4秒差	
実績	福島2000m	GⅢ	七夕賞		1番人気	2着	0.0秒差	
実績	中山2200m	GⅡ	京都記念		6番人気	1着	0.2秒差	当年
実績	中山2200m	GⅡ	セントライト記念		3番人気	2着	0.2秒差	
実績	京都3200m	GⅠ	天皇賞・春		3番人気	2着	0.2秒差	

※当年1勝。

2010年　13番人気　エーシンフォワード　牡5　5240円

前走	京都1400m	GⅡ	スワンS	1番人気	8着	0.6秒差	
実績	中山1600m	GⅡ	NZトロフィー	5番人気	2着	0.1秒差	
実績	阪神1400m	GⅢ	阪急杯	2番人気	1着	0.2秒差	当年
実績	阪神1600m	GⅢ	アーリントンC	9番人気	2着	0.3秒差	

※当年1勝。

2008年　4番人気　ブルーメンブラット　牝5　1060円

前走	東京1800m	牝馬GⅢ	府中牝馬S	4番人気	1着	0.1秒差	当年
実績	阪神1400m	牝馬GⅡ	阪神牝馬S	1番人気	2着	0.0秒差	

※当年1勝。

最後に6歳馬。
◉2番人気以下で勝った6歳馬一覧

2014年　8番人気　ダノンシャーク　牡6　1810円

前走	東京1600m	GⅢ	富士S	1番人気	7着	0.3秒差	
実績	東京1600m	GⅢ	富士S	1番人気	1着	0.1秒差	
実績	京都1600m	GⅢ	京都金杯	1番人気	1着	0.4秒差	
実績	新潟1600m	GⅢ	関屋記念	1番人気	2着	0.1秒差	当年
実績	中山1600m	GⅢ	京成杯AH	2番人気	2着	0.2秒差	
実績	東京1800m	GⅢ	エプソムC	2番人気	2着	0.2秒差	
実績	京都1600m	GⅢ	京都金杯	2番人気	2着	0.2秒差	
実績	京都1600m	GⅡ	マイラーズC	6番人気	2着	0.2秒差	

※当年1連対。前年の1番人気馬です。

2002年　11番人気　トウカイポイント　騙6　2380円

前走	東京1600m	GⅢ	富士S	6番人気	5着	0.5秒差	
実績	新潟1800m	GⅢ	カブトヤマ記念	1番人気	2着	0.2秒差	
実績	札幌2000m	GⅡ	札幌記念	10番人気	2着	0.2秒差	
実績	中山1800m	GⅡ	中山記念	8番人気	1着	0.0秒差	当年

※当年1勝。

◆2着馬を見つけるのはココで

2着候補を2番人気以下から決めましょう。それは大前提とハードルに照らし合わせれば浮かび上がります。こちらも【穴馬的中シート】を用いて見つけてください。
なお、1番人気に応えられなくても2着に来ることはありますので、1番人気馬は無条件で2着候補です。

🐎 2番人気以下で2着に入れる馬を浮かび上がらせる

3歳　大前提
前走1600m以上3歳以上重賞「1〜2番人気、
あるいは連対」

3歳　ハードル❶
1600m以上「GⅠ連対歴、あるいは重賞3勝以上」
（大前提もハードル❶も、1着候補の条件と同じです）

4歳　ハードル❷
1600m以上GⅠ連対歴（負けていても0.1秒差以内。牝馬GⅠを含む）か、
GⅡ完勝歴

5歳以上　大前提
当年1勝か、前走連対

5歳以上　ハードル❸
1600m以上「GⅠ連対歴（負けていても0.0秒差。牝馬GⅠを含む）、
あるいはGⅡ1番人気連対歴」

2番人気以下で2着に入れる馬【穴馬的中シート】

条件	馬番 or 馬名
3歳 大前提クリア	
3歳 ハードル❶クリア	
4歳 ハードル❷クリア	
5歳以上 大前提クリア	
5歳以上 ハードル❸クリア	

過去20年、2番人気以下で2着に入った馬たちの前走成績と実績を紹介します。
まず3歳馬から。
◇2番人気以下で2着に入った3歳馬

2004年　4番人気　ダンスインザムード　牝3

前走	東京2000m	GⅠ	天皇賞・秋	13番人気	2着	0.2秒差
実績	中山1800m	牝馬GⅢ	フラワーC	1番人気	1着	0.2秒差
実績	阪神1600m	牝馬GⅠ	桜花賞	1番人気	1着	0.3秒差
実績	米国2000m	牝馬GⅠ	アメリカンオークス	1番人気	2着	0.0秒差

続いて4歳馬。
◇2番人気以下で2着に入った4歳馬一覧

2018年　3番人気　ペルシアンナイト　牡4

前走	東京1600m	GⅢ	富士S	4番人気	5着	0.5秒差
実績	阪神1600m	GⅢ	アーリントンC	1番人気	1着	0.5秒差
実績	京都1600m	GⅠ	マイルCS	4番人気	1着	0.0秒差
実績	阪神2000m	GⅠ	大阪杯	6番人気	2着	0.1秒差
実績	中山2000m	GⅠ	皐月賞	4番人気	2着	0.0秒差

2017年　2番人気　エアスピネル　牡4

前走	東京1600m	GⅢ	富士S	1番人気	1着	0.3秒差
実績	京都1600m	GⅢ	京都金杯	1番人気	1着	0.0秒差
実績	京都1600m	GⅡ	デイリー杯2歳S	2番人気	1着	0.6秒差
実績	京都1600m	GⅡ	マイラーズC	1番人気	2着	0.1秒差
実績	阪神1600m	GⅠ	朝日杯FS	1番人気	2着	0.1秒差

2013年　3番人気　ダイワマッジョーレ　牡4

前走	京都1400m	GⅡ	スワンS	4番人気	2着	0.3秒差
実績	中山1600m	GⅢ	ダービー卿CT	1番人気	2着	0.0秒差
実績	東京1600m	GⅢ	東京新聞杯	5番人気	2着	0.1秒差
実績	東京1400m	GⅡ	京王杯スプリングC	1番人気	1着	0.1秒差
実績	中京2000m	GⅡ	金鯱賞	8番人気	2着	0.1秒差

2009年　14番人気　マイネルファルケ　牡4

前走	東京1600m	GⅢ	富士S	5番人気	9着	0.3秒差
実績	中山1600m	GⅢ	ダービー卿CT	7番人気	2着	0.0秒差

※2着候補として浮かび上がらせることはできませんでした。逃げ馬の一発です。

2007年　4番人気　スーパーホーネット　牡4

前走	京都1400m	GⅡ	スワンS	3番人気	1着	0.0秒差
実績	中山1600m	GⅠ	朝日杯FS	5番人気	2着	0.0秒差

2005年　4番人気　ダイワメジャー　牡4

前走	東京1800m	GⅡ	毎日王冠	1番人気	5着	0.5秒差

実績	中山1600m	GⅢ	ダービー卿CT	3番人気	1着	0.3秒差	
実績	新潟1600m	GⅢ	関屋記念	1番人気	2着	0.1秒差	
実績	中山2000m	GⅠ	皐月賞	10番人気	1着	0.2秒差	

2003年　2番人気　ファインモーション　牝4

前走	東京1800m	GⅡ	毎日王冠	1番人気	7着	0.7秒差	逃げ
実績	札幌1800m	牝馬GⅢ	クイーンS	1番人気	2着	0.0秒差	
実績	阪神2000m	牝馬GⅡ	ローズS	1番人気	1着	0.5秒差	
実績	京都2200m	牝馬GⅠ	エリザベス女王杯	1番人気	1着	0.4秒差	
実績	京都2000m	牝馬GⅠ	秋華賞	1番人気	1着	0.6秒差	

2001年　3番人気　エイシンプレストン　牡4

前走	東京1800m	GⅡ	毎日王冠	5番人気	1着	0.1秒差
実績	小倉1800m	GⅢ	北九州記念	2番人気	1着	0.3秒差
実績	阪神1600m	GⅢ	アーリントンC	1番人気	1着	0.1秒差
実績	中山1600m	GⅢ	ダービー卿CT	3番人気	2着	0.3秒差
実績	中山1600m	GⅡ	NZトロフィー	1番人気	1着	0.0秒差
実績	中山1600m	GⅠ	朝日杯3歳S	4番人気	1着	0.1秒差

次に5歳以上馬。まず5歳馬を紹介します。
◇2番人気以下で2着に入った5歳馬一覧

2016年　2番人気　イスラボニータ　　　牡5

前走	東京1600m	GⅢ	富士S	4番人気	2着	0.1秒差
実績	東京1800m	GⅢ	共同通信杯	1番人気	1着	0.2秒差
実績	東京1800m	GⅢ	東スポ杯2歳S	2番人気	1着	0.0秒差
実績	新潟1600m	GⅢ	新潟2歳S	4番人気	2着	0.5秒差
実績	中山2200m	GⅡ	セントライト記念	1番人気	1着	0.2秒差
実績	中山2000m	GⅠ	皐月賞	2番人気	1着	0.2秒差
実績	東京2400m	GⅠ	ダービー	1番人気	2着	0.1秒差

※前走連対。

2014年　3番人気　フィエロ　　　　　　牡5

前走	京都1400m	GⅡ	スワンS	2番人気	3着	0.1秒差
実績	京都1600m	GⅡ	マイラーズC	1番人気	2着	0.2秒差

※当年2勝。

2011年　11番人気　フィフスペトル　　　牡5

前走	中山1200m	GⅠ	スプリンターズS	6番人気	6着	0.5秒差
実績	中山1600m	GⅢ	京成杯AH	2番人気	1着	0.1秒差
実績	函館1200m	GⅢ	函館2歳S	2番人気	1着	0.4秒差
実績	東京1400m	GⅡ	京王杯2歳S	1番人気	2着	0.2秒差
実績	中山1600m	GⅠ	朝日杯FS	5番人気	2着	0.0秒差

※当年2勝。

2006年　3番人気　ダンスインザムード　牝5

前走	東京2000m	ＧＩ	天皇賞・秋	5番人気	6着	0.5秒差	
実績	米国1600m	牝馬GⅢ	キャッシュコールマイル招待S		1着	0.0秒差	当年
実績	中山1800m	牝馬GⅢ	フラワーC	1番人気	1着	0.2秒差	
実績	東京1800m	ＧⅡ	毎日王冠	2番人気	2着	0.0秒差	
実績	阪神1600m	ＧⅡ	マイラーズC	2番人気	2着	0.1秒差	
実績	東京1600m	牝馬GⅠ	ヴィクトリアマイル	2番人気	1着	0.2秒差	当年
実績	阪神1600m	牝馬GⅠ	桜花賞	1番人気	1着	0.3秒差	
実績	京都1600m	ＧⅠ	マイルＣＳ	4番人気	2着	0.3秒差	
実績	東京2000m	ＧⅠ	天皇賞・秋	13番人気	2着	0.2秒差	
実績	米国2000m	牝馬GⅠ	アメリカンオークス	1番人気	2着	0.0秒差	

※当年2勝。

2002年　3番人気　エイシンプレストン　牡5

前走	東京2000m	ＧⅠ	天皇賞・秋	5番人気	8着	0.7秒差	
実績	小倉1800m	ＧⅢ	北九州記念	2番人気	1着	0.3秒差	
実績	阪神1600m	ＧⅢ	アーリントンC	1番人気	1着	0.1秒差	
実績	中山1600m	ＧⅢ	ダービー卿CT	3番人気	2着	0.3秒差	
実績	東京1800m	ＧⅡ	毎日王冠	5番人気	1着	0.1秒差	
実績	中山1600m	ＧⅡ	ＮＺトロフィー	1番人気	1着	0.0秒差	
実績	東京1800m	ＧⅡ	毎日王冠	3番人気	2着	0.3秒差	
実績	香港2000m	ＧⅠ	クイーンエリザベス2世C	2番人気	1着	0.1秒差	
実績	香港1600m	ＧⅠ	香港マイル	6番人気	1着	0.0秒差	
実績	中山1600m	ＧⅠ	朝日杯3歳S	4番人気	1着	0.1秒差	上がり2位
実績	京都1600m	ＧⅠ	マイルＣＳ	2番人気	2着	0.1秒差	上がり2位

※当年1勝。

最後に6歳馬。
◇2番人気以下で2着に入った6歳馬一覧

2015年　2番人気　フィエロ　　　　　牡6

前走	京都1400m	ＧⅡ	スワンS	1番人気	2着	0.2秒差	
実績	京都1600m	ＧⅡ	マイラーズC	1番人気	2着	0.2秒差	上がり3位
実績	京都1600m	ＧⅠ	マイルＣＳ	3番人気	2着	0.0秒差	上がり3位

東スポ杯2歳S

11月23日　祝日（月）

東京競馬場　芝1800m　フルゲート18頭
（2002年は中山競馬場 芝1800m）

3歳

馬齢　牡馬・騸馬55kg　牝馬54kg
（2000年までは牡馬・騸馬54kg　牝馬53kg）

🐎 東スポ杯2歳Sの真相

極めて特異なレースとしか言えません。過去20年で1番人気に応えた10頭のうち関東馬はわずか1頭、9頭が関西馬という東京競馬場でのGⅢです。

関東馬が1番人気に推されていないわけではありません。**劣勢**ではありますが、過去20年で8頭が1番人気に支持されています。ところが7頭の関東馬が人気に応えられず、勝ったのは2012年コディーノだけ。なにが原因なのでしょうか?

キャリアの浅い2歳馬の「強さ、弱さ」を、紙面に掲載されているわずか1～2戦の成績欄(馬柱・箱)だけで判断しなければならないファンは、どうしても記者の分析や厩舎サイドのコメントに目を向けます。そこに記載されているのは質量ともに美浦所属の関東馬のもの。栗東所属の関西馬のことを知ろうにも、情報の精度も分量も関東馬に劣ります。それがファンに誤解と錯覚を誘発させ、要らぬ馬券を買う結果につなげます。

1週前に阪神芝1600mのGⅡデイリー杯2歳Sがあるのに、東京芝1800mを求めて遠征してくる。これだけで勝負がかりではないでしょうか。ダービーに向けて府中を経験させるためであれば、それこそダービー候補という厩舎の宝。東上するからにはそれだけの価値があるのです。

関西馬の東上の真意。

これが当レースを解く鍵であり、それらを含め当レースで求められる馬を次ページ以降に紹介します。

♞ 1番人気で勝てる馬を浮かび上がらせる

大前提

前走新馬・未勝利は関西馬に限る

ハードル❶

前走1600m以上新馬・未勝利中央開催1番人気0.3秒差以上1着

ハードル❷

前走1600m以上「ＯＰ特別・ＧⅢ0.3秒差以上1着、あるいはＧⅡ連対なら前々走0.3秒差以上1着」

それでは、まず1番人気馬に大前提とハードルを課し、勝てるか負けるかを判定しましょう。次ページからの【1番人気的中シート】を活用ください。

1番人気で勝てる馬【1番人気的中シート】

年度	東スポ杯2歳Sの1番人気馬	性別	大前提	ハードル❶	ハードル❷	判定	着順
大前提………前走新馬・未勝利は関西馬に限る ハードル❶……前走1600m以上新馬・未勝利中央開催1番人気0.3秒差以上1着 ハードル❷……前走1600m以上「OP特別・GⅢ0.3秒差以上1着、あるいはGⅡ連対なら前々走0.3秒差以上1							
2020							
2020							
2019	コントレイル	牡	◎	◎		●	1着
2018	ルヴォルグ	牡	×			×	9着
2017	ワグネリアン	牡			◎	●	1着
2016	ムーヴザワールド	牡	◎	×		×	3着
2015	ロスカボス	牡			×	×	8着
2014	アヴニールマルシェ	牡			×	×	2着
2013	サトノアラジン	牡	◎	×		×	5着
2012	コディーノ	牡			◎	●	1着
2011	ディープブリランテ	牡	◎	◎		●	1着
2010	サダムパテック	牡	◎	◎		●	1着
2009	ローズキングダム	牡	◎	×		×	1着
2008	ブレイクランアウト	牡			×	×	2着
2007	ゴスホークケン	牡	×			×	4着
2006	フサイチホウオー	牡	◎	◎		●	1着
2005	フサイチリシャール	牡			◎	●	1着
2004	エアサバス	牡	◎	×		×	4着
2003	アドマイヤビッグ	牡	◎	◎		●	1着
2002	ブルーイレヴン	牡			◎	●	1着
2001	ローエングリン	牡	×			×	13着
2000	ウインラディウス	牡			×	×	3着

単勝配当	結果	# 1番人気的中シートの使い方			
		左のシートに今年の1番人気候補を記入し、過去の成績をもとに「勝てるか、勝てないか」を判定してください。「勝てない」とわかったら、2番人気以下で勝てる馬が浮かび上がる【穴馬的中シート】（後ろのページ）に進んでください。			
		2番人気以下で勝った馬	人気	単勝配当	結果
¥250	大的中				
	→	ニシノデイジー	8	¥3,840	大的中
¥140	大的中				
	→	ブレスジャーニー	2	¥320	大的中
	→	スマートオーディン	4	¥700	大的中
	→	サトノクラウン	4	¥810	大的中
	→	イスラボニータ	2	¥530	大的中
¥190	大的中				
¥240	大的中				
¥460	大的中				
¥360	ハズレ				
	→	ナカヤマフェスタ	9	¥2,750	大的中
	→	フサイチアソート	9	¥3,020	大的中
¥210	大的中				
¥270	大的中				
	→	スムースバリトン	5	¥1,870	大的中
¥250	大的中				
¥120	大的中				
	→	アドマイヤマックス	2	¥480	大的中
	→	タガノテイオー	3	¥780	大的中

過去20年、１番人気に応えて優勝した馬たちの近２走を紹介します。
✛１番人気で勝った馬一覧

2019年　コントレイル　　　　250円
前走	阪神1800m	新馬		１番人気	１着	0.4秒差	上がり１位

※関西馬。

2017年　ワグネリアン　　　　140円
前走	阪神1800m	ＯＰ	野路菊Ｓ	１番人気	１着	0.4秒差	上がり２位
前々走	中京2000m	新馬		２番人気	１着	0.0秒差	上がり１位

※関西馬。

2012年　コディーノ　　　　　190円
前走	札幌1800m	ＧⅢ	札幌２歳Ｓ	３番人気	１着	0.3秒差	上がり２位
前々走	札幌1800m	新馬		１番人気	１着	0.4秒差	上がり１位

2011年　ディープブリランテ　240円
前走	阪神1800m	新馬		１番人気	１着	0.8秒差	上がり１位

※関西馬。

2010年　サダムパテック　　　460円
前走	京都1600m	未勝利		１番人気	１着	0.5秒差	上がり１位

※関西馬。

2009年　ローズキングダム　　360円
前走	京都1800m	新馬		２番人気	１着	0.1秒差	上がり１位

※関西馬。

● **１着候補として浮かび上がらせることはできませんでした。**
**10月25日のこの新馬戦、１番人気は単勝1.8倍という圧倒的な支持を得たヴィクトワールピサ。
ローズキングダムも単勝2.2倍という普通なら１番人気になる支持率でした。３番人気は19.6
倍ですから、ファンの関心は上位２頭に集中。結果もマッチレースでした（３着馬は５馬身
後方）。ハードルに引っかかる0.1秒差という着差、そして2.2倍というオッズなのに２番人気に
なった要因は、ひとえにヴィクトワールピサがいたからです。ローズキングダムはこのあ
とＧⅠを２つ勝ちますが、ヴィクトワールピサはＧⅠ３勝。ドバイワールドＣまで制します。
そんな高素質馬が相手でしたので、0.1秒差しかつけられなかったのです。**

2006年　フサイチホウオー　　210円
前走	東京1800m	新馬		１番人気	１着	0.6秒差	上がり１位

※関西馬。

2005年　フサイチリシャール　270円
前走	京都1800m	ＯＰ	萩Ｓ	５番人気	１着	0.5秒差	上がり２位	逃げ
前々走	阪神2000m	未勝利		２番人気	１着	0.1秒差	上がり２位	逃げ

※関西馬。

2003年　アドマイヤビッグ　　　250円
前走　京都1600m　新馬　　　　　　　　　　1番人気　1着　0.3秒差　上がり2位
※関西馬。

2002年　ブルーイレヴン　　　　120円
前走　京都1600m　GⅡ　デイリー杯2歳S　2番人気　2着　0.4秒差　上がり1位
前々走　阪神2000m　新馬　　　　　　　　　2番人気　1着　0.6秒差　上がり1位　逃げ
※関西馬。

過去20年、1番人気に応えられず2着以下に負けた馬たちの近2走を紹介します。
⊕1番人気で負けた馬一覧

2018年　ルヴォルグ　　　　　　9着
前走　東京1800m　新馬　　　　　　　　　　1番人気　1着　0.7秒差　上がり1位
※非常に素晴らしい新馬戦の成績ですが、関東馬なのです。

2016年　ムーヴザワールド　　3着
前走　阪神1800m　新馬　　　　　　　　　　2番人気　1着　0.0秒差　上がり1位
※関西馬。

2015年　ロスカボス　　　　　　8着
前走　阪神芝1800m　OP　野路菊S　　　　1番人気　1着　0.2秒差　上がり1位
前々走　中京1600m　新馬　　　　　　　　　2番人気　1着　0.1秒差　上がり2位
※関東馬。

2014年　アヴニールマルシェ　2着
前走　新潟1600m　GⅢ　新潟2歳S　　　　1番人気　2着　0.0秒差　上がり1位
前々走　東京1800m　新馬　　　　　　　　　1番人気　1着　0.0秒差　上がり1位
※関東馬。

2013年　サトノアラジン　　　　5着
前走　新潟1600m　新馬　　　　　　　　　　1番人気　1着　0.6秒差　上がり2位
※関西馬。素晴らしい新馬戦の成績ですが、中央開催ではありません。

2008年　ブレイクランアウト　2着
前走　東京1600m　OP　いちょうS　　　　1番人気　4着　0.2秒差　上がり？位
前々走　新潟1600m　新馬　　　　　　　　　3番人気　1着　0.7秒差　上がり1位
※関東馬。

2007年　ゴスホークケン　　　　4着
前走　東京1600m　新馬　　　　　　　　　　1番人気　1着　0.4秒差　上がり1位
※素晴らしい新馬戦の成績ですが、関東馬なのです。

2004年　エアサバス　　　　　　4着
前走　東京1600m　新馬　　　　　　　　　　1番人気　1着　0.2秒差　上がり2位　逃げ

※関西馬。

2001年　ローエングリン
前走　東京2000m　新馬　　　　　　　　１番人気　１着　1.0秒差　上がり１位　逃げ
※とても素晴らしい新馬戦の成績ですが、関東馬なのです。

2000年　ウインラディウス　　３着
前走　札幌1500m　ＯＰ　クローバー賞　１番人気　１着　0.6秒差　上がり１位
前々走　札幌1200m　新馬　　　　　　　１番人気　２着　0.4秒差　上がり１位
※関東馬。
◉新馬戦で負けているのに２戦目に格上挑戦、見事に１番人気で圧勝しました。異例中の異例ですが、距離1500mが引っかかります。ちなみに、新馬戦で同馬を0.4秒も上回ったのは、のちに牝馬ＧⅠを３勝するテイエムオーシャンです。

◆１番人気が飛ぶとわかったらココへ

　１番人気が「負ける」とわかったら、２番人気以下から勝つ馬を見つけます。簡単です。２つのハードルのうちどちらか１つを満たした馬が勝ちますので、【穴馬的中シート】を利用して見つけだしてください。

🐎 ２番人気以下で勝てる馬を浮かび上がらせる

ハードル❶
前走1600m以上新馬・未勝利中央開催１着。
ただし関西馬は0.3秒差以上１着

ハードル❷
前走1600m以上「ＯＰ特別・ＧⅢ連対」。ただし0.1
秒以上負けているなら新馬１番人気0.3秒差以上１着

２番人気以下で勝てる馬【穴馬的中シート】

条件	馬番 or 馬名
ハードル❶ クリア	
ハードル❷ クリア	

過去20年、2番人気以下で優勝した馬たちの前走成績を紹介します。
◉2番人気以下で勝った馬一覧

2018年　8番人気　ニシノデイジー　　3840円
前走　札幌1800m　GⅢ　札幌2歳S　　6番人気　1着　0.0秒差　上がり2位　2ヵ月半
※関東馬。

2016年　2番人気　ブレスジャーニー　810円
前走　東京1600m　GⅢ　サウジアラビアRC　3番人気　1着　0.2秒差　上がり1位
※関西馬。

2015年　4番人気　スマートオーディン　700円
前走　京都1800m　OP　萩S　　　　1番人気　2着　0.1秒差　上がり2位
前々走　阪神1800m　新馬　　　　　　1番人気　1着　0.4秒差　上がり1位
※関西馬。

2014年　4番人気　サトノクラウン　　810円
前走　東京1800m　新馬　　　　　　　2番人気　1着　0.2秒差　上がり2位
※関東馬。

2013年　2番人気　イスラボニータ　　530円
前走　東京1600m　OP　いちょうS　　3番人気　1着　0.2秒差　上がり2位
※関東馬。

2008年　9番人気　ナカヤマフェスタ　2750円
前走　東京1600m　新馬　　　　　　　3番人気　1着　0.0秒差　上がり？位
※関東馬。

2007年　9番人気　フサイチアソート　3020円
前走　東京1600m　新馬　　　　　　　2番人気　1着　0.0秒差　上がり2位
※関東馬。

2004年　5番人気　スムースバリトン　1870円
前走　東京1600m　OP　いちょうS　　3番人気　2着　0.0秒差　上がり3位
※関東馬。

2001年　2番人気　アドマイヤマックス　480円
前走　京都1600m　新馬　　　　　　　3番人気　1着　0.7秒差　上がり1位
※関西馬。

2000年　3番人気　タガノテイオー　　780円
前走　札幌1800m　GⅢ　札幌3歳S　　4番人気　2着　0.2秒差　上がり2位
前々走　札幌1800m　新馬　　　　　　1番人気　1着　0.3秒差　上がり2位
※関西馬。

◆2着馬を見つけるのはココで

2着候補も2番人気以下から見つけだします。2つのハードルのうちどちらかをクリアした
馬しか来ませんので、こちらも【穴馬的中シート】を利用して見つけてください。
なお、1番人気に応えられなくても2着に来ることはありますので、1番人気馬は無条件で
2着候補です。

🐴 2番人気以下で2着に入れる馬を浮かび上がらせる

ハードル❶
前走1700m以上新馬・未勝利・500万条件完勝

ハードル❷
前走OP完勝か、負けている場合は
前々走1番人気完勝かつ上がり1位

2番人気以下で2着に入れる馬【穴馬的中シート】

条件	馬番 or 馬名
ハードル❶ クリア	
ハードル❷ クリア	

過去20年、2番人気以下で2着に入った馬たちの前走成績を紹介します。
◇2番人気以下で2着に入った馬一覧

2019年　2番人気　アルジャンナ
前走　阪神2000m　新馬　　　　　　　1番人気　1着　0.2秒差　上がり1位
※関西馬。

2018年　7番人気　アガラス
前走　札幌1800m　OP　コスモス賞　1番人気　2着　0.2秒差　上がり？位

前々走　東京1800m　新馬　　　　　　　1番人気　1着　0.4秒差　上がり1位
※関東馬。

2017年　2番人気　ルーカス
前走　札幌1800m　新馬　　　　　　　　2番人気　1着　0.2秒差　上がり1位
※関東馬。

2016年　4番人気　スワーヴリチャード
前走　阪神2000m　未勝利　　　　　　　1番人気　1着　0.2秒差　上がり2位
※関西馬。

2015年　2番人気　プロディガルサン
前走　中山2000m　OP　芙蓉S　　　　2番人気　1着　0.1秒差　上がり1位
※関東馬。

2013年　4番人気　ブレイアンドリアル
前走　盛岡1600m　重賞　ジュニアグランプリ　1番人気　1着　0.9秒差　上がり1位
※地方馬・川崎。

2012年　3番人気　レッドレイヴン
前走　東京1800m　500万　百日草特別　1番人気　1着　0.3秒差　上がり1位
※関東馬。

2011年　10番人気　フジマサエンペラー
前走　東京2000m　未勝利　　　　　　　1番人気　1着　0.2秒差　上がり1位
※関東馬。

2010年　3番人気　リフトザウイングス
前走　京都2000m　未勝利　　　　　　　1番人気　1着　0.1秒差　上がり2位
※関西馬。

2009年　3番人気　トーセンファントム
前走　東京1600m　OP　いちょうS　　3番人気　1着　0.2秒差　上がり2位
※関西馬。

2007年　3番人気　スズジュピター
前走　新潟1400m　OP　ダリア賞　　　2番人気　1着　0.3秒差　上がり1位
※関東馬。

2006年　4番人気　フライングアップル
前走　福島1700m　500万　きんもくせい特別　1番人気　1着　0.2秒差　上がり2位
※関東馬。

2005年　5番人気　メイショウサムソン
前走　京都1800m　OP　萩S　　　　　2番人気　4着　0.9秒差　上がり？位

前々走　阪神1600m　ＯＰ　野路菊Ｓ　　　　1番人気　1着　0.1秒差　上がり1位
※関西馬。

2004年　2番人気　ペールギュント
前走　京都1600m　ＧⅡ　デイリー杯2歳Ｓ　9番人気　1着　0.2秒差　上がり1位
※関西馬。

2003年　6番人気　フォーカルポイント
前走　東京1800m　新馬　　　　　　　　　8番人気　1着　0.1秒差　上がり1位
※関東馬。

2002年　3番人気　タイガーモーション
前走　福島1700m　500万　きんもくせい特別　3番人気　1着　0.4秒差　上がり1位
※関東馬。

2001年　4番人気　マチカネアカツキ
前走　東京1600m　ＯＰ　いちょうＳ　　　1番人気　2着　0.1秒差　上がり1位
前々走　札幌1800m　ＯＰ　コスモス賞　　1番人気　1着　0.2秒差　上がり1位
※関東馬。

2000年　6番人気　ヒマラヤンブルー
前走　福島1700m　500万　きんもくせい特別　4番人気　1着　0.2秒差　上がり3位　逃げ
※関西馬。

京都2歳S

阪神競馬場　芝2000m　フルゲート16頭

（2019年までは京都競馬場 芝2000m）

2歳

馬齢　牡馬・騸馬55kg　牝馬54kg

🐎 京都2歳Sの真相

同名のオープン特別として1959年から親しまれ、2014年にGⅢに格付けされました。ここではその2014年以降の6回をもとに分析します。なお、今年は阪神開催ですが、一気に傾向が変わることはないという前提です。

さて、前週に有力関西馬が東上するGⅢ東スポ杯2歳Sがある影響でしょう、ここを勝った6頭の顔ぶれは小粒です。それでも全馬とも2歳重賞が要求する素養をそれまでのレースにおいて披露してきています。それなりの馬が勝ちますので、低レベルの混戦の際にやらかしてしまう無闇な穴狙いは避けましょう。また、牝馬は1週間後には牡馬より2kg軽くしてもらえます。それだけ能力差が明らかになってくるわけです。従って、負担重量1kg差の当レースにおいて牡馬に勝つのは至難と思いますので、2着はまだしも1着狙いは禁物です。これは1週前の東スポ杯2歳Sにも言えることで、現に両レース

計26回で一頭の牝馬も勝てていません。

本書で紹介する最後の2歳重賞です。たいぶ勘どころがわかってきたと思います。当レースが求める馬の素養を一文にまとめて次ページに掲載しましたので見てください。

🐴 1番人気で勝てる馬を浮かび上がらせる

大前提

牝馬ではない

ハードル❶

新馬・未勝利完勝→1勝クラス・OP特別
「2戦とも1番人気完勝」

ハードル❷

新馬・未勝利完勝→重賞
「前走1番人気」

それでは、まず1番人気馬にこの大前提とハードルを課し、勝てるか負けるかを判定しましょう。次ページからの【1番人気的中シート】を利用してください。

1番人気で勝てる馬【1番人気的中シート】

年度	京都2歳Sの1番人気馬	性別	大前提	ハードル❶	ハードル❷	判定	着順
大前提…………牝馬ではない ハードル❶……新馬・未勝利完勝→1勝クラス・OP特別「2戦とも1番人気完勝」 ハードル❷……新馬・未勝利完勝→重賞「前走1番人気」							
2020							
2020							
2019	マイラプソディ	牡	◎	◎		●	1着
2018	クラージュゲリエ	牡	◎		◎	●	1着
2017	タイムフライヤー	牡	◎	×		×	2着
2016	ヴァナヘイム	牡	◎	×		×	2着
2015	アドマイヤエイカン	牡	◎		×	×	3着
2014	ティルナノーグ	牡	◎	×		×	7着

単勝配当	結果		

1番人気的中シートの使い方

左のシートに今年の1番人気候補を記入し、過去の成績をもとに「勝てるか、勝てないか」を判定してください。「勝てない」とわかったら、2番人気以下で勝てる馬が浮かび上がる【穴馬的中シート】(後ろのページ)に進んでください。

単勝配当	結果	2番人気以下で勝った馬	人気	単勝配当	結果
¥150	大的中				
¥280	大的中				
	→	グレイル	2	¥480	大的中
	→	カデナ	3	¥380	大的中
	→	ドレッドノータス	3	¥600	大的中
	→	ベルラップ	6	¥1,950	大的中

過去6年、1番人気に応えて優勝した馬たちの近2走を紹介します。
✣1番人気で勝った馬一覧

2019年　マイラブソディ　　　　150円
前走　　阪神1800m　ＯＰ　野路菊Ｓ　　　　1番人気　1着　0.8秒差　上がり1位
前々走　中京2000m　新馬　　　　　　　　　 1番人気　1着　0.1秒差　上がり1位

2018年　クラージュゲリエ　　　280円
前走　　札幌1800m　ＧⅢ　札幌2歳Ｓ　　　1番人気　3着　0.1秒差　上がり1位
前々走　札幌1800m　新馬　　　　　　　　　 2番人気　1着　0.3秒差　上がり1位

過去6年、1番人気に応えられず2着以下に負けた馬たちの前走成績と実績を紹介します。
✤1番人気で負けた馬一覧

2017年　タイムフライヤー　　　2着
前走　　京都1800m　ＯＰ　萩Ｓ　　　　　　1番人気　1着　0.7秒差　上がり1位
前々走　阪神1800m　未勝利　　　　　　　　 2番人気　1着　0.1秒差　上がり1位

2016年　ヴァナヘイム　　　　　2着
前走　　京都1800m　ＯＰ　萩Ｓ　　　　　　1番人気　2着　0.3秒差　上がり1位
前々走　小倉1800m　新馬　　　　　　　　　 1番人気　1着　0.1秒差　上がり1位

2015年　アドマイヤエイカン　　3着
前走　　札幌1800m　ＧⅢ　札幌2歳Ｓ　　　2番人気　1着　0.0秒差　上がり1位
前々走　函館1800m　新馬　　　　　　　　　 1番人気　1着　0.4秒差　上がり1位　　逃げ

2014年　ティルナノーグ　　　　7着
前走　　京都2000m　500万　紫菊賞　　　　2番人気　1着　0.0秒差　上がり1位
前々走　阪神1800m　新馬　　　　　　　　　 1番人気　1着　0.0秒差　上がり2位

◆１番人気が飛ぶとわかったらココへ

１番人気が「負ける」とわかったら、２番人気以下から勝つ馬を見つけます。簡単です。大前提を満たし、２つのハードルのうち１つをクリアした馬しか勝ちませんので、【穴馬的中シート】を利用して見つけだしてください。

🐴 ２番人気以下で勝てる馬を浮かび上がらせる

> **大前提**
> ## 前走2000m以上「上がり１位、あるいは３角先頭」
>
> **ハードル❶**
> ## 前走新馬１番人気１着
>
> **ハードル❷**
> ## 前走１勝クラス連対（負けていても0.1秒差）

２番人気以下で勝てる馬【穴馬的中シート】

条件	馬番 or 馬名
大前提 クリア	
ハードル❶ クリア	
ハードル❷ クリア	

過去６年、２番人気以下で優勝した馬たちの近走成績を紹介します。
◉２番人気以下で勝った馬一覧

2017年　２番人気　グレイル　　　　　　　480円
前走　京都2000m　新馬　　　　　　　　　１番人気　１着　0.0秒差　上がり１位

2016年　３番人気　カデナ　　　　　　　　380円
前走　東京2000m　500万　百日草特別　　３番人気　２着　0.1秒差　上がり１位
前々走　阪神1800m　未勝利　　　　　　　１番人気　１着　0.1秒差　上がり１位

2015年　３番人気　ドレッドノータス　　　600円
前走　京都2000m　新馬　　　　　　　　　１番人気　１着　0.0秒差　上がり？位　　３角先頭

2014年　６番人気　ベルラップ　　　　　　1950円
前走　京都2000m　500万　黄菊賞　　　　５番人気　１着　0.0秒差　上がり１位
前々走　阪神1800m　ＯＰ　野路菊Ｓ　　　５番人気　５着　0.4秒差　上がり３位
３走前　阪神1600m　新馬　　　　　　　　２番人気　１着　0.3秒差　上がり１位

◆２着馬を見つけるのはココで

２着候補も２番人気以下から見つけます。大前提とハードルをクリアした馬しか来ませんので簡単にわかります。こちらも【穴馬的中シート】を活用して見つけてください。
なお、１番人気に応えられなくても２着に来ることはありますので、１番人気馬は無条件で２着候補です。

🐎 ２番人気以下で２着に入れる馬を浮かび上がらせる

大前提
前走1800m以上「上がり１位、あるいは逃げ」

ハードル❶
前走完勝

2番人気以下で2着に入れる馬【穴馬的中シート】

条件	馬番 or 馬名
大前提 クリア	
ハードル❶ クリア	

過去6年、2番人気以下で2着に入った馬たちの近走成績を紹介します。
◇2番人気以下で2着に入った馬一覧

2019年　2番人気　牝馬　ミヤマザクラ
前走　　札幌2000m　未勝利　　　　　　　2番人気　1着　0.8秒差　上がり1位

2018年　4番人気　ブレイキングドーン
前走　　阪神1800m　新馬　　　　　　　　8番人気　1着　0.5秒差　上がり1位
※新馬勝ち後の10月27日京都1800mオープン特別萩Sにエントリーするも除外。

2015年　5番人気　リスペクトアース
前走　　東京2000m　新馬　　　　　　　　3番人気　1着　0.3秒差　上がり3位　逃げ

2014年　2番人気　ダノンメジャー
前走　　阪神1800m　OP　野路菊S　　　1番人気　1着　0.1秒差　上がり1位
前々走　小倉1800m　新馬　　　　　　　　1番人気　1着　0.3秒差　上がり1位

ジャパンC

11月29日（日）

東京競馬場　芝2400m　フルゲート18頭
（2002年は中山競馬場 芝2200m）

3歳以上

定量　3歳55kg　4歳以上57kg（牝馬2kg減）

🐎 ジャパンCの真相

創設当初から何年ものあいだ多くの外国馬が参戦していたジャパンC。なぜ国内GIのようになってしまったのでしょう。日本馬が強くなって賞金が稼ぎづらくなり足が遠のいたのが大きな要因でしょうが、では21世紀に入って獲得した日本馬の強さとは、いったいどんな強さなのでしょう。

それは、思うに、切れ味です。

外国馬は切れ負けしている

のです。軽い芝の直線約526mで、キレキレの末脚を発揮する日本馬に交わされるし追いつけないわけです。

それは同じ東京競馬場のGIである天皇賞・秋（芝2000m）では要求されない「上がり3ハロン」という要素が、このジャパンCで求められていることからもうかがえます。逆に言えば、

天皇賞・秋を外国馬に積極的に開放

すれば、優勝馬が出てくると思います。

今年はコロナ禍で来日がどうなるか不透明ですが、外国馬は上がり3ハロンのデータが開示されないことが多く、1番人気に推されるような大物に来てもらいたい一方で、来てもらったら困るかも……。それはさておき、次ページからの"本質"を突いた一文をもとに勝ち馬を見つけてください。

♞ 1番人気で勝てる馬を浮かび上がらせる

大前提
前走1番人気

3～4歳　　ハードル❶
2000m以上ＧＩ上がり１位１着歴
（３歳および３歳牝馬限定競走を含む）

5歳　　　　ハードル❷
当年ＧＩ上がり１位完勝歴

それでは、まず１番人気馬にこの大前提とハードルを課し、勝てるか負けるかを判定しましょう。次ページからの【１番人気的中シート】を利用してください。

1番人気で勝てる馬 【1番人気的中シート】

年度	ジャパンCの 1番人気馬	性齢	大前提	3〜4歳 ハードル❶	5歳 ハードル❷	判定	着順
大前提…………………前走1番人気 3〜4歳 ハードル❶……2000m以上GⅠ上がり1位1着歴（3歳および3歳牝馬限定競走を含む） 5歳 ハードル❷……当年GⅠ上がり1位完勝歴							
2020							
2020							
2019	レイデオロ	牡5	◎		×	×	11着
2018	アーモンドアイ	牝3	◎	◎		◉	1着
2017	キタサンブラック	牡5	◎		×	×	3着
2016	キタサンブラック	牡4	◎	◎		◉	1着
2015	ラブリーデイ	牡5	◎		×	×	3着
2014	ジェンティルドンナ	牝5	×			×	4着
2013	ジェンティルドンナ	牝4	◎	◎		◉	1着
2012	オルフェーヴル	牡4	×			×	2着
2011	デインドリーム	牝3	×			×	6着
2010	ブエナビスタ	牝4	◎	◎		◉	2着
2009	ウオッカ	牝5	◎	◎		◉	1着
2008	ディープスカイ	牡3	×			×	2着
2007	メイショウサムソン	牡4	◎	×		×	3着
2006	ディープインパクト	牡4	◎	◎		◉	1着
2005	ゼンノロブロイ	牡5	◎		×	×	3着
2004	ゼンノロブロイ	牡4	◎	◎		◉	1着
2003	シンボリクリスエス	牡4	◎	◎		◉	3着
2002	シンボリクリスエス	牡3	×			×	3着
2001	テイエムオペラオー	牡5	◎		×	×	2着
2000	テイエムオペラオー	牡4	◎	◎		◉	1着

単勝配当	結果	1番人気的中シートの使い方			
		左のシートに今年の1番人気候補を記入し、過去の成績をもとに「勝てるか、勝てないか」を判定してください。「勝てない」とわかったら、2番人気以下で勝てる馬が浮かび上がる【穴馬的中シート】（後ろのページ）に進んでください。			
		2番人気以下で勝った馬	人気	単勝配当	結果
	→	スワーヴリチャード	3	¥510	大的中
¥140	大的中				
	→	シュヴァルグラン	5	¥1,330	大的中
¥380	大的中				
	→	ショウナンパンドラ	4	¥920	大的中
	→	エピファネイア	4	¥890	大的中
¥210	大的中				
	→	ジェンティルドンナ	3	¥660	大的中
	→	ブエナビスタ	2	¥340	大的中
	→	ローズキングダム	4	¥880	
¥360	大的中				
	→	スクリーンヒーロー	9	¥4,100	大的中
	→	アドマイヤムーン	5	¥1,090	大的中
¥130	大的中				
	→	アルカセット	3	¥1,060	大的中
¥270	大的中				
	ハズレ	タップダンスシチー	4	¥1,380	
	→	ファルブラヴ	9	¥2,050	大的中
	→	ジャングルポケット	2	¥420	大的中
¥150	大的中				

ジャパンC

過去20年、1番人気に応えて優勝した馬たちの前走成績と実績を紹介します。
まず3〜4歳馬から。❖1番人気で勝った3歳馬（実績はGⅡ1着以上を列記。以下同様）

2018年　アーモンドアイ　　牝3　140円

前走	京都2000m	牝馬GⅠ	秋華賞	1番人気	1着	0.2秒差	上がり1位	1カ月半
実績	東京2400m	牝馬GⅠ	オークス	1番人気	1着	0.3秒差	上がり1位	
実績	阪神1600m	牝馬GⅠ	桜花賞	2番人気	1着	0.3秒差	上がり1位	

❖1番人気で勝った4歳馬一覧

2016年　キタサンブラック　　牡4　380円

前走	京都2400m	GⅡ	京都大賞典	1番人気	1着	0.0秒差	上がり？位	1カ月半
実績	中山2200m	GⅡ	セントライト記念	6番人気	1着	0.1秒差	上がり？位	4角先頭
実績	中山1800m	GⅡ	スプリングS	5番人気	1着	0.0秒差	上がり？位	4角先頭
実績	京都3200m	GⅠ	天皇賞・春	2番人気	1着	0.0秒差	上がり？位	逃げ
実績	京都3000m	GⅠ	菊花賞	5番人気	1着	0.0秒差	上がり1位	

2013年　ジェンティルドンナ　　牝4　210円

前走	東京2000m	GⅠ	天皇賞・秋	1番人気	2着	0.7秒差	上がり3位	1カ月
実績	阪神1800m	牝馬GⅡ	ローズS	1番人気	1着	0.2秒差	上がり3位	
実績	東京2400m	GⅠ	ジャパンC	3番人気	1着	0.0秒差	上がり2位	
実績	京都2000m	牝馬GⅠ	秋華賞	1番人気	1着	0.0秒差	上がり3位	
実績	東京2400m	牝馬GⅠ	オークス	3番人気	1着	0.8秒差	上がり1位	
実績	阪神1600m	牝馬GⅠ	桜花賞	2番人気	1着	0.1秒差	上がり1位	
実績	UAE2410m	GⅠ	ドバイシーマクラシック	1番人気	2着	0.4秒差		

2006年　ディープインパクト　　牡4　130円

前走	仏国2400m	GⅠ	凱旋門賞	1番人気	失格	(0.1秒差　3位入線)		2カ月
実績	阪神3000m	GⅡ	阪神大賞典	1番人気	1着	0.6秒差	上がり1位	
実績	阪神2000m	GⅡ	神戸新聞杯	1番人気	1着	0.4秒差	上がり1位	
実績	中山2000m	GⅡ	弥生賞	1番人気	1着	0.0秒差	上がり1位	
実績	京都2200m	GⅠ	宝塚記念	1番人気	1着	0.7秒差	上がり1位	
実績	京都3200m	GⅠ	天皇賞・春	1番人気	1着	0.6秒差	上がり1位	
実績	京都3000m	GⅠ	菊花賞	1番人気	1着	0.3秒差	上がり1位	
実績	東京2400m	GⅠ	ダービー	1番人気	1着	0.8秒差	上がり1位	
実績	中山2000m	GⅠ	皐月賞	1番人気	1着	0.4秒差	上がり1位	
実績	中山2500m	GⅠ	有馬記念	1番人気	2着	0.1秒差	上がり1位	

2004年　ゼンノロブロイ　　牡4　270円

前走	東京2000m	GⅠ	天皇賞・秋	1番人気	1着	0.2秒差	上がり1位	1カ月
実績	阪神2000m	GⅡ	神戸新聞杯	3番人気	1着	0.6秒差	上がり1位	
実績	東京2400m	GⅡ	青葉賞	1番人気	1着	0.2秒差	上がり2位	
実績	京都3200m	GⅠ	天皇賞・春	4番人気	2着	1.1秒差	上がり？位	
実績	東京2400m	GⅠ	ダービー	3番人気	2着	0.1秒差	上がり2位	

2000年　テイエムオペラオー　牡4　150円							
前走	東京2000m	GI	天皇賞・秋	1番人気	1着	0.4秒差	上がり1位	1カ月
実績	京都2400m	GII	京都大賞典	1番人気	1着	0.0秒差	上がり2位	
実績	阪神3000m	GII	阪神大賞典	1番人気	1着	0.4秒差	上がり1位	
実績	京都2200m	GII	京都記念	1番人気	1着	0.0秒差	上がり1位	
実績	阪神2200m	GI	宝塚記念	1番人気	1着	0.0秒差	上がり1位	
実績	京都3200m	GI	天皇賞・春	1番人気	1着	0.1秒差	上がり2位	
実績	中山2000m	GI	皐月賞	5番人気	1着	0.0秒差	上がり1位	
実績	京都3000m	GI	菊花賞	2番人気	2着	0.1秒差	上がり1位	

続いて5歳馬。❖1番人気で勝った5歳馬一覧

2009年　ウオッカ　　　　牝5　360円							
前走	東京2000m	GI	天皇賞・秋	1番人気	3着	0.3秒差	上がり1位	1カ月
実績	東京1600m	GI	安田記念	1番人気	1着	0.1秒差	上がり3位	
実績	東京1600m	牝馬GI	ヴィクトリアマイル	1番人気	1着	1.2秒差	上がり1位	
実績	東京2000m	GI	天皇賞・秋	1番人気	1着	0.0秒差	上がり?位	
実績	東京1600m	GI	安田記念	2番人気	1着	0.6秒差	上がり1位	当年
実績	東京2400m	GI	ダービー	3番人気	1着	0.5秒差	上がり1位	
実績	阪神1600m	牝馬GI	阪神JF	4番人気	1着	0.0秒差	上がり1位	
実績	東京1600m	牝馬GI	ヴィクトリアマイル	1番人気	2着	0.1秒差	上がり1位	
実績	阪神1600m	牝馬GI	桜花賞	1番人気	2着	0.2秒差	上がり2位	

過去20年、1番人気に応えられず2着以下に負けた馬たちの前走成績と実績を紹介します。
まず3〜4歳馬から。❖1番人気で負けた3歳馬一覧

2011年　デインドリーム　牝3　6着							
前走	仏国2400m	GI	凱旋門賞	10番人気	1着	圧勝（5馬身差）2カ月	
実績	独国2400m	GI	バーデン大賞	2番人気	1着		
実績	独国2400m	GI	ベルリン大賞	7番人気	1着		
実績	伊国2200m	GII	オークスイタリアーノ	1番人気	1着		
※前走10番人気。							

2008年　ディープスカイ　牡3　2着							
前走	東京2000m	GI	天皇賞・秋	3番人気	3着	0.0秒差	上がり?位	1カ月
実績	阪神2400m	GII	神戸新聞杯	1番人気	1着	0.0秒差	上がり?位	
実績	東京2400m	GI	ダービー	1番人気	1着	0.2秒差	上がり1位	
実績	東京1600m	GI	NHKマイルC	1番人気	1着	0.3秒差	上がり1位	
※前走3番人気。							

2002年　シンボリクリスエス　牡3　3着							
前走	東京2000m	GI	天皇賞・秋	3番人気	1着	0.1秒差	上がり?位	1カ月
実績	阪神2000m	GII	神戸新聞杯	1番人気	1着	0.4秒差	上がり2位	
実績	東京2400m	GII	青葉賞	1番人気	1着	0.4秒差	上がり1位	
実績	東京2400m	GI	ダービー	3番人気	2着	0.2秒差	上がり2位	

※前走３番人気。2000m以上ＧⅠ１着＆上がり１位がありません。

◈１番人気で負けた４歳馬一覧

2012年　オルフェーヴル　牡4　2着

前走	仏国2400m	ＧⅠ	凱旋門賞	2番人気	2着	0.0秒差？	1カ月半
実績	仏国2400m	ＧⅡ	フォワ賞	1番人気	1着	0.3秒差？	
実績	阪神2400m	ＧⅡ	神戸新聞杯	1番人気	1着	0.4秒差	上がり1位
実績	阪神1800m	ＧⅡ	スプリングS	1番人気	1着	0.1秒差	上がり1位
実績	阪神2200m	ＧⅠ	宝塚記念	1番人気	1着	0.3秒差	上がり1位
実績	中山2500m	ＧⅠ	有馬記念	1番人気	1着	0.1秒差	上がり2位
実績	京都3000m	ＧⅠ	菊花賞	1番人気	1着	0.4秒差	上がり2位
実績	東京2400m	ＧⅠ	ダービー	1番人気	1着	0.3秒差	上がり2位
実績	東京2000m	ＧⅠ	皐月賞	4番人気	1着	0.5秒差	上がり1位

※前走２番人気。

2010年　ブエナビスタ　牝4　2着　1位入線

前走	東京2000m	ＧⅠ	天皇賞・秋	1番人気	1着	0.3秒差	上がり2位	1カ月
実績	京都2200m	ＧⅡ	京都記念	1番人気	1着	0.1秒差	上がり2位
実績	東京1600m	牝馬GⅠ	ヴィクトリアマイル	1番人気	1着	0.0秒差	上がり2位
実績	東京2400m	牝馬GⅠ	オークス	1番人気	1着	0.0秒差	上がり1位
実績	阪神1600m	牝馬GⅠ	桜花賞	1番人気	1着	0.1秒差	上がり1位
実績	阪神1600m	牝馬GⅠ	阪神ＪＦ	1番人気	1着	0.4秒差	上がり1位
実績	阪神2200m	ＧⅠ	宝塚記念	1番人気	2着	0.1秒差	上がり3位
実績	UAE2410m	ＧⅠ	ドバイシーマクラシック		2着	0.1秒差	
実績	中山2500m	ＧⅠ	有馬記念	1番人気	2着	0.1秒差	上がり3位
実績	京都2000m	牝馬GⅠ	秋華賞	1番人気	3着 (ハナ差2位入線)	0.0秒差	上がり2位

※勝ってよい馬です。実際に上がり１位の末脚を繰り出し２位入線馬に0.3秒差をつけて１位入線しています。

2007年　メイショウサムソン　牡4　3着

前走	東京2000m	ＧⅠ	天皇賞・秋	1番人気	1着	0.4秒差	上がり3位	1カ月
実績	阪神2000m	ＧⅡ	産経大阪杯	1番人気	1着	0.1秒差	上がり2位
実績	中山1800m	ＧⅡ	スプリングS	4番人気	1着	0.0秒差	上がり？位
実績	京都3200m	ＧⅠ	天皇賞・春	2番人気	1着	0.0秒差	上がり？位
実績	東京2400m	ＧⅠ	ダービー	1番人気	1着	0.1秒差	上がり2位
実績	中山2000m	ＧⅠ	皐月賞	6番人気	1着	0.1秒差	上がり3位
実績	阪神2200m	ＧⅠ	宝塚記念	2番人気	2着	0.1秒差	上がり？位

※2000m以上ＧⅠ１着＆上がり１位がありません。

2003年　シンボリクリスエス　牡4　3着

前走	東京2000m	ＧⅠ	天皇賞・秋	1番人気	1着	0.2秒差	上がり2位	1カ月
実績	阪神2000m	ＧⅡ	神戸新聞杯	1番人気	1着	0.4秒差	上がり2位
実績	東京2400m	ＧⅡ	青葉賞	1番人気	1着	0.4秒差	上がり1位
実績	中山2500m	ＧⅠ	有馬記念	2番人気	1着	0.1秒差	上がり1位

実績　東京2000m　GⅠ　天皇賞・秋　　3番人気　1着　0.1秒差　上がり？位
実績　東京2400m　GⅠ　ダービー　　3番人気　2着　0.2秒差　上がり2位

◉勝ち時計2分28秒7（3着シンボリクリスエスは2分30秒3！）という重馬場で参考外。2002年は中山競馬場でしたので、その前の2001年ジャパンCの勝ち時計を見ると2分23秒8。約5秒も遅い馬場ではシンボリクリスエスの末脚は封じられてしまいます。勝ったのが逃げたタップダンスシチー、2着がずっと2番手追走だったザッツザプレンティだったことがその証左でしょう。ちなみに、これより遅い勝ち時計のジャパンCは1985年シンボリルドルフが勝った2分28秒8という重馬場です（同じシンボリ繋がり）。

次に5歳馬。♔1番人気で負けた5歳馬一覧

2019年　レイデオロ　　　牡5　11着

前走	中山2200m	GⅡ	オールカマー	1番人気	4着	0.4秒差	上がり3位	2カ月
実績	中山2200m	GⅡ	オールカマー	1番人気	1着	0.0秒差	上がり1位	
実績	阪神2400m	GⅡ	神戸新聞杯	1番人気	1着	0.3秒差	上がり2位	
実績	中山2000m	GⅡ	ホープフルS	1番人気	1着	0.2秒差	上がり1位	
実績	東京2000m	GⅠ	天皇賞・秋	2番人気	2着	0.2秒差	上がり2位	
実績	東京2400m	GⅠ	ダービー	2番人気	1着	0.1秒差	上がり？位	
実績	中山2500m	GⅠ	有馬記念	1番人気	2着	0.0秒差	上がり1位	
実績	東京2400m	GⅠ	ジャパンC	2番人気	2着	0.2秒差	上がり1位	

※当年GⅠ上がり1位完勝なし（5歳時未連対）。

2017年　キタサンブラック　　牡5　3着

前走	東京2000m	GⅠ	天皇賞・秋	1番人気	1着	0.0秒差	上がり1位	1カ月
実績	京都2400m	GⅡ	京都大賞典	1番人気	1着	0.0秒差	上がり？位	
実績	中山2200m	GⅡ	セントライト記念	6番人気	1着	0.1秒差	上がり？位	4角先頭
実績	中山1800m	GⅡ	スプリングS	5番人気	1着	0.0秒差	上がり？位	4角先頭
実績	京都3200m	GⅠ	天皇賞・春	1番人気	1着	0.2秒差	上がり3位	4角先頭
実績	阪神2000m	GⅠ	大阪杯	1番人気	1着	0.1秒差	上がり？位	
実績	東京2400m	GⅠ	ジャパンC	1番人気	1着	0.4秒差	上がり？位	逃げ
実績	京都3200m	GⅠ	天皇賞・春	2番人気	1着	0.0秒差	上がり？位	逃げ
実績	京都3000m	GⅠ	菊花賞	5番人気	1着	0.0秒差	上がり1位	
実績	中山2500m	GⅠ	有馬記念	2番人気	2着	0.0秒差	上がり？位	

※当年GⅠ上がり1位完勝なし。

2015年　ラブリーデイ　　　牡5　3着

前走	東京2000m	GⅠ	天皇賞・秋	1番人気	1着	0.1秒差	上がり3位	1カ月
実績	京都2400m	GⅡ	京都大賞典	1番人気	1着	0.2秒差	上がり1位	
実績	京都2200m	GⅠ	京都記念	3番人気	1着	0.0秒差	上がり3位	
実績	阪神2200m	GⅠ	宝塚記念	6番人気	1着	0.0秒差	上がり？位	

※当年GⅠ上がり1位完勝なし。5歳時に8戦して6勝は消耗が激しい。

2014年　ジェンティルドンナ　　牝5　4着

前走	東京2000m	GⅠ	天皇賞・秋	2番人気	2着	0.1秒差	上がり？位	1カ月
実績	阪神1800m	牝馬GⅡ	ローズS	1番人気	1着	0.2秒差	上がり3位	

実績	UAE2410m	GI	ドバイシーマクラシック	2番人気	1着	0.3秒差		
実績	東京2400m	GI	ジャパンC	1番人気	1着	0.0秒差	上がり？位	
実績	東京2400m	GI	ジャパンC	3番人気	1着	0.0秒差	上がり2位	
実績	京都2000m	牝GI	秋華賞	1番人気	1着	0.0秒差	上がり3位	
実績	東京2400m	牝GI	オークス	3番人気	1着	0.8秒差	上がり1位	
実績	阪神1600m	牝GI	桜花賞	2番人気	1着	0.1秒差	上がり1位	
実績	東京2000m	GI	天皇賞・秋	1番人気	2着	0.7秒差	上がり3位	
実績	UAE2410m	GI	ドバイシーマクラシック	1番人気	2着	0.4秒差		

※前走2番人気。

2005年 ゼンノロブロイ 牡5 3着

前走	東京2000m	GI	天皇賞・秋	1番人気	2着	0.0秒差	上がり2位	1カ月
実績	阪神2000m	GII	神戸新聞杯	3番人気	1着	0.6秒差	上がり1位	
実績	東京2400m	GII	青葉賞	1番人気	1着	0.2秒差	上がり2位	
実績	中山2500m	GI	有馬記念	1番人気	1着	0.1秒差	上がり？位	
実績	東京2400m	GI	ジャパンC	1番人気	1着	0.5秒差	上がり1位	
実績	東京2000m	GI	天皇賞・秋	1番人気	1着	0.2秒差	上がり1位	
実績	英2080m	GI	インターナショナルS		2着	0.0秒差		
実績	京都3200m	GI	天皇賞・春	4番人気	2着	1.1秒差	上がり？位	
実績	東京2400m	GI	ダービー	3番人気	2着	0.1秒差	上がり2位	

◆1番人気が飛ぶとわかったらココへ

1番人気が「負ける」とわかったら、2番人気以下の馬から勝つ馬を見つけます。私が課す大前提とハードルを満たした馬しか勝ちませんので、【穴馬的中シート】を利用して見つけだしてください。

🐴2番人気以下で勝てる馬を浮かび上がらせる

大前提 **2カ月以上の休み明けではない**	**4歳　　　ハードル❸** **前走それ以外は、** **2000m以上GI馬**
3歳　　　ハードル❶ **2000m以上GI1着かつ上がり1位**	**5歳以上　ハードル❹** **前走2400m以上3歳以上** **GII1番人気**
4歳　　　ハードル❷ **前走2400m以上3歳以上GII完勝** ハードル❶❷は、3歳および3歳牝馬限定競走を含む。	**5歳以上　ハードル❺** **前走それ以外は、** **2000m以上GI馬**

※当年ＧＩ上がり１位完勝なし（５歳時未勝利）。

2001年　テイエムオペラオー　牡5　2着

前走	東京2000m	ＧＩ	天皇賞・秋	1番人気	2着	0.2秒差	上がり2位	1カ月
実績	京都2400m	ＧⅡ	京都大賞典	1番人気	1着	0.8秒差	上がり2位	
実績	京都2400m	ＧⅡ	京都大賞典	1番人気	1着	0.0秒差	上がり2位	
実績	阪神3000m	ＧⅡ	阪神大賞典	1番人気	1着	0.4秒差	上がり1位	
実績	京都2200m	ＧⅡ	京都記念	1番人気	1着	0.0秒差	上がり1位	
実績	京都3200m	ＧＩ	天皇賞・春	1番人気	1着	0.1秒差	上がり3位	
実績	中山2500m	ＧＩ	有馬記念	1番人気	1着	0.0秒差	上がり2位	
実績	東京2400m	ＧＩ	ジャパンＣ	1番人気	1着	0.0秒差	上がり2位	
実績	東京2000m	ＧＩ	天皇賞・秋	1番人気	1着	0.4秒差	上がり1位	
実績	阪神2200m	ＧＩ	宝塚記念	1番人気	1着	0.0秒差	上がり1位	
実績	京都3200m	ＧＩ	天皇賞・春	1番人気	1着	0.1秒差	上がり2位	
実績	中山2000m	ＧＩ	皐月賞	5番人気	1着	0.0秒差	上がり1位	
実績	阪神2200m	ＧＩ	宝塚記念	1番人気	2着	0.2秒差	上がり1位	
実績	京都3000m	ＧＩ	菊花賞	2番人気	2着	0.1秒差	上がり1位	

※当年ＧＩ上がり１位完勝なし。

◉４歳時に勝てたレース＝宝塚記念と天皇賞・秋で２着。その前兆は５歳初戦のＧⅡ産経大阪杯４着。結果として５歳時は上がり１位での勝利は一度もありませんでした。

2番人気以下で勝てる馬【穴馬的中シート】

条件	馬番 or 馬名
大前提 クリア	
3歳 ハードル❶クリア	
4歳 ハードル❷クリア	
4歳 ハードル❸クリア	
5歳以上 ハードル❹クリア	
5歳以上 ハードル❺クリア	

過去20年、2番人気以下で優勝した馬たちの前走成績と実績を紹介します。
まず3歳馬から。
◆2番人気以下で勝った3歳馬一覧

2012年　3番人気　ジェンティルドンナ　牝3　660円

前走	京都2000m	牝GI	秋華賞	1番人気	1着	0.0秒差	上がり3位	1カ月半
実績	阪神1800m	牝GII	ローズS	1番人気	1着	0.2秒差	上がり3位	
実績	東京2400m	牝GI	オークス	3番人気	1着	0.8秒差	上がり1位	
実績	阪神1600m	牝GI	桜花賞	2番人気	1着	0.1秒差	上がり1位	

2010年　4番人気　ローズキングダム　牡3　880円　2位入線

前走	京都3000m	GI	菊花賞	1番人気	2着	0.2秒差	上がり2位	1カ月
実績	阪神2400m	GII	神戸新聞杯	2番人気	1着	0.0秒差	上がり1位	
実績	中山1600m	GI	朝日杯FS	1番人気	1着	0.2秒差	上がり2位	
実績	東京2400m	GI	ダービー	5番人気	2着	0.0秒差	上がり2位	

◉ジャパンCの直線で2度大きな不利を受けていますが、それがなくても1位入線ブエナビスタを0.3秒上回る末脚を発揮できたかどうか。私はやはり2位入線だったと判断しています。同馬が1着候補として浮かび上がらないことが、その裏付けでもあります。

2001年　2番人気　ジャングルポケット　牡3　420円

前走	京都3000m	GI	菊花賞	1番人気	4着	0.4秒差	上がり3位	1カ月
実績	東京2400m	GI	ダービー	1番人気	1着	0.2秒差	上がり1位	

続いて4歳馬。
◆2番人気以下で勝った4歳馬一覧

2015年　4番人気　ショウナンパンドラ　牝4　920円

前走	東京2000m	GI	天皇賞・秋	5番人気	4着	0.2秒差	上がり1位	1カ月
実績	中山2200m	GII	オールカマー	3番人気	1着	0.2秒差	上がり1位	
実績	京都2000m	牝GI	秋華賞	3番人気	1着	0.0秒差	上がり3位	

2014年　4番人気　エピファネイア　牡4　890円

前走	東京2000m	GI	天皇賞・秋	4番人気	6着	0.2秒差	上がり?位	1カ月
実績	阪神2400m	GII	神戸新聞杯	1番人気	1着	0.4秒差	上がり2位	
実績	京都3000m	GI	菊花賞	1番人気	1着	0.8秒差	上がり2位	
実績	東京2400m	GI	ダービー	3番人気	2着	0.1秒差	上がり3位	
実績	中山2000m	GI	皐月賞	2番人気	2着	0.1秒差	上がり?位	

2008年　9番人気　スクリーンヒーロー　牡4　4100円

前走	東京2500m	GII	アルゼンチン共和国杯	3番人気	1着	0.2秒差	上がり?位	半月

2007年　5番人気　アドマイヤムーン　牡4　1090円

前走	東京2000m	GI	天皇賞・秋	2番人気	6着	0.7秒差	上がり?位	1カ月
実績	京都2200m	GII	京都記念	2番人気	1着	0.0秒差	上がり2位	
実績	札幌2000m	GII	札幌記念	1番人気	1着	0.2秒差	上がり1位	

実績	中山2000m	GⅡ	弥生賞	1番人気	1着	0.1秒差	上がり1位	
実績	阪神2200m	GⅠ	宝塚記念	3番人気	1着	0.1秒差	上がり1位	
実績	UAE1777m	GⅠ	ドバイデューティーフリー	1番人気	1着	0.1秒差		
実績	香港2000m	GⅠ	香港C	6番人気	2着	0.0秒差		

2002年　9番人気　ファルブラヴ　　牡4　2050円

前走	仏国2400m	GⅠ	凱旋門賞	9着	5馬身3/4差	1カ月半
実績	伊国2400m	GⅠ	ミラノ大賞典	1着	3馬身差	
実績	伊国2400m	GⅠ	イタリア共和国大統領賞	1着	1馬身1/4差	
実績	伊国2400m	GⅠ	デルビーイタリアーノ	2着	2馬身3/4差	

次に5歳以上馬。
◉2番人気以下で勝った5歳以上馬一覧

2019年　3番人気　スワーヴリチャード　牡5　510円

前走	東京2000m	GⅠ	天皇賞・秋	5番人気	7着	0.9秒差	上がり？位	1カ月
実績	中京2000m	GⅡ	金鯱賞	1番人気	1着	0.1秒差	上がり2位	
実績	東京2500m	GⅡ	アルゼンチン共和国杯	1番人気	1着	0.4秒差	上がり1位	
実績	阪神2000m	GⅡ	大阪杯	1番人気	1着	0.1秒差	上がり3位	3角先頭
実績	東京2400m	GⅠ	ダービー	3番人気	2着	0.1秒差	上がり3位	

2017年　5番人気　シュヴァルグラン　牡5　1330円

前走	京都2400m	GⅡ	京都大賞典	1番人気	3着	0.1秒差	上がり3位	1カ月半
実績	阪神3000m	GⅡ	阪神大賞典	1番人気	1着	0.4秒差	上がり1位	
実績	東京2500m	GⅡ	アルゼンチン共和国杯	2番人気	1着	0.1秒差	上がり3位	
実績	京都3200m	GⅠ	天皇賞・春	4番人気	2着	0.2秒差	上がり2位	

2011年　2番人気　ブエナビスタ　　牝5　340円

前走	東京2000m	GⅠ	天皇賞・秋	1番人気	4着	0.3秒差	上がり3位	1カ月
実績	京都2200m	GⅡ	京都記念	1番人気	1着	0.1秒差	上がり2位	
実績	東京2000m	GⅠ	天皇賞・秋	1番人気	1着	0.3秒差	上がり3位	
実績	東京1600m	牝GⅠ	ヴィクトリアマイル	1番人気	1着	0.0秒差	上がり2位	
実績	東京2400m	牝GⅠ	オークス	1番人気	1着	0.0秒差	上がり1位	
実績	阪神1600m	牝GⅠ	桜花賞	1番人気	1着	0.1秒差	上がり1位	
実績	阪神1600m	牝GⅠ	阪神JF	1番人気	1着	0.4秒差	上がり1位	
実績	阪神2200m	GⅠ	宝塚記念	1番人気	2着	0.2秒差	上がり1位	
実績	東京1600m	牝GⅠ	ヴィクトリアマイル	1番人気	2着	0.0秒差	上がり1位	
実績	中山2500m	GⅠ	有馬記念	1番人気	2着	0.0秒差	上がり1位	
実績	東京2400m	GⅠ	ジャパンC	1番人気	2着	0.3秒差	上がり1位	(1位入線)
実績	阪神2200m	GⅠ	宝塚記念	1番人気	2着	0.1秒差	上がり3位	
実績	UAE2410m	GⅠ	ドバイシーマクラシック		2着	0.1秒差	？	
実績	中山2500m	GⅠ	有馬記念	1番人気	2着	0.1秒差	上がり3位	
実績	京都2000m	牝GⅠ	秋華賞	1番人気	3着	(ハナ差2位入線) 0.0秒差	上がり2位	

2005年	3番人気	アルカセット		牡5	1060円		
前走	英国2000m	GⅠ	チャンピオンS		5着	0.7秒差	1カ月半
実績	仏2400m	GⅠ	サンクルー大賞		1着	0.0秒差	
実績	英国2400m	GⅡ	ジョッキークラブS		1着	0.0秒差	
実績	英国2400m	GⅠ	コロネーションC		2着	0.4秒差	

2003年	4番人気	タップダンスシチー		牡6	1380円			
前走	京都2400m	GⅡ	京都大賞典	1番人気	1着	0.2秒差	上がり1位 逃げ	1カ月半
実績	中京2000m	GⅡ	金鯱賞	4番人気	1着	0.1秒差	上がり？位	3角先頭
実績	中山2500m	GⅠ	有馬記念	13番人気	2着	0.1秒差	上がり？位	3角先頭

◆2着馬を見つけるのはココで

2着候補も2番人気以下から見つけます。簡単にできる大前提とハードルをよく読んで、こちらも【穴馬的中シート】を利用して見つけてください。

なお、1番人気に応えられなくても2着に来ることはありますので、1番人気馬は無条件で2着候補です。

🐴 2番人気以下で2着に入れる馬を浮かび上がらせる

大前提
3カ月以上の休み明けではない

3歳　　　ハードル❶
牝馬限定競走を含む2000m以上GⅠ1番人気か、連対（負けていても0.0秒差）」

4歳　　　ハードル❷
2200m以上「3歳GⅠ完勝、あるいは3歳以上GⅠ連対（負けていても0.0秒差）」

5歳以上　ハードル❸
2000m以上3歳以上「GⅡ2連勝、あるいはGⅠ連対（負けていても0.0秒差）」

2番人気以下で2着に入れる馬【穴馬的中シート】

条件	馬番 or 馬名
大前提 クリア	
3歳 ハードル❶クリア	
4歳 ハードル❷クリア	
5歳以上 ハードル❸クリア	

過去20年、2番人気以下で2着に入った馬たちの前走成績と実績を紹介します。
まず3歳馬から。

◇2番人気以下で2着に入った3歳馬一覧

2019年　5番人気　カレンブーケドール　牝3
前走　京都2000m　牝馬GI　秋華賞　　　　　　2番人気　2着　0.3秒差　上がり3位　1カ月半
実績　東京2400m　牝馬GI　オークス　　　　　12番人気　2着　0.0秒差　上がり1位

2017年　2番人気　レイデオロ　牡3
前走　阪神2400m　GII　神戸新聞杯　　　　　1番人気　1着　0.3秒差　上がり2位　2カ月
実績　中山2000m　GII　ホープフルS　　　　1番人気　1着　0.2秒差　上がり1位
実績　東京2400m　GI　ダービー　　　　　　2番人気　1着　0.1秒差　上がり？位

2013年　7番人気　デニムアンドルビー　牝3
前走　京都2200m　牝馬GI　エリザベス女王杯　3番人気　5着　0.5秒差　上がり1位　1カ月半
実績　阪神1800m　牝馬GII　ローズS　　　　　1番人気　1着　0.1秒差　上がり2位
実績　東京2000m　牝馬GII　フローラS　　　　1番人気　1着　0.1秒差　上がり2位
※東京2400m牝馬GIオークス1番人気3着0.5秒差上がり3位。

2006年　5番人気　ドリームパスポート　牡3
前走　京都3000m　GI　菊花賞　　　　　　　2番人気　2着　0.0秒差　上がり2位　1カ月
実績　中京2000m　GII　神戸新聞杯　　　　　3番人気　1着　0.0秒差　上がり3位
実績　中山2000m　GI　皐月賞　　　　　　　10番人気　2着　0.1秒差　上がり2位

2004年　2番人気　コスモバルク　牡3
前走　京都3000m　GI　菊花賞　　　2番人気　4着　0.3秒差　上がり？位　逃げ　1カ月
実績　中山2200m　GII　セントライト記念　1番人気　1着　0.0秒差　上がり3位　2角先頭

| 実績 | 中山2000m | GⅡ | 弥生賞 | 2番人気 | 1着 | 0.2秒差 | 上がり1位 | |
| 実績 | 中山2000m | GⅠ | 皐月賞 | 1番人気 | 2着 | 0.2秒差 | 上がり1位 | |

2003年　5番人気　ザッツザプレンティ　牡3
| 前走 | 京都3000m | GⅠ | 菊花賞 | 5番人気 | 1着 | 0.1秒差 | 上がり3位 | 1カ月 |

続いて4歳馬。
◇2番人気以下で2着に入った4歳馬一覧

2018年　4番人気　キセキ　牡4
| 前走 | 東京2000m | GⅠ | 天皇賞・秋 | 6番人気 | 3着 | 0.2秒差 | 上がり？位　逃げ | 1カ月 |
| 実績 | 京都3000m | GⅠ | 菊花賞 | 1番人気 | 1着 | 0.3秒差 | 上がり3位 | |

2009年　2番人気　オウケンブルースリ　牡4
前走	東京2000m	GⅠ	天皇賞・秋	3番人気	4着	0.8秒差	上がり3位	1カ月
実績	京都2400m	GⅡ	京都大賞典	3番人気	1着	0.1秒差	上がり2位	
実績	京都3000m	GⅠ	菊花賞	1番人気	1着	0.2秒差	上がり2位	

2005年　2番人気　ハーツクライ　牡4
前走	東京2000m	GⅠ	天皇賞・秋	2番人気	6着	0.3秒差	上がり3位	1カ月
実績	阪神2200m	GⅠ	宝塚記念	3番人気	2着	0.0秒差	上がり1位	
実績	東京2400m	GⅠ	ダービー	5番人気	2着	0.2秒差	上がり1位	
実績	京都2200m	GⅡ	京都新聞杯	2番人気	1着	0.1秒差	上がり1位	

2000年　5番人気　メイショウドトウ　牡4
前走	東京2000m	GⅠ	天皇賞・秋	2番人気	2着	0.4秒差	上がり？位	1カ月
実績	中山2200m	GⅡ	オールカマー	1番人気	1着	0.3秒差	上がり1位	
実績	阪神2200m	GⅠ	宝塚記念	6番人気	2着	0.0秒差	上がり2位	

次に5歳以上馬。
◇2番人気以下で2着に入った5歳以上馬一覧

2016年　5番人気　サウンズオブアース　牡5
前走	京都2400m	GⅡ	京都大賞典	3番人気	2着	0.2秒差	上がり2位	1カ月半
実績	中山2500m	GⅠ	有馬記念	5番人気	2着	0.0秒差	上がり2位	
実績	京都3000m	GⅠ	菊花賞	4番人気	2着	0.1秒差	上がり1位	

2015年　7番人気　ラストインパクト　牡5
前走	東京2000m	GⅠ	天皇賞・秋	9番人気	12着	0.8秒差	上がり？位	1カ月
実績	中京2000m	GⅡ	金鯱賞	1番人気	1着	0.2秒差	上がり1位	
実績	京都2400m	GⅡ	京都大賞典	3番人気	1着	0.0秒差	上がり3位	

2014年　3番人気　ジャスタウェイ　牡5
| 前走 | 仏国2400m | GⅠ | 凱旋門賞 | 3番人気 | 8着 | 2カ月半 | | |
| 実績 | 東京1600m | GⅠ | 安田記念 | 1番人気 | 1着 | 0.0秒差 | 上がり1位 | |

実績	UAE1800m	GⅠ	ドバイデューティーフリー	1番人気	1着	6馬身1/4		
実績	東京2000m	GⅠ	天皇賞・秋	5番人気	1着	0.7秒差	上がり1位	
実績	中山1800m	GⅡ	中山記念	2番人気	1着	0.6秒差	上がり1位	

※世界1位。

2011年　6番人気　トーセンジョーダン　牡5

前走	東京2000m	GⅠ	天皇賞・秋	7番人気	1着	0.1秒差	上がり2位	1カ月
実績	札幌2000m	GⅡ	札幌記念	1番人気	1着	0.0秒差	上がり3位	
実績	中山2200m	GⅡ	ＡＪＣＣ	1番人気	1着	0.1秒差	上がり3位	
実績	東京2500m	GⅡ	アルゼンチン共和国杯	1番人気	1着	0.3秒差	上がり1位	

2002年　11番人気　サラファン　騙5

前走	米国1300m	GⅢ	モーヴィックハンデキャップ	2番人気	4着	0.1秒差	半月	
実績	米国1800m	GⅡ	エクスプローシヴビッドハンデキャップ	5番人気	1着	クビ差		
実績	米国1800m	GⅠ	エディリードハンデキャップ	2番人気	1着	0.2秒差		
実績	米国2000m	GⅠ	クレメントエルヘーシュ記念ターフチャンピオンシップS	1番人気	2着	0.2秒差		
実績	米国2000m	GⅠ	アーリントンミリオン	1番人気	2着	0.0秒差		

※米国の距離は「約」。秒差は推定。

2007年　4番人気　ポップロック　牡6

前走	東京2000m	GⅠ	天皇賞・秋	4番人気	4着	0.6秒差	上がり2位	1カ月
実績	東京2500m	GⅡ	目黒記念	1番人気	1着	0.0秒差	上がり2位	
実績	東京2500m	GⅡ	目黒記念	3番人気	1着	0.0秒差	上がり2位	
実績	中山2500m	GⅠ	有馬記念	6番人気	2着	0.5秒差	上がり？位	
実績	豪州3200m	GⅠ	メルボルンC	1番人気	2着	0.0秒差		

京阪杯

11月29日（日）

阪神競馬場　芝1200m　フルゲート18頭

３歳以上

別定　３歳55kg　４歳以上56kg（牝馬２kg減）

日本馬：収得賞金3000万円超過馬は、超過額2000万円毎１kg増

外国調教馬：ＧⅠ競走１着馬5kg増、ＧⅡ競走１着馬３kg増、
ＧⅢ競走１着馬1kg増（２歳時の成績を除く）

🐴 京阪杯の真相

2005年までは距離1800mだった京阪杯。現在は1200mと、まったく違うレースになっていますので、2006年からの14年間を分析して紹介していきます。なお、今年は阪神競馬場での開催ですが、傾向は変わらないものとします。

「短距離戦は短距離戦を見よ」

というのがGⅢスプリント戦の格言（私製）です。とにかく短距離での成績がモノを言うことを忘れないでください。

そして、当レースは賞金別定です。しかも「超過額2000万円毎1kg増」という、重賞で最もキツいルールの賞金別定。同じルールで行われるGⅢ関屋記念が参考になりますが、では、その関屋記念の大前提はなにでしょう？

1番人気に応えるには「3～6歳馬で加増なし」です。

京阪杯は2007年に3kg加増の5歳牝馬サンアディユが単勝1.8倍に応えています。まだ14年分のデータしかないので大前提にはしていませんが、

「1～2kgの加増はNG」

という一文が成り立つかもしれません。

それらを含めた当レースが求める1着馬・2着馬の素養を次ページ以降で確認してください。

🐴 1番人気で勝てる馬を浮かび上がらせる

大前提

1～2kgの加増ではない

※ハードルはすべて3歳以上芝1200m戦

3歳　ハードル❶

OP特別1番人気完勝歴か、
重賞連対歴

4歳　ハードル❷

重賞完勝歴

5歳　ハードル❸

GⅠ連対歴

それでは、まず1番人気馬にこの大前提とハードルを課し、勝てるか負けるかを判定しましょう。次ページからの【1番人気的中シート】を利用してください。

1番人気で勝てる馬【1番人気的中シート】

年度	京阪杯の1番人気馬	性齢	負担重量	大前提	3歳ハードル❶	4歳ハードル❷	5歳ハードル❸
大前提……………………1〜2kgの加増ではない ※ハードルはすべて3歳以上芝1200m戦 3歳　ハードル❶……OP特別1番人気完勝歴か、重賞連対歴					4歳　ハードル❷……重賞完勝歴 5歳　ハードル❸……GⅠ連対歴		
2020							
2020							
2019	モズスーパーフレア	牝4	56kg	×			
2018	ダノンスマッシュ	牡3	55kg	◎	◎		
2017	ソルヴェイグ	牝4	54kg	◎		×	
2016	メラグラーナ	牝4	54kg	◎		×	
2015	ビッグアーサー	牡4	56kg	◎		×	
2014	レッドオーヴァル	牝4	54kg	◎		×	
2013	プレイズエターナル	牡3	55kg	◎	×		
2012	アドマイヤセプター	牝4	54kg	◎		×	
2011	ロードカナロア	牡3	55kg	◎	◎		
2010	ダッシャーゴーゴー	牡3	56kg	×			
2009	アルティマトゥーレ	牝5	55kg	×			
2008	ビービーガルダン	牡4	56kg	◎		×	
2007	サンアディュ	牝5	57kg	◎			◎
2006	イースター	牡3	55kg	◎	×		

判定	着順	単勝配当	結果	2番人気以下で勝った馬	人気	単勝配当	結果

1番人気的中シートの使い方

左のシートに今年の1番人気候補を記入し、過去の成績をもとに「勝てるか、勝てないか」を判定してください。「勝てない」とわかったら、2番人気以下で勝てる馬が浮かび上がる【穴馬的中シート】（後ろのページ）に進んでください。

判定	着順	単勝配当	結果	2番人気以下で勝った馬	人気	単勝配当	結果
×	8着		→	ライトオンキュー	2	¥550	大的中
◉	1着	¥340	大的中				
×	9着		→	ネロ	9	¥3,690	大的中
×	14着		→	ネロ	2	¥410	大的中
×	2着		→	サトノルパン	4	¥1,560	大的中
×	9着		→	アンバルブライベン	5	¥1,130	大的中
×	4着		→	アースソニック	7	¥1,580	大的中
×	2着		→	ハクサンムーン	10	¥3,410	大的中
◉	1着	¥160	大的中				
×	10着		→	スプリングソング	2	¥740	大的中
×	8着		→	プレミアムボックス	7	¥1,730	大的中
×	6着		→	ウエスタンダンサー	4	¥960	大的中
◉	1着	¥180	大的中				
×	9着		→	アンバージャック	4	¥640	大的中

過去14年、1番人気に応えて優勝した馬たちの前走成績と実績を紹介します。
まず3歳馬から。
❖1番人気で勝った3歳馬一覧（実績は芝1000m・芝1200m戦を列記。以下同様）

2018年　ダノンスマッシュ　牡3　55kg　340円
前走　札幌1200m　GⅢ　キーンランドC　　　　　4番人気　2着　0.4秒差　3カ月
実績　函館1200m　1600万　函館日刊スポーツ杯　3番人気　1着　0.2秒差
※芝1200mオープン未勝利。

2011年　ロードカナロア　　牡3　55kg　160円
前走　京都1200m　OP　京洛S　　　　　　　　1番人気　1着　0.2秒差　半月
実績　京都1200m　OP　葵S　　　　　　　　　1番人気　1着　0.2秒差

続いて5歳馬。
❖1番人気で勝った5歳馬一覧

2007年　サンアディユ　　　牝5　57kg（＋3kg）180円
前走　中山1200m　GI　スプリンターズS　　　1番人気　2着　0.1秒差　2カ月
実績　新潟1000m　GⅢ　アイビスSD　　　　　13番人気　1着　0.1秒差
実績　阪神1200m　GⅡ　セントウルS　　　　　11番人気　1着　0.8秒差

過去14年、1番人気に応えられず2着以下に負けた馬たちの前走成績と実績を紹介します。
まず3歳馬から。
⊕1番人気で負けた3歳馬一覧

2013年　ブレイズエターナル　牡3　55kg　4着
前走　京都1200m　OP　京洛S　　　　　　　　1番人気　2着　0.1秒差　半月
実績　中山1200m　1600万　セプテンバーS　　　1番人気　1着　0.2秒差
※芝1200mオープン未勝利。

2010年　ダッシャーゴーゴー　牡3　56kg（＋1kg）10着
前走　中山1200m　GI　スプリンターズS　　　6番人気　4着　0.0秒差　2カ月
実績　阪神1200m　GⅡ　セントウルS　　　　　4番人気　1着　0.0秒差
実績　京都1200m　GⅢ　CBC賞　　　　　　　7番人気　2着　0.1秒差
実績　小倉1200m　GⅢ　小倉2歳S　　　　　　5番人気　2着　0.0秒差
※1kg加増がNG。

2006年　イースター　　　　　牡3　55kg　9着
前走、京都1800m　OP　カシオペアS　　　　　2番人気　3着　0.3秒差　1カ月半
※芝1200mOP初出走。

続いて4歳馬。
⊕1番人気で負けた4歳馬一覧

2019年　モズスーパーフレア　牝4　56kg（＋2kg）8着

前走　中山1200m　ＧⅠ　スプリンターズＳ　　　　3番人気　2着　0.1秒差　逃げ　2カ月
実績　中山1200m　ＧⅢ　オーシャンＳ　　　　　　1番人気　1着　0.2秒差　逃げ
実績　中山1200m　ＯＰ　カーバンクルＳ　　　　　1番人気　1着　0.2秒差　逃げ
※2kg加増がＮＧ。

2017年　ソルヴェイグ　　　　牝4　54kg　9着
前走　京都1200m　ＯＰ　オパールＳ　　　　　　　1番人気　1着　0.0秒差　逃げ　1カ月半
実績　札幌1200m　ＧⅢ　キーンランドＣ　　　　　2番人気　2着　0.0秒差
実績　函館1200m　ＧⅢ　函館ＳＳ　　　　　　　　12番人気　1着　0.0秒差
実績　中山1200m　ＧⅠ　スプリンターズＳ　　　　9番人気　3着　0.0秒差

2016年　メラグラーナ　　　　牝4　54kg　14着
前走　中山1200m　1600万　セプテンバーＳ　　　　1番人気　1着　0.1秒差　2カ月
※オープン初出走。

2015年　ビッグアーサー　　　牡4　56kg　2着
前走　京都1200m　ＯＰ　オパールＳ　　　　　　　1番人気　1着　0.5秒差　1カ月半
実績　小倉1200m　ＧⅢ　北九州記念　　　　　　　1番人気　2着　0.2秒差

2014年　レッドオーヴァル　　牝4　54kg　9着
前走　新潟1200m　ＧⅠ　スプリンターズＳ　　　　5番人気　3着　0.1秒差　2カ月
実績　札幌1200m　ＧⅢ　キーンランドＣ　　　　　1番人気　2着　0.0秒差
実績　札幌1200m　1600万　札幌日刊スポーツ杯　1番人気　1着　0.2秒差
※芝1200mオープン未勝利。

2012年　アドマイヤセプター　牝4　54kg　2着
前走　京都1400m　ＧⅡ　スワンＳ　　　　　　　　7番人気　3着　0.2秒差　1カ月
※芝1200mオープン未連対。

2008年　ビービーガルダン　牡4　56kg　6着
前走　中山1200m　ＧⅠ　スプリンターズＳ　　　　6番人気　3着　0.2秒差　2カ月
実績　札幌1200m　ＧⅢ　キーンランドＣ　　　　　2番人気　2着　0.1秒差　逃げ
実績　札幌1200m　1600万　札幌日刊スポーツ杯　1番人気　1着　0.2秒差　逃げ
※芝1200mオープン未勝利。

次に5歳馬。
✛1番人気で負けた5歳馬一覧

2009年　アルティマトゥーレ　牝5　55kg（＋1kg）8着
前走　中山1200m　ＧⅠ　スプリンターズＳ　　　　1番人気　5着　0.3秒差　2カ月
実績　阪神1200m　ＧⅡ　セントウルＳ　　　　　　5番人気　1着　0.4秒差

◆1番人気が飛ぶとわかったらココへ

1番人気が「負ける」とわかったら、2番人気以下の馬から勝つ馬を見つけます。大前提とハードルを満たした馬しか勝ちませんので、【穴馬的中シート】を利用して見つけだしてください。

2番人気以下で勝てる馬を浮かび上がらせる

大前提
３カ月以上の休み明けではない

※ハードルはすべて３歳以上芝1200ｍ戦
３歳　ハードル❶
前走「ＯＰ特別１番人気、あるいは準ＯＰ１着」

４歳　ハードル❷
近２走で「ＯＰ特別連対、あるいは準ＯＰ１番人気完勝」

５歳　ハードル❸
ＯＰ特別「前走圧勝、あるいは１番人気完勝歴」

６歳　ハードル❹
重賞圧勝歴か、重賞２勝

2番人気以下で勝てる馬【穴馬的中シート】

条件	馬番 or 馬名
大前提 クリア	
3歳 ハードル❶クリア	
4歳 ハードル❷クリア	
5歳 ハードル❸クリア	
6歳 ハードル❹クリア	

過去14年、2番人気以下で優勝した馬たちの前走成績と実績を紹介します。
まず3歳馬から。
◉2番人気以下で勝った3歳馬一覧

2012年　10番人気　ハクサンムーン　　牡3　55kg　3410円
前走　京都1200m　ＯＰ　京洛Ｓ　　　　　1番人気　15着　1.6秒差　逃げ　半月
実績　阪神1200m　1600万　道頓堀Ｓ　　　1番人気　1着　0.3秒差　逃げ
※芝1200mオープン未連対。

2006年　4番人気　アンバージャック　　牡3　55kg　640円
前走　京都1200m　1600万　京洛Ｓ　　　　9番人気　1着　0.0秒差　1カ月半
※芝1200mオープン未連対。

続いて4歳馬。
◉2番人気以下で勝った4歳馬一覧

2019年　2番人気　ライトオンキュー　　牡4　56kg　550円
前走　札幌1200m　ＧⅢ　キーンランドＣ　11番人気　4着　0.2秒差　3カ月
前々走　札幌1200m　ＯＰ　ＵＨＢ賞　　　　4番人気　2着　0.2秒差
4走前　中山1200m　1600万　船橋Ｓ　　　　1番人気　1着　0.2秒差
※芝1200mＯＰ未勝利。

2015年　4番人気　サトノルパン　　　　牡4　56kg　1560円
前走　京都1400m　ＧⅡ　スワンＳ　　　　3番人気　8着　0.4秒差　1カ月

前々走　阪神1200m　1600万　道頓堀S　　　　1番人気　1着　0.1秒差
※芝1200mオープン未勝利。

2013年　7番人気　アースソニック　牡4　56kg　1580円
前走　京都1200m　1600万　桂川S　　　　1番人気　1着　0.1秒差　1カ月
3走前　中山1200m　OP　春雷S　　　　8番人気　2着　0.0秒差
※芝1200mオープン未勝利。

2008年　4番人気　ウエスタンダンサー　牝4　54kg　960円
前走　京都1200m　OP　京洛S　　　　2番人気　2着　0.1秒差　半月
前々走　京都1200m　1600万　桂川S　　　　13番人気　1着　0.1秒差
※芝1200mオープン未勝利。

次に5歳馬。
◉2番人気以下で勝った5歳馬一覧

2016年　2番人気　ネロ　牡5　57kg（＋1kg）410円
前走　中山1200m　GⅠ　スプリンターズS　　8番人気　6着　0.1秒差　1カ月半
実績　中山1200m　OP　ラピスラズリS　　1番人気　1着　0.2秒差
実績　京都1200m　OP　京洛S　　2番人気　1着　0.6秒差
実績　中山1200m　OP　クリスマスローズS　　2番人気　1着　0.0秒差
実績　新潟1000m　GⅢ　アイビスSD　　2番人気　2着　0.0秒差　逃げ
実績　阪神1200m　GⅡ　セントウルS　　2番人気　2着　0.2秒差
※同馬はグレード別定なら加増なしで済む馬です。

2014年　5番人気　アンバルブライベン　牝5　54kg　1130円
前走　福島1200m　OP　福島民友C　　2番人気　1着　0.3秒差　逃げ　1カ月半

2010年　2番人気　スプリングソング　牡5　56kg　740円
前走　京都1400m　1600万　長岡京S　　2番人気　1着　0.3秒差　1カ月
実績　京都1200m　OP　京洛S　　1番人気　1着　0.1秒差
実績　京都1200m　OP　橘S　　1番人気　1着　0.2秒差

最後に6歳以上馬。
◉2番人気以下で勝った6歳馬一覧

2017年　9番人気　ネロ　牡6　58kg（＋2kg）3690円
前走　大井D1200m　GⅠ　JBCスプリント競走　　8番人気　4着　0.0秒差　1カ月
実績　中山1200m　OP　ラピスラズリS　　1番人気　1着　0.2秒差
実績　京都1200m　OP　京洛S　　2番人気　1着　0.6秒差
実績　中山1200m　OP　クリスマスローズS　　2番人気　1着　0.0秒差
実績　京都1200m　GⅢ　京阪杯　　2番人気　1着　0.7秒差　逃げ
実績　新潟1000m　GⅢ　アイビスSD　　2番人気　2着　0.0秒差　逃げ
実績　阪神1200m　GⅡ　セントウルS　　2番人気　2着　0.2秒差
※前年の1着馬。同馬はグレード別定なら1kg加増で済む馬です。

2009年　7番人気　プレミアムボックス　牡6　57kg（＋1kg）1730円
前走　京都1400m　GⅡ　スワンS　　　　13番人気　6着　0.5秒差　1カ月
実績　中京1200m　GⅢ　ＣＢＣ賞　　　　12番人気　1着　0.0秒差
実績　中山1200m　GⅢ　オーシャンS　　　7番人気　1着　0.0秒差

◆2着馬を見つけるのはココで

2着候補も2番人気以下から見つけだします。それは大前提とハードルを使えば簡単にできます。こちらも【穴馬的中シート】を活用してください。なお、1番人気に応えられなくても2着に来ることはありますので、1番人気馬は無条件で2着候補です。

🐎 2番人気以下で2着に入れる馬を浮かび上がらせる

大前提　　2カ月以上の休み明けではない

3歳　　　ハードル❶
前走「ＯＰ特別1番人気 （GⅡ2番人気可）、
あるいは準ＯＰ1番人気1着」

4歳　　　ハードル❷
ＯＰ特別1着歴か、準ＯＰ1番人気1着歴

5歳以上　ハードル❸
準ＯＰか、ＯＰ完勝歴

2番人気以下で2着に入れる馬【穴馬的中シート】

条件	馬番 or 馬名
大前提 クリア	
3歳 ハードル❶クリア	
4歳 ハードル❷クリア	
5歳以上 ハードル❸クリア	

過去14年、2番人気以下で2着に入った馬たちの前走成績と実績を紹介します。
まず3歳馬から。
◇2番人気以下で2着に入った3歳馬一覧

2019年　3番人気　アイラブテーラー　　　牝3　53kg
前走　京都1200m　3勝クラス　桂川S　　　　　1番人気　1着　0.0秒差　1カ月
※3連勝中。オープン初出走。

2009年　3番人気　レディルージュ　　　　牝3　53kg
前走　京都1200m　OP　京洛S　　　　　　　1番人気　2着　0.0秒差　半月
実績　小倉1200m　GⅢ　北九州記念　　　　　2番人気　2着　0.2秒差

2008年　3番人気　ファリダット　　　　　牡3　55kg
前走　京都1400m　GⅡ　スワンS　　　　　　2番人気　8着　0.5秒差　1カ月
実績　阪神1400m　1600万　道頓堀S　　　　　1番人気　1着　0.2秒差
実績　阪神1400m　OP　マーガレットS　　　　1番人気　1着　0.7秒差
※芝1200m初出走。

続いて4歳馬。
◇2番人気以下で2着に入った4歳馬一覧

2017年　6番人気　ビップライブリー　　　牡4　56kg
前走　京都1400m　GⅡ　スワンS　　　　　　9番人気　4着　0.3秒差　1カ月
実績　東京1400m　1600万　晩春S　　　　　　1番人気　1着　0.0秒差
※芝1200m初出走。

2013年　8番人気　アイラブリリ　　　　　牝4　54kg
前走　京都1200m　OP　オパールS　　　　　　3番人気　5着　0.3秒差　1カ月半
実績　京都1200m　OP　淀短距離S　　　　　　5番人気　1着　0.0秒差
実績　京都1200m　1600万　桂川S　　　　　　1番人気　1着　0.1秒差

2006年　3番人気　コパノフウジン　　　　牡4　56kg
前走　福島1200m　OP　福島民友C　　　　　　6番人気　1着　0.0秒差　1カ月
実績　中山1200m　GⅢ　オーシャンS　　　　　6番人気　2着　0.2秒差
実績　中山1200m　GⅢ　クリスタルC　　　　10番人気　2着　0.2秒差

次に5歳以上馬。まず5歳馬から紹介します。
◇2番人気以下で2着に入った5歳馬一覧

2016年　3番人気　エイシンスパルタン　　牡5　56kg
前走　京都1400m　GⅡ　スワンS　　　　　　6番人気　3着　0.2秒差　逃げ　1カ月
実績　中山1200m　OP　春雷S　　　　　　　　1番人気　1着　0.3秒差
※1400mGⅡ京王杯スプリングC1番人気。

2014年　11番人気　サドンストーム　　　牡5　56kg

| 前走 | 京都1400m | GⅡ | スワンS | 13番人気 | 4着 | 0.3秒差 | 1カ月 |
| 実績 | 京都1200m | OP | 京洛S | 3番人気 | 1着 | 0.2秒差 | |

※1200mGⅢ北九州記念1番人気。

2011年　3番人気　グランプリエンゼル　　牝5　54kg

前走	新潟1200m	OP	信越S	3番人気	4着	0.1秒差	1カ月
実績	京都1200m	OP	オパールS	9番人気	1着	0.6秒差	
実績	京都1200m	OP	橘S	11番人気	1着	0.1秒差	
実績	函館1200m	GⅢ	函館SS	1番人気	1着	0.2秒差	

2010年　13番人気　ケイアイアストン　　　牡5　56kg

| 前走 | 京都1200m | OP | 京洛S | 6番人気 | 3着 | 0.1秒差 | 半月 |
| 実績 | 中京1200m | 1600万 | 納屋橋S | 4番人気 | 1着 | 0.3秒差 | 逃げ |

※芝1200mオープン未連対。

2007年　4番人気　ペールギュント　　　　牡5　57kg（＋1kg）

前走	京都1400m	GⅡ	スワンS	9番人気	7着	0.8秒差	1カ月
実績	中京1200m	OP	テレビ愛知OP	1番人気	1着	0.1秒差	
実績	中京1200m	GⅠ	高松宮記念	13番人気	2着	0.4秒差	

最後に7歳馬。
◇2番人気以下で2着に入った7歳馬

2018年　12番人気　ナインテイルズ　牡7　56kg

| 前走 | 新潟1000m | OP | ルミエールオータムダッシュ | 1番人気 | 8着 | 0.7秒差 | 1カ月 |
| 実績 | 阪神1200m | 1600万 | 水無月S | 6番人気 | 1着 | 0.2秒差 | 逃げ |

※芝1200mオープン未連対。

あとがきにかえて

収得賞金の計算方法変更（降級制度の廃止）

2019年夏季競馬（３回東京、３回阪神、１回函館）から「降級制度」がなくなりました。予想する際に「負担重量」を大きな材料としている私にとっても大幅なルール変更で、期待感・ワクワク感に包まれました。

これまでは、デビューから４歳春季競馬までに獲得した収得賞金は、４歳夏季競馬開始とともに半分になっていました。たとえば、ある馬が２歳新馬戦を勝ち（収得賞金400万円）、さらに３歳500万条件を勝ち（収得賞金500万円）、合わせて収得賞金900万円になると「1000万下」で走り、その後に勝ったり重賞で２着に入ることなく４歳夏を迎えると、同馬の900万円の収得賞金は半額の450万円に計算しなおされていました。再び「500万下」のレースに出走できたのです。これが1000万条件から500万条件への降級。
その後、勝ったり重賞で２着に入るごとに収得賞金が増え、1600万円を超えてオープン馬になったとします。すると、オープン競走の負担重量規程「賞金別定」において、同馬の収得賞金は「加増」か否かの判断材料になります。たとえば基礎重賞の56kgに１kg加えるか２kg加えるか、それとも一切加えないか、それが収得賞金によって決まるわけです。ここからが重要で、その際、同馬は４歳夏に収得賞金450万円をマイナスしてもらっているため、「加増」のリスクがある程度回避できるのです。その恩恵が、2019年夏に４歳だった馬＝現５歳馬にはなくて、2019年夏に５歳だった馬＝６歳以上馬にはあります。

ひとつの例を紹介しましょう。

ファンファーレが特殊な『名鉄杯』。名鉄特急のミュージックホーンが流れるという、ＪＲＡでただひとつの当レースは愛知県出身の私にはＧⅠ並みに楽しみなのですが、2020年３月28日はもうひとつの楽しみがありました。

中京競馬場ダート1400mオープン『名鉄杯』の負担重量規程は次のとおりです。

「基礎重量56kg（牝馬２kg減）。収得賞金1600万円超過馬は、超過額600万円毎１kg増【別定Ｂ】」

具体的には次のようになります。

1600万円超～2200万円未満＝56kg

2200万円超～2800万円未満＝57kg

2800万円超～3400万円未満＝58kg

3400万円超～4000万円未満＝59kg

4000万円超～4600万円未満＝60kg

4600万円超～5200万円未満＝61kg

この名鉄杯にダイメイフジという６歳牡馬の人気薄が出走していました。同馬の収得賞金はつぎのとおりです。

ダイメイフジ　６歳　10番人気

２歳	2016年11月	２歳未勝利	400万円
３歳	2017年12月	３歳以上500万条件	500万円
３歳	2017年12月	３歳以上1000万条件	600万円
４歳	2018年２月	３歳以上1600万条件	900万円
４歳	2018年５月	３歳以上オープン	1200万円
合計			3600万円

この時点で4歳夏を迎えて、収得賞金は半額の1800万円に計算しなおされました。

4歳　2018年夏に半額に換算＝収得賞金1800万円
4歳　2018年12月　3歳以上オープン　1200万円
合計　　　　　　　　　　　　　　　　3000万円

名鉄杯でダイメイフジは収得賞金3000万円で58kgを背負いました。これが現6歳以上馬が受けている恩恵です。ダイメイフジの本当の収得賞金は4歳夏以前の3600万円とその後にプラスされた1200万円で4800万円。負担重量は61kgになるはずだからです。新ルールのまま61kgの負担重量では出走しなかったし、出ても勝てなかったでしょう。
一方、新ルールにより「4歳夏に1/2減額」がなかった5歳馬はどうかというと、当レース1番人気の5歳馬テーオージーニアスの収得賞金はつぎのとおりです。

テーオージーニアス　5歳　1番人気

3歳　2018年7月　3歳未勝利　　　　　400万円
3歳　2018年11月　3歳以上500万条件　500万円
4歳　2019年3月　3歳以上1000万条件　600万円
合計　　　　　　　　　　　　　　　1500万円
※4歳夏の降級制度廃止（ここまでに稼いだ収得賞金1500万円の半額＝750万円をまけてもらえない）

4歳　2019年夏からは収得賞金はそのまま　　1500万円
4歳　2019年10月　3歳以上1600万条件　　　900万円
4歳　2019年12月　3歳以上GⅢ　　　2着　700万円
5歳　2020年3月　3歳以上地方GⅢ　2着　240万円

合計　　　　　　　　　　　　　　　　　3340万円

テーオージーニアスは収得賞金3340万円で58kgを背負いました。以前のルールだったら4歳春季競馬までに獲得した収得賞金は750万円に半減され、その後に稼いだ1840万円と合わせて2590万円。負担重量は57kgだったはず。

これは非常に大きな話ではないでしょうか。6歳ダイメイフジは3kg得していますし、5歳テーオージーニアスは1kg損しているようなもの。ハンデ戦だと0.5kg（500kgの馬体にわずか500グラム！）を差配するJRAが、これについては大きくアナウンスもせず、マスコミもほとんど報道していません。予想家を名乗る人も、いったい何人が言及していたでしょう？

ご存じのように、6歳ダイメイフジ（10番人気）は楽々逃げ切って単勝2890円。5歳テーオージーニアス（1番人気）は、そこから3馬身差の2着。1400m戦における3馬身差は、ひとクラス上の馬しか付けられない着差。さもありなん。6歳ダイメイフジは3kg軽くしてもらったようなものですからね。陣営はウハウハだったに違いありません（私も）。読者にこういう馬券を取ってもらいたいというのも、本書を書いている理由のひとつです。

世間は収得賞金の計算方法が変わったことで降級がなくなった点に注目していますが、実は馬券的には降級制度の廃止は大してオイシイ話ではなく、賞金別定で大きな有利不利が生じていることのほうが重大なのです。

☆Point☆

名鉄杯の負担重量規程は【別定B】。これは新設された規定で、その理由は「競走内容の充実および出走機会の確保といった観点から」とJRAは発表しています。

BがあるならAがあり、その負担重量規程は次のとおり。

「基礎重量56kg（牝馬2kg減）。収得賞金1600万円超過馬は、超

過額1200万円毎1kg　【別定A】」
ポイントは「超過額1200万円毎1kg」という一文。
具体的にいうと、次のようになります。

1600万円超～2800万円＝56kg
2800万円超～4000万円＝57kg
4000万円超～5200万円＝58kg

【別定B】の名鉄杯は「超過額600万円毎1kg」というルールなので収得賞金5200万円の馬は61kgですが、【別定A】は「超過額1200万円毎1kg」だから58kg。
なお、主流は【別定A】で、【別定B】は残念ながらほとんどありません。
名鉄杯の次に行われた【別定B】によるオープン特別競走は、6月27日（土）東京競馬場ダート1600mのアハルテケSでした。しかし、本書を執筆している6月17日時点では結果はわかりません。さて、どんな馬が来るのでしょうか。

それら、レース直前の予想を本書の主旨に則って発表していますので、ぜひご利用ください。爆勝シートに記入していく時間や暇がない方、買い目を知りたい方などに、主に重賞になりますが、毎週末に提供しています。

では、ステルス佐藤の次回作「12～3月の重賞版」でまたお会いしましょう！